LA SOURCE DE L'AMOUR-PROPRE

du même auteur
chez Christian Bourgois

L'ORIGINE DES AUTRES

DÉLIVRANCES

HOME

UN DON

LOVE

PARADIS

LE CHANT DE SALOMON

TAR BABY

L'ŒIL LE PLUS BLEU

DISCOURS DE STOCKHOLM

PLAYING IN THE DARK

JAZZ

SULA

BELOVED

du même auteur
dans la collection « Titres »

INVITÉE AU LOUVRE : ÉTRANGER CHEZ SOI

TONI MORRISON

LA SOURCE DE L'AMOUR-PROPRE

Essais choisis, discours et méditations

Traduit de l'anglais (États-Unis)
par Christine LAFERRIÈRE

CHRISTIAN BOURGOIS ÉDITEUR ◊

Titre original :
The Source of Self-Regard

ISBN 978-2-267-03175-1

Péril

Les régimes autoritaires, les dictateurs et les despotes sont souvent (mais pas toujours) idiots. Mais aucun n'est assez idiot pour laisser à des écrivains dissidents et perspicaces toute latitude de publier leurs jugements ou de suivre leurs instincts créateurs. Ils savent que s'ils le font, c'est à leurs risques et périls. Ils ne sont pas assez bêtes pour renoncer au contrôle (déclaré ou insidieux) sur les médias. Leurs méthodes comprennent la surveillance, la censure, l'arrestation, voire le massacre de ces écrivains qui influencent et perturbent la population. Écrivains qui dérangent, remettent en cause, adoptent un regard autre, plus profond. Des écrivains – journalistes, essayistes, blogueurs, poètes, dramaturges – peuvent perturber l'oppression sociale qui fonctionne comme un coma sur la population, coma que les despotes qualifient de « paix », et étanchent le flux du sang des guerres qui émoustille rapaces et profiteurs.

Voilà leur péril.

Le nôtre est d'un genre différent.

Comme l'existence devient morne, invivable, insoutenable quand nous sommes privés d'œuvres d'art. Il est urgent de devoir protéger la vie et l'œuvre d'écrivains confrontés au péril, mais en plus de cette urgence, nous devons nous rappeler que leur absence, l'entrave à l'œuvre d'un écrivain ou sa cruelle amputation, sont d'un danger égal pour nous. Le secours que nous étendons aux écrivains est une générosité envers nous-mêmes.

Nous connaissons tous des nations qui peuvent se définir par la fuite d'écrivains quittant leurs rives. Il s'agit de régimes dont la peur de l'écriture non soumise à surveillance est justifiée parce que la vérité pose problème. Elle pose problème au belliciste, au tortionnaire, au voleur en col blanc, au politicard, au système judiciaire corrompu et à la population comateuse. Les écrivains non persécutés, non incarcérés, non harcelés posent problème à la brute ignorante, au raciste rusé et aux prédateurs qui se nourrissent des ressources du monde. L'inquiétude, l'agitation que suscitent les écrivains est instructive, car elle est franche et vulnérable ; car, non régulée, elle est menaçante. Par conséquent, la répression historique des écrivains est le tout premier signe avant-coureur de la privation régulière d'autres droits et libertés qui s'ensuivra. L'histoire des écrivains persécutés est aussi longue que l'histoire de la littérature elle-même. Et les efforts entrepris pour nous censurer, nous affamer, nous contrôler et nous anéantir sont des indices évidents que quelque chose d'important a eu lieu. Les forces politiques et culturelles peuvent tout balayer hormis l'art « inoffensif », l'art approuvé par l'État.

On m'a dit qu'il existe deux réactions humaines à la perception du chaos : la dénomination et la violence. Quand le chaos est simplement l'inconnu, la dénomination peut s'accomplir sans effort : une nouvelle espèce, une nouvelle étoile, une nouvelle formule, une nouvelle équation, un nouveau pronostic. Il y a aussi la cartographie, le tracé de tableaux ou l'invention de noms propres pour désigner des populations, paysages ou zones géographiques innommés ou privés de noms. Quand le chaos résiste, soit en se reformant, soit en se rebellant contre l'ordre imposé, la violence est comprise comme la réaction la plus fréquente et la plus rationnelle face à ce qui est inconnu, catastrophique, sauvage, exubérant ou incorrigible. Les réactions rationnelles peuvent être la censure, l'incarcération dans des camps de rétention ou des prisons ; sinon la mort, individuellement ou au combat. Il existe, cependant, une troisième réaction au chaos, dont je n'ai pas entendu parler et qui est l'immobilité. Une telle immobilité peut être passivité ou sidération ; ce peut être une peur paralysante. Mais ce peut aussi être l'art. Les écrivains qui exercent leur métier à proximité ou loin du trône du pouvoir brut, du pouvoir militaire, des salles des comptes ou édifices impériaux, les écrivains qui construisent du sens face au chaos doivent être encouragés, protégés. Et il est juste qu'une telle protection soit instaurée par d'autres écrivains. En outre, il est impératif non seulement de sauver les écrivains harcelés, mais aussi de nous sauver nous-mêmes. La pensée qui m'amène à envisager avec épouvante l'effacement d'autres voix, des romans non écrits, des poèmes chuchotés ou ravalés de peur que les mauvaises personnes ne les entendent, des langues interdites par la loi et qui prospèrent clandestinement, des questions d'essayistes bravant l'autorité et qui ne seraient jamais posées, des pièces non mises en scène, des films annulés : cette pensée est un cauchemar. Comme si tout un univers était décrit dans une encre invisible.

Certains genres de traumatismes infligés aux populations sont si profonds et si cruels que, contrairement à l'argent, contrairement à la vengeance, voire à la justice, aux droits ou à la bonne volonté d'autrui, seuls les écrivains savent les traduire et transformer le chagrin en signification, par l'aiguisement de l'imagination morale.

La vie et l'œuvre d'un écrivain ne sont pas un don fait à l'humanité : ils sont sa condition nécessaire.

PREMIÈRE PARTIE
LA PATRIE DE L'ÉTRANGER

Les morts du 11 septembre

Certains ont les paroles de Dieu; d'autres ont des chants de réconfort pour les endeuillés. Si j'arrive ici à rassembler du courage, j'aimerais parler directement aux morts: aux morts de septembre. Ces enfants d'ancêtres nés sur tous les continents de la planète: l'Asie, l'Europe, l'Afrique, les Amériques; nés d'ancêtres qui portaient des kilts, des obis, des saris, des turbans, de grands chapeaux de paille, des kippas, des peaux de chèvres, des souliers en bois, des plumes, des étoffes pour couvrir leur chevelure. Mais je ne dirais pas un mot avant d'avoir pu mettre de côté tout ce que je sais ou crois à propos des nations, de la guerre, des dirigeants, des gouvernés et des ingouvernables: tout ce que je soupçonne quant à l'armure et aux entrailles. D'abord, je rafraîchirais ma langue, j'abandonnerais les phrases forgées pour reconnaître le mal: gratuit ou étudié, explosif ou discrètement sinistre; qu'il soit né de la faim ou d'un appétit assouvi, de la vengeance ou de la simple compulsion qui fait que l'on se lève avant de tomber. Je purgerais ma langue de l'hyperbole, de son ardeur à analyser les niveaux de méchanceté en les classant, en calculant leur statut supérieur ou inférieur parmi d'autres du même genre.

Parler aux personnes brisées et aux morts est trop difficile pour une bouche pleine de sang. Un acte trop sacré pour les pensées impures. Parce que les morts sont libres, absolus: ils ne peuvent être séduits par le blitz.

Afin de vous parler, vous, les morts de septembre, je ne dois pas prétendre à une fausse intimité ni évoquer un cœur surchauffé, apaisé juste à temps pour la caméra. Je dois être ferme et je dois être claire, sachant tout ce temps que je n'ai rien à dire : pas de mots plus solides que l'acier qui vous a enfoncés en lui ; pas d'écriture plus vieille ni plus élégante que les atomes anciens que vous êtes devenus.

Je n'ai rien à offrir non plus, hormis ce geste, ce fil jeté entre votre humanité et la mienne : *je veux vous serrer dans mes bras* et comprendre, comme vous l'avez fait à l'instant où votre âme a été expulsée de son coffre de chair, l'intelligence de l'éternité : son don de folle libération déchirant les ténèbres qui sont celles de son glas.

La patrie de l'étranger

Si l'on exclut l'apogée de la traite des esclaves au XIXe siècle, les mouvements de population massifs survenus durant la seconde moitié du XXe siècle et au début du XXIe siècle sont plus importants que jamais. Ce sont des déplacements d'ouvriers, d'intellectuels, de réfugiés et d'armées qui traversent les océans et les continents, d'immigrants qui arrivent par la douane ou empruntent des itinéraires cachés, qui parlent de multiples langues d'échanges commerciaux, d'intervention politique, de persécution, d'exil, de violence et de pauvreté. Il ne fait guère de doute que la redistribution (volontaire ou involontaire) de la population sur toute la surface du globe figure en première place à l'ordre du jour de l'État, dans les salles de conférences, dans les quartiers, dans la rue. Les manœuvres politiques visant à contrôler ces déplacements ne se limitent pas à surveiller de près les dépossédés. Alors qu'une bonne partie de cet exode peut être décrite comme le voyage des colonisés vers le siège des colons (les esclaves, en quelque sorte, quittant la plantation pour se diriger vers le domicile du planteur) et qu'une plus grande partie représente la fuite de réfugiés de guerre, la délocalisation et la transplantation des classes de gestionnaires et de diplomates aux avant-postes de la mondialisation, ainsi que le déploiement de nouvelles bases et unités militaires, occupent une place prépondérante dans les efforts du législateur pour contrôler ce flux de population constant.

Le spectacle de ces déplacements massifs attire inévitablement l'attention sur les frontières, les endroits poreux, les points sensibles, où le concept de patrie est perçu comme menacé par les étrangers. Une grande partie de l'inquiétude qui plane au-dessus des frontières et des portes est attisée, me semble-t-il, par : 1) à la fois la menace et la promesse du mondialisme ; 2) une relation difficile avec notre propre extranéité, notre propre sentiment d'appartenance qui se désintègre à vive allure.

Permettez-moi de commencer par le mondialisme. À ce que nous comprenons actuellement, le mondialisme n'est pas une version du modèle du « *Britannia Rules*[1] » en vigueur au XIXe siècle, bien que les soulèvements de l'ère postcoloniale reflètent et rappellent la domination qu'une seule nation exerçait alors sur la plupart des autres. Le terme « mondialisme » n'inclut pas le programme : « Prolétaires de tous les pays, unissez-vous » du vieil internationalisme, bien que ce soit ce terme même, « internationalisme », qu'a utilisé John Sweeney, président de l'AFL-CIO[2], lors du Conseil Exécutif des Présidents de Syndicats. Le mondialisme n'est pas non plus l'appétit d'après-guerre pour « un seul monde », rhétorique qui a provoqué la naissance des Nations Unies, puis agité et tourmenté les années 1950. Ce n'est pas non plus « l'universalisme » des années 1960 et 1970 : ni comme plaidoyer pour la paix dans le monde, ni comme insistance sur l'hégémonie culturelle. « Empire », « internationalisme », « un seul monde », « universel » : tous ne ressemblent pas tant à des catégories de tendances historiques qu'à des aspirations. Aspirations à enfermer la Terre dans un certain semblant d'unité et un certain degré de contrôle, à concevoir la destinée humaine de la planète comme résultant de l'idéologie d'une seule constellation de nations. Le mondialisme a les mêmes désirs et aspirations que ses prédécesseurs. Lui aussi se comprend comme historiquement progressiste, générateur d'améliorations, prédéterminé, unificateur et utopique. D'ailleurs, au sens étroit du terme,

1. Plus précisément : *Britannia, rules the waves*, selon le fameux chant patriotique associé à l'hégémonie de la Grande-Bretagne, qui « gouverne les vagues » et s'est ainsi assuré un empire. (Sauf mention contraire, toutes les notes en bas de page sont de la traductrice.)

2. Fédération de syndicats, née de la fusion de l'*American Federation of Labor* et du *Congress of Industrial Organizations* en 1955.

la mondialisation est censée signifier la circulation immédiate des capitaux et la distribution rapide des données et des produits, qui s'opèrent au sein d'un environnement politiquement neutre, formé par des exigences collectives multinationales. Ses connotations plus larges, cependant, sont moins innocentes, puisqu'elles comprennent non seulement la diabolisation d'États soumis à des embargos ou la banalisation de l'existence de seigneurs de guerre avec lesquels on négocie, mais aussi l'effondrement d'États-nations sous le poids de l'économie transnationale, du capital et du travail ; la suprématie de la culture et de l'économie occidentales ; l'américanisation du monde développé ou en voie de développement, par la pénétration de la culture américaine dans d'autres cultures, ainsi que par la mise sur le marché des cultures du tiers-monde en Occident, sous forme de mode vestimentaire, de décors de films et de spécialités culinaires.

Saluée avec la même vigueur que la « destinée manifeste[1] », l'internationalisme, etc., la mondialisation a atteint un certain niveau de majesté dans notre imagination. Malgré toutes ses prétentions à entretenir la liberté, elle distribue comme le ferait un roi, car elle peut accorder beaucoup. En matière d'accès (au-delà des frontières), en termes de quantité (de populations affectées et engagées) et en termes de richesse (champs infinis à exploiter pour y trouver des ressources ou services à offrir). Cependant, tout autant qu'elle est adorée comme phénomène quasi messianique, la mondialisation est honnie comme mal allant au-devant d'une dangereuse dystopie. Honnie pour son mépris des frontières, des infrastructures nationales, des bureaucraties locales, des censeurs d'Internet, des tarifs douaniers, des lois et des langues : son mépris des marges et des marginaux qui y vivent, ses propriétés redoutables et dévorantes qui accélèrent l'effacement, son aplanissement des différences et des spécificités à des fins commerciales. Son aversion

1. Cette « destinée », définie en 1845, consistait pour les Américains à se « déployer librement sur le continent alloué par la Providence pour le libre développement » de sa population qui ne cessait de croître. Le progrès des colons sur le territoire répondait donc à une mission divine.

de la diversité. Nous imaginons dans son sillage une impossibilité de différenciation, l'élimination des langues et cultures minoritaires. Nous spéculons avec horreur sur ce qui pourrait être l'altération irrévocable et débilitante de langues et cultures majeures par l'élan irrésistible de la mondialisation. Même si ces conséquences redoutées ne sont pas rendues complètement manifestes, elles annulent néanmoins l'assurance d'une vie meilleure grâce à la mondialisation, par leurs sinistres mises en garde contre une mort culturelle prématurée.

D'autres dangers que présente la mondialisation sont la distorsion de la sphère publique et la destruction de la sphère privée. C'est principalement, mais non exclusivement, dans les médias que nous glanons ce qui est public. On nous demande d'abandonner beaucoup de ce qui était jadis privé aux exigences des recueils de données pour des besoins gouvernementaux, politiques, marchands et désormais sécuritaires. Une partie de l'angoisse quant à la division poreuse entre les domaines public et privé résulte certainement d'applications imprudentes de ces termes. Il y a la privatisation des prisons, qui est le contrôle d'équipements publics par des entreprises. Il y a la privatisation des écoles publiques. Il y a aussi la vie privée, dont les revendications peuvent être librement abandonnées lors d'émissions télévisées ou négociées au tribunal par des célébrités, des personnages « publics », et dans des affaires touchant au droit à la vie privée. Il y a l'espace privé (atriums, jardins, etc.) ouvert au public. Et l'espace public (parcs, terrains de jeux et plages, dans certains quartiers) limité à l'usage privé. Il y a l'effet miroir du « jeu » de la sphère publique dans notre vie privée, intérieure. L'intérieur de nos maisons ressemble à une vitrine de magasin (en plus des « collections » occupant étagère sur étagère) et les vitrines des magasins sont arrangées comme des intérieurs de maisons ; on dit que l'écran reflète ou représente les centres d'intérêt et le comportement des jeunes, et non qu'il les crée. Depuis que l'espace dans lequel se vit l'existence à la fois civique et privée est devenu si impossible à distinguer de ce qui est interne et externe, de l'intérieur/extérieur, ces deux sphères sont comprimées en un flou omniprésent, un chamboulement de notre concept de foyer.

C'est ce chamboulement, je crois, qui affecte le second point: notre malaise face à notre propre sentiment d'extranéité, notre propre sentiment d'appartenance qui se désintègre à vive allure. À quoi prêtons-nous la plus grande allégeance? À la famille, à la langue, au groupe, à la culture, au pays, au genre? À la religion, à la race? Et si aucun d'entre eux n'a d'importance, sommes-nous urbains, cosmopolites ou simplement esseulés? En d'autres termes, comment décidons-nous de là où est notre place? Qu'est-ce qui nous persuade que nous y sommes? Ou, pour dire les choses autrement, que se passe-t-il en matière d'extranéité?

J'ai choisi de commenter un roman d'un auteur ghanéen, écrit dans les années 1950, comme moyen d'aborder le dilemme suivant: d'une part, le flou intérieur/extérieur qui peut consacrer les limites et les frontières réelles, métaphoriques et psychologiques tandis que nous sommes aux prises avec les définitions du nationalisme, de la citoyenneté, de la race et de l'idéologie; d'autre part, le prétendu choc des cultures dans notre recherche d'appartenance.

Les écrivains africains et africains-américains ne sont pas les seuls à s'accommoder de ces problèmes, mais ils ont une longue et singulière histoire durant laquelle ils y ont été confrontés. Durant laquelle ils n'étaient pas chez eux sur leur terre natale: durant laquelle ils étaient en exil dans le lieu où était leur place.

Avant de parler de ce roman, je veux décrire ce qui a précédé ma lecture de la littérature africaine et m'a contrainte à m'aventurer dans ce qui brouille les définitions contemporaines de ce qui est étranger.

Le dimanche, des plateaux bordés de velours, destinés à la quête, circulaient le long des bancs de l'église. Le dernier était le plus petit et le plus susceptible de rester vide. Sa position et sa taille exprimaient les attentes dévouées, mais limitées, qui était les plus caractéristiques de tout dans les années 1930. Les pièces (jamais de billets) qui s'y trouvaient éparpillées venaient pour l'essentiel d'enfants encouragés à céder leur menue monnaie aux bonnes œuvres si nécessaires à la rédemption de l'Afrique. Bien que ce nom, « Afrique », ait été beau à l'oreille, il était déchiré par les émotions complexes auxquelles il était associé. Contrairement à la Chine qui mourait de faim, l'Afrique était à la fois à nous et à eux, intimement liée à nous et profondément étrangère. Une immense terre natale dans le besoin, à laquelle nous étions censés appartenir, mais qu'aucun d'entre nous n'avait vue ni n'avait particulièrement envie de voir, habitée par des gens avec lesquels nous maintenions une délicate relation d'ignorance et de dédain réciproques, et avec lesquels nous partagions une mythologie d'Altérité traumatisée et passive, cultivée par les manuels scolaires, les films, les dessins animés et les insultes hostiles que les enfants apprennent à adorer.

Plus tard, quand j'ai commencé à lire des romans situés en Afrique, j'ai découvert que, à de rares exceptions près que je connaissais, chaque récit détaillait et rehaussait la mythologie même qui accompagnait les plateaux bordés de velours flottant entre les bancs. Pour Joyce Cary, Elspeth Huxley, H. Rider Haggard, l'Afrique était précisément ce que laissait supposer la quête des missionnaires : un continent obscur ayant désespérément besoin de lumière. De la lumière du christianisme, de la civilisation, du développement. De la lumière de la charité, allumée par la simple générosité du cœur. C'était une idée de l'Afrique chargée des hypothèses d'une intimité complexe associée à une reconnaissance d'un éloignement direct. Cette énigme d'une propriété étrangère aliénant la population locale, de la dépossession des locuteurs natifs de leur terre d'origine, et de l'exil des peuples indigènes au sein de leur pays d'origine conférait à ces récits une nuance surréaliste et entraînait les écrivains à projeter une Afrique métaphysiquement vide, mûre pour l'invention. À une ou deux exceptions près, l'Afrique littéraire était un terrain de jeux inépuisable pour touristes et étrangers. Dans les œuvres de Joseph Conrad, de Karen Blixen, de Saul Bellow et d'Ernest Hemingway, qu'ils aient été imprégnés d'idées occidentales classiques d'une Afrique plongée dans l'ignorance ou qu'ils les aient combattues, les protagonistes trouvaient le continent aussi vide que le plateau pour la quête : un récipient attendant toutes les petites pièces de cuivre et d'argent que l'imagination était contente d'y déposer. Comme eau à apporter aux moulins de l'Occident, on pouvait forcer l'Afrique, d'un mutisme obligeant, d'un vide commode, d'une nature incontestablement étrangère, à satisfaire à une grande variété d'exigences littéraires et/ou idéologiques. Elle pouvait rester en retrait comme décor de n'importe quel exploit, ou bondir en avant et devenir obsédée par les tourments de n'importe quel étranger ; elle pouvait se tordre pour prendre des formes effroyables et malveillantes sur lesquelles les Occidentaux pouvaient contempler le mal ; ou bien elle pouvait se mettre à genoux et accepter des leçons élémentaires de la part de ses supérieurs. Pour ceux qui accomplissaient cette traversée littéraire ou imaginaire, le contact avec l'Afrique offrait des occasions passionnantes d'expérimenter la vie dans son état primitif, à peine formé, mal défini, ce qui aboutissait à la compréhension de soi : une sagesse qui confirmait les avantages du droit de propriété des Européens sans la responsabilité consistant à rassembler beaucoup d'informations réelles sur la culture africaine susceptibles de stimuler cette compréhension. Cette Afrique avait si grand cœur que seuls un peu de géographie, beaucoup de climat et quelques coutumes et anecdotes suffisaient comme toile sur laquelle peindre le portrait d'un moi plus sage, plus triste ou pleinement réconcilié. Dans les romans occidentaux publiés jusqu'aux années 1950, puis durant toute cette décennie, l'Afrique était elle-même *l'étranger**[1] de Camus, puisqu'elle fournissait l'occasion de connaître, tout en gardant intacte sa nature inconnaissable. Comme l'Afrique de Marlow, « étendue faite pour inspirer des rêves grandioses à un jeune garçon[2] » qui, depuis son enfance, la voyait marquée « de rivières, de lacs, de noms », elle avait cessé d'être « un espace vide et merveilleux de mystère [...] C'était devenu un lieu de ténèbres. » Le peu que l'on pouvait en connaître était énigmatique, répugnant ou désespérément contradictoire. L'Afrique imaginaire était une corne d'abondance pleine d'impondérables qui, tel le monstrueux Grendel de *Beowulf*, résistait à toute explication. On peut ainsi glaner dans cette littérature une pléthore de métaphores incompatibles. En tant que berceau

1. Tous les termes en italique suivis d'un astérisque sont en français dans le texte.
2. Joseph Conrad, *Le Cœur des ténèbres* (1899), traduction et notes de Catherine Pappo-Musard, Paris, Le Livre de Poche, coll. « Les Langues modernes/Bilingue », 1988, p. 41, ainsi que la citation suivante.

de la race humaine, l'Afrique est ancienne ; cependant, étant sous contrôle colonial, elle est également infantile. Un genre de vieux fœtus qui attend toujours de naître, mais qui déconcerte toutes les sages-femmes. Dans un roman après l'autre, une nouvelle après l'autre, l'Afrique est en même temps innocente et corruptrice, sauvage et pure, irrationnelle et sage.

Dans ce contexte littéraire chargé du point de vue racial, la découverte du *Regard du roi*, de Camara Laye, livre intitulé en anglais *The Radiance of the King*, a été un choc. Soudain, le voyage galvaudé dans les ténèbres africaines des livres de contes, soit pour apporter la lumière, soit pour la trouver, est imaginé à nouveau. Non seulement ce roman rassemble un vocabulaire entièrement africain, sophistiqué et riche en images, à partir duquel entamer une négociation raisonnée avec l'Occident, mais il exploite aussi les images des sans-logis imposées par le conquérant à la population indigène, le désordre décrit dans *Mister Johnson*, de Joyce Cary, l'obsession des odeurs présente dans *Les Pionniers du Kenya*, d'Elspeth Huxley, la fixation des Européens sur la signification de la nudité chez H. Rider Haggard, Joseph Conrad ou dans quasiment tous les écrits de voyage.

Le récit de Camara Laye est en résumé celui-ci : Clarence, un Européen, est venu en Afrique pour des raisons qu'il ne saurait exprimer clairement. Là, il a joué de l'argent, il a perdu et, lourdement endetté envers ses compatriotes blancs, il se cache dans une auberge crasseuse, parmi la population indigène. Déjà expulsé de l'hôtel des colons et sur le point d'être expulsé par l'aubergiste africain, Clarence décide que la solution à son manque d'argent est de se faire embaucher au service du roi. Une foule compacte de villageois l'empêche d'approcher le roi, et sa mission est accueillie avec mépris. Il rencontre deux adolescents espiègles et un mendiant rusé, qui acceptent de l'aider. Sous leur conduite, il voyage vers le sud, où l'on attend la prochaine apparition du roi. À travers le périple de Clarence, qui ne diffère pas totalement du voyage d'un pèlerin, l'auteur est en mesure d'esquisser et de parodier les sensibilités parallèles de l'Europe et de l'Afrique.

Les tropes littéraires de l'Afrique sont des répliques exactes des perceptions de l'extranéité : 1) Menaçante. 2) Dépravée. 3) Inintelligible.

Menaçante. Clarence, son héros, est stupéfié de peur. Il a beau remarquer que « les palmiers en abondance [sont] destinés [...] à l'industrie du vin », que la campagne est « magnifiquement ordonnée », que les gens qui y vivent lui font « bel accueil », il ne voit que de l'inaccessible, « de l'hostilité partagée[1] », un vertige de tunnels et des chemins barrés par des taillis épineux. L'ordre et la clarté du paysage sont en contradiction avec la jungle menaçante qu'il a dans la tête.

Dépravée. C'est Clarence qui sombre dans la dépravation en incarnant toute l'horreur de ce que les Occidentaux imaginent comme l'« adoption du mode de vie indigène », l'« immonde torpeur[2] » qui met la virilité en péril. La soumission des femmes à la cohabitation permanente et le plaisir manifeste que cette dernière lui procure reflètent ses appétits et sa propre ignorance volontaire. À mesure que des enfants mulâtres s'entassent dans le village, Clarence, le seul Blanc de la région, continue à se demander d'où ils sont venus. Il refuse de croire à l'évidence : il a été vendu comme étalon pour le harem.

Inintelligible. L'Afrique de Camera Laye n'est pas obscure, elle baigne dans la lumière : la pâle lumière verte de la forêt, les teintes rubis des maisons et du sol, le « bleu... insoutenable[3] » du ciel ; même les écailles des femmes-poissons « luis[ent] comme des robes de lune[4] ». Comprendre les motifs, les diverses sensibilités des Africains (à la fois mauvais et bienveillants) ne requiert que la suspension de la croyance dans une différence irréductible entre les êtres humains.

En déployant les idiomes maladroits de l'usurpation du territoire d'origine par l'étranger, du retrait de sa légitimité à l'indigène,

1. Camara Laye, *Le Regard du roi* (1954) ; Paris, « Press Pocket », 1975, p. 85-86.
2. *Ibid.*, p. 91.
3. *Ibid.*, p. 134.
4. *Ibid.*, p. 195.

de l'inversion des prétentions à l'appartenance, ce roman nous permet de découvrir un Blanc qui immigre en Afrique, seul, sans travail, sans autorité, sans ressources, ni même un nom de famille. Mais il a un atout qui fonctionne toujours – qui ne peut que fonctionner – dans les pays du tiers-monde. Il est blanc, dit-il, et donc fait, d'une manière ineffable, pour être conseiller du roi, qu'il n'a jamais vu, dans un pays qu'il ne connaît pas, parmi des gens qu'il ne comprend ni ne souhaite comprendre. Ce qui débute comme la recherche d'une position d'autorité, d'un moyen d'échapper au mépris de ses compatriotes, devient un processus fulgurant de rééducation. Ce qui compte comme intelligence parmi ces Africains, ce ne sont pas les préjugés, mais les nuances, ainsi que la capacité et la volonté de voir, de supposer. L'Européen est condamné par son refus de méditer de façon cohérente sur tout événement hormis ceux qui touchent à son confort ou à sa survie. Quand enfin naît la compréhension, il se sent anéanti par elle. Cette enquête fictive nous permet de voir la race disparaître de l'expérience qu'un Occidental fait de l'Afrique en l'absence de soutien, de protection ou de consignes de la part de l'Europe. Elle nous permet de redécouvrir ou d'imaginer à nouveau quel effet cela fait d'être marginal, ignoré, superflu ; de ne jamais entendre prononcer son nom ; d'être privé d'Histoire ou de représentation ; d'être une force de travail vendue ou exploitée dans l'intérêt d'une famille qui préside, d'un entrepreneur habile ou d'un régime local.

C'est une rencontre troublante qui peut nous aider à affronter la pression déstabilisante qu'entraîne le parcours des peuples à travers le monde. Pression qui peut nous faire nous raccrocher à d'autres cultures ou les dénigrer ; nous faire classer le mal selon la mode du jour ; nous faire légiférer, expulser, nous conformer, purger, prêter allégeance aux fantômes et à l'imagination. Surtout, cette pression peut nous faire nier l'étranger qui est en nous et résister à mort au caractère universel de l'humanité.

Après plusieurs tentatives, la lumière se fait peu à peu dans l'esprit de l'Occidental de Camara Laye, Clarence voit s'exaucer son vœu de rencontrer le roi. Mais à ce moment-là, son objectif et lui-même ont changé. Au mépris des conseils des gens du coin, Clarence s'avance tout nu en rampant jusqu'au trône. Quand enfin il voit le roi, qui n'est qu'un enfant couvert d'or, le « vide effrayant[1] » qu'il a en lui, vide qui l'a protégé de la révélation, s'ouvre pour recevoir le regard du roi. C'est cette ouverture, cet effondrement de l'armure culturelle maintenue par peur, cet acte de courage sans précédent qui marque le début du salut de Clarence, de sa félicité et de sa liberté. Enveloppé dans son étreinte, sentant battre son tout jeune cœur, Clarence entend l'enfant-roi murmurer ces propos exquis d'authentique appartenance, propos qui l'accueillent dans la race humaine : « Ne savais-tu pas que je t'attendais ? »

1. *Ibid.*, p. 252, de même que la citation suivante.

Racisme et fascisme

Rappelons-nous qu'avant qu'il n'y ait une dernière solution, il doit y avoir une première solution, une deuxième, voire une troisième. Le mouvement vers une dernière solution n'est pas un saut. Il requiert un pas, puis un autre, puis un autre. Quelque chose, peut-être, qui ressemble à ceci :

1. Construire un ennemi interne, à la fois comme point de mire et diversion.
2. Isoler et diaboliser cet ennemi en déchaînant et en protégeant l'expression d'insultes franches ou codées, ainsi que de violences verbales. Recourir à des attaques personnelles en guise d'accusations légitimes contre cet ennemi.
3. S'assurer et créer des sources et des distributeurs d'informations qui soient désireux de renforcer le processus de diabolisation parce qu'il est rentable, parce qu'il confère du pouvoir et parce qu'il fonctionne.
4. Dresser des palissades autour de toutes les formes d'art ; surveiller, discréditer ou expulser ceux qui bravent ou déstabilisent les processus de diabolisation et de déification.
5. Subvertir et diffamer tous les représentants ou sympathisants de cet ennemi que l'on a construit.
6. Solliciter, parmi les ennemis, des collaborateurs qui approuvent et peuvent assainir le processus de dépossession.

7. Rendre l'ennemi pathologique dans les médias spécialisés et populaires : recycler, par exemple, le racisme scientifique et les mythes de supériorité raciale afin de rendre la pathologie naturelle.
8. Faire de l'ennemi un criminel. Ensuite, préparer, inscrire au budget et rationaliser la construction d'arènes de rétention pour l'ennemi, surtout pour sa population masculine et absolument pour ses enfants.
9. Récompenser la bêtise et l'apathie par des divertissements monumentalisés et des petits plaisirs, de minuscules agréments : quelques minutes à la télévision, quelques lignes dans la presse ; un petit pseudo-succès ; l'illusion du pouvoir et de l'influence ; un peu d'amusement, un peu d'élégance, un peu d'importance.
10. Maintenir le silence à tout prix.

En 1995, le racisme peut bien porter un nouvel habit, s'acheter une nouvelle paire de bottes, mais ni le fascisme, son jumeau succube, ni lui ne sont nouveaux ni ne peuvent créer quoi que ce soit de nouveau. Le racisme ne peut que reproduire l'environnement qui conforte sa propre santé : la peur, le déni et une atmosphère dans laquelle ses victimes ont perdu la volonté de se battre.

Les forces intéressées par les solutions fascistes aux problèmes nationaux ne se trouvent pas dans un parti politique ou un autre, ni dans une aile d'un seul parti politique ou une autre. Les démocrates n'ont pas une histoire d'égalitarisme sans tache. Les libéraux ne sont pas non plus exempts de programmes de domination. Les républicains ont compté dans leurs rangs tant des abolitionnistes que des défenseurs de la suprématie blanche. Conservateurs, modérés, libéraux ; gauche, droite, gauche dure, extrême droite ; religieux, laïcs, socialistes : nous ne devons pas nous laisser piéger par ces étiquettes du genre « Pepsi-Cola » ou « Coca-Cola », car le génie du fascisme, c'est que toute structure politique peut en héberger le virus et que quasiment tout pays développé peut en devenir un foyer convenable. Le fascisme parle la langue de l'idéologie, mais il n'est en vérité que marketing : marketing visant à s'assurer le pouvoir.

On le reconnaît à son besoin de purger, aux stratégies qu'il utilise pour ce faire et à sa terreur des programmes vraiment démocratiques. On le reconnaît à sa détermination à convertir tous les services publics en missions d'entreprises privées, toutes les associations à but non lucratif en associations réalisant des bénéfices, de sorte que le gouffre étroit, mais confortable, séparant le gouvernement et les affaires disparaît. Il transforme les citoyens en contribuables, de sorte que les individus se fâchent ne serait-ce qu'à l'idée de bien public. Il transforme les voisins en consommateurs, de sorte que la mesure de notre valeur en tant qu'êtres humains n'est plus notre humanité, notre compassion ni notre générosité, mais ce que nous possédons. Il transforme le rôle de parent en motif de panique, de sorte que nous votons contre les intérêts de nos propres enfants : contre *leur* système de santé, *leurs* études, *leur* protection face aux armes. Et en effectuant ces transformations, il engendre le parfait capitaliste, individu prêt à tuer un être humain pour obtenir un produit (une paire de baskets, un blouson, une voiture) ou à tuer plusieurs générations pour s'assurer le contrôle de divers produits (pétrole, médicaments, fruits, or).

Quand nos peurs auront toutes été adaptées en feuilletons ; notre créativité, censurée ; nos idées, « mises sur le marché » ; nos droits, vendus ; notre intelligence, transformée en slogans ; notre force, diminuée ; notre intimité, vendue aux enchères ; quand la théâtralité, la valeur de divertissement et la commercialisation de la vie seront complètes, nous nous retrouverons à vivre non dans une nation, mais dans un consortium d'industries, entièrement inintelligibles à nous-mêmes, exception faite de ce que nous verrons vaguement comme derrière un écran.

Chez soi

L'année dernière, une de mes collègues m'a demandé où j'allais à l'école quand j'étais petite. Je lui ai répondu : « Lorain, dans l'Ohio. » Ensuite, elle m'a posé des questions : « La ségrégation avait-elle disparu de vos écoles, à l'époque ? » J'ai répondu : « Quoi ? Elles n'avaient jamais connu la ségrégation dans les années 1930 et 1940, alors pourquoi aurait-on dû l'y supprimer ? De plus, on avait un lycée et quatre collèges. » Ensuite, je me suis rappelé qu'elle-même avait environ quarante ans à l'époque où le terme « déségrégation » fleurissait partout. À l'évidence, j'étais hors du temps et, à l'évidence, les premières et diverses populations de la ville dans laquelle j'ai grandi n'avaient pas fait comme le reste du pays. Avant de quitter Lorain pour Washington, D.C., puis pour le Texas, puis pour Ithaca, puis pour New York, je croyais que tous les lieux lui ressemblaient plus ou moins, sauf par la taille. Rien ne pouvait être plus éloigné de la vérité. En tout cas, les questions de ma collègue m'ont fait à nouveau réfléchir à cette partie de l'Ohio et aux souvenirs que j'avais de chez moi. Cette région (Lorain, Elyria, Oberlin) ne ressemble plus à ce qu'elle était lorsque j'y habitais, mais dans un sens, cela n'importe pas, car le chez soi, c'est le souvenir et les compagnons et/ou amis qui partagent ce souvenir. Mais l'idée même de chez soi est tout aussi importante que le souvenir, le lieu et les personnes de son propre chez soi. Quand nous disons « chez nous », que voulons-nous dire ?

C'est une question qui peut se poser, car la destinée du XXIe siècle sera façonnée par la possibilité ou l'effondrement d'un monde susceptible d'être partagé. La question de l'apartheid culturel et/ou de l'intégration culturelle est au cœur de tous les gouvernements, elle imprègne notre perception des manières par lesquelles l'activité gouvernementale et la culture imposent l'exode (volontaire ou provoqué) des populations, et soulève des questions complexes de dépossession, de reconquête et de renforcement d'attitudes défensives. Comment les individus résistent-ils ou s'associent-ils en complices au processus d'aliénation, de diabolisation des autres, processus qui peut propager la xénophobie du pays dans le sanctuaire géographique de l'étranger ? En accueillant des immigrants ou en important des esclaves parmi eux pour des raisons économiques, et en reléguant leurs enfants à une version moderne des « morts-vivants ». Ou en réduisant tous les membres d'une population autochtone, dont certains ont une histoire longue de centaines, voire de milliers d'années, au rang d'étrangers méprisés dans leur propre pays. Ou par l'indifférence privilégiée d'un gouvernement qui se contente de regarder un déluge presque biblique inonder une ville, parce que ses habitants étaient des Noirs ou des pauvres en trop, sans moyens de transport, sans eau, sans nourriture, sans secours, livrés à eux-mêmes pour nager, patauger ou mourir dans de l'eau fétide, des greniers, des hôpitaux, des prisons, sur des boulevards ou dans des enclos. Telles sont les conséquences d'une diabolisation persistante ; telle est la moisson de la honte.

De toute évidence, le mouvement de populations sous la contrainte, devant, par et derrière les frontières n'est pas nouveau. L'exode forcé ou voulu en territoire inconnu (psychologique ou géographique) est indélébile dans l'Histoire de tout quadrant du monde connu, depuis les expéditions des Africains en Chine et en Australie jusqu'aux interventions militaires des Romains, des Ottomans, des Européens ; jusqu'aux incursions marchandes accomplissant les désirs d'une pléthore de régimes politiques, de monarchies et de républiques. De Venise à la Virginie, de Liverpool à Hong Kong. Tous ces voyageurs et bien d'autres ont transplanté dans d'autres royaumes les richesses et les arts qu'ils avaient découverts. Et tous ont laissé le sol étranger maculé de leur sang et/ou ont transféré leur sang dans les veines des conquis. Pendant que, dans leur sillage, les langues des conquérants et des conquis s'augmentaient chacune de la condamnation de l'autre.

La reconfiguration des alliances politiques et économiques, ainsi que le redécoupage quasi instantané des États-nations, encouragent ou empêchent la relocalisation de nombreuses populations, dont les déplacements massifs sont plus importants que jamais. Un tel déferlement de population a charrié avec lui le concept de citoyenneté et modifié nos perceptions de l'espace, public et privé. Une telle pression a été marquée par une pléthore de mots composés désignant l'identité nationale. Dans les descriptions publiées par la presse, le lieu d'origine est devenu plus évocateur que la citoyenneté : l'individu est identifié comme « citoyen allemand de telle et telle origine » ou « citoyen britannique de telle et telle origine ». Tout ce temps, on salue un nouveau cosmopolitisme, un genre de citoyenneté culturelle à niveaux multiples. La relocalisation des populations a déclenché et perturbé l'idée de patrie, et étendu l'intérêt pour l'identité au-delà des définitions de la citoyenneté, jusqu'à fournir des éclaircissements sur l'extranéité. « Qui est l'étranger ? » est une question qui nous amène à percevoir une menace implicite et accrue au sein de la « différence ». Nous le voyons dans la défense de l'autochtone contre l'individu extérieur ; dans le malaise personnel que l'on éprouve par rapport à son propre sentiment d'appartenance (Suis-je l'étranger dans ma propre patrie ?) ; dans la défense d'une intimité non voulue au lieu d'une distance sûre. Le trait qui caractérise le plus notre époque est peut-être le fait que, une fois encore, les murs et les armes y occupent une place aussi prépondérante que jadis, à l'époque médiévale. Dans certains endroits, les frontières poreuses sont perçues comme des zones de menaces et de chaos certain, et, réelle ou imaginée, c'est la séparation forcée que l'on postule comme étant la solution. Des murs, des munitions : ils sont certes efficaces. Un moment. Mais ce sont des échecs majeurs au fil du temps, puisque les occupants de fosses communes creusées au hasard et non signalées hantent toute l'Histoire de la civilisation.

Songez à une autre conséquence des usages violents et manifestes auxquels est soumise l'extranéité : la purification ethnique. Nous serions non seulement négligents, mais hors sujet, si nous n'abordions pas le destin tragique auquel sont actuellement confrontées des millions de personnes réduites au statut d'animal, d'insecte ou de polluant par des nations s'arrogeant le pouvoir total et impénitent de décider qui est étranger et s'il doit vivre ou mourir chez lui ou loin de chez lui. J'ai précédemment signalé que l'expulsion et le massacre d'« ennemis » sont aussi vieux que l'Histoire. Mais le siècle dernier et celui-ci ont quelque chose de nouveau et de déchirant. À nulle autre période nous n'avons été témoins d'une telle myriade d'agressions contre des personnes désignées comme n'étant pas « nous ». Or, comme vous l'avez vu au cours des deux dernières années, la question politique centrale était : « Qu'est-ce qu'un Américain ou qui est-ce ? »

D'après ce que je comprends des propos de ceux qui ont étudié l'Histoire du génocide (sa définition et son application), il semble y avoir un schéma. Les États-nations, les gouvernements qui recherchent une légitimité et une identité, paraissent aptes et déterminés à se former par la destruction d'un « autre » collectif. Quand les nations européennes étaient assujetties à la consolidation du pouvoir royal, elles ont pu accomplir ce massacre dans d'autres pays : africains, sud-américains, asiatiques. L'Australie et les États-Unis, républiques autoproclamées, ont exigé l'anéantissement de toutes les populations autochtones, sinon l'usurpation de leurs terres, afin de créer leur nouvel État démocratique. La chute du communisme a engendré tout un bouquet de nations nouvelles ou réinventées, qui ont mesuré leur statut d'État en « épurant » diverses communautés. Que leurs cibles aient été de religions, de races ou de cultures différentes (peu importe), on a trouvé des raisons d'abord de les diaboliser, puis de les expulser ou de les assassiner. Pour parvenir à une sécurité présumée, à une hégémonie ou à la pure spoliation des terres, on a construit les étrangers comme somme totale des maux de la nation putative. Si ces spécialistes ont raison, nous verrons de plus en plus d'épisodes de guerre illogiques, conçus par les dirigeants de tels États afin de s'arroger le contrôle. Les lois ne sauraient les en empêcher, ni aucun dieu : les interventions ne font que provoquer.

Le parler guerrier

En essayant d'accepter les avantages et les défis du mondialisme, il est devenu nécessaire de reconnaître que ce terme souffre de sa propre histoire. Il ne s'agit pas d'impérialisme, d'internationalisme, ni même d'universalisme. Assurément, une distinction majeure entre le mondialisme et ses prédécesseurs est le degré de vitesse dont il est empreint : la rapide reconfiguration des alliances politiques et économiques, ainsi que le redécoupage quasi instantané des États-nations. Ces deux nouvelles redéfinitions encouragent ou empêchent la relocalisation de nombreuses populations. Celle-ci nous a amenés à nous demander : « Qui est l'étranger ? » et à percevoir dans la « différence » une menace implicite. Cependant, les intérêts des marchés mondiaux peuvent absorber toutes ces questions et prospérer, en fait, grâce à une multiplicité de différences : plus elles sont ténues, plus elles sont exceptionnelles et mieux cela vaut, puisque chaque « différence » signifie un groupe de consommateurs identifiable et plus spécifique. Ce marché peut se reconstituer à l'infini pour s'adapter à toute définition élargie de la citoyenneté, aux identités qui prolifèrent et sans cesse se réduisent, ainsi qu'aux troubles engendrés par une guerre planétaire. Mais lorsqu'on aborde les inconvénients de la citoyenneté, une gêne quant à cette avantageuse capacité à se transformer s'insinue dans la conversation. L'aspect caméléon de l'économie mondiale provoque la défense de l'autochtone et soulève des questions plus nouvelles d'extranéité, extranéité qui suggère l'intimité plutôt que la distance

(Est-il mon voisin ?) et un profond malaise personnel par rapport à notre propre sentiment d'appartenance (Est-il nous ? Suis-je l'étranger ?). Ces questions compliquent le concept d'appartenance, de patrie, et sont révélatrices de l'inquiétude évidente dans plusieurs endroits à propos des langues officielles, interdites, non régulées, protégées ou subversives.

On reste pantois devant ce que les Africains du Nord ont peut-être fait ou sont capables de faire au français ; ce que les Turcs ont fait de l'allemand ; le refus de certains locuteurs catalans de lire, ou même de parler, en espagnol. Devant l'insistance sur le gaélique dans les écoles, l'étude universitaire de l'ojibwé ou l'évolution poétique du new-yoricain. Même devant de faibles efforts (peu judicieux, je crois) pour organiser quelque chose dénommé l'ébénique[1].

Plus la mondialisation prendra le pas sur les différences entre les langues, en les ignorant, en les sollicitant ou en les engloutissant, plus ces protections et usurpations deviendront passionnées. Car le chez soi, c'est la langue : celle dans laquelle nous rêvons.

Je crois que c'est dans les humanités, et tout particulièrement dans la branche de la littérature, que de tels antagonismes deviennent de riches domaines de créativité et améliorent ainsi le climat entre les cultures et les populations itinérantes. Les écrivains sont décisifs dans ce processus, pour un certain nombre de raisons, dont la principale est le talent de l'écrivain pour taquiner la langue, faire naître, à partir du lexique perméable et vernaculaire du langage, ainsi que des hiéroglyphes de l'écran électronique, bien plus de sens, plus d'intimité et, ce qui n'est pas un hasard, plus de beauté. Si ce travail n'est pas nouveau pour les écrivains, les défis, eux, le sont, puisque toutes les langues, majeures et dominantes, mineures et protégées, vacillent sous le poids des contraintes de la mondialisation.

Cependant, l'influence de la mondialisation sur la langue n'est pas toujours délétère. Elle peut aussi créer des situations curieuses ou accidentelles dans lesquelles une profonde créativité jaillit de

1. Ojibwé : langue amérindienne parlée essentiellement dans la région des Grands Lacs ; new-yorican : anglais parlé à New York par les descendants d'immigrés portoricains ; ébénique : anglais parlé par les Noirs américains.

la nécessité. Permettez-moi d'évoquer un exemple concret, dans lequel de graves changements de discours public ont déjà eu lieu à mesure que la communication envahissait quasiment tous les domaines. Le langage de la guerre a historiquement été noble, en faisant appel à cette qualité du discours guerrier qui élève l'esprit : l'éloquence du chagrin pour les morts, du courage et de l'honneur de la vengeance. Ce langage héroïque, rendu par Homère, Shakespeare, dans les sagas et par les hommes d'État, n'a d'égal en beauté et en force que le langage religieux, avec lequel il se confond souvent. Depuis l'époque précédant notre ère jusqu'au XXe siècle, ces démonstrations de parler guerrier ont connu des perturbations. Un moment de méfiance et de dédain envers un tel langage est apparu immédiatement après la Première Guerre mondiale, lorsque des écrivains comme Ernest Hemingway et Wilfred Owen, entre autres, ont contesté la véracité de termes tels qu'« honneur », « gloire », « bravoure », « courage » pour décrire la réalité de la guerre, l'obscénité de ces termes étant associée au carnage de 1914-1918.

Comme l'a écrit Hemingway : « J'ai toujours été embarrassé par les mots : sacré, glorieux, sacrifice, et par l'expression "en vain". Nous les avions entendus debout, parfois, sous la pluie, presque hors de la portée de l'ouïe [...] Je n'avais rien vu de sacré, et ce qu'on appelait glorieux n'avait pas de gloire, et les sacrifices ressemblaient aux abattoirs de Chicago à cette différence que la viande ne servait qu'à être enterrée. Il y avait beaucoup de mots qu'on ne pouvait plus tolérer et, en fin de compte, seuls les noms des localités avaient conservé quelque dignité[1]. »

Mais les événements de 1938 ont fait taire ces interventions et, une fois de plus, le langage de la guerre s'est montré à la hauteur du second conflit mondial. Les images revêtues de prestige que nous gardons de Roosevelt, Churchill et autres hommes d'État résultent en partie de leurs discours passionnés et témoignent de la force de l'orateur militant. Pourtant, quelque chose d'intéressant s'est produit après la Seconde Guerre mondiale. À la fin des années 1950 et dans

1. Ernest Hemingway, *L'Adieu aux armes* (1929), traduit par Maurice-Edgar Coindreau, Paris, Folio Gallimard, 2017, p. 177-178.

les années 1960, des guerres se sont poursuivies, bien sûr (chaudes et froides, au nord et au sud, grandes et petites), de plus en plus cataclysmiques, de plus en plus déchirantes, car tellement inutiles ; si brutalement punitives envers les civils innocents que l'on ne pouvait que tomber à genoux de douleur. Cependant, le langage qui accompagnait ces guerres récentes est devenu étrangement restreint. Le déclin de la force de persuasion du discours de combat était peut-être dû aux faibles exigences des médias commerciaux : leur aversion pour les phrases complexes et les métaphores peu connues, la prédominance de la communication visuelle sur la communication linguistique. Ou peut-être était-il dû au fait que toutes ces guerres étaient les enfants muets et bouillants de rage des précédentes. Quelle qu'en ait été la cause, le discours guerrier est devenu infantile. Faiblard. Vaguement prépubère. Sous les discours, les communiqués, les avis d'experts et les essais se trouvent les pleurnicheries évidentes de la cour de récréation : « Il m'a frappé. C'est pas vrai. Mais si. » « C'est à moi. C'est pas vrai. Mais si. » « Je te déteste. Je te déteste. »

Ce déclin, me semble-t-il, cet écho d'enfantillages passionnés, affecte le plus haut niveau du discours guerrier contemporain et ressemble à celui des magazines de bandes dessinées ou des films d'action. « Je frappe au nom de la liberté ! » « Nous devons sauver le monde ! » « Houston, on a un problème[1]. » Tout un laïus affaibli et inepte est apparu pour aborder les casse-tête politiques et économiques. Ce qui est fascinant, c'est qu'un tel langage ait sombré dans des abîmes de lourdeur précisément à l'époque où évoluait un autre langage : celui de la non-violence, de la résistance pacifique, de la négociation. Le langage de Gandhi, de Martin Luther King, de Nelson Mandela, de Václav Havel. Langage irrésistible, vigoureux, passionné, subtil, propre à élever l'esprit, intelligent, complexe. Alors que les conséquences de la guerre devenaient de plus en plus désastreuses, le parler guerrier s'est fait de moins en moins crédible, plus infantile dans sa panique. Changement qui est

1. La phrase exacte : « Houston, on a eu un problème », prononcée par l'astronaute Jack Swigert à bord d'Apollo 13 en avril 1970, a été popularisée sous cette forme par le film *Apollo 13*, de 1995.

devenu manifeste juste au moment où le langage des résolutions et de la diplomatie développait son propre idiome : idiome moral digne de l'intelligence humaine, qui dissipait le nuage de faiblesse et d'apaisement ayant historiquement plané au-dessus de lui.

Je ne crois pas que cette évolution soit une coïncidence. Je crois qu'elle représente un changement fondamental du concept de guerre : une conviction pas si secrète, parmi des populations diverses et variées, à la fois opprimées et privilégiées, que la guerre est dépassée, en fin de compte : que c'est vraiment la méthode la plus inefficace pour atteindre ses objectifs (à long terme). Peu importent les défilés rémunérés, les applaudissements forcés, les émeutes provoquées à dessein, les manifestations organisées (pour ou contre), la censure par l'État ou l'autocensure, la propagande ; peu importent les occasions immenses de réaliser des gains et bénéfices ; peu importe l'Histoire de l'injustice : au fond, il est impossible d'échapper au soupçon que plus les armes de guerre sont sophistiquées, plus l'idée de la guerre est archaïque. Plus la prise de pouvoir est transparente, plus la justification est sacrée ; plus les prétentions ont été arrogantes, plus le langage de la guerre est devenu barbare et discrédité. Les dirigeants qui trouvent que la guerre est la solution unique et inévitable aux désaccords, aux expulsions, aux agressions, à l'injustice et à la pauvreté dégradante semblent non seulement désespérément rétrogrades, mais aussi intellectuellement défaillants, exactement comme le langage ronflant des magazines de bandes dessinées dans lequel ils s'expriment.

Je comprends que mes commentaires puissent sembler décalés à la date d'aujourd'hui, en 2002, où les législatures, les révolutionnaires et les enflammés ne « déclarent » pas la guerre, mais se contentent de la faire. Cependant, je suis convaincue que le langage qui a le plus de force, qui requiert le plus de sagacité, de talent, de grâce, de génie et, oui, de beauté, ne peut jamais se trouver ni ne se retrouvera jamais dans les hymnes à la gloire de la guerre, ni dans les appels érotiques à rallier le combat. Le pouvoir de cet autre langage possible n'émane pas de l'art dispendieux et fatiguant de la guerre, mais plutôt de l'art exigeant et supérieurement intelligent de la paix.

La guerre à l'erreur

C'est avec une joie immédiate que j'ai accepté cette invitation à parler au côté d'Amnesty International. Je n'ai pas hésité un seul instant sur cette occasion de m'adresser à une communauté extraordinaire d'humanitaires actifs dont je respecte si profondément le travail. Comme cet honneur me faisait plaisir et me stimulait, je croyais qu'il serait relativement facile de trouver quelque chose d'important à vous dire. Quelques mois plus tard, cependant, j'ai commencé à avoir de sérieuses réserves sur mon enthousiasme initial et irréfléchi. Abasourdie par des nouvelles de déclenchement du chaos, les bilans de victimes, les famines programmées, les guerres de choix contre des pays désarmés, je suis quasiment devenue sans voix : stupéfiée au point d'une incrédulité muette, désemparée par ce que j'avais compris comme étant l'équanimité des congrès et de parlements inertes s'occupant de leurs affaires, qui sont les affaires. Le manque de pertinence et le sensationnalisme des médias dominants, leur étrange silence sur des questions vitales, leurs déballages qui passent pour du journalisme ont fait leur œuvre et embrouillé mes pensées malheureuses, impuissantes et inexprimables.

Bien qu'à cette occasion, un thème évident m'ait traversé l'esprit (une énumération de salutations et de compliments à Amnesty International), je me suis enfin aperçue que l'heure des compliments est passée, même si je suis ébahie par l'ampleur et la profondeur de la résilience d'Amnesty International. J'en suis venue à croire que l'heure n'est pas à l'autosatisfaction, bien qu'il y ait de la place pour elle, de la place pour se souvenir et s'émerveiller des résultats obtenus par Amnesty International, des conséquences de son action sur la vie des oubliés et du succès avec lequel cette organisation a terni l'éclat tapageur des puissants.

Non-alignée, d'un interventionnisme noble, non tolérée par les nations ni les partis politiques, les intérêts privés ni l'épuisement public, elle déclare que les États, les murs et les frontières sont sans rapport avec ses objectifs humanitaires, mais aussi préjudiciables à sa tâche, en invoquant la responsabilité et en refusant d'accepter le récit qu'un gouvernement myope ferait lui-même de son comportement.

Je puis partager la colère de millions de personnes, mais cela n'ira pas. La rage a des usages limités et de sérieux défauts. Elle ampute la raison et déplace l'action constructive dans un théâtre stupide. En outre, assimiler les mensonges ou contre-vérités, à la fois transparents et nuancés, que formulent les gouvernements, leur hypocrisie tellement accomplie qu'elle se moque bien qu'on la révèle, peut aboutir à lasser et embrouiller l'esprit.

Nous vivons dans un monde où la justice équivaut à la vengeance. Où la politique publique est menée par les bénéfices privés. Où le corps des libertés civiles, que les braves et les défunts ont conquis cellule par cellule, os par os, s'atrophie dans la chaleur brûlante du « tout guerre, tout le temps » et où, face à la guerre éternelle, le respect, voire l'intérêt, pour les solutions humanitaires peut décroître. À l'heure même où est enfin remise en cause la certitude que la sécurité d'une nation sur deux dans le monde est subordonnée au bien-être des États-Unis, les impératifs dictés par cette certitude répriment constamment les droits civiques et les solutions humanitaires.

Permettez-moi de vous décrire un peu ce qui se passe dans mon pays.

Les partisans de la peine de mort se retranchent de plus en plus sur leurs positions, alors même que l'on est forcé de réexaminer des milliers de cas d'exécutions prévues au Texas, du fait d'erreurs flagrantes commises dans les laboratoires chargés des analyses d'ADN.

Une prétendue loi « Cieux limpides », conçue pour remplacer la loi « Air pur », produit exactement l'effet inverse. Les grandes entreprises, les compagnies minières, les usines peuvent désormais ignorer ou différer chaque mesure de protection de l'environnement mise en place par l'administration précédente et transformer la « mort par respiration » en or.

Les droits constitutionnels sont confrontés à l'appauvrissement et à l'anéantissement, à l'heure où la plus grande histoire la plus minimisée est la perte imminente de ses droits pour l'électorat. Les nouvelles urnes électroniques prévues par la loi « Aidez l'Amérique à voter », de 2002, seraient incapables de faire ce que peuvent faire les distributeurs de billets et les vendeurs des épiceries : fournir un reçu papier indiquant le choix de l'électeur, ce alors que n'importe quel pirate informatique astucieux peut accéder à ces données et que le plus grand fabricant de ces nouvelles machines est en mesure de calculer (peut-être de contrôler) les résultats chez lui, dans son bureau.

Abandon de traités, préemption, démantèlement, arrestations massives sans accusations ni représentation légale, ordres intimés aux juges par le ministère de la Justice d'imposer des peines maximales, limogeage de ceux qui donnent l'alarme, censure draconienne : ces actions ont lieu dans une atmosphère d'agressivité, de panique, d'avidité et de méchanceté qui rappelle l'architecture politique oppressante que nous croyions avoir démolie. Mais tout cela, vous le savez déjà. L'histoire de vos activités est faite de l'attestation de tels simulacres et d'interventions dans leur existence.

Il me semble que, parmi les différentes guerres menées actuellement sur la planète, l'une est primordiale et dépasse en urgence toutes les autres. C'est la guerre à l'erreur.

« Guerre à l'erreur » est une expression forgée pour décrire les efforts entrepris par les religions institutionnelles aux XVe et XVIe siècles afin de corriger ceux dont les croyances étaient différentes. À une époque et dans un endroit où la religion est la norme, l'apostasie est littéralement une trahison. Notre monde moderne a « hérité d'un appareil complet de persécution et d'une tradition intellectuelle qui justifiait de tuer au nom de Dieu[1]. » Saint Thomas d'Aquin lui-même a écrit que les apostats devaient « être ôtés du monde par la mort[2] ». L'essentiel, dans cette guerre médiévale, n'était pas le mal inhérent à l'incroyant ou à l'incrédule, mais son refus de reconnaître son erreur. La leçon à tirer était : l'acceptation ou la mort. Rude éducation dans une école difficile, dont les portes sont encore entrouvertes. Librement, respectueusement, elles sont poussées tant par les incroyants que les fidèles, tant par les politiciens que par Enron, Halliburton et WorldCom.

Maintenant que cette école médiévale a rouvert, on en révise les vieux programmes. Se hâtant de dispenser les leçons, les administrations ne se contrôlent plus, virevoltent entre l'opportunisme du savant qui triche et la violence du sot ; entre les cours sur l'intégrisme de l'empire et les séminaires sur la domination théocratique. Quant aux nations et aux pseudo-États, à mesure qu'ils forment leurs élèves à purger, épurer et massacrer, ils affirment des pouvoirs à faire pâlir Caligula. Les célébrations de remise des diplômes ont lieu là où l'exploitation, arborant le séduisant costume du mondialisme, danse avec tout partenaire consentant. Dans leur recherche d'une telle exploitation, les grandes entreprises se posent aux quatre coins du monde et vendent de la « démocratie » comme si c'était une marque de dentifrice dont elles seules contrôlent le brevet.

Je pense qu'il est temps de mener une guerre moderne contre l'erreur. Une bataille volontairement exacerbée contre l'ignorance entretenue, le silence imposé et les mensonges générateurs de métastases. Une guerre plus vaste, menée quotidiennement par des associations pour la défense des droits de l'Homme dans des revues, des reportages, des index, lors de visites dangereuses et de rencontres avec des forces d'oppression pernicieuses. Un combat de sauvetage, grandement financé et intensifié, pour sortir de la violence qui est en train d'engloutir les dépossédés.

1. Cullen Murphy, *God's Jury: The Inquisition and the Making of the Modern World*, Boston, Houghton Mifflin Harcourt, 2012, p. 188.

2. Saint Thomas d'Aquin, *Somme théologique*, traduite et annotée par F. Lachat, tome VII, Paris, Louis Vivès, 1874, p. 360.

Si, psychologiquement, scientifiquement, intellectuellement et affectivement, nous n'avons pas progressé de 1492, où l'Espagne s'est débarrassée de tous ses juifs, à 2004, où le Soudan bloque les vivres et se contente de regarder son peuple lentement mourir de faim ; de 1572, où la France a vu dix mille personnes massacrées le jour de la Saint-Barthélemy, à 2001, où des milliers d'individus ont fini déchiquetés en filaments par l'explosion survenue à New York ; de 1692, où Salem a brûlé ses propres filles, épouses et mères, à 2004, où des villes entières étouffent sous le flot de touristes sexuels qui se nourrissent de corps de jeunes filles et de jeunes garçons, alors malgré nos nouveaux jouets de communication rutilants, nos magnifiques photos de Saturne, nos greffes d'organes sophistiquées, nous étudions les mêmes vieux programmes qui gaspillent les existences qu'ils ne peuvent détruire. Nous nous tournons vers la sorcellerie : nous invoquons un brassage d'étrangers, d'ennemis, de démons et de « causes » qui détournent et apaisent les angoisses quant aux portes par lesquelles se promènent les barbares ; les angoisses à l'idée que le langage tombe dans la bouche des autres, que l'autorité passe aux mains d'inconnus. Le désir, le mantra, la devise de cet ancien système d'éducation est : la civilisation au point mort, puis qui s'enlise. Et quiconque pense autrement est naïf, parce qu'il existe un réel danger dans le monde. Bien sûr que oui. Voilà justement pourquoi une correction s'impose : de nouveaux programmes, qui contiennent une puissante réflexion visionnaire sur la façon dont la pensée morale, ainsi qu'un esprit libre et florissant, peuvent opérer dans un contexte de plus en plus dangereux pour leur santé.

Il n'y a plus d'excuses pour un cœur qui saigne quand son contraire est : pas de cœur du tout. C'est avec plus d'humanité qu'il faut faire face au danger de perdre notre humanité. Sinon, nous restons docilement derrière Éris, tenons la cape de Némésis et nous prosternons aux pieds de Thanatos.

Prescrire le travail d'Amnesty International est plus crucial aujourd'hui que jamais auparavant, parce que le monde est plus désespéré ; parce que les corps dirigeants sont plus entravés, plus indifférents, plus distraits, plus ineptes, plus dépourvus de ressources et de stratégies créatrices ; parce que les médias sont des pions de plus en plus joyeux sur le marché des changes, des courtisans au service de grandes entreprises qui n'ont pas d'intérêts ni d'allégeances nationaux et ne sont rattachées à aucun service public.

Ce qui relie entre elles ces perversions sociales, pour moi, c'est l'erreur profonde : non seulement les erreurs créées par des données contestables mais incontestées, par des communiqués « officiels » déformés, par la censure et la manipulation de la presse, mais aussi et surtout les défauts profondément ancrés dans l'imagination. Un exemple de premier ordre est l'incapacité ou la réticence à imaginer l'avenir de l'avenir. L'incapacité ou la réticence à envisager un avenir qui ne soit ni la vie après la mort, ni la fonction qu'occuperont nos petits-enfants. Le temps lui-même semble ne pas avoir d'avenir égal à son passé par sa longueur, sa largeur, son étendue, ni même par la fascination qu'il exerce. L'infini, apparemment, relève désormais du passé. Et l'avenir devient un espace que l'on peut découvrir, un espace cosmique, qui est en fait la découverte du temps passé. De milliards d'années du temps passé. Des irruptions aléatoires d'armageddonisme et des désirs persistants d'apocalypse suggèrent que l'avenir est déjà terminé.

Assez curieusement, c'est en Occident – dont avancée, progrès et changement ont été des marques distinctives – que la confiance dans un avenir durable est au plus bas. Depuis 1945, le « monde sans fin » fait l'objet de graves discussions. Même nos définitions du présent ont des préfixes orientés vers le passé : postmoderne, poststructuraliste, postcolonial, post-Guerre froide. Nos prophètes contemporains se retournent pour regarder derrière eux ce qui a eu lieu auparavant.

Il y a de bonnes raisons à cette ruée dans le passé pour trouver toutes nos réponses aux problèmes contemporains. D'abord, il y a le bonheur que procurent son exploration, sa révision, sa déconstruction. Une de ces raisons est liée à la sécularisation de la culture ; une autre, à la théocratisation de la culture. Dans la première, il n'y aura pas de Messie et la vie après la mort est présumée absurde d'un point de vue médical. Dans la seconde, la seule existence qui importe est celle qui suit la mort. Dans les deux, maintenir l'existence humaine sur cette planète pendant encore un demi-milliard d'années dépasse les pouvoirs de notre imagination. On nous met en garde contre le luxe d'une telle méditation (en partie du fait qu'elle concerne l'inconnu, surtout du fait qu'elle peut ajourner et déplacer les problèmes contemporains), comme les missionnaires jadis accusés de détourner l'attention du converti de la pauvreté ici-bas pour la diriger vers les récompenses après la mort.

Les voix les plus fortes exhortent ceux qui vivent déjà dans la peur quotidienne à penser à l'avenir en termes militaires, comme cause et expression de la guerre. On nous intimide au point de nous faire comprendre le projet humain comme lutte à caractère viril dans laquelle les femmes et les enfants sont les collatéraux dont on se passe le mieux.

Si le langage scientifique parle d'une vie individuelle plus longue en échange d'une vie éthique ; si le programme politique consiste dans la protection xénophobe de quelques-unes de nos familles contre les autres, désastreuses ; si le langage religieux est discrédité à titre de mépris envers les non-religieux ; si le langage séculier se réfrène, dans la peur du sacré ; si le langage du marché n'est qu'un prétexte pour inciter à l'avidité ; si l'avenir des connaissances n'est pas la sagesse, mais la « promotion », où pourrions-nous chercher l'avenir même de l'humanité ? N'est-il pas raisonnable de supposer que projeter la vie terrestre des hommes dans l'avenir lointain ne donnera peut-être pas le film catastrophe que nous avons fini par aimer, mais une reconfiguration de ce pour quoi nous sommes ici ? Atténuer les souffrances, dire la vérité, mettre la barre plus haut ? Frôler l'intemporalité, tel un artiste qui encourage la réflexion, nourrit l'imagination, prête attention à ce long parcours et met sa propre existence en jeu pour imaginer son travail dans un monde digne de vie ?

Pour un avenir que seuls les jeunes sauront peut-être imaginer de façon entière et pure, cette nouvelle guerre à l'erreur ne présente aucune garantie de victoire. La vie sensible est originale et très difficile. Un de mes étudiants (probablement âgé de vingt ans) m'a récemment offert une œuvre d'art. À l'intérieur se trouvaient ces lignes imprimées, coupées et collées :

Personne ne m'a dit qu'il en allait ainsi.
Ce n'est que matière criblée de pure imagination.
[Alors] élevez-vous, petites âmes : rejoignez l'armée condamnée et dirigez-vous vers la signification du changement.
Luttez… Luttez… Livrez le combat ingagnable.

Il semble prêt. Nous le sommes aussi. Oui ?
Merci.

Une race à l'esprit
La presse en action

L'immensité et l'omniprésence de la presse peuvent facilement faire de l'ombre à notre dépendance mutuelle : celle qui existe entre les professionnels de la presse et ceux qui n'en sont pas. Il n'y a pas, à ma connaissance, d'autres entités exactement semblables à une presse « libre » et, tandis que je mets ici le mot « libre » entre guillemets, la présence ou l'absence de ces signes d'ambivalence a aussi fait l'objet de plusieurs années de délibérations dans la presse elle-même. Elle ne pourrait même pas être un sujet de discussion dans un système où de telles délibérations seraient closes.

Mais je ne suis pas venue ici pour vous faire perdre votre temps en vous flattant, pour peindre votre portrait dans des couleurs plus éclatantes encore, à la fois sous forme de faste et d'apparat de la liberté démocratique, mais pour commenter ce que je sais que vous comprendrez comme de graves problèmes dans la manière dont fonctionne la presse en tant que médiateur entre l'expérience de la vie dans le monde et sa représentation narrative et visuelle.

Les critiques les plus durs qualifient la presse de « monde de spectacle en circuit fermé, qui n'a d'autre objectif que son moi spectaculaire ». En se fondant, tel un homme politique, uniquement sur ses intérêts pour défendre et critiquer ses activités, la presse encourage ses propres journalistes à expliquer et à déplorer la culpabilité de la presse. Ces critiques sont épouvantés à la vue de journalistes qui se comportent comme des experts indépendants à l'intérieur du spectacle qu'ils ont créé et qu'ils ont intérêt à entretenir, en prétendant parler pour un public si éloigné de leur vie que seuls des sondages peuvent faire allusion à sa nature ; en se protégeant de la critique par des lignes de défense incohérentes, mais efficaces, telles que : « Nous sommes meilleurs qu'avant », « Cette affaire ne veut pas disparaître », « Nous traitons les deux aspects du problème ».

Je ne puis accepter une condamnation si radicale ; pourtant, la claustrophobie que l'on ressent dans l'étreinte protectrice de la presse semble souvent permanente et conspiratrice. Nonobstant la promesse de davantage de choix et de davantage de canaux (magazines ciblés et conçus pour les consommateurs, nombre quasiment illimité de chaînes câblées), la peur d'être étouffé par un éphémère éternel et éternellement réapprovisionné est réelle ; la peur de l'incapacité totale d'un public à s'engager dans le discours public l'est aussi. Cette seconde peur (celle de la clôture définitive du débat public) est palpable, car il n'existe aucune façon de répondre à temps et de manière efficace aux déformations systémiques de la presse, et car la définition de « public » est déjà radicalement modifiée. La question des sans-abri et la criminalité ont été redéfinies et redéployées afin que l'« espace public » soit de plus en plus perçu comme un domaine protégé, ouvert uniquement à ceux qui respectent la loi et qui ont un emploi, ou plutôt à ceux qui en ont l'air. La question des sans-abri a été redéfinie comme celle des personnes sans rue. Non pas les pauvres privés de logis, mais les logés qui sont privés de leur rue. Quant à la criminalité, elle est interprétée comme phénomène essentiellement noir. Aucune de ces deux interprétations n'est nouvelle. Mais comme chacune affecte l'espace public, chacune affecte le discours public.

Il est évident pour quiconque s'y intéresse que, quand on s'est approprié le terme « public » pour qualifier un espace réglementé destiné à une partie de la société seulement, quand les « pauvres » n'ont aucun parti politique pour représenter leurs intérêts, le concept de service public – qui est votre affaire, l'affaire d'une presse « libre » – est lui aussi modifié. Et l'a été. L'intérêt public des minorités, des fermiers, des ouvriers, des femmes, et ainsi de suite, est devenu, dans le langage politique souvent routinier : « intérêts spécifiques ». « Nous, le peuple » est devenu « Eux, le peuple[1] ».

J'introduis les termes « public », « crime », « manque de logements » et « chômage » (qui signifie pauvreté) au début de ces remarques, car ils permettent d'enchaîner sur mes observations concernant la race. Bien qu'il y ait d'autres questions tout aussi importantes pour les rédacteurs-en-chef, le traitement de la race me semble symptomatique de la méfiance générale, de la colère et de la fatigue intellectuelle que la presse continue de provoquer sur une si vaste étendue de ce pays.

Je voudrais commencer en posant deux questions. Premièrement, pourquoi l'identité raciale est-elle importante dans les informations imprimées ou diffusées sur les ondes ? Deuxièmement, si elle est nécessaire, pourquoi la brouille-t-on et la déforme-t-on si souvent au moment même où on l'énonce ?

À l'origine, ce sont les Africains-Américains qui ont prôné, voire exigé, l'identification raciale pour s'assurer que notre présence et notre point de vue étaient représentés. Cette préconisation supposait que nous avions un point de vue autre que celui de la majorité et une expérience de vie aux États-Unis assurément différente de l'expérience légendaire présentée dans la presse. Qu'indépendamment de sa différence ou de sa conformité, le point de vue africain-américain ne devait pas être enfoui sous les opinions de la majorité, ni tenu pour évident. Tout cela paraissait bien beau en théorie, mais en pratique, il s'est produit quelque chose de complètement différent ; une « fabrication de l'autre » qui a pris deux formes : 1) le codage de la race afin de perpétuer des stéréotypes très anciens, alors même que ces stéréotypes s'effritaient dans l'esprit des gens ; 2) l'insistance sur la mise en valeur de la différence raciale précisément aux moments où elle ne faisait vraiment aucune différence. Par exemple, en juin dernier, dans un article sur l'immigration en Floride, un journaliste du *New York Times* s'est héroïquement démené pour faire face à la double exigence d'exactitude *et* de théâtralisation de la race. Son

1. Allusion au Préambule de la Constitution américaine, qui débute par « Nous, le peuple des États-Unis ».

article s'intitulait : « La présence hispanique s'accroît, la colère des Noirs aussi. » Qu'est-ce que « Noirs » pouvait bien signifier d'autre, dans cette formulation, que le mot codé et communément accepté pour désigner les pauvres, les pauvres qui travaillent ou les individus en marge de l'économie ? Nous pourrions supposer que les Hispaniques aussi sont pauvres, sans emploi, sans logis, et ainsi de suite, mais ce serait une erreur, parce que les Hispaniques en question sont des Cubains qui fuient Castro en s'installant dans une ville fortement peuplée de Cubains des classes moyennes et qu'ils sont donc accueillis par tout un arsenal de services sociaux, contrairement aux Haïtiens. Mais quels qu'ils soient, ils sont certainement en concurrence avec tout un chacun pour trouver un emploi et un logement. La question devient : pourquoi distingue-t-on les Noirs ? Pourquoi ne les appelle-t-on pas des habitants de Miami ou des « gens du coin » ? (« La présence hispanique s'accroît, la colère des gens du coin aussi. ») Sauf quand ce sont des militaires, les Noirs ne sont jamais des citoyens américains. Pourquoi ? Parce que, dans le parler des médias, nous ne sommes pas des gens du coin ni des citoyens ordinaires : nous sommes ceux dont la sécurité financière est fragile, ceux dont les réactions sont explosives (« colère » et non inquiétude). Si le lecteur connaît le code, l'usage de l'expression « gens du coin » (citoyens américains économiquement fragiles) dans ce titre pourrait très bien signifier les travailleurs blancs et pauvres de Miami.

Mais cette solution est rejetée d'emblée parce que l'on sait, parce que la connotation déjà codée de Noir-opposé-à-n'importe-quoi-d'autre est ce que l'on nous a amené et appris à croire comme étant l'Histoire véritable, fondamentale et séditieuse. Il n'existe pas de mot imprimable signifiant « pauvre » qui ne connote pas de « race ». Ainsi, sous prétexte de représenter les intérêts de l'ensemble des citoyens noirs, on maintient les oppositions conventionnelles stéréotypées et, ce faisant, on sacrifie les informations utiles.

Voilà qui s'avère un travail très difficile pour ce journaliste. Songez aux contorsions nécessaires que l'on fait subir à la langue pour décrire les conséquences qu'a eues la récente immigration de la population hispanophone de Miami sur sa population anglophone, qui sont ou devraient être le véritable intérêt de l'histoire. Voici les étiquettes qui apparaissent: « Cubains des deux couleurs », « Blancs non hispaniques », « Noirs non hispaniques », « Noirs anglophones nés dans ce pays », « Blancs hispaniques », « Noirs de Haïti et autres îles des Caraïbes ». Que sont donc des « Noirs non hispaniques » ? Des Africains ? Non. Qui sont les « Noirs de Haïti et autres îles des Caraïbes » ? Des Cubains ? Non. Songez combien cet article aurait été clair si la différence avait été marquée par la nationalité et la langue. Il nous aurait dit que des citoyens américains étaient inquiets à propos de la vague d'immigrants qui parlaient peu anglais et voulaient leur voler leur travail. Mais la clarté a cédé le pas à la couleur de peau, et la race a pris la place d'honneur face à la langue. Résultat: tout est délibérément occulté, sauf l'identité raciale. « Schémas d'immigration suivis de la fuite des Blancs ». Ici, les Noirs de la classe moyenne sont hors jeu.

Même lorsqu'elle se situe *à l'intérieur* de la race, où les différences d'origine nationale *sont* des informations, comme dans la mêlée de Crown Heights[1], quartier dont la population se compose essentiellement de Caribéens n'ayant aucune histoire de relations avec des Noirs ou des juifs américains, cette distinction est subsumée sous la noirceur généralisée.

Les conséquences de la mise en valeur de la race sont si déroutantes qu'elles ont amené un journaliste de CNN à se demander, non sans une profonde inquiétude, si l'on pouvait trouver un locuteur du haïtien pour aider un pilote haïtien ayant détourné un avion vers Miami. Le français ne lui est jamais venu à l'idée.

À présent, je voudrais combiner ces questions. Puisque, dans un sens, il semble important de représenter les Noirs, il nous faut nous demander sous quel aspect nous sommes représentés et pourquoi. Comment la presse peut-elle être mise au défi de représenter *n'importe quel* point de vue blanc, noir, ni l'un ni l'autre, les deux – qui n'évoque pas un pseudo-monde de bonheur transformé

1. L'auteur évoque ici les émeutes à caractère antisémite survenues en août 1991 à Brooklyn, après un accident de voiture lors duquel un conducteur juif a tué un enfant d'immigrés guyanais et grièvement blessé sa jeune cousine.

en marchandise ou un accord unifié sur ce qu'est ou qui est l'ennemi ? L'« ennemi » semble être soit un criminel vaguement noir, incohérent et diffus, soit les pauvres, désespérés et en colère (qui sont noirs également).

En discutant de la façon dont les Noirs sont représentés – nonobstant les exemples réussis d'élimination des préjugés raciaux et certains rapports extraordinairement fins sur les questions raciales (Hunter-Gault sur la nation zouloue) –, ainsi que des effets grandement explosifs qu'a sur la population cette représentation fondée sur des préjugés raciaux, il peut être intéressant de situer les sources de cette dernière car, bien qu'historiques, les préjugés raciaux ne sont pas absolus, inévitables, ni immuables. Ils ont un début, une vie, une histoire dans le savoir académique, et ils peuvent avoir une fin. On fait assez souvent remarquer que la popularisation du racisme, sa nationalisation, en quelque sorte, a été menée à bien non par la presse (aussi complices qu'aient pu être les journaux du XIXe siècle), mais au théâtre, dans les divertissements. Les spectacles de Blancs grimés en Noirs. Ces spectacles itinérants atteignaient toutes les classes sociales et toutes les régions, toutes les métropoles, villes et fermes. Ils avaient pour fonction évidente de divertir, mais pour fonction moins évidente de masquer ou démasquer les problèmes sociaux. Le point à retenir est qu'ils n'avaient quasiment rien à voir avec la véritable façon d'être des Noirs : il s'agissait d'une pure interprétation des Blancs. Les artistes noirs qui voulaient travailler dans ce domaine étaient écartés de la scène à toute vitesse ou contraints de noircir leur visage noir. Cette forme fonctionnait littéralement, et uniquement, comme façade noire pour les Blancs : Blancs au visage maquillé en noir. Ce masque permettait aux Blancs de dire en public des choses illégales non orthodoxes, séditieuses et sexuellement illicites. En bref, c'était un genre de pornographie publique dont les thèmes principaux étaient la rébellion sexuelle, la licence sexuelle, la pauvreté et la criminalité. En bref, toutes les peurs et ambivalences présentes chez les Blancs et par ailleurs écartées du discours public pouvaient être exprimées par la bouche d'un Noir dont on supposait qu'il était déjà en dehors de la loi, donc bien pratique. De cette manière, le masque noir permettait la liberté d'expression et créait une place au dialogue public, *national*. À savoir pour les Blancs. En revanche, ce masque cachait plus qu'il ne révélait. Il cachait la vérité sur l'humanité, les opinions, l'intelligence des Noirs et, fait très important, il cachait les véritables causes du conflit social en transférant celui-ci sur la population noire. Sans aller jusqu'à évoquer le développement, la transformation et la disparition de tels spectacles (disparition qui n'a été qu'un accroissement et un déplacement dans d'autres domaines : le cinéma, par exemple), qu'il suffise de dire que leur stratégie est encore utile et leurs résidus, partout. C'est par l'intermédiaire de la presse que le spectacle d'une différence significative des Noirs, enseignée à un public de Blancs illettrés (par le biais de ces divertissements), s'est implanté parmi un public sachant lire et écrire. C'était une façon de transformer l'ignorance organique en erreur fabriquée de toutes pièces, pour que la représentation politique des intérêts des Blancs pauvres soit et reste inutile. Il n'est pas nécessaire d'accorder de réflexion sérieuse à de tels intérêts : juste une alliance rhétorique. Ce que je veux dire, c'est que les Africains-Américains sont encore utilisés de cette façon : pour *faire disparaître* les Blancs pauvres, ainsi qu'unifier toutes les classes sociales et toutes les régions, en effaçant les vrais motifs de conflit.

Les justifications de l'asservissement sont devenues une sagesse commune et toute une race d'individus a été déclarée criminelle. Cette incrimination est aussi ancienne que la république et découle, entre autres choses, du statut de proscrit imposé aux esclaves, ainsi que du déshonneur accompagnant l'asservissement. Sa formation moderne est en le résidu : l'hypothèse d'une nature criminelle signalée d'emblée par la couleur de peau. Les gens qui disent qu'il en va autrement, qu'il existe un pourcentage disproportionné de crimes commis par des Noirs, passent à côté de quelque chose : le traitement inadmissible, immoral et dangereux des Noirs par la presse et le système judiciaire. Il est inadmissible parce qu'il s'agit de désinformation raciste. À moins, par exemple, de pouvoir intelligemment utiliser l'expression « crime d'un Blanc contre un Blanc », on ne peut pas utiliser l'expression « crime d'un Noir contre un Noir ». Elle n'a pas de sens, ni d'autre utilité que de rendre les Noirs exotiques en séparant la violence qu'ils s'infligent entre eux pour l'intégrer à un racisme anthropologique du XIXe siècle, dans lequel le « continent noir » était supposé être violent, vierge, non peuplé (les individus étaient comparés à la nature) ; terrain facilement accessible du *Cœur des ténèbres* de Conrad, où les Blancs se rendaient pour leur épanouissement personnel, pour se découvrir eux-mêmes et se livrer au pillage. Est-ce là le crime d'un Blanc contre un Blanc en Irlande du Nord ? En Bosnie ? Durant la Seconde Guerre mondiale ? (Dan Rather[1] en Somalie). Dans cette construction mythique, ce ne devrait pas être un choc, comme ça l'a été pour moi, de constater que la seule victime présumée d'un viol dont on ait jamais montré le visage dans les journaux et à la télévision, à ma connaissance, était une jeune Noire mineure. Je n'en ai jamais vu d'autre. Pourquoi ? Parce qu'aucun honneur ni aucune intimité ne sont dus aux femmes noires quand elles se disent victimes d'abus sexuels ou protestent contre de tels traitements, comme le confirment les récentes délibérations du Sénat au sujet de Clarence Thomas[2].

Ce traitement est immoral parce qu'il procède de la corruption : corruption de l'exactitude, de l'information et même de la vérité, dans l'intérêt de la presse à sensation et des ventes. Et il est dangereux parce qu'il n'a rien à voir avec le monde réel des Blancs ni des Noirs. Il a tout à voir avec la mystification du monde : le rendre incompréhensible et assurer l'insolubilité de ses vrais problèmes, tels que la réduction de l'attirance pour le crime et de ses moyens d'exécution, l'emploi et l'éducation de ceux qui sont « eux, le peuple », la suppression des armes dans la sphère domestique, ou encore la santé de nos communautés.

Quand la mystification de la vie quotidienne est complète, il n'y a rien de nouveau ni de contemporain aux informations. Celles-ci ont beau être de dernière minute, elles sont aussi archaïques, aussi

1. Célèbre journaliste ayant longtemps travaillé pour la chaîne CBS.

2. Membre de la Cour Suprême accusé de harcèlement sexuel en 1991 par Anita Hill, son ancienne collaboratrice, dont la commission sénatoriale n'a finalement pas retenu les accusations.

moribondes, aussi irréelles qu'une plume d'oie et traînent derrière l'avenir pour consacrer la privation, en faisant de l'absence de marchandises (pauvreté) le seul désespoir valant d'être discuté. Si l'on peut se décharger de la pauvreté et de la criminalité sur les Noirs, l'illusion de satisfaction et le frisson de la chasse pourraient maintenir la tranquillité et l'obéissance de la population. Mais pour combien de temps ? Combien de temps les informations peuvent-elles fonctionner comme palliatif au désespoir et comme présentoir destiné aux produits courants ? Il est si frustrant et si triste d'ouvrir le journal et de découvrir les informations littéralement tout au bord, comme l'ourlet brodé du sujet véritable : la publicité.

Le spectacle présenté par les médias ne doit pas continuer à diriger son attention vers la fabrication du consentement au lieu de débattre avec *plus* de deux parties, ni vers le renforcement de contre-vérités et le compte rendu de ce qu'il y a d'autre à acheter. Sinon, il sera non pas hors commerce, mais déjà en faillite. Quand ce spectacle deviendra « public » au sens le plus étroit du terme, à savoir disponible à l'achat, le monde pourra vous acheter, mais il n'en aura pas les moyens.

Jusqu'ici, je vous ai parlé comme si vous étiez un seul organisme qui avait pris forme et grandi par quelque loi naturelle immuable, en dehors de toute prise de décision humaine. Alors qu'en fait, vous êtes des individus, des personnes humaines ayant un intérêt à l'être. Vous avez un sens civique et des rêves d'une démocratie à l'abri du danger, ainsi que des préjugés qui imprègnent et façonnent les outils dont vous disposez. Les conseils d'administration, les assemblées d'actionnaires et de directeurs de rédaction sont composés de personnes qui tentent de devenir rentables, de rester rentables et d'accroître leur rentabilité. Voilà qui doit être ardu. Mais si votre activité devient sans rapport avec la réalité sociale, elle sera impossible.

Je soupçonne qu'une presse non raciste, non sexiste et instructive est aussi rentable qu'une presse qui ne l'est pas. Je soupçonne que l'éclaircissement de questions difficiles est tout aussi amusant que leur obscurcissement ou leur réduction. Mais il faudra plus qu'un effort de volonté pour rendre une telle presse rentable : il faudra de l'imagination, de l'invention et un solide sens des responsabilités et de la transparence. Sans vous, tout seuls, nous ne pouvons qu'extraire des données brutes de nos ordinateurs, leur donner forme nous-mêmes, nous parler, nous questionner, nous disputer, mal comprendre, bien comprendre. Autrement dit, réinventer l'espace public et le dialogue public susceptible d'y avoir lieu. Les générations d'étudiants à qui je fais cours (et mes propres fils, d'ailleurs) le font en permanence.

Mais indépendamment d'Internet, de CompuServe, des nœuds de réseaux, des tableaux d'affichage électroniques, de Lexus, à savoir tout ce qui fait fonctionner les autoroutes de l'information, il y a dans la langue quelque chose que la presse peut faire et que la société ne peut pas. Vous l'avez déjà fait. Nous rapprocher davantage de la démocratie participative ; nous aider à distinguer entre une pseudo-expérience et une expérience vivante, entre une rencontre et un engagement, entre le thème et la vie. Nous aider tous à comprendre ce que cela signifie d'être humain au XXIe siècle.

Habitants moraux

Dans les *Statistiques historiques des États-Unis, de la période coloniale à 1957*, immédiatement après « riz » et juste avant « goudron » et « térébenthine » se trouvent les humains[1]. Le riz se mesure en livres ; la poix, le goudron et la térébenthine, au poids du baril. Il n'y avait aucun moyen de mesurer les humains en livres, en tonnage ni au poids du baril. Ce qui servait de mesure, c'était le dénombrement. Cet ouvrage de référence est plein d'informations fascinantes, dont les moindres ne sont pas celles de la série Z (p. 281-303), qui indique, par ordre chronologique et lieu de destination, les importations et exportations d'êtres humains aux États-Unis de 1619 à 1773. Tous les efforts semblent avoir été faits pour assurer l'exactitude des tableaux. Sous les colonnes de chiffres bien nettes, des notes en bas de page semblent s'excuser du manque occasionnel d'informations complètes. « Nous sommes désolés, semble dire le Bureau du Recensement, que de meilleures archives n'aient pas été conservées ou ne nous soient pas accessibles. Le pays était en train de se former, vous comprenez, donc les choses étaient loin d'être efficaces. »

Partout dans ces pages, on sent une attitude raisonnable et des affirmations courtoises. Mais c'est une attitude raisonnable sans le moindre espoir de succès, car sa langue elle-même craque sous le

1. Entre « Riz » [*Rice*] et « Goudron » [*Tar*] se trouve donc le terme « Esclaves » [*Slaves*].

poids de ses propres sous-entendus. La note n° 3, par exemple, sous l'entrée « Esclaves », dissipe l'ambiguïté de sa référence par les mots suivants : « Cette source montre aussi que 72 esclaves indiens ont été importés ; 231 esclaves sont morts et 103 ont été retirés pour exportation. » « Morts »… « retirés » : mots étranges et violents que l'on ne pourrait jamais employer pour décrire du riz, du goudron, ni de la térébenthine. La note n° 5, de loin la plus glaciale dans son exactitude civilisée, se présente comme suit : « Nombre de Noirs transportés et non de ceux effectivement arrivés. » Il y avait une différence, apparemment, entre le nombre d'individus transportés et d'individus arrivés. L'esprit se précipite vers la première question restée sans réponse : Combien ? Combien ont été transportés ? Combien ne sont pas arrivés ? Ensuite, l'esprit passe à la question suivante, question cruciale qui étouffe toutes les autres : Qui ? Qui était absent lors du dernier dénombrement ? Y avait-il une fille de dix-sept ans avec une cicatrice en forme d'arbre au genou ? Et comment s'appelait-elle ?

J'ignore pourquoi il est si difficile d'imaginer et, par conséquent, de mettre en œuvre une société authentiquement humaine, que les solutions résident dans les sciences naturelles, les sciences sociales, la théologie, la philosophie ou encore les belles-lettres. Mais le fait est que les *Statistiques historiques des États-Unis* ressemblent fort à ce que sont aujourd'hui et qu'ont toujours été les contours du savoir académique : l'équation des êtres humains avec des marchandises, qui les met dans le même sac, par ordre alphabétique, alors même que la langue utilisée pour décrire de tels actes ploie et rompt sous le poids de cette responsabilité étrangère et accablante. Les fonctionnaires dévoués du Bureau du Recensement, ces bonnes âmes, ne créent pas les faits : ils ne font que les consigner. Mais leur travail, je crois, reflète le défaut qui entrave le savoir inventif et humain, ainsi que la mise en œuvre d'une société vraiment humaine. Il s'agirait d'un savoir dont l'élan vise à créer des membres d'une société capables de prendre des décisions humaines. Et qui le font. C'est un savoir qui refuse de continuer à produire génération sur génération d'étudiants formés à distinguer entre les pauvres méritants et les pauvres non méritants, mais non entre le riz et les êtres humains. À distinguer

SOCIETE GENERALE

SOCIETE GENERALE

SURESNES VERDUN
FRANCE

DATE	HEURE	GAB
30/10/2019	12:55:07	00912379

NUMERO DE CARTE : 497600XXXXXX5382
NUMERO D'OPERATION : 4138
AUTORISATION : 675211
IDENTIFIANT APPLI : A0000000421010
CERTIFICAT : 25290FC44B9F4EC9
APPLICATION LABEL : CB

RETRAIT

RETRAIT DE : 160 EUR

entre une vie dont on peut se passer et une vie indispensable, mais non entre les esclaves et la térébenthine. Formés à déterminer qui s'épanouira et qui s'atrophiera, mais non à faire la différence entre le poids d'un baril et le caractère sacré d'une tête d'homme.

Voilà à quoi ressemblent les indices, bien sûr. Pas le riz qui s'éparpille en éventail une fois jailli d'un sac de jute. Pas le roulement tonitruant de barils de térébenthine qui descendent en cascade sur une planche. Et pas une fille de dix-sept ans avec une cicatrice en forme d'arbre au genou, ainsi qu'un nom. L'Histoire, ce sont des centiles, les pensées des grands hommes et la description des époques. La fille sait-elle que la raison pour laquelle elle est morte en mer ou dans une fosse à ordures de plusieurs mètres à bord d'un bateau nommé *Jésus*, c'était son époque ? Ou que certains grands hommes lui avaient inventé sa destinée comme composante d'un pourcentage de croissance nationale, d'expansion, de destinée manifeste ou de colonisation d'un nouveau monde ? Il est gênant de ne pas partager l'avis d'un grand homme, mais Tolstoï avait tort. Les rois ne sont pas les esclaves de l'Histoire. C'est l'Histoire qui est l'esclave des rois.

La matrice d'où naissent ces puissantes décisions s'appelle tantôt le racisme, tantôt le « classisme », tantôt le sexisme. Chacun est assurément un terme exact, mais chacun est aussi trompeur. Ils ont pour source une incapacité déplorable à se projeter, à devenir l'« autre », à l'imaginer. C'est une défaillance intellectuelle, un rétrécissement de l'imagination, qui révèle une ignorance aux proportions monstrueuses, ainsi qu'un manque de curiosité vraiment risible. Bien sûr, les historiens ne peuvent pas traiter du riz grain par grain : ils doivent le traiter en gros. Mais la dépendance à leur discipline ne devrait pas être forte au point de nous amener à faire pareil dans les relations humaines. L'un des signes majeurs de l'intelligence, après tout, c'est la capacité à opérer des distinctions, de petites distinctions. Nous jugeons un intellect d'après l'aisance avec laquelle il peut faire la différence entre une molécule et une autre, une cellule et une autre, entre un bordeaux de 1957 et un de 1968, entre la mauve et l'orchidée, entre les mots « arracher » et « forcer », entre le lait caillé et le babeurre, entre le N° 5 de Chanel et le N° 19 de Chanel. Il semblerait alors que continuer à voir en n'importe quelle race d'individus une seule personnalité trahit une ignorance si vaste, une perception si émoussée, une imagination si terne qu'aucune nuance, aucune subtilité, aucune différence parmi elles ne saurait pénétrer. Hormis les grandes différences : qui s'épanouira et qui s'atrophiera, qui mérite l'aide de l'État et qui ne la mérite pas. Ce qui explique peut-être pourquoi, en 1977, nous restons forts avec les mêmes ressources mentales qu'en 1776. Une intelligence tellement lacunaire qu'elle pouvait, comme l'a fait un professeur blanc en 1905, demander à W.E.B. Du Bois « si le nègre verse des larmes » est aussi suffisamment lacunaire pour étudier les influences « génétiques » sur l'intelligence d'une race tellement mélangée que toute recherche expérimentale menée de façon identique sur des souris échouerait dès le départ.

Si l'éducation concerne autre chose que la capacité à gagner plus d'argent (et elle peut ne concerner rien d'autre), cette autre chose est la résolution intelligente des problèmes et les relations qu'entretiennent les humains de façon mutuellement constructive. Mais les institutions éducatives et certains de nos plus éminents spécialistes ont estimé que la coopération entre êtres humains et les objectifs mutuellement constructifs étaient des préoccupations de quatrième et cinquième catégories, là où encore on s'en préoccupait. L'Histoire de ce pays fournit toutes les preuves dont on a besoin pour le démontrer.

Nul ne peut reprocher au conquérant d'écrire l'Histoire telle qu'il la voit, et sûrement pas d'assimiler les événements humains ni de découvrir leur schéma selon son point de vue. Mais nous pouvons lui reprocher de ne pas avouer quel est son point de vue. À cet égard, se pencher sur certaines choses que nos conquérants (nos ancêtres) et nos hommes de pouvoir clairvoyants ont vraiment dites en Amérique pourrait s'avérer un exercice utile.

Andrew Jackson[1], 3 décembre 1833

« Les Noirs n'ont ni l'intelligence, l'application, les habitudes morales, ni le désir de s'améliorer qui sont indispensables à

1. Septième président des États-Unis (1829-1837).

tout changement favorable de leur condition. Établis au milieu d'une race autre et supérieure, et sans apprécier les causes de leur infériorité ni chercher à les maîtriser, ils doivent nécessairement céder à la force des circonstances et disparaître sous peu. »

Theodore Roosevelt[1] (à Owen Wister), 1901

« Je m'accorde entièrement avec vous pour dire qu'en tant que race et dans leur ensemble, les [Noirs] sont tout à fait inférieurs aux Blancs.

Je suppose que je devrais avoir honte de dire que j'adopte l'opinion qu'a l'Occident de l'Indien. Je ne vais pas jusqu'à penser que les seuls bons Indiens sont les Indiens morts, mais je crois que cela vaut pour neuf Indiens sur dix et je n'aimerais pas examiner de trop près le cas du dixième. Le plus méchant cow-boy a davantage de principes moraux que l'Indien moyen. »

Le général Ulysses S. Grant[2] (au général Webster)

La Grange, Tennessee
10 novembre 1862

« Faites savoir à tous les conducteurs sur la voie qu'il ne faut autoriser aucun juif à voyager par chemin de fer en direction du sud, à partir d'aucun endroit. Ils peuvent aller au nord et y être encouragés ; mais ils sont une calamité si intolérable qu'il faut en purger le département. »

Holly Springs, Mississippi
8 décembre 1862
Ordonnance générale

« Dû à la pénurie de provisions, tous les spéculateurs en coton, tous les juifs et autres vagabonds n'ayant pas de moyens de subsistance honnêtes, hormis profiter de la détresse du pays… »

1. Vingt-sixième président des États-Unis (1901-1909). Owen Wister (1860-1938) : écrivain s'étant largement inspiré du Far West.

2. Héros de la guerre de Sécession et dix-huitième président des États-Unis (1869-1877).

Sam Houston[1], Sénat des États-Unis, 1848

« Les Anglo-Saxons [doivent] se propager dans toute l'extrémité sud de ce vaste continent… [Les] Mexicains ne valent pas mieux que les Indiens et je ne vois aucune raison pour laquelle nous ne devrions pas prendre leurs terres. »

Freeman's Journal, 4 mars 1848

« Notre objectif est de démontrer, une fois de plus, que le protestantisme est affaibli, impuissant, en voix d'extinction, bien que perturbé uniquement par ses propres gangrènes, et conscient que son dernier moment sera venu lorsqu'il sera vraiment mis face à face avec la vérité catholique. »

Richard Pike, Boston, 1854

« Le catholicisme est, et a toujours été, une religion sectaire, persécutrice et superstitieuse. Il n'est de crime, dans le registre des infamies, dont il n'ait été coupable. Il n'est de péché contre l'humanité qu'il n'ait commis. Il n'est de blasphème contre Dieu qu'il n'ait approuvé. C'est un pouvoir qui n'a jamais eu aucun scrupule à désobéir à sa foi solennellement engagée, partout où ses intérêts semblent l'exiger ; qui n'a nulle conscience, qui dédaigne le contrôle de l'opinion publique et qui pointe sa tête parmi les nations du christianisme, dégoulinant des cruautés de millions d'assassinats et usé par les débauches d'un millier d'années, toujours ambitieux, toujours sanguinaire et toujours faux. »

New York Tribune, 1854

« Les Chinois sont non civilisés, impurs et crasseux au-delà de tout ce que l'on peut imaginer, sans relations domestiques ni sociales élevées ; lascifs et sensuels de tempérament ; chaque femme est une prostituée de dernier ordre. »

1. Homme politique (1793-1863), très actif au Texas et d'après lequel fut nommée l'une des villes de cet État.

Le général William Sherman[1]

« Nous devons agir contre les Sioux avec une ardeur vindicative, même jusqu'à les exterminer, hommes, femmes et enfants. Rien d'autre n'atteindra les racines de cette affaire. Plus nous pourrons en tuer cette année, moins il faudra en tuer lors de la prochaine guerre, car plus je vois ces Indiens, plus je suis convaincu qu'il faudra tous les tuer ou les maintenir en tant qu'espèce constituée d'indigents. »

Benjamin Franklin, 1751

« Pourquoi multiplier les fils de l'*Afrique* en les implantant en *Amérique*, où nous avons une si belle occasion, en excluant tous les Noirs et tous les basanés, de multiplier les charmants Blancs et Rouges ? »

William Byrd, journal, Virginie, 1710-1712

8/2/09 : Jenny et Eugene ont été fouettés.
17/4/09 : Anaka a été fouettée.
13/5/09 : Mme Byrd a battu la nourrice.
23/5/09 : Moll a été fouettée.
10/6/09 : Eugene [un enfant] a été fouetté pour s'être enfui et on lui a mis le mors.
3/9/09 : J'ai battu Jenny.
16/9/09 : Jenny a été fouettée.
19/9/09 : J'ai battu Anaka.
30/11/09 : Eugene et Jenny ont été fouettés.
16/12/09 Eugene a été fouetté pour n'avoir rien fait hier.
(En avril, j'ai été occupé, dans ma fonction officielle, à contribuer à l'enquête sur les esclaves « accusés de haute trahison » : deux ont été pendus.)
1/7/10 : La négresse s'est encore enfuie, le mors dans la bouche.
8/7/10 : La négresse a été retrouvée, puis ligotée, mais s'est encore enfuie dans la nuit.

1. Militaire implacable (1820-1891), artisan essentiel de la victoire de l'Union lors de la guerre de Sécession.

15/7/10 : Ma femme, contre mon gré, a fait brûler la petite Jenny au fer rouge.
22/8/10 : J'ai eu une grave querelle avec la petite Jenny et je l'ai trop battue, ce dont j'étais navré.
31/8/10 : Eugene et Jenny ont été battus.
8/10/10 : J'ai fouetté trois femmes esclaves.
11/6/11 : La négresse s'est encore enfuie.

Les éditeurs de ce journal décrivent Byrd comme « le gentilhomme le plus décoratif et le plus raffiné de Virginie… un maître bienveillant [qui] invective dans certaines de ses lettres les brutes qui maltraitent leurs esclaves ».

Tels sont le langage, la vision et le souvenir qui nous ont été légués dans cette société. Ces hommes ont dit d'autres choses, et ils ont fait d'autres choses, dont certaines étaient bonnes. Mais ils ont aussi dit et, plus important, ils ont ressenti *cela*.

Notre passé est sinistre. Notre avenir est sombre. Mais je ne suis pas raisonnable. Un homme raisonnable s'adapte à son environnement. Un homme déraisonnable ne le fait pas. Tout le progrès, par conséquent, dépend de l'homme déraisonnable. Je préfère ne pas m'adapter à mon environnement. Je refuse la prison du « je » et choisis les espaces ouverts du « nous ».

Avec un tel passé, nous ne pouvons être optimistes quant à la possibilité d'une société vraiment humaine, dans laquelle la prise de décisions humaines est l'objectif premier des éducateurs, toujours imaginé et donc accompli. Nous ne pouvons être optimistes, mais nous pouvons être lucides. Nous pouvons identifier l'ennemi. Nous pouvons commencer par nous demander ce qui est juste plutôt que ce qui est commode. Reconnaître la différence entre la fièvre et la maladie. Entre le racisme et l'avidité. Nous pouvons être lucides et nous pouvons être attentifs. Attentifs à éviter l'emprisonnement de la pensée, de l'esprit et de la volonté qui sont les nôtres et ceux des personnes parmi lesquelles nous vivons. Attentifs à nous méfier des objectifs de second ordre et des idées de seconde main.

Nous sommes des humains. Des humains qui, à l'heure qu'il est, ont dû découvrir ce que « n'importe quel gamin de trois ans est capable de voir[1] » : « combien toute cette histoire de reproduction et de mort par milliards est embarrassante et peu satisfaisante. » Nous sommes des humains et non du riz ; par conséquent, « jamais nous n'avons rencontré un seul dieu aussi miséricordieux que cet homme qui retourne un scarabée d'une pichenette pour le remettre sur ses pattes. Pas un peuple au monde ne se comporte aussi mal qu'une mante religieuse ».

Nous sommes les habitants moraux de la planète. Le nier, indépendamment de nos faibles tentatives pour nous montrer à la hauteur, c'est rester allongé en prison. Bien sûr, il y a la cruauté. La cruauté est un mystère. Mais si l'on voit le monde comme un « long jeu brutal, on se heurte alors à un autre mystère[2] » : le mystère de la beauté et de la lumière, du « canari qui chante, perché sur la tête de mort. À moins que depuis la nuit des temps, toutes les races de l'homme aient été abusées », il semble exister une chose telle que la grâce, une chose telle que la beauté, une chose telle que l'harmonie… toutes entièrement gratuites et à notre portée.

1. Annie Dillard, *Pèlerinage à Tinker Creek* (1974), traduit par Pierre Gault, Paris, Éditions Christian Bourgois, 1990, p. 264, ainsi que les deux citations suivantes.
2. *Ibid.*, p. 26, ainsi que la citation suivante.

Le prix de la richesse, le coût des aides

Je veux parler d'un sujet qui nous influence et, dans bien des cas, nous afflige tous. Sujet qui accompagne chaque étudiant fraîchement diplômé, de même qu'il est sur tous les campus ainsi que dans toutes les communautés de tout ce pays, voire du monde. Sujet qui est le thème approprié d'un discours prononcé devant des étudiants en ces temps d'incertitude qui forcent à réfléchir.

Ce sujet, c'est l'argent.

Que nous ayons ou non l'obligation de protéger et de stabiliser ce que nous possédons déjà, peut-être de l'accroître, que nous ayons ou non pour tâche de réduire notre dette tout simplement afin de vivre une existence productive et assez confortable, que notre objectif soit d'en gagner autant que possible, ou quelle que soit notre situation, l'argent est la maîtresse pas si secrète de toute notre vie. Et, comme toutes les maîtresses, vous le savez certainement, si celle-ci ne vous a pas déjà séduit, elle occupe néanmoins vos pensées. Aucun d'entre nous ne peut lire le journal, regarder une émission télévisée ni suivre de débats politiques sans être envahi par le sujet de la richesse. Le discours sur l'immigration, la mise en œuvre du système de santé, la sécurité sociale, les perspectives d'embauche : quasiment tous les problèmes personnels et toutes les politiques gouvernementales tournent autour de l'argent. Nations, régimes politiques, médias, législation : tous sont imprégnés et submergés par le récit concernant la disponibilité, les déplacements et la disparition de la richesse. La façon dont son absence et sa mauvaise gestion font au pire chuter les nations, les déforment et les manipulent, ou bien dont elle préserve leur sécurité. Austérité ou stimulus ? Guerre ou paix ? Vie oisive ou vie productive ?

Les sujets étudiés ici – l'art, la science, l'Histoire, l'économie, la médecine, le droit – sont globalement restreints ou libérés par l'argent, en dépit du fait que chacun de ces domaines d'érudition n'a pas du tout pour objectif l'argent, mais la connaissance et ses avantages pour mener la belle vie. Les artistes veulent révéler et exposer la vérité tout en prétendant s'élever au-dessus de l'argent ; les scientifiques veulent découvrir comment fonctionne le monde, mais sont limités ou soutenus par des ressources financières, comme les historiens et les économistes, qui ont besoin de fonds pour leurs projets et leurs recherches ; la médecine cherche à sauver la vie ou du moins à la rendre vivable, mais ne peut le faire sans la richesse d'autrui.

Tout cela est évident, mais au cas où nous l'oublierions, je crois utile d'énumérer quelques éléments du prix de la richesse, de son histoire. Les origines de son accumulation sont sanglantes et profondément cruelles, puisqu'elles impliquent toujours et invariablement la guerre. Quasiment aucun empire n'est devenu empire sans une violence qui déforme l'esprit. L'Empire espagnol s'est sauvé de l'effondrement et de l'insignifiance en volant de l'or à l'Amérique du Sud, ce qui a requis asservissement et massacres. L'empire romain est devenu un empire, puis l'est resté pendant des siècles, en conquérant des terres, leurs trésors et par le travail des esclaves. On a recouru à plus de guerres et d'agressions pour dépouiller l'Afrique de ses ressources qui, à leur tour, ont entretenu et rendu puissante une pléthore de nations. Le caoutchouc, par exemple, était extrait par un pays qui était littéralement la propriété privée de Léopold, roi des Belges (d'où son nom de Congo Belge, sur lequel on s'était jadis accordé). Sucre, thé, épices, eau, pétrole, opium, territoires, vivres, minerais : tous entretenaient le pouvoir de nations comme le Royaume-Uni, les Pays-Bas, la nôtre. Ici, en Amérique, le massacre de millions de bisons voués à être remplacés par du bétail a exigé le massacre des Amérindiens. Ici, une nouvelle nation agricole est rapidement entrée dans l'ère industrielle grâce à l'importation d'esclaves. Les empires chinois ont détruit des moines par légions afin d'acquérir l'or et l'argent qu'ils utilisaient pour décorer les temples et les représentations des dieux. Tous ces vols ont été l'œuvre de la guerre, qui, au passage, est elle-même une industrie lucrative, indépendamment de la victoire ou de la défaite.

Le prix de la richesse a historiquement été le sang, l'anéantissement, la mort et le désespoir.

Mais à côté de cela, quelque chose d'intéressant et de définitif s'est mis à avoir lieu vers la fin du XVIIe et le début du XVIIIe siècle. « Noblesse oblige », maxime qui apaisait les nobles en suggérant que la générosité n'était pas seulement honorable, mais dans leur intérêt et peut-être liée à leurs croyances religieuses, a évolué en une conviction que la richesse ne pouvait être son propre prétexte pour exister. Il y avait un obstacle moral à l'effet Midas, au gène Gatsby, une honte attachée à l'idée d'exister davantage en possédant davantage, à l'idée de projets intéressés se faisant passer pour d'authentiques engagements à améliorer la vie publique.

Aux États-Unis, le Code des Impôts et, dans certains cas, les grèves et syndicats d'ouvriers ont rendu ces changements plus heureux. Au lieu de faire construire les chemins de fer transcontinentaux par une main-d'œuvre d'esclaves chinois, au lieu de produire du sucre pour le rhum en important constamment d'autres esclaves (renouvellement rendu nécessaire par la mort rapide de tellement d'entre eux), nous avons trouvé comment avoir de l'électricité, des routes, des hôpitaux publics, des universités et autres sans recourir à une brutalité impitoyable.

Les citoyens ont commencé à s'apercevoir que le coût des aides représentait de l'argent bien dépensé. Fondations, soutien gouvernemental, largesses individuelles, sociétés de services se sont accrus de façon exponentielle afin d'améliorer la vie des citoyens. Comme vous le savez bien d'après la création de cette université, les dons faits pour construire des institutions, s'occuper des indigents, abriter des œuvres d'art et des livres destinés au public ne représentent que quelques-uns des projets dans lesquels le coût des aides est assumé de bonne grâce. Les conséquences de tels coûts sont variables, bien sûr (certaines ont été faibles, d'autres, désastreuses), mais il est devenu inconcevable qu'il n'existe pas de services élémentaires. Inviter la compassion à rejoindre le système sanguin du programme d'une institution ou de l'objectif d'un savant est plus que productif, plus que civilisateur, plus qu'éthique, plus qu'humain : c'est humanisant.

Ce puissant engagement à contribuer aux aides, quel qu'en soit le coût, est à présent menacé par une force presque aussi cruelle que les origines de la richesse : cette force, c'est le mouvement des populations sous la contrainte, devant, par et derrière les frontières. Ce mouvement actuel est plus important aujourd'hui que jamais et il coûte beaucoup : pour se défendre contre lui, s'y adapter, le contenir, le protéger, le contrôler et lui assurer des services.

Tout cela a lieu au moment où la technologie a réduit les distances entre les peuples et les pays. La technologie a permis de voir les autres, de leur parler, de les soutenir ou de les perturber n'importe où dans le monde. Pourtant, la peur de la dépossession et de la perte de citoyenneté demeure. Nous le voyons dans la pléthore de mots composés désignant l'identité nationale. Dans les descriptions et documents que publie la presse, le lieu de naissance est devenu plus évocateur que la citoyenneté : l'individu est identifié comme « citoyen allemand d'origine turque » ou « citoyen britannique d'origine africaine », et l'identification comme musulman (du moins en Occident) l'emporte sur la mention du pays d'origine. En même temps, on salue comme raffinés, ou supérieurs, un cosmopolitisme vénéré et une citoyenneté culturelle à niveaux multiples. Il y a clairement une menace accrue de la « différence ». Nous le voyons dans la défense de l'autochtone contre l'individu extérieur et d'une intimité non voulue au lieu d'une distance sûre.

Quand les sans-abri demeurent des étrangers suspects, quand les indigents et les apeurés se blottissent dans des villages de tentes assiégés et jonchés d'ordures, sur des terres qui ne sont pas les leurs, quand l'« identité » devient l'essence même du moi, des stratégies récurrentes de construction politique s'imposent. Quand l'incompétence et l'irrationalité font si peu cas de la décence et continuent à mettre en danger des vies « moindres », nous pouvons nous attendre à une forte augmentation du coût des aides. Coût à supporter si nous accordons de la valeur à la civilisation.

L'éthique de l'abondance insiste sur les devoirs civiques et, quand nous assumons celui de payer ce coût, nous révélons non pas notre bonne volonté solitaire, mais notre dépendance aux autres. Vous, nous tous, luttons pour transformer les données en informations, puis en connaissances et, nous l'espérons, en sagesse. Dans ce processus, nous devons tout aux autres. Nous leur devons notre langue, notre histoire, notre art, notre survie, notre voisinage, nos relations avec nos familles et nos collègues, notre capacité à braver les conventions sociales aussi bien qu'à les maintenir. Tout cela, ce sont les autres qui nous l'ont appris. Aucun d'entre nous n'est seul : chacun dépend des autres ; certains dépendent des autres ne serait-ce que pour vivre. Et c'est en raison de ce dernier point que je choisis de partager les généreux honoraires de cette conférence avec Médecins Sans Frontières, lauréats d'un prix Nobel pour les risques encourus, l'assistance médicale directe et la détermination à exercer dans les endroits les plus dangereux de la Terre, ainsi que parmi les personnes les plus brisées.

Vos perspectives ici et au-delà de ce campus sont immenses, exigeantes et cruciales. Vous êtes singulièrement plus capables que les générations précédentes : non pas parce que vous êtes plus intelligents (bien que vous puissiez l'être), ni parce que vous avez des outils qui manquaient à vos prédécesseurs, mais parce que vous avez du temps. Le temps joue en votre faveur, de même qu'une chance de façonner un avenir étonnant. Régalez-vous-en. Servez-vous-en. Délectez-vous-en.

Je suis écrivain et ma foi dans le monde de l'art est intense, mais non irrationnelle ou naïve. L'art nous invite à faire ce voyage au-delà du prix, au-delà des coûts, pour témoigner du monde tel qu'il est et tel qu'il devrait être. L'art nous invite à reconnaître la beauté et à la faire naître des circonstances les plus tragiques. L'art nous rappelle que notre place est ici. Et si nous servons, nous durons. Ma foi dans l'art rivalise avec mon admiration pour tout autre discours. Sa conversation avec le public et parmi ses divers genres est essentielle à la compréhension de ce que signifie prendre grand soin et être entièrement humain. Je crois.

L'habitude de l'art

ArtTable[1] s'est complimenté lui-même en choisissant la gagnante de cette année. Aussi prestigieux que la récompense en question, l'éclat d'ArtTable se situe dans ses choix. Que vous ayez sélectionné Toby Lewis est un autre de ses compliments à lui-même, ainsi qu'à l'engagement de cette lauréate dans de si nombreuses formes d'art créatif et à son dévouement particulier aux arts visuels.

C'est dans ce dernier domaine, celui des arts visuels, que je suis le plus impressionnée. La collection de Toby Lewis au siège de Progressive Insurance : c'est là que j'ai vu par moi-même les fruits de son travail ardu et passionné. Comment, en plaçant des œuvres d'art visuel variées, puissantes, belles, provocatrices et réfléchies sur le lieu de travail, où les employés les voyaient à chaque tournant, toute la journée, et y réagissaient par de sévères critiques ou une folle affection, elle les a encouragés à entreprendre de créer leurs propres œuvres d'art dans leurs propres espaces de travail. L'intimité sur laquelle Peter Lewis et elle insistaient m'a fait comprendre ce qu'eux-mêmes comprenaient : que l'art n'est pas simple divertissement ou décoration, qu'il a du sens, et que nous avons toutes les deux envie et besoin d'explorer ce sens : non de craindre, de rejeter ou de construire des réactions superficielles que nous dicteraient les autorités. C'était une manifestation de ce que je crois

1. Association à but non lucratif, fondée en 1980 par des professionnelles des arts visuels afin d'assurer plus de soutien financier et de reconnaissance à leurs paires.

vrai et vérifiable : l'envie irrésistible de créer et de vénérer l'art est un besoin ancien, que ce soit sur les parois d'une grotte, sur notre propre corps, par une cathédrale ou un rite religieux, nous avons soif de découvrir un moyen d'exprimer qui nous sommes et ce que nous voulons dire.

L'art et l'accès à l'art sont un sujet sur lequel on a beaucoup écrit et fait beaucoup de sermons. Les artistes, tout comme ceux qui les soutiennent, perçoivent un abîme entre les modes élitiste et populaire de compréhension de l'art « élevé » et du « ready-made », et tentent de le franchir ou de le sonder. Nombreux sont les outils permettant à l'art de compter aux yeux de populations toujours plus vastes, toujours plus diverses : de plus en plus d'utilisations créatives des financements, de spectacles gratuits, de bourses individuelles, et ainsi de suite. L'impression que le gouffre demeure peut être le fruit d'un paysage imaginaire rendu réel par la restriction des ressources disponibles ou bien par décret. C'est une impression inadmissible, presque immorale.

Je veux vous décrire un événement rapporté par un jeune écrivain talentueux :

Durant les années de dictature à Haïti, les gangs gouvernementaux, connus sous le nom de « Tontons Macoutes », parcouraient l'île en tuant tout à loisir des dissidents, ainsi que des individus innocents, ordinaires. Non contents du massacre d'une seule personne pour quelque raison que ce soit, ils ont instauré un suivi particulièrement cruel : nul n'était autorisé à récupérer les morts gisant dans les rues, les parcs ou dans l'embrasure des portes. Si un frère, un parent ou un enfant, voire un voisin, s'aventurait à le faire, afin d'enterrer le mort, de l'honorer, il était lui-même abattu par balle. Les corps restaient là où ils étaient tombés jusqu'à ce qu'un camion d'éboueurs envoyé par le gouvernement arrive pour débarrasser les cadavres, ce qui accentuait le lien entre les ordures et un humain dont on s'était débarrassé. Vous pouvez imaginer l'horreur, la désolation, le traumatisme que cette pratique infligeait aux citoyens. Puis, un jour, un professeur du coin a rassemblé des gens d'un quartier pour les inviter à le rejoindre dans un garage afin de monter une pièce. Tous les soirs, ils répétaient le même spectacle.

Quand un membre du gang les observait, ce tueur ne voyait que des individus inoffensifs occupés à quelques effets théâtraux inoffensifs. Mais la pièce qu'ils jouaient était *Antigone*, tragédie antique sur les conséquences morales et fatales dues au fait de déshonorer les morts en ne les ensevelissant pas.

Ne vous y trompez pas ; ce jeune auteur disait : « L'art est féroce. »

Il y a une autre anecdote que je veux vous faire partager. Lors d'une conférence à Strasbourg, j'ai parlé à une femme de lettres venue d'un pays d'Afrique du Nord. Elle connaissait mon œuvre ; je ne connaissais pas la sienne. Nous bavardions gentiment lorsque soudain, elle s'est inclinée pour se rapprocher de moi avant de murmurer : « Il faut que vous nous aidiez. Il le faut. » J'étais interloquée. « Aider qui ? Aider quoi ? » lui ai-je demandé. « Ils nous abattent dans la rue, a-t-elle répondu. Nous, les femmes qui écrivons. Ils nous assassinent. » Pourquoi ? Les femmes qui pratiquaient un art moderne étaient une menace pour le régime.

Ce qu'illustrent ces anecdotes, c'est l'action apaisante et le danger que procure l'art, qu'il soit classique ou contemporain.

Elles sont destinées ici à bien vous faire comprendre que ce que Toby Lewis a passé toute une vie à faire, ce que vous célébrez aujourd'hui, ce n'est pas rien.

L'artiste individuel

Il devrait être relativement facile de décrire la situation critique de l'artiste individuel, l'importance de la ressource qu'il représente pour le pays et la nature de l'engagement pris envers cette composante dans les objectifs de la Dotation Nationale pour les Arts. Mais ce n'est vraiment pas si facile, car l'expression elle-même – « artiste individuel » – suscite toutes sortes de visions romantiques, d'images et de conceptions d'un individu solitaire et aux abois, en lutte contre les philistins, bon gré mal gré, qui enfonce d'une manière ou d'une autre les barrières de l'ignorance et des préjugés pour revendiquer de son vivant l'approbation, peut-être, de quelques personnes essentielles (et/ou la gloire posthume, sinon un rang éminent) à une époque où cela ne lui profite en rien. Cette image est une image que nous aimons caresser, mais c'est un genre de lit de Procuste, un piège intellectuel, car c'est un portrait si séduisant qu'il encourage ce qu'il faudrait éliminer. Nous semblons couper les membres de l'artiste individuel pour les adapter à la taille de notre lit bien court, puis nous lui imputons la pénurie, le sacrifice et la notion de récompense posthume. Nous aimons tant l'idée de l'artiste en lutte que nous affranchissons non l'artiste, mais la lutte. En fait, nous tenons à elle. Nos conceptions de la qualité l'exigent parfois. Il est vrai, et je crois que nous en conviendrons tous, que la qualité égale/signifie/sous-entend ce qui est rare et difficile à mener à bien. Mais parfois, le mot « rare » se traduit par « apprécié uniquement par l'infime minorité» et parfois, l'expression «difficile à mener à bien» signifie: «Il a fallu souffrir pour le faire.»

Je crois qu'il existe une ambivalence dans notre perception de la qualité individuelle et des artistes individuels. D'une part, nous pouvons identifier cette qualité *parce qu'*elle est rare et se limite à ne séduire que quelques personnes. Nous savons combien il est difficile de parvenir à l'excellence en art (bien que je sois persuadée que, pour le vrai génie, les choses qui nous paraissent difficiles sont aisées et se font sans efforts). Mais d'autre part, alors que nous reconnaissons la qualité à sa rareté, nous nous plaignons constamment de l'absence de qualité dans le cœur et l'esprit des masses. Nous parlons d'une crise de l'alphabétisation; nous sommes perturbés et inquiets au sujet du pop art, nous parlons de sculpture d'aéroport; nous sommes troublés, et légitimement, par le jeu sensationnel plutôt que par le jeu sensible. Chacun d'entre nous a tout un groupe d'expressions qui définissent pour nous ce qu'il y a de médiocre dans une forme d'art.

Je me demande parfois si nous le pensons vraiment et sincèrement. Pensons-nous vraiment que le monde est d'autant plus pauvre que trop peu de personnes apprécient les choses raffinées? Supposez que nous vivions bel et bien dans un monde où les gens discuteraient de Descartes, de Kant et de Liechtenstein au McDonald's. Supposez que *La Nuit des Rois* soit sur la liste des meilleures ventes. Serions-nous heureux? Ou déciderions-nous que, puisque tout le monde apprécie cette œuvre, peut-être qu'elle ne vaut rien? Ou peut-être que si l'artiste lui-même n'a pas mendié pour vivre (mendié et lutté tout du long dans la pauvreté, peut-être jusqu'à en mourir), peut-être que son art ne vaut rien. On semble avoir éprouvé un immense réconfort, dans certains endroits (dans la presse et dans les conversations), à se dire que quand des milliers et des milliers de personnes ont fait la queue pour voir l'exposition Picasso, seuls quatre ou cinq pour cent de ceux qui l'ont vue savaient vraiment ce qu'ils voyaient.

Les premiers romans ne devraient pas être des succès: ils sont censés n'être lus que par quelques-uns. Ils ne sont pas censés être rentables: ils doivent être limités. Si un premier roman «réussit», on a des soupçons sur sa qualité. Un artiste minoritaire dans ce jeu et dans ce climat d'ambivalence est soit prié d'abandonner son statut minoritaire pour rejoindre les critères dominants, soit obligé de défendre, défendre, défendre à n'en plus finir son droit à aimer et choisir une autre voie. Cela fait partie du romantisme qui s'accroche à l'idée de l'artiste individuel : l'artiste comme mendiant. Il le fait continuer à mendier et, quand l'artiste a du succès, il lui faudrait se sentir coupable, voire contrit.

Il existe un risque inhérent au fait d'être artiste, toujours : le risque d'échouer, le risque d'être incompris. Mais il en existe aujourd'hui qui n'y sont pas inhérents : certains risques nouveaux sont imposés. Je vous demande un peu de patience, le temps que j'en décrive un qui m'intéresse tout particulièrement dans le domaine de la littérature. Une querelle fort stimulante, doublée d'une bataille publique, se déroule actuellement à Cambridge : une bagarre entre les critiques traditionnels et les postmodernes, ou bien les structuralistes. C'est un régal de feux d'artifice dans certains numéros du *Times Literary Supplement*, et les discussions universitaires battent leur plein. Je ne rentrerai pas dans les détails de la nature de cette bagarre, mais, en termes très simplifiés, il y a un groupe principal de critiques traditionnels qui croient que la critique pragmatique fondée sur « la littérature et la vie » constitue la façon d'enseigner aux gens à lire les grandes œuvres littéraires, et puis il y a un groupe plus jeune, plus récent, de spécialistes que les Britanniques appellent parfois les « pluralistes », qui attaque ou ignore la critique britannique traditionnelle. Ce groupe plus récent est accusé d'être obscur, difficile et restrictif dans sa conception de la critique.

Ce que je trouve intéressant dans cette querelle, c'est que l'écrivain n'y a pas de place du tout. Les structuralistes, les partisans de la sémiotique et ceux de la déconstruction perçoivent l'œuvre écrite comme un phénomène, mais qui n'est pas indispensable à l'acte de critique ni de « lecture ». Il est intéressant de constater que cette bagarre se poursuit dans les études littéraires, par opposition à la théologie, à la philosophie et autres domaines auxquels elle appartient, mais je pense qu'il existe une raison à cela. Dans le monde artistique et universitaire contemporain, la littérature est, je crois, la seule discipline dans laquelle les spécialistes ne produisent pas ce qu'ils critiquent. Les chimistes, les spécialistes des sciences sociales, les historiens, les philosophes : toutes ces personnes produisent ce qu'elles enseignent, ce qu'elles remettent en cause, ce qu'elles changent. Dans la critique littéraire, le critique produit désormais la critique qu'il enseigne : il produit la discipline, et l'objet de cette discipline – qui est le texte – est secondaire par rapport à la discussion. Peut-être est-il vrai, comme on l'a suggéré, que les professeurs anglais ont toujours envié les mathématiciens (toutes ces petites formules qu'ils mettent au mur) et qu'ils voudraient à présent avoir un groupe de formules qu'ils pourraient, eux aussi, mettre au tableau. Mais là où la critique est elle-même la forme d'art (ce qui ne signifie pas qu'elle n'en est pas une), lorsqu'elle dénigre ses sources, il existe une authentique menace à la prééminence des artistes créateurs. Voilà qui est révélateur et se transmet jusqu'aux artistes eux-mêmes, dont certains sont totalement isolés des critiques comme jamais ils ne l'ont été auparavant. Il fut un temps, dans l'Allemagne du XIVe siècle, dans l'Italie du XIe siècle, où les grands traducteurs étaient les poètes, où les grands critiques étaient les écrivains : ils faisaient les deux. Aujourd'hui, les tâches sont distinctes : l'artiste créateur suit un itinéraire et le critique en suit un autre.

Du fait que l'artiste individuel ne dirige ni ne contrôle ce qu'on enseigne, du moins en littérature (pas même ce qui est produit ni ce qu'on décide d'enseigner), la Dotation nationale joue un rôle incomparable dans sa vie. Grâce à un organisme comme celui-ci, il existe un lieu et un moyen permettant aux artistes créateurs de se rassembler et de prendre des décisions sur ce qui devrait être encouragé, ce qui devrait avoir de la valeur et ce qui devrait être soutenu. L'artiste peut ne pas avoir ce droit dans les universités ; il ne l'a certainement pas dans les maisons d'édition ; il ne l'a probablement pas dans les médias qui existent et qui l'entourent. En revanche, il l'a dans une confédération, une fraternité, une sororité : dans la structure telle qu'elle est fournie par les comités et les programmes de la Dotation nationale pour les arts. La Dotation apaise la culpabilité d'un individu talentueux qui a le « malheur » de faire quelque chose extraordinairement bien du premier coup. La

Dotation dit tout haut, rubis sur l'ongle : « Vos besoins peuvent être satisfaits. Votre toute première œuvre peut être digne d'attention, même si c'est un début, même si vous n'avez pas encore trouvé votre voie, même s'il ne s'agit peut-être pas de l'œuvre "décisive". » La Dotation dit : « Nous allons vous procurer de l'aide immédiatement. Vos problèmes de public, vos problèmes de distribution, vos problèmes de loyer, de temps, d'espace et de données ne sont pas des étoiles fixes : ils ne sont pas immuables. Ils peuvent être résolus ; et s'ils ne peuvent pas être totalement résolus, ils peuvent être atténués. »

Par l'intermédiaire de ses comités et de ses programmes, la Dotation dit tout haut, rubis sur l'ongle, que votre esthétique ethnique *n'a pas à être remise en cause* par des gens qui n'y connaissent rien. Elle dit que vos différences culturelles n'ont pas à être dénigrées, surtout pas par des gens extérieurs à la culture en question. Elle dit que votre milieu social ouvrier ne vous empêchera pas de parvenir à la pleine expression de votre art. Car, entre autres raisons, ce pays a été fondé par des ouvriers, des fermiers, des petits hommes d'affaires, des prisonniers, des employés et des pirates ; donc votre milieu ouvrier, nous le connaissons, parce que votre milieu, c'est nous.

La moitié des financements, toutes catégories confondues, prévoit une place pour l'aide immédiate et des conseils pour soutenir cette espèce frustrée, aux abois et rongée par la culpabilité : celle de l'artiste individuel que nous avons peut-être, par inadvertance, relégué à la nécessité de la douleur et du combat.

L'artiste individuel est, par nature, un questionneur et un critique : ce sont là ses spécialités. Ses questions et critiques constituant son travail, il est souvent en conflit avec le statu quo. Mais l'artiste ne peut l'empêcher : s'il doit jouir d'une intégrité dans son art, il ne peut l'empêcher. La Dotation ne le pénalise pas en raison des controverses que peut engendrer son art car, pour elle, il est ou devrait être axiomatique que les dernières choses que nous souhaitons encourager, ce sont l'art et l'artiste qui ne courent aucun danger. Donc la Dotation prend des risques : elle les prend elle-même et, de ce fait, sous-tend et légitime la nécessité du risque, la nécessité de l'innovation et de la critique. Et c'est dans ce climat que se développent les artistes individuels.

Je me rappelle un moment, il y a plusieurs années, où je siégeais dans un comité littéraire ; le gros problème, c'était d'essayer de convaincre les écrivains de poser leur candidature. Ils s'y refusaient : ils croyaient qu'on allait les censurer ; ils croyaient que le gouvernement touchait à leurs livres ; ils croyaient ne pas pouvoir dire certaines choses. On attachait une souillure à l'acceptation des bourses d'études ou des bourses directes, et ce n'est qu'à force de persévérance que les jurys ont pu surmonter cet obstacle. À force de persévérance, les comités de la Dotation sont devenus le frère Théo du petit Vinnie Van Gogh. Ils sont devenus un ami du petit Jimmy Joyce. Ils sont une estrade pour l'extravagant, le controversé, le scandaleux George Bernard Shaw. Mais en outre, nous sommes des vivres, nous sommes un loyer et nous sommes des soins médicaux pour l'arrogante et fougueuse Zora Neale Hurston[1], qui, en fin de compte, n'a rien eu de tout cela. Nous avons une occasion d'être le public dans la salle de spectacle prévue pour Scott Joplin, qui, au bout du compte, n'en a pas eu. Ce que nous faisons n'est pas rien : c'est le premier des quatre ou, j'imagine, des cinq pieds sur lesquels se tient la Dotation. Et n'importe quel coup infligé à ce pied, n'importe quelle entaille, est insupportable, car sans lui, la Dotation ne peut pas tenir debout.

À présent, une note très personnelle. Je ne veux pas entrer dans la vieillesse sans la sécurité sociale, mais je le puis ; je ne veux pas entrer dans la vieillesse sans Medicare, mais je le puis : je ferai face ; je n'aime pas l'idée de ne pas avoir une grande armée pour me défendre, mais je puis faire face. Ce à quoi je ne puis faire face, c'est de vivre sans mon art. Comme beaucoup d'entre vous ici, qui venez chacun d'un milieu social particulier, je suis issue d'un groupe d'individus qui ont toujours refusé de vivre de cette façon. Dans les champs, nous ne voulions pas vivre sans art. Dans les chaînes, nous ne voulions pas vivre sans art ; historiquement, nous avons

1. Femme de lettres noire américaine (1891-1960) qui participa à la Renaissance de Harlem et mourut dans la pauvreté.

vécu dans ce pays privés de tout, mais pas sans notre musique, pas sans notre art. Et nous avons engendré des géants. Nous, le Conseil National des Arts, la Dotation, sommes les bastions : nous permettrons de maintenir vivants et prospères les individus et les artistes de ce pays.

Plaidoyer en faveur des arts

Chaque fois que l'on commence à envisager un plaidoyer en faveur des arts, un obstacle complexe surgit immédiatement : les artistes ont la très mauvaise habitude d'être résilients. C'est cette résilience qui nous fait croire à tort que le meilleur de cet art finit vaguement par s'accomplir, de toute façon, et que le « summum » de ce « meilleur » dure vaguement, de toute façon. L'idée qui règne parmi le public et même dans les universités est que rien – ni les catastrophes sociales, ni les catastrophes personnelles – n'interrompt l'avancée ni la production de belles et puissantes œuvres d'art.

Chaucer a écrit au cœur de la peste.

James Joyce et Edvard Munch ont poursuivi avec respectivement un œil aveugle et un œil diminué.

Les auteurs français ont excellé à une époque qu'ils ont définie, en écrivant dans les années 1940, sous l'occupation nazie.

Le plus grand des compositeurs a su continuer tout en étant sourd.

Les artistes ont combattu la folie, la maladie, la pénurie et l'humiliation de l'exil (politique, culturel, religieux) pour faire leur travail.

Accoutumés à leur chagrin, à leur capacité tenace à éprouver du chagrin et à leur étonnante persévérance malgré lui, nous oublions parfois que ce qu'ils font existe en dépit de l'affliction et non à cause d'elle.

L'année dernière, j'ai parlé à un artiste extrêmement talentueux et bien établi, qui m'a dit avoir opposé son véto à une subvention pour un autre artiste, parce qu'il croyait qu'avoir autant d'argent affaiblirait un tel bénéficiaire (nuirait à son travail) et que ce candidat était « trop doué pour recevoir une telle manne financière ». Pour moi, le choc de cette révélation est le fait que, dans certains endroits, elle n'est pas choquante du tout. Car même lorsqu'on prête attention à la situation critique d'un artiste, sous la forme d'une subvention modeste, il y a simultanément un problème de perception : qu'est-ce qui constitue un environnement favorable et quels principes animent notre choix de le procurer ou de le refuser ?

Comme toujours, cela nous mène à la question de savoir dans quelle mesure le soutien aux arts doit être aléatoire. Doit-il se fonder sur le hasard qui fait que l'on est artiste et devenir lui-même fantasque, risqué ? Doit-il examiner la vie des artistes, relever la douleur présente chez tellement d'entre eux et imiter cette douleur en l'affranchissant – voire en la créant, comme dans l'anecdote précédente – pour le bien de l'artiste ? Doit-on transformer le chagrin et la pénurie en mécénat pour que les marchandises commercialisables créées dans ces circonstances restrictives soient intégrées à l'équation de la valeur de l'œuvre sur le marché durant les années et les époques à venir[1] ?

Quand bien même on aurait retiré toute attention aux artistes, ils ont toujours été assez fous pour travailler de toute façon, alors pourquoi tant d'histoires ? Ne peuvent-ils pas dépendre de la philanthropie éclairée, quand elle est disponible, et sinon, regarder ailleurs ? Ou ne peuvent-ils pas dépendre du marché – c'est-à-dire concevoir l'art lui-même pour le marché – en espérant que leur cible ne bougera pas avant que leur œuvre ne soit achevée ? Ou bien ne peuvent-ils pas compter sur le soutien du gouvernement et s'en remettre au hasard ou à la loi des probabilités pour se dire que leur œuvre s'avérera au moins correspondre à la valeur en dollars de ce soutien ?

1. Ou doit-on accorder autant d'attention au *pourquoi* qu'au *combien* et au *combien de temps* ? (Note de l'auteur.)

Telles sont quelques-unes des questions que soulève un plaidoyer en faveur des arts. Mais ce sont des questions cruciales, rendues plus cruciales encore par le déclin (sinon la catastrophe) économique et la fourberie politique. Et ce sont des questions qui demandent absolument des réponses, des stratégies de la part des associations publiques consacrées aux arts, des institutions éducatives, musées, fondations, groupes communautaires ou de voisinage, et ainsi de suite. Ce que nous savons tous, vous et moi, c'est que la situation est plus que sinistre : elle est dangereuse.

Tout l'art de tout le passé peut être détruit en quelques minutes par des politiciens rustauds et/ou des manœuvres militaires. Il est également vrai que la négligence, les caprices et le dédain qui règnent parmi les fournisseurs et consommateurs d'art peuvent faire avorter une bonne partie de l'art du futur. Au niveau national, des conditions préalables peuvent faire table rase ou hésiter, cristalliser ou faire affluer. Il y a eu des moments où le soutien à un art nouveau et naissant coulait à flots et correspondait au soutien accordé aux institutions traditionnelles ; à d'autres moments, comme aujourd'hui, un tel soutien est à sec. Cette incertitude peut ravager des générations entières d'artistes et priver irrévocablement une nation. De telles nations, il en existe déjà. Il faudra une intelligence et une prévoyance véritables pour ne pas devenir l'une d'entre elles : l'une de celles qui reposent sur la passion des artistes morts depuis longtemps. Elles s'approprient cette passion et cet engagement, tout en mettant les artistes contemporains au défi de travailler comme ils l'entendent. Ou l'une des nations qui peuvent se définir d'après le nombre de ses artistes qui ont fui le pays. Si l'on juge une civilisation, comme je crois qu'il le faudrait, non d'après la noblesse d'esprit avec laquelle elle considère l'art, mais d'après le sérieux avec lequel l'art la considère, il est grand temps que nous commencions à aborder d'un œil neuf et avec vigueur certains problèmes qui continuent à donner l'alarme.

L'idée que la population se fait de l'artiste est souvent tellement en contradiction avec l'idée que s'en fait le monde de l'art qu'elles ne peuvent quasiment pas communiquer. Mais on ne saurait trop souligner l'effort pour le faire, pour avoir des échanges non moralisateurs entre les professionnels de l'art et la population, entre les artistes et le public. Il est par ailleurs possible et nécessaire d'encourager des dialogues dans lesquels l'artiste n'est pas un suppliant et celui qui soutient les arts n'est pas un exécutant. Il est possible d'avoir un forum dans lequel le citoyen ou l'étudiant se sentent les bienvenus en raison d'autre chose que leurs applaudissements ou le billet qu'ils ont acheté. Il est important d'inclure, voire de faire travailler, l'étudiant-citoyen dans ces projets ; d'insister sur la discussion des problèmes qui semblent avoir une emprise sur le monde de l'art en général et qui nous tourmentent tous : fournisseurs, donateurs, artistes, enseignants, organisateurs.

Université Sarah Lawrence
Discours de cérémonie de remise des diplômes

Je suis extrêmement heureuse d'avoir cette occasion de parler à une assemblée si particulière. D'adresser mes compliments à une communauté d'enseignants-chercheurs, d'enseignants-administrateurs, de parents, de membres du conseil d'administration et d'étudiants d'une institution extraordinaire. Je vous félicite. Ces dernières années n'ont probablement pas été faciles. J'étends mes félicitations aux parents et aux proches de ces jeunes diplômés. Que votre fils, fille ou parent ait obtenu ce diplôme est l'occasion d'une célébration splendide. En silence ou avec des feux d'artifice, aujourd'hui, savourez-la, car dans un petit moment seulement, vous éprouverez de nouveau l'inquiétude de la prochaine étape : une pénétration plus avant dans le monde des adultes que vous-mêmes connaissez bien et, de ce fait, vous éprouvez certainement de l'appréhension. Je ne puis vous rassurer, mais je puis vous rappeler que la jeunesse est indélicate : elle réussit, génération après génération, non seulement à nous survivre et à nous remplacer, mais aussi à triompher de nous.

Mais vous, les lauréats, je voudrais faire plus que vous louer et vous féliciter. Je voudrais vous provoquer. D'après la réputation de votre faculté et des anciens étudiants de cette université, je devine que l'enseignement que vous avez reçu ici n'a été ni vain, ni insignifiant : il a été sérieux. J'aimerais que mes propos se rapprochent du sérieux de votre séjour ici.

Donc que vais-je dire à la promotion 1988 de Sarah Lawrence? La dernière fois que j'ai fait un tel discours, c'était, je crois, en 1984: année chargée du symbolisme et de la tension que M. Orwell avait projetés sur elle. Quatre ans après 1984, je ne sais franchement pas ce qui pourrait avoir de la valeur pour n'importe quelle promotion de diplômés.

Évidemment, je dois faire référence à l'avenir; comme il doit être radieux... pourvu qu'il existe; si seulement la possibilité de vraiment « tuer » le temps n'était pas une possibilité réelle; réelle car, si nous le voulons, nous pouvons faire en sorte qu'il ne reste plus personne pour imaginer ni se rappeler cette invention humaine: le temps. Son absence (l'absence de temps) a été impensable durant toute votre vie. Je parlerais de l'avenir si seulement il s'agissait d'un tapis roulé dans lequel vous n'aviez qu'à donner un coup de pied pour le voir se dérouler à l'infini devant vous.

Il faut assurément parler de responsabilité. Je m'adresse, après tout, à des individus brillants, assidus, accomplis, qui sont sur le point d'endosser le poids considérable du statut d'adulte instruit. Il faudrait donc mentionner la responsabilité: le besoin et le risque d'assumer le fardeau de sa propre vie et, ce faisant, d'assumer de prendre soin de la vie d'un autre (un enfant, un ami, un camarade, un parent, une connaissance et même, peut-être, un inconnu).

Ne devrais-je pas aussi évoquer la bonté? Les choix éthiques? Je le devrais, puisque la bonté est non seulement meilleure, et bonne pour vous, mais qu'elle est aussi plus intéressante, plus compliquée, plus exigeante, moins prévisible, plus aventureuse que son contraire. Le mal est vraiment ennuyeux. Sensationnel, peut-être, mais inintéressant. Une activité médiocre à qui il faut les masses, la singularité, des hurlements ou des gros titres racoleurs ne serait-ce que pour attirer l'attention, alors que la bonté, elle, n'a besoin de rien.

Et comment puis-je laisser de côté le bonheur? Comment pourrais-je omettre les ingrédients secrets dont la combinaison l'attire, sinon le garantit? Un peu de lucidité, un peu d'audace, de la chance et beaucoup d'amour-propre. La vie est alors généreuse, et l'on devient à la fois aimé et aimable.

Avenir, responsabilité, bonté : j'aimerais beaucoup parler de tout cela, mais non du dernier point : le bonheur. Il me rend mal à l'aise. Inquiète. Votre bonheur ne m'intéresse pas. Je ne suis pas certaine qu'il soit aussi fantastique qu'on le prétend. Je sais, bien sûr, que sa poursuite (sinon sa réalisation) est une poursuite légale, inscrite dans la Constitution. Je sais que des industries entières sont conçues pour vous aider à le définir, à l'atteindre et à l'éprouver. Un vêtement supplémentaire ; le tout dernier téléphone ; le bateau le mieux équipé ; un appareil photo instantané et intemporel qui prend des centaines de clichés de rien pour survivre à l'éternité ; le régime le plus rapide ; la glace parfaite, avec tout le plaisir du sucre et de la crème, mais sans aucun de leurs dangers. Par ailleurs, je sais que le bonheur a été la cible réelle, bien que cachée, de vos labeurs ici, du choix de vos compagnons, de la profession, peut-être, que vous intégrerez. Je veux vraiment que vous l'obteniez : vous le méritez clairement. Tout le monde le mérite. Et j'espère qu'il se poursuit ou qu'il arrive, sans effort, rapidement, toujours. Pourtant, il ne m'intéresse pas. Ni le vôtre, ni le mien, ni celui de quiconque. Je ne crois pas que nous puissions nous l'offrir plus longtemps. Je ne crois pas qu'il tienne ses promesses. Fait très important, il empêche tout ce qui vaut d'être fait. Il fut un temps, durant la majeure partie de l'Histoire de la race humaine, en fait, où envisager le bonheur et s'efforcer de l'atteindre était crucial, forcément impérieux. Mais je suis persuadée que se concentrer sur lui est désormais une activité qui nous échappe. C'est devenu une idée en faillite et dont le vocabulaire est effrayant : argent, biens, protection, contrôle, vitesse, et davantage.

J'aimerais substituer autre chose à sa quête. Quelque chose d'urgent, quelque chose sans quoi ni le monde ni vous ne pouvez continuer. Je suppose que vous avez été formés à réfléchir : à avoir une approche intelligente du principe de résolution des problèmes. C'est certainement ce que vous serez censés faire. Mais je veux parler de l'étape qui précède. Du préambule à la résolution des problèmes. Je veux parler de l'activité contre laquelle on vous a toujours mis en garde comme étant dispendieuse, peu pratique, inutile. Je veux parler du rêve. Non de l'activité du cerveau qui dort, mais plutôt de celle d'un cerveau éveillé, alerte. Non de vaines conjectures fantasmagoriques, mais d'une vision diurne, engagée, dirigée. De l'entrée dans l'espace d'autrui, dans la sphère ou la situation d'autrui. D'une projection, si vous voulez. En rêvant, le moi permet l'intimité avec l'Autre sans le risque d'être l'Autre. Et cette intimité, qui résulte d'un processus d'imagination aigu, devrait précéder nos prises de décisions, notre façon de promouvoir des causes, notre action. Nous sommes dans le pétrin, vous savez ; nous devons en sortir et seule la définition archaïque de « rêver/rêve » nous sauvera : « Visualiser ; série d'images *d'une vivacité, d'une clarté, d'un ordre et d'une signification inhabituels.* » Clarté, ordre, signification, vivacité, inhabituels. En entreprenant ce genre de rêve, nous évitons de compliquer ce qui est simple ou de simplifier ce qui est compliqué, de souiller au lieu de résoudre et de détruire ce qu'il faudrait vénérer. Nous évitons de substituer des slogans comme « volonté nationale » à l'intelligence et à la perception. Volonté nationale ? De quelle sorte ? Éclairée ? Non éclairée ? La volonté nationale acharnée de l'Afrique du Sud ? La volonté nationale de l'Allemagne en 1940 ? Le fait de s'accrocher à des thèses destructrices uniquement parce que quelqu'un les a développées il y a un demi-siècle ? Ce sont des solutions de magazines de bandes dessinées à des problèmes bibliques durant l'âge du nucléaire. Nous devons faire tout notre possible pour imaginer l'Autre avant de nous permettre de résoudre les problèmes que nous imposent l'existence et le travail.

Rêvez le monde tel qu'il devrait être, imaginez l'effet que cela ferait de ne pas vivre dans un monde encombré d'armes qui ne laissent aucun survivant, manipulées par des individus prêts à les actionner, les développer ou les emmagasiner en échange d'argent, de pouvoir ou de données, mais jamais pour vous sauver la vie ni jamais pour sauver la mienne. Comment ce serait de vivre dans un monde où la solution d'individus instruits et sérieux à quasiment tous les gros problèmes ne serait pas de tuer quelqu'un ? Le trafic de stupéfiants ? Qui allons-nous tuer ou enfermer ? La maladie ? Qui allons-nous laisser mourir ou enfermer ? L'autonomie d'un pays voisin (ou même lointain) ? Qui allons-nous massacrer ? La famine ? Qu'est-ce qu'un taux de mortalité tolérable ? Le chômage ?

La question des sans-abri ? Quel est le taux acceptable de sous-alimentation ? Trop de bébés nés de toutes les mères qu'il ne faut pas ? Trop de gens qui vivent trop longtemps ? Même notre bonne volonté s'exprime dans le fait de tuer. On nous demande de donner des millions de dollars à Feed the Children, c'est-à-dire jusqu'à ce que les enfants aient quatorze ans, moment où l'on nous force à payer des milliards pour leur faire sauter la cervelle s'ils formulent des demandes dans leur propre intérêt mais non dans le nôtre. Leur mort ne vient-elle pas suffisamment à temps pour nous ? Ils mourront tous, de toute façon : comme nous. Tous les bébés, tous les vieillards, tous ceux qui sont enchaînés et tous ceux qui n'ont pas été affranchis, les malades, les oisifs : exactement comme nous. Peut-être après nous, avant nous, ou même à cause de nous, mais nous serons bientôt tous ensemble.

Si telle est la conséquence de notre réflexion sophistiquée, de notre mode expert de résolution des problèmes, il nous faut reculer et affiner le processus qui les précède : la vision diurne expérimentale, intime et vagabonde qui n'a pas honte de rêver, de visualiser l'Autre.

Imaginez, visualisez comment ce serait de savoir que votre confort, vos amusements et votre sécurité ne reposent pas sur la privation d'autrui. C'est possible. Mais pas si nous sommes attachés à des paradigmes dépassés, à une réflexion moribonde qui n'a pas été précédée ni parsemée de rêve. C'est possible, et c'est à présent indispensable. Indispensable, car si vous ne nourrissez pas les affamés, ils vous mangeront, et leur façon de manger est aussi variée qu'elle est *féroce*. Ils mangeront vos maisons, vos quartiers, vos villes ; ils dormiront dans vos vestibules, vos allées, vos jardins, à vos carrefours. Ils mangeront vos revenus parce qu'il n'y aura jamais assez de prisons, ni de halls, ni d'hôpitaux, ni de foyers temporaires pour les loger. Et dans leur quête de votre genre de bonheur, ils mangeront vos enfants, les rendront abrutis, terrifiés et désireux à tout prix d'avoir la vie endormie que peuvent offrir les stupéfiants. Peut-être avons-nous déjà abandonné l'intelligence créatrice de deux tiers d'une nouvelle génération à ce sommeil violent et empoisonné : torpeur si brutale qu'ils ne peuvent s'en éveiller de peur de s'en souvenir; sommeil d'une insouciance si hébétée qu'il transforme notre état de veille en effroi.

Il est possible de vivre sans défendre la propriété ni la céder, mais nous ne vivrons jamais de la sorte, à moins que notre réflexion ne soit criblée de rêves. Et c'est à présent indispensable, car si vous n'éduquez pas ceux qui n'ont pas d'instruction en leur transmettant le meilleur de ce que vous avez, si vous ne leur offrez pas l'aide, la courtoisie et le respect que vous avez acquis en vous instruisant, ils s'éduqueront eux-mêmes, et les choses qu'ils enseigneront ou celles qu'ils apprendront ébranleront tout ce que vous savez. Par « éducation », je n'entends pas entraver l'esprit, mais le libérer ; par « éducation », je n'entends pas transmettre des monologues, mais s'engager dans des dialogues. Écouter, supposer parfois que j'ai une Histoire, une langue, une opinion, une idée, une spécificité. Supposer que ce que je sais peut être utile, peut mettre en valeur ce que vous savez, l'enrichir ou le compléter. Ma mémoire est aussi nécessaire à la vôtre que votre mémoire l'est à la mienne. Avant de chercher un « passé utilisable », nous devrions *tout* savoir du passé. Avant de commencer à « réclamer un héritage », nous devrions savoir exactement ce qu'il est : dans sa totalité et d'où il vient. En matière d'éducation, il n'y a pas de minorités : seulement une réflexion mineure. Car si l'éducation exige des cours mais non du sens, si elle ne doit s'occuper de rien d'autre que de carrières, si elle ne doit s'occuper de rien d'autre que de définir et de ménager la beauté, ou d'isoler des biens en s'assurant que l'enrichissement est le privilège de l'élite, elle peut s'arrêter à la fin du cours élémentaire ou au VIe siècle, où on l'avait maîtrisée. Le reste n'est que consolidation. La fonction de l'éducation au XXe siècle doit consister à produire des êtres humains empreints d'humanité. À refuser de continuer à produire génération sur génération d'individus formés à prendre des décisions commodes plutôt qu'humaines.

Ah, comment ce serait, sans la haine putride dont on nous a dit et enseigné qu'elle était inévitable parmi les humains ? Inévitable ? Naturelle ? Au bout de cinq millions d'années ? Au bout de quatre mille ans, nous n'avons rien imaginé de mieux ? Lequel d'entre nous est né comme ça? Lequel d'entre nous préfère que ce soit comme ça? Haïr, s'emparer, mépriser? Le racisme est une quête de savants et l'a toujours été. Ce n'est pas la gravité ni les marées océaniques. C'est l'invention de nos penseurs mineurs, de nos dirigeants mineurs, de nos lettrés mineurs et de nos entrepreneurs majeurs. On peut le désinventer, le déconstruire : son anéantissement débute par la visualisation de son absence, de sa perte, et si l'on ne peut pas le perdre tout de suite ou en le disant, on le peut en se comportant comme si, en fait, notre existence libre dépendait de lui, parce qu'elle en dépend. Si je passe ma vie à vous mépriser du fait de votre race, de votre classe sociale ou de votre religion, je deviens votre esclave. Si vous passez la vôtre à me haïr pour des raisons semblables, c'est parce que vous êtes mon esclave. Je possède votre énergie, votre peur, votre intellect. Je détermine l'endroit où vous vivez, comment vous vivez, la nature de votre travail, votre définition de l'excellence et je pose des limites à votre capacité d'aimer. J'aurai façonné votre vie. Tel est le don de votre haine : vous êtes à moi.

Eh bien, à présent, vous pouvez vous demander : Qu'est-ce que tout cela? Je ne peux pas sauver le monde? Et ma vie? Je n'ai pas demandé à venir. Je n'ai pas demandé à naître. Ah bon? Moi, je vous dis que si. Non seulement vous avez demandé à naître, mais vous avez insisté pour avoir votre vie. Voilà pourquoi vous êtes ici. Pas d'autre raison. Il était trop facile de ne pas être. Maintenant que vous êtes ici, vous devez faire quelque chose que vous respectez, n'est-ce pas? Ce ne sont pas vos parents qui vous ont rêvés : c'est vous. Je ne fais que vous inciter à poursuivre le rêve que vous avez commencé. Car rêver n'est pas irresponsable : c'est une activité humaine de premier ordre. Ce n'est pas du divertissement : c'est du travail. Quand Martin Luther King a dit : « Je fais un rêve », il ne jouait pas, il était sérieux. Quand il l'a imaginé, visualisé, créé dans son propre esprit, ce rêve a commencé à exister, et nous aussi devons faire ce rêve, afin de lui donner le poids, l'étendue et la longévité qu'il mérite. Ne laissez personne, personne, vous persuader que le monde est ainsi fait et que, par conséquent, c'est ainsi qu'il doit être. Il doit être tel qu'il devrait être. Le plein emploi est possible. Postuler une force de travail de vingt à trente pour cent de la population à venir représente une profonde avarice, et non une mesure économique inévitable.

Toutes les écoles publiques peuvent être des environnements d'apprentissage sûrs, favorables et accueillants. *Personne*, ni les enseignants, ni les élèves, ne préfère la bêtise et, dans certains endroits, de tels environnements ont déjà été construits.

Les envies de suicide peuvent être éradiquées. *Aucun* drogué ni *aucun* candidat au suicide ne veut en être un.

Ennemis, races et nations peuvent vivre ensemble. Même moi, au cours des quarante dernières années, j'ai vu des ennemis nationaux fâchés à mort devenir des amis chaleureux qui se soutenaient mutuellement, et quatre amis nationaux devenir des ennemis. Il ne faut pas quarante ans pour être témoin de cela. Toute personne de plus de huit ans a été témoin de la nature pratique, commerciale, presque capricieuse des amitiés nationales. J'ai vu affecter des ressources à la cause des personnes privées de leurs droits, des discrédités et des malchanceux, et avant que nous n'ayons pu récolter les fruits de ces ressources, avant que la législation mise en place n'ait pu faire son œuvre (vingt ans ?), on l'a démantelée. C'est comme suspendre l'Union en 1796 parce qu'il y avait des problèmes. Construire un pont jusqu'à la moitié et dire qu'on ne peut pas aller d'ici à là-bas.

Cet engagement résolu doit être rêvé à nouveau, repensé, réactivé, par vous et par moi. Autrement, à mesure que le racisme et le nationalisme se consolideront, que les côtes et les villages deviendront et demeureront les sources des troubles et des conflits, que les aigles et les colombes planeront au-dessus des sources de richesses premières qu'il reste sur cette terre, que les armes à feu, l'or et la cocaïne détrôneront les céréales, la technologie et la médecine pour s'assurer la première place dans les échanges mondiaux, nous finirons avec un monde qui ne sera pas digne qu'on le partage ni qu'on en rêve.

C'est par nous que nous sommes déjà choisis pour vivre. Par des humains, et à notre connaissance, il n'y en a pas d'autres. C'est *nous* qui sommes les habitants moraux de la galaxie. Pourquoi se défaire de cette magnifique obligation après avoir travaillé si dur dans le ventre de nos mères afin de l'assumer ? Vous allez occuper des positions importantes. Des positions dans lesquelles vous pourrez décider de la nature et de la qualité de la vie d'autrui. Vos erreurs peuvent être irrémédiables. Aussi, quand vous entrerez dans ces lieux de confiance, de pouvoir, rêvez un peu avant de réfléchir, afin que vos pensées, vos solutions, vos directions et vos choix concernant qui vit et qui ne vit pas, qui prospère et qui ne prospère pas, soient dignes de cette vie sacrée que vous avez choisi de vivre. Vous n'êtes pas sans recours. Vous n'êtes pas sans cœur. Et vous avez du temps.

Le corps-esclave et le corps noir

En 1988, année où James Cameron a inauguré le Musée Américain de l'Holocauste Noir, ici, à Milwaukee, j'ai répondu à la question d'un journaliste. Comme j'avais publié un roman qui étudiait la vie d'une famille née dans l'esclavage, on m'interrogeait sur la nécessité et l'intérêt de formuler cette partie inexprimable de l'Histoire américaine. Sur la nécessité de se rappeler les hommes, les femmes et les enfants qui ont survécu ou non aux trois cents ans et quelques de commerce international durant lesquels leur corps, leur esprit, leurs talents, leurs enfants, leur labeur ont été échangés contre de l'argent, argent auquel ils ne pouvaient prétendre. Puisque l'argument pour esquiver les mauvais souvenirs ou les sublimer était si fort et, dans certains endroits, perçu comme non seulement progressiste, mais sain, pourquoi voulais-je donc raviver les cicatrices, les chéloïdes, que la guerre de Sécession, le combat pour les droits civiques et le temps lui-même avaient recouvertes ? Le corps-esclave était mort, n'est-ce pas ? Le corps noir était vivant, n'est-ce pas ? Occupé non seulement à marcher, parler, travailler et se reproduire, mais aussi à s'épanouir, à profiter des avantages de la pleine citoyenneté et des fruits de son propre travail. La question semblait sous-entendre que, quel qu'ait été son niveau de réussite, il ne pouvait sortir grand-chose de bon de l'écriture d'un livre qui écartait les couches de tissu cicatriciel développées par le corps noir pour obscurcir, sinon anéantir, le corps-esclave situé en dessous.

Ma réponse a été blessante. Elle était mue par un genre d'épuisement consécutif à l'achèvement de mon roman. Une irritabilité. Une tristesse.

« Il n'y a pas d'endroit, ai-je dit, où vous et moi puissions aller pour penser ou ne pas penser aux esclaves, évoquer leur présence ou se souvenir de leur absence ; rien qui nous rappelle ceux qui ont fait le voyage jusqu'au bout et ceux qui ne l'ont pas fait. Il n'y a pas de mémorial, de plaque, de couronne, de mur, de parc, ni de hall de gratte-ciel appropriés. Il n'y a pas de tour de quatre-vingt-dix mètres. Il n'y a pas de petit banc au bord de la route. Il n'y a même pas d'arbre gravé d'une initiale que je puisse aller voir ou que vous puissiez aller voir à Charleston, Savannah, New York, Providence ou, mieux encore, sur les rives du Mississippi. »

« On m'a dit qu'à Washington, il y a un monsieur qui gagne sa vie en prenant des foules de passagers en bus pour leur montrer les monuments de la ville. Il s'est plaint qu'il n'y a jamais rien là-bas qu'il puisse montrer sur les Noirs. Je ne saurais vous expliquer pourquoi je pense que c'est important, mais je le pense vraiment. Je pense que ce serait revigorant. Pas seulement ça, pas seulement pour les Noirs. Cela pourrait suggérer la lucidité morale parmi les Blancs lorsqu'ils ont donné le meilleur d'eux-mêmes, qu'ils ont risqué quelque chose, qu'ils n'étaient pas obligés de le faire et qu'ils auraient pu choisir de garder le silence ; il n'y a pas de monument à cela non plus. » Sauf dans les noms des institutions qui rendent hommage aux attentions ou à la générosité d'un Blanc : Spingard, le général Howard, Spelman[1], etc. « Je n'ai aucun modèle en tête, ni aucune personne, ni même aucune forme d'art. C'est seulement que j'ai soif d'avoir un lieu permanent. Ce n'est pas obligé d'être un visage énorme, monumental, sculpté dans une montagne. Il peut être petit ; un endroit sur lequel on peut reposer les pieds.

1. Arthur B. Spingard (1878-1971) : militant pour les droits des Noirs dès le début du XXe siècle. Oliver O. Howard (1830-1909) : général durant la guerre de Sécession, qui s'est attaché à promouvoir les droits des affranchis par la suite. Laura Spelman Rockefeller (1839-1915) : philanthrope et abolitionniste, en souvenir de laquelle a été fondée l'université du même nom, à Atlanta, l'une des premières réservées à l'instruction des femmes noires.

Ce peut être un arbre. Ce n'est pas obligé d'être une statue de la liberté. »

Comme vous pouvez le constater, je me sentais assez démunie quand j'ai fait ces commentaires.

Quand j'utilise le terme « corps-esclave » pour le distinguer du « corps noir », j'entends souligner le fait que l'esclavage et le racisme sont deux phénomènes distincts. Les origines de l'esclavage ne sont pas forcément (ni même ordinairement) racistes. Vendre, posséder des individus, c'est un commerce ancien. Il n'y a dans cette salle probablement personne dont les ancêtres ou la tribu n'aient pas compté d'esclaves. Si vous êtes chrétien, parmi votre peuple se trouvaient des esclaves ; si vous êtes juif, parmi votre peuple se trouvaient des esclaves ; si vous êtes musulman, parmi votre peuple se trouvaient les asservis. Si vos ancêtres étaient européens, ils ont vécu en Europe de l'Est à l'époque du servage, en Angleterre sous le régime féodal, dans l'Europe des Vikings, l'Espagne des Wisigoths, la Venise, la Gênes ou la Florence du XVe ou du XVIe siècle. La population majoritaire de la Rome antique et de la Grèce antique : toutes formaient des sociétés esclavagistes délibérément construites comme telles. Le Ghana médiéval, le Mali des Songhaïs, le royaume du Dahomey et celui des Achantis. L'esclavage a été essentiel au monde de l'Islam et systématique en Orient, y compris durant un millénaire rien qu'en Corée. Nous sommes tous impliqués dans cette institution. En modelant leur économie sur celle des sociétés de leur époque, ou antérieures, qui dépendaient du travail forcé ou non rémunéré, les colons du Nouveau Monde ont tenté d'asservir les populations autochtones et auraient fait venir n'importe quel groupe d'étrangers disponibles, capables et aptes à la survie. Disponibles, parce que les royaumes africains solidement organisés pouvaient fournir des travailleurs aux Européens ; capables, parce qu'ils étaient intelligents, robustes et adaptables ; aptes à la survie, parce qu'ils étaient créatifs, spirituels et qu'ils s'intéressaient beaucoup à leurs enfants : les étrangers en provenance d'Afrique faisaient l'affaire.

Non seulement les origines, mais les conséquences de l'esclavage ne sont pas toujours racistes. Ce que l'esclavage du Nouveau

Monde a de « particulier », ce n'est pas son existence, mais sa transformation en ténacité du racisme. Le déshonneur associé au fait d'avoir été asservi ne condamne pas inévitablement les héritiers de l'esclave à la diffamation, à la diabolisation, ni à la crucifixion. Ce qui entretient ces dernières, c'est le racisme. L'essentiel de ce qui a rendu exceptionnel l'esclavage du Nouveau Monde, c'étaient les signes raciaux grandement identifiables de sa population, parmi lesquels la couleur de peau, surtout mais pas exclusivement, a entravé la capacité des générations ultérieures à se fondre dans la population non asservie. Pour elles, il n'y avait quasiment aucune chance de se cacher, de se déguiser, ni d'échapper à l'ancien statut d'esclave, car une visibilité marquée a mis en œuvre la division entre ceux qui avaient été esclaves et les autres (bien que l'Histoire brave cette distinction), et conforté la hiérarchie des races. Par conséquent, l'aisance avec laquelle on est passé du déshonneur associé au corps-esclave jusqu'au mépris dans lequel on a tenu le corps noir libéré est elle aussi devenue d'une fluidité quasi totale, car les années intermédiaires de l'époque des Lumières ont connu un mariage de l'esthétique et de la science, ainsi qu'un mouvement vers une blancheur transcendante. Dans ce racisme, le corps-esclave disparaît, mais le corps noir demeure et se transforme en synonyme de population pauvre, en synonyme de criminalité et en déclencheur d'une politique publique. Car en matière d'économie, d'éducation, de logement, de religion, de système de santé, de divertissement, de système judiciaire pénal, d'aide sociale, de politique du travail, soit à l'intérieur de quasiment tout débat national qui continue à nous dérouter, il n'y a pas de discours dans lequel le corps noir n'est pas un problème flagrant qu'on choisit d'ignorer : c'est le fantôme dans la machine ; l'objet, sinon le thème, des négociations.

Les projets de ce musée ont d'énormes pouvoirs. Le premier, c'est le pouvoir de commémorer. L'envie irrésistible de commémorer certains événements, certaines personnes ou populations arrive à certains moments. Quand ce qui a eu lieu est enfin compris ou s'avère une affirmation directe de fierté personnelle ou civique, on érige des tombes et des palais, on entasse des fleurs, des statues apparaissent, on construit des archives, des hôpitaux, des parcs et des musées. Comme le temps est un facteur si important dans ce processus, la majorité de ceux qui ont participé à l'événement commémoré ne les voient jamais. Mais la croissance de ce pays aux XVIe, XVIIe et XVIIIe siècles, qui reposait lourdement sur la disponibilité d'une main-d'œuvre gratuite, a été compliquée et exceptionnelle. Exceptionnelle du fait de sa durée et de son assimilation d'individus à du bétail ; complexe du fait de son rapport compliqué au développement culturel, économique et intellectuel de la nation. Voilà ce dont il faut se souvenir. Ce projet a un autre pouvoir : celui de nous faire prendre conscience des formes éternellement flexibles, toujours adaptables et obstinément insaisissables du racisme moderne, qui reconstruisent le corps-esclave et le réintègrent dans le corps noir sous une forme américaine d'épuration ethnique, dans laquelle des nombres monstrueusement élevés d'hommes et de femmes noirs sont consciencieusement jetés en prison, où ils deviennent une fois de plus une main-d'œuvre gratuite : où ils sont une fois de plus parqués à des fins lucratives. Ne vous y trompez pas : la privatisation des prisons vise moins à alléger le fardeau du contribuable qu'à fournir des sources de revenus à des communautés en faillite et, surtout, à fournir aux grandes entreprises une population captive disponible pour travailler sans rémunération.

Le troisième pouvoir qu'a le projet de ce musée, peut-être le plus important et assurément le plus gratifiant, c'est le regard qu'il a porté sur les aspects mélioratifs et triomphants de l'Histoire de cette république, en noir et blanc. Voici ce que je pressens : malgré toutes les stratégies commerciales et politiques visant à nous séparer, à nous diviser et à nous déformer, les jeunes semblent en avoir vraiment assez du contrôle que le racisme exerce sur leur vie. La communauté artistique est épuisée par les restrictions qu'il impose et rebelle à leur endroit. Ceux qui ont de faibles revenus et qui découvrent combien ils sont empêtrés et paralysés dans son emprise économique génératrice de divisions le détestent. Les spécialistes non intimidés par sa mainmise le démontent. Nous devenons plus assidus en matière de substitution de l'exactitude, d'autres perspectives et d'autres récits aux Histoires fantômes, à la politique souillée et à la manipulation par les médias.

Je suis heureuse que ma venue coïncide avec l'exposition consacrée aux artistes africains-américains dont le regard a croisé, à chaque niveau, la vision dégradante et génératrice de stéréotypes qui prévaut ailleurs. À travers leur art, leur goût, leur génie, nous voyons les sujets africains-américains comme des individus, comme des êtres chers, des êtres compris. Regarder cette parade de leur force, de leurs propriétés vivifiantes, de leur humanité, de leur joie et de leur volonté devrait suffire à prévenir l'atteinte des tentacules du racisme. À nous protéger de son toucher non éclairé, non instruit, inexorablement toxique. De même que l'engagement de cette communauté devrait suffire. Vous ne croyez pas ? Merci.

Harlem on My Mind : Contester la mémoire Méditation sur les musées, la culture et l'intégration

Le débat d'aujourd'hui sur la place, le pouvoir et l'objectif des musées en tant que réservoirs de mémoire culturelle et/ou sources d'intégration communautaire est fondamental. De tels débats sont endémiques aux musées. L'histoire du Louvre elle-même témoigne d'attaques radicales et de sauvetages passionnés ; pourtant, il survit comme modèle vénéré et exemple indispensable de musée à caractère universel. Comme l'écrit Neil Harris, « la taille, la richesse, les aménagements intérieurs et l'architecture des musées, ainsi que la décontextualisation inhérente aux pièces de musées, avaient provoqué de l'hostilité au XIXe siècle et certainement au début du XXe. Les temples gargantuesques du début du XXe siècle ont été qualifiés par certains critiques de "désastres pleins de dignité" ; la disposition des pièces exposées [...], de "labyrinthe de Minotaure" [...] ; les politiques des musées étaient condamnées comme distantes et indifférentes d'un point de vue social. Certains éducateurs fulminaient contre l'échec des musées à reconnaître les intérêts et besoins de leur époque, tandis que d'autres condamnaient le principe de collection à grande échelle en tant que fruit empoisonné du capitalisme. » De plus, remarque-t-il, « les musées ont été qualifiés de racistes, révisionnistes, hégémoniques, élitistes, politiquement corrects, mercenaires, cupides et intéressés[1]. » Pourquoi, se demande-t-on,

1. « The Divided House of the American Art Museum », *Daedalus*, vol. 128, n° 3, 1999, p. 34-35.

les musées connaissent-ils alors ce qu'on ne peut qu'appeler une « explosion », à mesure qu'ils sollicitent des appuis plus vastes, que les revenus augmentent en plus de la vente des biens et des services engendrés par les expositions « à grand succès », que les mécènes et sources de financement rivalisent d'élégance et de générosité envers eux ? Des transitions sont en cours, dont la reconnaissance que « l'étranger est déjà chez lui » n'est pas la moindre. La mission des musées d'aujourd'hui tient compte de telles revendications.

Conservateurs, artistes, directeurs, critiques d'art et historiens reconnaissent de nouveau l'urgence de ces délibérations. Leurs articles remplissent les revues ; les conseils d'administration des musées traditionnels reconsidèrent la structure et le contenu ; de nouveaux arrivants dans le paysage des musées déterminent leurs acquisitions de sorte à satisfaire aux demandes de publics nouveaux ou sous-représentés.

Aux États-Unis, la provenance de l'une de ces demandes de représentation fournit une carte dont le tracé dramatise à la fois les fragilités et les opportunités en cours de discussion.

Tandis que la scène new-yorkaise des années 1960 abondait en conceptions nouvelles au sein du monde artistique (expressionnisme abstrait, pop art), le Metropolitan Museum de New York accueillait Thomas P. F. Hoving, son nouveau directeur. Spécialiste du Moyen Âge devenu commissaire des parcs municipaux, il avait à cœur d'introduire de nouveaux projets dans une institution que certains croyaient devenue moribonde. L'un de ses projets était une exposition conçue pour refléter la culture de Harlem, quartier africain-américain de New York célèbre pour ses écrivains, ses poètes, ses peintres, ses musiciens et la vie de ses night-clubs. Cette exposition, annoncée en 1968 et intitulée *Harlem on My Mind*, a été inaugurée au Metropolitan Museum en janvier 1969 sous la forme d'un portrait de l'Histoire, de l'identité et de la tradition culturelle de Harlem, occupant quinze galeries et composé de photographies, peintures murales, diapositives, films, enregistrements documentaires, musique et objets souvenirs. Encouragé et guidé par Allon Schoener, directeur des Arts Visuels du Comité des Arts de l'État de New York, Hoving a monté ce que tous deux décrivaient comme une « exposition ethnique totale sur notre environnement », qui couvrait Harlem de 1900 à 1968. En recourant aux techniques d'exposition, alors radicales, qui comprenaient des photographies au plafond ou en guise de décors muraux, la télévision et des paysages sonores, cette exposition était comparable à une autre, à laquelle Schoener avait participé précédemment : *Le Lower East Side : Portail d'une vie américaine*, au musée juif : hymne à la gloire de l'immigration en Amérique. Aussi grand qu'ait été l'enthousiasme pour l'exposition sur Harlem dans bien des endroits et parmi de nombreuses sources de financement, il y a eu des murmures de mécontentement avant son inauguration : on accusait ses organisateurs d'avoir relégué au dernier plan les conseils et recommandations des habitants de Harlem, d'utiliser les Noirs en guise de « composition d'étalage ». Mais le dénouement a fait plus de bruit, étant marqué par une indignation plus virulente, non seulement de la part de la communauté noire, mais aussi de groupes très divers comprenant certains directeurs et donateurs du Metropolitan. Les critiques d'art conservateurs, comme Hilton Kramer, soutenaient que de telles expositions n'avaient pas leur place dans un musée d'art. « En organisant l'exposition *Harlem on My Mind*, écrivait-il, M. Hoving a, pour la première fois, politisé le Metropolitan et, par-là même, fait planer un doute sur son intégrité future en tant qu'institution ayant par-dessus tout vocation à préserver notre héritage artistique des empiétements capricieux de l'Histoire. » Plusieurs groupes juifs, irlandais et hispaniques trouvaient que l'introduction au catalogue, rédigée par Candice Van Ellison, était une diffamation d'un racisme flagrant, puisqu'elle y écrivait ceci : « Psychologiquement, les Noirs peuvent trouver que des sentiments antisémites les placent, pour une fois, au sein d'une majorité. Ainsi, en nous faisant partager un préjugé national, notre mépris du juif nous fait nous sentir plus complètement américains. » Diffamation d'un racisme flagrant. Hoving lui-même a été honni pour sa condescendance manifeste envers ses domestiques noirs (sa « demoiselle ensoleillée », son chauffeur noir « austère ») et sa remarque voulant que les relations d'égalité entre les races soient « grotesques ». Schoener aussi, pour avoir affirmé que

« Harlem est la capitale de la [culture noire]. Les mœurs et valeurs blanches ne sont pas universelles. » Les intentions populistes de Hoving ont engendré de puissants conflits de classes. Il est certain que la controverse a été aggravée par l'agitation des années 1960 ; cependant, les implications de tout ce qui n'allait pas dans l'exposition multimédia de Hoving retentissent encore aujourd'hui. De l'insulte à l'offense culturelle, artistes, hommes politiques, érudits et journalistes ont défini de très sérieuses objections aux prémisses esthétiques et intellectuelles de cette exposition. Parmi ces plaintes, il y avait : pas de représentation africaine-américaine dans le comité de sélection ; recours quasi total à la photographie, principalement à l'œuvre de James VanDerZee[1] ; exclusion volontaire de peintres et de sculpteurs ; la promesse faite par le musée d'une exposition « à part » ne s'est jamais concrétisée ; le thème tenait plus du divertissement que de l'art ; autre exemple du voyeurisme blanc ; une caméra montée à Harlem, dans la 125e Rue, pour une vision en circuit fermé, plutôt comme dans un zoo, réservée aux mécènes présents dans le musée. Le rejet d'artistes tels que Norman Lewis, Jacob Lawrence, Romare Bearden, Cliff Joseph, Elizabeth Catlett, Raymond Saunders et beaucoup d'autres, aussi bien montants qu'établis, avait provoqué la création d'un groupe de protestation, forcé DeCarava à retirer ses œuvres et Romare Bearden, à quitter le comité. Sans la participation pleine et entière de ces artistes, l'objectif annoncé trompait les visiteurs en leur offrant des représentations sentimentalisées et caricaturales de la vie des Noirs comme vie de crime, de pauvreté et exclusivement sensuelle. On percevait une autre insulte dans le choix d'une lycéenne africaine-américaine, plutôt que d'un érudit ou d'un artiste spécialiste en la matière, pour se charger de l'introduction au catalogue. Même le titre de l'exposition, retenu par Schoener, enflammait des sensibilités déjà à vif. Emprunté à la chanson d'Irving Berlin, il suivait le schéma qu'avait suivi Hoving : un Blanc qui écrit sciemment et de façon autoritaire sur la culture de Harlem, les paroles évoquant une danseuse

1. Photographe africain-américain (1886-1993), dont ne furent exposés que des clichés datant des années 1920 et 1930.

de cabaret (et peut-être maîtresse) noire, dans Paris, à qui manque la vie « canaille » – c'est-à-dire licencieuse – parmi les Noirs de la ville. « J'ai bien envie d'être canaille/Et mon français ne sonnera pas vrai/Si j'ai Harlem en tête. » Sans artistes locaux en exercice, sans représentation au conseil d'administration, sans même un spécialiste d'art pour introduire le catalogue, sans aucune référence à la vie civique prospère de Harlem, ce que la communauté croyait être l'importance, le sens et la diversité réels de sa vie culturelle était rejeté de manière totale et arrogante. Il est apparu à beaucoup que *Harlem on My Mind* était foncièrement une exposition ethnographique présentée dans un musée d'art : l'un des principaux musées à caractère universel. Ainsi, elle a rendu furieux ceux qui pensaient que les présentations ethnographiques n'y avaient pas leur place et frustré ceux qui voulaient qu'elle comprenne des œuvres d'Africains-Américains. Le point crucial de ces accusations et de ces frustrations semblait être le fait que le Metropolitan Museum avait traité la culture noire comme « étrangère », comme le produit du travail d'étrangers dont il s'était d'abord approprié le foyer, puis qu'il avait célébré de manière sélective. Un genre de boîte de Petri pour les curieux.

Cependant, les conséquences de l'exposition *Harlem on My Mind* ont bel et bien engendré des perspectives. Parmi les minorités « mécontentes », les citoyens de Harlem et les artistes africains-américains n'étaient pas seuls. Leur expérience consistant à être réduits au silence par une exposition qui leur est ostensiblement consacrée se répète dans bien des endroits et la hiérarchie des cultures est aujourd'hui minutieusement réfutée ou remise en cause. Les communautés ne se contentent plus de demeurer les bénéficiaires passifs des activités des musées. Grâce à sa concentration d'art africain-américain, le Studio Museum de Harlem est l'une des réussites directement liées aux retombées de cette controverse. La prolifération des musées ethniques à New York et ailleurs en est une autre. En outre, moins d'un an après la clôture de l'exposition, les artistes noirs qui avaient formé la Coalition Culturelle Noire d'Urgence et protesté contre *Harlem* (Norman Lewis, Romare Bearden, Raymond Saunders, Vivian Browne et Cliff Joseph, entre autres) ont rencontré des responsables du Musée d'Art Américain de Whitney pour entamer des négociations sur ses politiques de discrimination à l'encontre des artistes noirs. En 1971, cette coalition a appelé au boycott de l'exposition *Artistes noirs contemporains en Amérique*, au musée de Whitney, car on avait restreint la participation des Noirs dans son organisation. Quinze des soixante-quinze artistes choisis par Robert M. Doty, le conservateur, et inscrits pour y participer se sont retirés ; comme à son habitude, la réaction de la critique à ceux qui restaient s'est concentrée sur la réaction politique des Noirs, sans beaucoup discuter de l'art lui-même.

La rétrospective intitulée *L'Abstraction au XXe siècle : Risque total, liberté, discipline*, organisée en 1996 par le musée Guggenheim de New York, n'incluait pas d'artistes de couleur. Presque vingt-huit ans après *Harlem on My Mind*, un musée d'art américain majeur excluait les peintres et sculpteurs africains-américains d'une exposition majeure et, ce faisant, soulevait une fois de plus des questions de race, de politique et d'esthétique. Mais le feu de la critique s'était déplacé. On demandait toujours au musée d'art : « Quel est le domaine des arts visuels noirs : la figuration, l'abstraction ? » tandis que les artistes eux-mêmes et certains critiques demandaient si l'art défini d'un point de vue racial était restrictif et si cette question elle-même posait problème, surtout quand la réaction de la critique à l'exposition des plasticiens noirs était centrée sur la politique, sans grande discussion sur l'art lui-même. Quel était le jugement esthétique du musée d'art sur l'art visuel créé par des Noirs ? Lors d'un entretien, Cliff Joseph a risqué une approche : « Je ne dirais pas qu'il existe un art noir en soi... Cependant, il existe une expérience noire dans l'art : je crois que chaque culture a sa propre expérience, que les artistes de cette culture apportent à leur travail. »

Beaucoup de jeunes artistes noirs d'aujourd'hui sont d'accord avec M. Joseph et perçoivent l'art défini d'un point de vue racial comme étouffant, voire condescendant : comme étant lui-même un problème. Un nombre croissant d'entre eux tiennent à ce que leur travail soit évalué uniquement sur le fondement de l'esthétique et s'interrogent : si leur art n'était pas classé dans la rubrique « Culture noire», serait-il perçu comme africain-américain ? Si les artistes n'étaient pas présentés en fonction de leur race, leur travail serait-il exploité pour fournir un contenu racial ou politique ? Ces questions et bien d'autres ont donné naissance au terme « post-noir » chez les artistes plus récents, terme qui indique l'identité raciale tout en réfutant ses frontières établies.

L'histoire et les conséquences de l'exposition *Harlem on My Mind* sont au cœur du débat actuel sur la mission des musées dans son rapport avec le foyer de l'étranger. Et beaucoup de nouvelles sont bonnes. Si le musée Guggenheim n'a pas reconnu les sculpteurs et peintres abstraits américains de couleur, d'autres occasions n'ont pas été perdues. La récente exposition de Kellie Jones au Studio Museum de Harlem, intitulée *Énergie/Expérimentation : Les artistes noirs et l'abstraction, 1964-1980*, est une réaction vigoureuse aux omissions du musée Guggenheim lors de sa rétrospective sur l'abstraction. Depuis la clôture de *Harlem on My Mind*, en 1969, de nouvelles générations de conservateurs, de spécialistes et d'historiens de l'art approfondissent et élargissent l'idée de musée d'arts visuels, ainsi que de musée matériel et culturel. En 1968, dans l'exposition du Metropolitan Museum, l'ethnographique remplaçait l'artistique : l'ethnographie et l'art étaient largement séparés. Mais dans les années 1990, les développements respectifs de ces champs d'étude – l'art et l'ethnologie – se sont mis à converger et des domaines tels que l'Histoire mondiale de l'art semblent avoir suscité une attention croissante, ainsi que des controverses. En 1992, l'exposition de Fred Wilson intitulée *Explorer le musée*, au Musée Contemporain de Baltimore, comprenait des œuvres de la Société Historique du Maryland. Wilson a examiné ces œuvres pour y découvrir de nouvelles informations sur la vie des Noirs américains, à partir des figurations et portraits présents dans les œuvres d'artistes blancs du début de l'Histoire de l'Amérique, puis il les a recadrées pour raconter cette Histoire. Il est devenu de plus en plus évident que les décisions relatives aux musées et à la conservation des œuvres sont autant dictées par l'idéologie que par l'esthétique et qu'elles sont prises dans le contexte du pouvoir. Yves Le Fur fait valoir intelligemment, à mon sens, que le musée d'art du XXIe siècle ne saurait demeurer un site culturel dans lequel l'art non occidental est jugé selon les critères de l'art moderne.

Le « grand art » européen et « l'œuvre matérielle ou artisanale » des étrangers sont reliés par l'archéologie (la mise au jour d'œuvres à la fois artisanales et artistiques, issues de cultures défuntes et expédiées vers des musées d'Europe) et actuellement réassemblés, remis en contexte, parmi des spécialistes acceptant l'idée que des expositions qui se veulent d'authentiques représentations des peuples et de leur culture – qui tentent de définir ce qui est essentiellement africain ou européen – sont des pratiques hégémoniques reproduisant les valeurs et privilèges du centre.

Heureusement, le dialogue est en cours : dans l'Histoire de la production artistique ; sur des questions d'esthétique culturellement spécifique ; sur l'invisibilité de l'étranger dans des institutions établies et dans les programmes des départements artistiques ; sur l'expansion de « foyers » destinés à l'art des non-Occidentaux ; sur des collections discrètes d'art moderne abritées par des sites ruraux, moins métropolitains.

Musées et galeries sont le foyer de l'artiste : sa place dans l'Histoire de l'art, dans l'Histoire culturelle, où l'on façonne et où l'on imagine à nouveau les identités nationales. De plus en plus, ces lieux consacrés à l'art mettent l'accent sur la relation parmi tous les éléments situés à l'extérieur du musée, aussi bien qu'à l'intérieur. De plus en plus, l'« étranger » d'autrefois enrichit tous nos foyers.

Femmes, race et mémoire

En 1868, une femme de quarante-cinq ans a demandé au Sénat des États-Unis un rappel de salaire de trois ans. Elle avait été embauchée durant la guerre de Sécession pour faire trois sortes de métiers : infirmière, cuisinière et « commandante de plusieurs hommes ». Les hommes du Capitole de cette nation ont mis trente ans à se décider sur une affaire dans laquelle l'argent, le genre, la race et la classe sociale étaient si désespérément enchevêtrés. Cent quinze ans se sont écoulés depuis la première requête de cette femme, et la combinaison de problèmes explicites dans sa demande est toujours une effrayante mixture de confusion, de colère, de peur, d'ignorance et de méchanceté. Au cœur de sa bataille, qui date du XIXe siècle, pour obtenir sa paie de vétéran, se trouve la question brûlante du féminisme, qui date du XXe siècle : comment une femme peut-elle être considérée et respectée en tant qu'être humain sans devenir une citoyenne semblable à un homme ou dominée par les hommes ?

Pour toute une variété de raisons complexes, la réponse définitive n'est pas encore apparue, mais il est impossible de ne pas aboutir à la conclusion monotone que l'une de ces raisons majeures est notre propre complicité (à nous, les femmes), consciente et inconsciente, avec les forces qui ont fait que le sexisme demeure la plus ancienne forme d'oppression des classes sociales dans le monde. Cette trahison fortuite ou délibérée est comme une arête coincée dans la gorge de chaque femme qui tente d'exprimer la condition actuelle des femmes et, jusqu'à ce qu'on la recrache, c'est une arête qui continuera à étouffer – et réduira peut-être bientôt au silence – ce qui aurait pu être la première révolution non sanglante réussie en Amérique.

L'auto-sabotage répandu parmi les femmes n'est pas un secret, mais ce qui peut être obscur, c'est la raison pour laquelle nous tenons à rester dans nos chaînes. En effet, le sexisme ne se limite pas aux hommes : la psychologie, l'instruction et la théologie sont souvent examinées dans le détail pour expliquer cette subversion, pour situer ses origines chez l'oppresseur. Mais le saboteur le plus efficace et le plus fiable est celui qui n'a pas besoin de recevoir des ordres.

Les Américaines appartiennent à l'une de ces trois catégories générales : les féministes, les antiféministes et les humanistes non-alignées. Chacun de ces groupes, dont il faut reconnaître qu'ils sont mal définis, engendre de l'hostilité envers au moins un autre, et chacun contient des sous-groupes bien décidés à faire œuvre d'évangélisation parmi les autres.

Les féministes déclarées, qui ont une conscience assez élevée pour œuvrer activement en faveur des droits de la femme, sont là depuis longtemps. Le féminisme est aussi ancien que la répression sexuelle. Aux États-Unis, c'est dans le terreau préparé par la libération des Noirs que le mouvement de libération des femmes s'est le mieux épanoui. Au milieu du XIXe siècle, le mouvement abolitionniste a engendré les suffragettes ; au XXe siècle, le mouvement pour les droits civiques a engendré celui de la libération des femmes. Tous deux ont été vigoureusement défendus par des hommes noirs (aucun homme blanc ne s'est distingué de la sorte), mais tous deux ont délaissé celui des droits civiques des Noirs et considéré l'abandon du problème de la race comme une évolution nécessaire et inévitable : une occasion de se concentrer exclusivement sur les questions sexistes. Chaque fois que ce changement a eu lieu, il a marqué la première étape de dissensions et préfiguré un avenir fait de groupes dissidents et d'auto-sabotage.

Parmi les féministes modernes, la première dissension a rapidement fait place à une seconde, dont ont émergé deux groupes principaux : les féministes socialistes, qui tiennent le capitalisme pour responsable de la virulence de l'oppression sexuelle, et les féministes radicales, qui en tiennent pour responsables les hommes. L'indignation tant du féminisme socialiste que du féminisme radical est dirigée vers la cause du sexisme ; cependant, en pourchassant l'ennemi, une bonne partie de cette violence affective déborde sur les victimes. Indépendamment de leur façon de désigner l'ennemi (les hommes ou le « système »), les deux camps reconnaissent le besoin de neutraliser l'hostilité des femmes les unes envers les autres : sœurs, mères et filles, amies et employées. Ils perçoivent la trahison entre femmes comme le résidu d'un mépris de soi propre aux minorités et de la concurrence sur le marché du mariage. Néanmoins, le résultat qu'une conscience élevée produit en compagnie d'une conscience réprimée est souvent un conflit interne explosif. Il y a une erreur grossière dans le récit qu'Andrea Dworkin fait de ses tentatives pour parler à des femmes de Houston qui défendaient le droit à la vie[1]. Il y a du véritable arsenic dans les souvenirs qu'a Simone de Beauvoir de sa rivalité avec sa mère. Même parmi les féministes avancées, le sabotage est une menace sérieuse. Une charmante petite librairie coopérative féministe de Californie (qui s'appelle « Chez les femmes ») a fini au tribunal quand les séparatistes ont bloqué les intégrationnistes à l'extérieur.

Les antiféministes, qui ont le plus grand soutien des hommes, sont présumées par les féministes être perpétuellement en état de grossesse ou de lactation ; satisfaites de n'importe quel système politique, économique ou culturel qui gouverne les hommes et les maintient sinon responsables, du moins certainement à l'écart. Blâmant le communisme et l'athéisme des féministes, les antiféministes sont persuadées que le rôle des hommes, en tant que pères et soutiens de famille, est l'apogée de la société civilisée. Cela ne les dérange pas que la découverte d'un rôle masculin différent de celui de père ou d'époux soit toujours un grave problème pour l'anthropologie. Que, si la « nature » définit facilement le rôle de la femme,

1. Féministe radicale (1946-2005) ayant relaté, dans *Right-Wing Women* [« Femmes de droite »] (1983), sa participation au Congrès National des Femmes qui s'est tenu dans cette ville en 1977.

la « société » doive procurer une définition aux rôles masculins. Essayer de comprendre à quoi *servent* les hommes (hormis faire des enfants et subvenir à leurs besoins) conduit le chercheur à étudier la « civilisation » et les positions dominées par les hommes à l'intérieur de celle-ci. Puisque la paternité n'est pas assez épanouissante pour eux, les hommes se perçoivent comme des individus d'action, des dirigeants et des inventeurs, et il n'est nul besoin d'une grande intelligence pour voir qu'on peut attendre des femmes n'ayant ni enfants ni foyer dont s'occuper qu'elles agissent, dirigent et inventent également. Envisager un changement aussi radical des attentes peut aller du malaise à la terreur. Si les antiféministes ne sont pas catégoriquement opposées aux activités masculines pour les femmes, elles les considèrent soit comme des libertés secondaires, soit comme n'étant pas des libertés du tout, mais plutôt de lourdes obligations qui les priveront d'une protection remportée de haute lutte. D'où leur aversion pour l'amendement sur l'égalité des droits, l'avortement sur demande et quantité d'autres objectifs féministes.

Les agnostiques, ou humanistes non-alignées, constituent probablement le plus grand des trois groupes et, bien que courtisées tant par les féministes que les antiféministes pour accroître leur nombre, elles se sont attiré le dédain et la méfiance des deux. Les féministes les tiennent pour des briseuses de grève et des opportunistes qui bénéficient de l'œuvre des féministes sans y contribuer en rien, voire en la méprisant. Ce sont les femmes du monde universitaire qui acceptent leur poste de titulaire comme partie du résultat du travail des féministes, qui se définissent comme des représentantes du pouvoir des femmes, mais qui sont également promptes à se dissocier des études « uniquement » féministes (« Moi, j'enseigne Milton »). Les antiféministes les perçoivent comme des lâches et des profiteuses qui bénéficient de la protection des hommes quand ça les arrange, mais sinon s'en débarrassent de manière flagrante. Ce sont les épouses insatisfaites qui ont des revendications féministes en matière de maison, de garde d'enfants et de liberté sexuelle, sans revendications de responsabilité en parallèle. Toute leur énergie est canalisée dans l'ethos concurrentiel de la beauté physique.

Elles se parent et se mettent sur le marché exactement à la manière d'une pin-up des années 1950, ronchonnent contre la nullité des hommes, mais estiment les autres femmes et elles-mêmes incomplètes sans une liaison avec un homme. Les femmes non-alignées sont gênées par le comportement outrancier ou agressif des féministes radicales, qu'elles rejettent en tant qu'amazones peu séduisantes à l'esprit masculin. Les antiféministes, dont la rhétorique les amuse et qu'elles tiennent pour des fanatiques religieuses ignorantes ou simplement serviles, sont selon elles tout aussi méprisables. La neutralité « raisonnable » des humanistes non-alignées est jugée tout aussi traîtresse par les converties de droite ou de gauche.

Parmi ces trois groupes, le champ de bataille est vaste, et encombré de tout un arsenal d'armes. Aussi tristes que soient ces divisions, elles existent en raison d'authentiques sujets d'inquiétude : de questions graves et non résolues concernant la biologie et le sectarisme.

Qu'elle soit un bienfait ou une malédiction, la contrainte biologique est réelle. Aujourd'hui, quelle que soit leur position (radicale, antiféministe ou non-alignée), les femmes sont sans cesse obligées de vendre ou d'exploiter leur vagin ou leur utérus. Pour les mères « sans l'avoir voulu », exploiter l'utérus signifie exiger une protection, en tant que classe, pour les produits que peut fabriquer cet organe : les enfants. Pour les mères « qui l'ont voulu », l'utérus devient le lien permettant d'exiger le droit à terminer son activité. Maîtresses, prostituées, épouses confinées chez elles ou « actrices » de films pornographiques, les femmes sont impliquées dans la valeur en dollars de leur vagin et doivent se résoudre à accepter cette valeur comme façon dont va et devrait aller le monde, ou comme façon dont il va mais ne le devrait pas. Les moyens d'existence de la femme ayant toujours été liés à sa sexualité, qu'elle soit jeune fille, maîtresse, épouse ou prostituée, la fidélité est le travail des femmes et non des hommes. « Se lier à l'homme dans un lit et dans le mariage est le passeport conventionnel pour la féminité normale. » De plus, il incombe à la femme d'afficher sa fidélité et d'entretenir celle de l'homme. C'est ce fardeau de la fidélité, associé à l'économie de la sexualité, qui met les hétérosexuelles en conflit direct avec les lesbiennes.

Les homosexuelles, ou femmes définies par les femmes[1], qui luttent pour éliminer de leur vie personnelle et sexuelle les hommes et leur domination, sont convaincues que le lesbianisme est la seule façon de réaliser pleinement le potentiel des femmes. Beaucoup attendent avec impatience un monde qu'elles envisagent comme entièrement dénué de genres, bien que l'on ne sache pas très bien, dans l'immédiat, d'où viendront les futures lesbiennes, faute de contact avec les hommes ou, du moins, leur sperme en bouteille. Pour le moment, leur position exige qu'elles partagent avec des scientifiques hommes l'optimisme enjoué qu'ont encouragé les méthodes de conception sans rapport sexuel. Cependant, les homosexuelles ne sont pas seules dans ces rêves de paisible royaume dénué de genres, comme le prouve le nombre croissant de femmes auteurs de science-fiction. La barricade du genre est si problématique que beaucoup d'écrivains féministes se sont tournés vers la science-fiction afin d'inventer un univers transcendant : dépourvu des limites de la biologie.

La seconde inquiétude génératrice de dissensions parmi les femmes est la ténacité du sectarisme masculin et ses graves effets sur la vie de toutes les femmes, indépendamment du camp auquel elles appartiennent. Dans cette société, ce sont encore les hommes qui définissent les objectifs scientifiques, politiques ou liés au secteur du travail. Les manipulations scientifiques dans divers domaines de la reproduction se sont révélées être un bienfait très mitigé. C'est une femme, Margaret Sanger, qui a eu l'idée et recueilli l'argent afin qu'un homme, le Dr Pincus, développe un « contraceptif simple, abordable et sûr à utiliser dans les taudis ravagés par la pauvreté, dans les jungles et parmi les plus ignorants ». La spécificité de cette mission était importante, voire décisive, puisqu'elle prouvait le bien-fondé des soupçons qu'avaient les femmes issues des minorités sur toutes les campagnes en faveur du contrôle des naissances. Nonobstant son intention d'origine, la « pilule » a été définie

1. *Women-identified women* : concept développé dans les années 1970 pour désigner les femmes qui se voulaient définies selon leurs propres critères et non ceux imposés par les hommes.

comme principal facteur de la libération des femmes depuis 1960, quelle que soit leur couleur. Cependant, le déclin spectaculaire des naissances et de la mortalité liée aux pathologies de la grossesse est compensé par l'augmentation stupéfiante des décès liés à la procréation provoqués par des dispositifs de contrôle des naissances. Le contraceptif qui empêche la naissance tue aussi des femmes, mais comme les implications en termes de races et de classes sociales sont systémiques dans les campagnes en faveur du contrôle des naissances, il n'y a aucune garantie que le danger diminuera, même si les femmes finissent vraiment par contrôler leur fertilité chez elles et parmi leurs sœurs dans la jungle. L'image de vagues successives de bébés non blancs qui atteignent un âge adulte marqué par une faim criante est systématiquement évoquée par les féministes qui tentent de persuader autrui d'adopter leur point de vue.

Malgré une législation progressiste et les nombres croissants de femmes en politique, et malgré le pourcentage de femmes inscrites sur les listes électorales, nul ne conteste le fait que la politique est faite par les hommes et pour les hommes. Nul ne se donne même la peine de se demander pourquoi, en politique, autant de femmes sont conservatrices. Le désir d'avoir des héroïnes politiques est si vif que l'on peut sans risque laisser la gauche s'excuser d'avoir des dirigeantes réactionnaires. Mais ces excuses ne cachent pas la fureur qui règne entre les femmes de gauche et leurs sœurs de droite. Allez assister à n'importe quelle campagne orientée vers un problème spécifique, tels ceux impliquant l'abolition de la ségrégation à l'école, le droit à l'avortement, la prière dans les écoles, et ainsi de suite.

Le contrôle qu'exercent les hommes sur le marché du travail est astreignant, d'autant plus aujourd'hui que les femmes n'ayant pas de foyer dont s'occuper sont à l'évidence de trop pour le capitalisme d'entreprise ou du laisser-faire. Il y a trop peu de travail et trop de qualifications. Trop peu de travail et trop de travailleurs. Adolescents, minorités, femmes, personnes récemment parties à la retraite, fermiers, ouvriers d'usines et handicapés formés à travailler constituent la réserve d'effectifs disponible pour des besoins en main-d'œuvre qui évoluent tout le temps. De plus, à ce système d'offre et de demande s'intègre une lutte violente pour faire carrière, qui sévit partout dans les usines et les bureaux. Du fait de leur dépendance, les femmes sont, de ceux qui travaillent, les personnes dont on se débarrasse le plus facilement.

Biologie et sectarisme sont les ennemis historiques : ceux que les femmes tiennent depuis longtemps pour cible, si le sexisme doit être déraciné. Ce qui est plus récent et peut-être plus sinistre, c'est le développement de la saboteuse qui semble paralyser le mouvement en général : les conflits internes, les impasses et les mini-causes qui ont effrité ce mouvement l'ont détourné de la révolution politique sérieuse présente à ses origines et banalisé au point de le rendre méconnaissable. Pourquoi les questions du droit à la vie et à l'avortement ont-elles fait des femmes leurs propres adversaires ? Pourquoi les prostituées tiennent-elles pour inutilement obstructionnistes les femmes qui combattent la pornographie ? Pourquoi les femmes noires ou issues d'autres minorités sont-elles si promptes à exclure les dirigeantes féministes blanches ? Pourquoi est-ce que les femmes, malgré tout notre discours public de solidarité, congédient nos assistantes parce que et lorsque celles-ci sont enceintes, votent contre la nomination de doyennes ou de présidentes, se comportent avec leurs aides ménagères comme si celles-ci étaient des biens, renversent des bus sur les enfants noirs d'autres mères ? Pendant que ces chamailleries se poursuivent, le mouvement se rapproche dangereusement au pire d'une implosion de femmes misogynes, au mieux d'une déroute de mini-causes et de problèmes sans issue, tous décrivant la plus vile des attentes masculines : que toute association de femmes finisse dans un concours de crêpage de chignons, aussi amusant et insignifiant que les combats de lutteuses dans la boue.

Comment un mouvement digne et responsable de libération des femmes peut-il renaître et se poursuivre sans se couvrir de honte en sombrant dans des lamentations féminines ? Si nous prêtons une oreille attentive à la férocité, à l'éloquence et aux plaidoyers consacrés à la cause des femmes, nous entendrons peut-être un autre message, message qui anime ces lamentations et dit que la virilité ou la ressemblance à l'homme sont, après tout, une idée supérieure. Que sur tout le chemin allant des féministes radicales, persuadées que les hommes sont moins faits que quiconque pour la virilité, aux femmes « totales », persuadées que les hommes sont simplement meilleurs, le concept de virilité connote toujours l'aventure, l'intégrité, l'intelligence, la liberté et, surtout, le pouvoir. « L'homme est la mesure de l'homme » est une observation facile à écarter dans un contexte moderne, mais la virilité est vraiment la mesure du statut d'adulte (statut de personne). Les preuves en sont partout. Elle façonne les désirs des femmes qui se croient nées pour plaire aux hommes, comme de celles qui veulent avoir ce que les hommes revendiquent pour eux-mêmes. Elle déclenche l'impulsion des femmes qui désirent être jugées compétentes, brillantes, dures, consciencieuses, justes et raisonnables. L'intelligence rigoureuse, communément perçue comme chasse gardée masculine, ne s'est jamais limitée aux hommes, mais on l'a toujours considérée comme un trait masculin. Abandonner le contrôle de la reproduction à Dieu, c'est en fait l'abandonner aux hommes. Exiger le contrôle de la reproduction, c'est usurper la souveraineté du mâle et acquérir ce que la virilité tient pour acquis : la domination.

Plutôt que de restreindre la définition du féminin à un unique chromosome, plutôt que de changer cette définition pour glorifier l'autre chromosome, pourquoi ne pas l'élargir afin qu'elle englobe les deux ? Nous avons les deux. Ne pas vouloir ou ne pas avoir besoin d'enfants ne devrait pas signifier que nous devons renoncer à un penchant nourricier. Pourquoi ne pas s'en servir pour donner au féminisme un sens nouveau, sens qui le distingue du culte de la femme et de la crainte respectueuse qu'inspire l'homme ? La vérité, c'est que les hommes ne sont pas un genre supérieur ; les femmes n'en sont pas un non plus. Cependant, en tant que concept, la virilité est enviée par les deux sexes. Le problème est donc celui-ci : l'accord tacite voulant que la virilité soit préférable est aussi une acceptation tacite de la suprématie du mâle, que ces « mâles » soient des hommes, des femmes à l'esprit masculin ou des femmes dominées par les hommes, et la suprématie du mâle ne peut exister sans son appareil génital. Chaque culture sexiste a sa propre formation socio-génitale ; aux États-Unis, celle-ci se compose du racisme et de la hiérarchie sociale. Quand les deux seront séparés, la suprématie du mâle s'écroulera et la mer de contention qui se déchaîne parmi les femmes s'asséchera.

Prétendre que les éléments racistes de la suprématie du mâle sont secondaires par rapport au sexisme, c'est éviter, une fois de plus, l'occasion d'éradiquer totalement le sexisme. De même qu'elle a été évitée par les abolitionnistes au XIXe siècle, elle a été ignorée par les féministes au XXe siècle. Le refus persistant de l'affronter non seulement conforte la suprématie du mâle, mais crée des lignes de conflit, avec quarante millions de femmes d'un côté et soixante millions de l'autre.

Accepter la hiérarchie sociale définie par les hommes et bénie par les hommes, c'est aussi étrangler le mouvement et nous maintenir enfermées dans une guerre stérile, où chacune d'entre nous est une saboteuse.

La complicité dans l'assujettissement de la race et des classes sociales explique en grande partie l'auto-sabotage auquel les femmes sont en proie, car c'est tout droit de cet assujettissement que sont nés certains mythes de destruction de la femme. L'un d'entre eux est celui de la matriarche malveillante, mythe tellement répandu que les conclusions de Daniel Patrick Moynihan sur le matriarcat comme cause de pathologie parmi les Noirs se reflètent dans la littérature d'écrivains hommes et femmes, aussi bien noirs que blancs. Ce en dépit du fait que seuls 16 % de tous les foyers disent avoir pour unique soutien un homme (les gouvernements tiennent à ce qu'un foyer ait un « chef » et sont affolés quand ce n'est pas un homme). Rien, dans la vie des Noirs, ne confirme la thèse que les hommes noirs sont « féminisés » par leurs femmes, et tout indique la suppression de l'homme blanc comme force castratrice. Pourtant, cette déformation est on ne peut plus florissante. Italiens, juifs, hispaniques, WASP : tous ont vu leurs problèmes sociaux expliqués en partie du fait qu'ils avaient réussi ou échoué à dompter une matriarche menaçante.

Un autre mythe de destruction de la femme est l'absence de classes sociales voulue par le capitalisme du laisser-faire et le socialisme. Dans le capitalisme avancé, les femmes n'ont pas d'autonomie économique et sont dépendantes d'un sort incertain défini par les hommes, telles les épouses, les mères et les maîtresses de maison. Dans les sociétés marxistes, où les classes sociales sont définies en fonction de leur rapport à la production, l'unité familiale, avec sa stratification interne (homme égale chef), défie toute tentative pour décrire de manière adéquate la production des « personnes non rémunérées », à savoir les maîtresses de maison.

La stratification des classes sociales aiguise et politise la lutte pour les biens et le statut. En plus de tous les autres conflits qu'elles engendrent, les inégalités sociales exacerbent les différences entre femmes noires et femmes blanches, femmes riches et femmes pauvres, femmes vieilles et femmes jeunes, les mères célibataires qui vivent des allocations et celles qui ont un emploi. Elles dressent les femmes les unes contre les autres dans des divergences d'opinions inventées par les hommes : divergences qui déterminent qui travaillera, qui recevra de l'instruction, qui contrôle l'utérus et/ou le vagin, qui va en prison, qui vit où.

L'empressement de femmes innocentes, ignorantes ou qui se respectent à rejeter les implications contenues dans les préjugés sociaux et à jouer un rôle qui agit de concert avec les intérêts de l'État définis par les hommes produit et perpétue une politique réactionnaire : une forme lente et subtile de sororicide.

Il n'y a personne pour nous tirer d'affaire ; personne hormis nous-mêmes. Ainsi cherche-t-on des signes de vie dans les décombres de ce qui ressemblait jadis à un mouvement de libération crucial. Trois phares clignotent sur la terre vaine. Le travail acharné et souvent ingrat fait par des féministes de moins en moins nombreuses afin de changer des lois opprimantes ; les centres d'entraide et réseaux de secours mutuel faméliques ; et, le plus sain de tous, la réussite éblouissante de l'art et des études accomplis par des femmes. Rien, me semble-t-il, n'est plus grisant ni plus extraordinairement pertinent que ce qui est en train d'avoir lieu parmi les artistes et les universitaires. L'intention péjorative et restrictive des étiquettes est toujours là (dramaturges *femmes*, photographes *femmes*, etc., font l'objet de récapitulatifs annuels obligatoires dans divers médias), mais plus pour longtemps. Ce peut être le premier indice d'une possible victoire dans notre combat pour être considérées et respectées en tant qu'êtres humains sans ressembler aux hommes ni être dominées par les hommes. Là où l'auto-sabotage est plus difficile à maintenir ; là où le culte de la virilité s'éteint en tant que concept ; là où peut apparaître une compassion intelligente pour des femmes différentes de nous ; là où le racisme et l'inégalité sociale n'aident pas à la vision ni à la recherche ; là où, en fait, le travail lui-même, le processus même de son accomplissement, rend odieux le sororicide, ainsi que le fratricide.

Trente ans après que Mlle Harriet Tubman – femme, noire, mère, fille, infirmière, cuisinière, épouse et « commandante de plusieurs hommes » – avait demandé son rappel de salaire à toute une assemblée de Blancs sexistes, sectaires et snobs, ils le lui ont accordé. Je n'ai pas choisi de commencer et de terminer cet article par sa requête car elle fait une anecdote poignante, mais parce que la clef de l'oppression des femmes apparaît très clairement dans la réaction à sa position, réaction qui réunissait la force pleine et entière du mélange particulier de racisme et de sexisme américains.

Et n'allez pas croire qu'elle ne le savait pas. Ils lui ont accordé vingt dollars par mois à vie. Elle avait alors soixante-quinze ans et ils ne s'attendaient probablement pas à ce que cette pension doive durer bien longtemps. Têtue comme une femme, elle a vécu treize ans de plus.

Littérature et vie publique

Pour revenir sur les lieux de sa vie estudiantine, on court toujours le risque de reproduire son statut d'origine à l'endroit où se déroule la recherche ; des problèmes surgissent et l'on a besoin d'aide afin de résoudre toutes les difficultés, de sorte à pouvoir avancer un argument clair et convaincant. Voilà ce que je ressens maintenant, eh oui, toutes ces années après : peut-être qu'une commission siège quelque part, prête à m'interroger une fois qu'elle aura écouté ce discours. C'est une bribe de souvenir utile, car je veux profiter de la circonstance et de ce lieu qui donne à réfléchir pour examiner (ou faire flotter) quelques pensées que je n'ai pas eu l'occasion de formuler, sauf dans mes romans. Et pour définir comment ces pensées sont rendues manifestes dans mon œuvre.

Le problème que je veux évoquer ce soir, tel que je le conçois, est la perte de la vie publique, qui est exacerbée par la dégradation de la vie privée. Et c'est la littérature que je propose comme remède à cette crise, par des biais que même la littérature n'aurait pas su imaginer.

Durant les années 1980 et 1990, la technologie et le régime du monde visible électroniquement ont modifié la perception du public et notre expérience les uns des autres. (L'actuelle ère du Spectacle promettait l'intimité et l'universalisation dans un décor de village mondial. Mais elle a engendré une confusion effroyable entre les existences publique et privée.) Passé la mort des années 1960 et 1970, grandement diffamées et au cours desquelles existait une vie publique réelle (et exprimée publiquement) que l'on contestait, pour, contre et à propos de laquelle on luttait, il semble peu probable qu'il y ait un jour une décennie analogue, durant laquelle les questions de conscience, de morale, de droit et d'éthique seraient libératrices plutôt qu'opprimantes. Il est intéressant de noter que notre décennie, contrairement à toute autre précédemment, est gênée par elle-même. Ce genre de vie publique (le mouvement pour les droits civiques, etc.) n'est pas vécu comme un ensemble de phénomènes médiatiques rendus possibles par « l'influence considérable de la publicité et du fantasme médiatique, [qui supprime] la réalité de la division et de l'exploitation ; [déguise] la séparation de la sphère publique et privée[1] ». Il peut avoir pour conséquence l'apathie, le dégoût, la résignation ou bien un genre de vide intérieur (engourdissement), « un monde de rêve, fait de stimuli artificiels et d'expériences télévisées » où, comme le fait remarquer F. Jameson, « jamais, dans aucune civilisation précédente, les grandes préoccupations métaphysiques, les questions fondamentales de l'existence et du sens de la vie n'ont paru aussi vaines ni aussi éloignées[2]. ». On était en 1971 lorsque ces commentaires ont été faits et ils ne sont inapplicables que jusqu'à un certain point aujourd'hui, où l'éthique de la production et l'éthique des médias ont une force plus grande que l'éthique sociale ou la justice.

Nous vivons à l'ère du Spectacle. Le spectacle promet de nous faire intervenir, de servir d'intermédiaire entre la réalité objective et nous par des moyens qui n'impliquent aucun jugement. On dirait fort la promesse de l'énergie nucléaire : sans danger, propre et abordable, mais qui s'avère dangereuse, sale (contaminée) et onéreuse. La promesse faite par le spectacle a été abandonnée. Non seulement nous n'intervenons pas, mais nous sommes profondément distancés : incapables de distinguer, d'exprimer ou de mesurer le choc ou l'empathie. Le « régime de l'autorité visuelle [est une] organisation

1. Perry Anderson, *Les Origines de la postmodernité* (1998), traduit par Natacha Philippi et Nicolas Vieillescazes, Paris, Les Prairies ordinaires, 2010, p. 74.
2. Frederic Jameson, *Marxism And Form: 20th Century Dialectical Theories of Literature*, Princeton, New Jersey, Princeton University Press, 1971, 1998, p. xviii.

coercitive d'images en fonction d'un chronomètre[1] » et il nous fait passer son organisation pour un simulacre du réel.

Les nouvelles promettent de nous informer. Pourtant, « la promiscuité des nouvelles du soir (le mélange de tornades en Pennsylvanie, de tireurs en Bosnie, d'enseignants en grève à Manchester [...], de chirurgie cardiaque des bébés en Californie) est dictée par les contraintes temporelles du média en question.[2] » Mais cet amalgame d'événements est montré au téléspectateur comme s'il s'agissait d'une représentation de la promiscuité du monde extérieur que, par conséquent, nous trouvons incohérent.

> Des millions de personnes se tournent vers l'écran pour y trouver des signes de leur identité collective en tant que société d'une nation et citoyens du monde. Les médias jouent à présent un rôle décisif dans la constitution de la « communauté imaginée » de la nation et du monde. [Ainsi], les informations sont validées comme système d'autorité, comme institution nationale ayant le rôle privilégié de celui qui fournit l'identité nationale et de celui qui prend son pouls[3].

Les récents événements, cependant, suggèrent que quelque chose a mal tourné. La formule, l'autorité, le paradigme, les objectifs du spectacle peuvent ne pas fonctionner. La télévision, jadis « église de l'autorité moderne[4] », présentait systématiquement les nouvelles comme un spectacle sacré : les obsèques de John F. Kennedy, le mariage du prince Charles, la cérémonie d'investiture du président, la mort de Diana : tous impliquaient que ce que l'on montrait avait une grave signification nationale et internationale. Mais dans la fusion des informations (qui n'en sont pas, sauf à être en images) et du spectacle au service d'un divertissement lucratif, certains récits électroniques construits à l'origine comme histoires officielles ou

1. Michael Ignatieff, *The Warrior's Honor, Ethnic War and The Modern Conscience* (1997), New York, Viking Press, 1998, p. 26.
2. *Ibid.*, p. 26.
3. *Ibid.*, p. 27.
4. *Ibid.*, p. 31.

nationales ont révélé non pas l'identité nationale promise, mais ses failles. La guerre devient un « fait divers » créé de toutes pièces et chronométré, dans lequel la question de l'électronique devient la question politique : Quand allons-nous en sortir ? Quand les troupes vont-elles rentrer ? Quand le despote sera-t-il mort ? Dans d'autres récits nationaux (l'audition de Clarence Thomas, le procès d'O.J. Simpson, l'enquête sur le Whitewater, les auditions durant la procédure de destitution du président), la forme temporelle et narrative, ainsi que l'intrigue, sont tous assujettis aux besoins de la programmation télévisée. Il est fascinant de se rappeler que presque toutes ces histoires récentes sont fortement infléchies par la race et/ou le genre, et par le pouvoir que l'un ou l'autre retient ou exerce.

Ces spectacles nationaux n'ont pas masqué les divisions comme ils l'auraient souhaité, mais les ont exacerbées. Nous ne pouvons compter sur le spectacle pour apaiser ou divertir complètement. Il a plus de chances de compromettre, de modifier ou de déformer le temps, la langue, l'imagination morale, les concepts de liberté et l'accès à la connaissance, à mesure que notre conscience est réduite à se transformer elle-même en marchandise. Sous la pression du spectacle qui aplanit notre expérience de la dichotomie public/privé, nous devenons des « réclames » pour nous-mêmes. La question devient : Comment et où pouvons-nous vivre l'élément public dans le temps, dans la langue, comme affect et en contexte afin de participer pleinement à notre propre vie personnelle, singulière, voire inventée, en relation avec la vie des diverses communautés auxquelles nous prétendons ou désirons appartenir ?

Quelle est la source de cet aplanissement de la perception du privé et du public ? Une partie de la confusion peut tout bonnement être l'usage imprudent de ces termes : il y a la vie privée et il y a la privatisation des prisons, du système de santé et des prétendues écoles publiques. Le premier usage émane des garanties constitutionnelles, ainsi que des revendications personnelles. Le second désigne des investissements privés cotés en Bourse.

Le premier élément (revendication personnelle de la vie privée) peut être abandonné (lors d'une émission télévisée, par exemple) ou perdu dans les tribunaux (par des célébrités et des personnalités

« publiques »), mais dans tous les cas, de telles connotations d'intimité sont sous surveillance permanente. Le second élément (la privatisation d'institutions formellement publiques) peut aussi être contrecarré dans les tribunaux, mais il nous est présenté et représenté comme visant le bien « public » (qui encourage la concurrence et autres, devrait faire baisser les prix et augmenter la qualité pour les consommateurs). L'intérêt public est souvent redéfini comme ensemble d'intérêts « spécifiques ».

Ce glissement dans les définitions efface tant les frontières entre l'individu et sa communauté imaginée que nous ne sommes pas surpris ni troublés par le fait que la vie publique est désormais rendue sous forme de phénomènes visibles d'un récit choisi, qui exploite et expose de manière sensationnelle le sexe, la race et les menaces familiales, pour la résonance nationale et le potentiel commercial qu'ils fournissent. Cet effondrement chaotique du privé et du public (vie privée constamment passée en revue et sphère publique sur laquelle nous n'avons aucun contrôle) encourage le retrait dans le narcissisme de la différence, une capitulation devant les plaisirs superficiels du divertissement. Ou la participation à une communauté totalement illusoire façonnée par la peur et un désir insatiable.

Il me semble que, étant donné ces subversions déjà accomplies et la possibilité de bien d'autres, la littérature propose un genre particulier de remède. L'histoire des demandes d'étude de la littérature tourne autour de trois avantages majeurs : 1) la capacité de la littérature à former le caractère et à fortifier la morale ; 2) sa nature appropriée aux activités de loisirs nobles et apolitiques ; 3) son rôle dans la « culture des pouvoirs de l'imagination indispensables au statut de citoyen[1] ». Alors qu'être éduqué à la citoyenneté vaut mieux qu'être éduqué à la consommation, la citoyenneté en tant qu'objectif possède des associations nationalistes embarrassantes.

1. Martha C. Nussbaum, *Cultivating Humanity: A Classical Defense of Reform in Liberal Education* (1997), Harvard University Press, 2003, p. 85.

> Le problème du nationalisme, ce n'est pas le désir d'autodétermination [...], mais l'illusion épistémologique particulière que vous ne pouvez être à l'aise ou compris que parmi des gens comme vous. Ce qui ne va pas avec le nationalisme, ce n'est pas le désir d'être maître dans votre maison, mais la conviction que seuls des gens comme vous méritent de s'y trouver[1].

Que l'on évoque les propriétés de formation du caractère qu'a la littérature, son intellectualisme rigoureux et apolitique, ou son utilité dans la création de citoyens bons et attentionnés, que n'importe laquelle de ces revendications ait encore ou non une résonance parmi les lecteurs (et je ne suis pas sûre que les arguments en faveur de la littérature aient beaucoup changé depuis *L'Intellectuel américain* d'Emerson ou les déclarations de F. R. Leavis[2]), un degré jusqu'ici inconcevable d'urgence à étudier et produire de la littérature s'est néanmoins manifesté : la fiction peut être (et est, selon moi) l'unique et dernier chemin du souvenir, le seul allié fidèle dans le processus dispendieux d'évacuation de la conscience et de la mémoire. La fiction peut être une langue alternative capable de contredire et d'éviter, sinon d'analyser, le régime politique en place, l'autorité de ce qui est électroniquement visible, la séduction du « virtuel ». L'étude de la fiction peut aussi être le mécanisme de réparation de la rupture entre public et privé.

La littérature a des caractéristiques qui permettent de vivre l'élément public sans contrainte et sans soumission. La littérature refuse et perturbe la consommation passive ou contrôlée du spectacle conçu pour nationaliser l'identité afin de nous vendre des produits. La littérature nous permet – non, exige de nous – l'expérience de nous-mêmes comme personnes multidimensionnelles. Et, ce faisant, elle est bien plus nécessaire que jamais. En tant qu'art, elle traite des conséquences humaines des autres disciplines : Histoire, droit, sciences, économie, études du secteur du travail, médecine.

1. Ignatieff, *op. cit.*, p. 59.
2. Éminent critique britannique (1895-1978) qui prônait la littérature et son étude dans une perspective morale et sociale.

En tant que récit, sa forme est la principale méthode par laquelle on s'approprie et traduit les connaissances. En tant qu'appréhension simultanée du caractère humain dans le temps, dans son contexte, dans l'espace, dans le langage expressif et métaphorique, elle structure l'influence déroutante d'un excès de réalités : accrues, virtuelles, méga, hyper, cyber, contingentes, poreuses, nostalgiques. Enfin, elle peut projeter un avenir apaisé.

Dans les trois derniers livres que j'ai écrits, ces mouvements théoriques (concernant l'affinité particulière du roman pour l'expérience d'une vie publique en recul) deviennent des mouvements explicites. *Beloved*, *Jazz*, *Paradis* : ils ont chacun en commun une anomalie structurelle. Une coda figurant après le récit, en plus du texte, hors du livre, qui commente non pas l'intrigue ou l'histoire, mais l'expérience de l'intrigue ; non pas le sens de l'histoire, mais l'expérience consistant à puiser du sens dans l'histoire. Ces codas jouent un rôle de plaidoyer en insistant sur les conséquences de la lecture du livre, en intervenant dans l'intimité établie entre le lecteur et la page, et en imposant, si elles atteignent leur but, une méditation, un débat, un argument qui en requiert d'autres pour être pleinement explorés. En bref, l'expérience de lecture est complétée par des actes sociaux.

Du point de vue narratif, *Beloved* s'achève par la question de Sethe sur son individualité. L'activité extra-narrative consiste à réinstaurer la hantise, à présent plus grande qu'on ne le supposait et que ce à quoi elle se limitait au début : une enfant frustrée, une créature douée de volonté et légitimement malveillante. Bien plus grande que son propre problème d'anéantissement, cette hantise (le personnage de Beloved invoqué dans la vie « après le livre ») est désormais la responsabilité de ceux qui ont partagé l'histoire, qui y ont participé et assisté. Responsabilité privée qui dissimule des obligations publiques ou communautaires : « Ceci n'est pas une histoire à faire circuler[1]. » « Ils pourraient le toucher [son visage] s'ils

1. Toni Morrison, *Beloved* (1987), traduit par Hortense Chabrier et Sylviane Rué, Paris, Éditions 10-18, 1989, p. 379, de même que les deux citations suivantes.

le voulaient». «Donc ils l'oublièrent.» «Une solitude que l'on peut bercer[1] [individuelle].» «Une solitude vagabonde [publique]».

Dans *Jazz*, les gestes situés au-delà du livre sont plus puissants: les personnages eux-mêmes échappent au pronostic du livre, ils sont autres et plus complexes que ce que le livre avait jamais imaginé. Ainsi, les derniers paragraphes constituent un appel non seulement à la compréhension compatissante d'un récit trompeur et égocentrique, mais aussi à une relation privée exquise, partagée et fortement érotisée entre le lecteur et la page. Ces paragraphes déclenchent aussi la complicité en attirant l'attention, de façon vigoureuse et agressive, sur l'acte de lecture comme acte ayant des conséquences publiques, voire une responsabilité publique. À partir de «regarde, regarde. Regarde où sont tes mains. Maintenant[2]», on peut déduire que quelque chose est censé être fait, être à nouveau imaginé, modifié, que quelque chose se trouve littéralement entre les mains du lecteur.

Dans *Paradis*, une fois encore, le roman s'achève (ou se referme) sur une activité presque sans rapport avec le récit. «Presque», car elle permet tout de même de spéculer un peu sur ce qui est réellement arrivé aux femmes du Couvent. Mais surtout pour compléter le jeu sur l'Évangile, avec les «visites» et «apparitions» du Nouveau Testament; enfin, pour reconfigurer l'imaginaire du paradis. Et le paradis est tout sauf une existence solitaire: dans chaque projection, c'est une communauté jouissant d'une vie publique partagée.

Le roman, je crois, autorise et encourage des façons de vivre l'élément public: dans le temps, avec des affects, dans un espace communautaire, avec d'autres (les personnages) et dans une langue qui insiste sur la participation individuelle. Il tente aussi d'illuminer et de retrouver la relation entre littérature et vie publique.

1. *Ibid.*, p. 378, de même que la citation suivante.

2. Toni Morrison, *Jazz* (1992), traduit par Pierre Alien, Paris, Éditions 10-18, 1993, p. 249.

Discours de Stockholm

« Il était une fois une vieille femme. Aveugle, mais sage. » Ou était-ce un vieil homme ? Un gourou, peut-être. Ou bien un griot apaisant des enfants agités. J'ai entendu cette histoire, ou une exactement semblable, dans la tradition de plusieurs cultures.

« Il était une fois une vieille femme. Aveugle. Sage. »

Dans la version que je connais, cette femme est fille d'esclaves, noire, américaine, et elle vit seule dans une petite maison à l'écart de la ville. Sa réputation de sagesse est sans égale et sans conteste. Parmi les siens, elle est autant la loi que sa transgression. L'honneur qu'on lui rend et la crainte respectueuse qu'elle inspire s'étendent au-delà de son quartier jusque dans des endroits lointains : jusqu'à la ville, où l'intelligence des prophètes de la campagne est source d'un grand amusement.

Un jour, cette femme reçoit la visite de jeunes gens qui semblent tenir à réfuter sa clairvoyance et à révéler l'imposteur qu'ils la croient être. Leur plan est simple : ils entrent dans sa maison et lui posent l'unique question dont la réponse dépend uniquement de sa différence avec eux, différence qu'ils considèrent comme un profond handicap : sa cécité. Ils sont debout devant elle ; l'un d'entre eux dit : « Vieille femme, je tiens dans ma main un oiseau. Dis-moi s'il est vivant ou mort. »

Elle ne répond pas ; on répète la question. « L'oiseau que je tiens est-il vivant ou mort ? »

Elle ne répond toujours pas. Aveugle, elle ne peut voir ses visiteurs, moins encore ce qui se trouve entre leurs mains. Elle ne connaît pas leur couleur, leur genre, ni leur patrie. Elle ne connaît que leur motif.

Le silence de la vieille femme dure si longtemps que les jeunes gens ont du mal à réprimer leur rire.

Enfin, elle parle ; sa voix est douce, mais sévère. « Je ne sais pas, dit-elle. Je ne sais pas si l'oiseau que tu tiens est mort ou vif, mais en revanche, je sais qu'il est entre vos mains. Il est entre vos mains. »

Sa réponse peut être comprise comme signifiant : « S'il est mort, soit vous l'avez trouvé ainsi, soit vous l'avez tué. S'il est vivant, vous pouvez encore le tuer. Qu'il soit censé rester en vie ou non, la décision vous appartient. Dans tous les cas, c'est votre responsabilité. »

Pour avoir fait parade de leur pouvoir et de son impuissance, les jeunes visiteurs sont réprimandés : on leur dit qu'ils sont responsables non seulement de l'acte de moquerie, mais aussi du petit paquet de vie sacrifié pour parvenir à cette fin. L'aveugle détourne l'attention des affirmations du pouvoir vers l'instrument par lequel ce pouvoir s'exerce.

Spéculer sur ce que pourrait signifier cet oiseau dans la main (hormis son propre corps fragile) m'a toujours paru séduisant, mais surtout à présent que je songe au travail que je fais et qui me vaut d'être en votre compagnie. Je choisis donc de considérer l'oiseau comme la langue et la femme, comme un écrivain chevronné. Elle s'inquiète de la manière dont la langue dans laquelle elle rêve, reçue à sa naissance, est manipulée et mise en œuvre, voire lui est refusée, dans certains buts infâmes. Étant écrivain, elle conçoit la langue en partie comme un système, en partie comme une chose vivante sur laquelle s'exerce un contrôle, mais surtout comme une intervention : un acte qui porte à conséquence. La question que lui posent les enfants – « Est-il vivant ou mort ? » – n'est donc pas irréelle, parce qu'elle conçoit la langue comme sujette à la mort, à l'effacement, certainement susceptible de n'être mise en péril ou sauvée que par un effort de volonté. Elle croit que si l'oiseau qui se trouve entre les mains de ses visiteurs est mort, ceux qui en ont la garde sont responsables de son cadavre.

Pour elle, une langue morte est non seulement une langue que l'on ne parle ni n'écrit plus, mais aussi une langue inflexible qui ne demande pas mieux que d'admirer sa propre paralysie. Telle la langue étatiste, censurée et qui censure. Impitoyable dans son devoir de contrôle, elle n'a d'autre désir ni objectif que de maintenir l'étendue de son narcissisme narcotique, de son exclusivité et de sa domination. Cependant, bien que moribonde, elle n'est pas sans effet, car elle entrave activement l'intellect, bloque la conscience et réprime le potentiel humain. Réfractaire au questionnement, elle ne saurait former ni tolérer d'idées nouvelles, façonner de pensées nouvelles, raconter une autre histoire, ni combler des silences déconcertants. La langue officielle forgée pour approuver l'ignorance et protéger les privilèges est une armure polie, à l'éclat outrancier, une coquille que le chevalier a depuis longtemps quittée. Cependant, elle est là : stupide, prédatrice, sentimentale. Elle suscite la vénération chez les écoliers, fournit un refuge aux despotes, rassemble des souvenirs mensongers de stabilité et d'harmonie parmi la population.

La vieille femme est convaincue que quand la langue meurt, par négligence, par désuétude et manque d'estime, par indifférence, ou qu'elle est tuée par décret, non seulement elle-même, mais tous ceux qui l'utilisent et la créent sont responsables de son décès. Dans son pays, les enfants se sont sectionné la langue d'un coup de dent et utilisent des balles d'armes à feu pour réitérer le vide de l'absence de parole, d'une langue mutilée et mutilante, d'une langue que les adultes ont somme toute abandonnée comme moyen pour se confronter au sens, servir de guide ou exprimer l'amour. Mais la vieille femme sait que le suicide langagier n'est pas uniquement le choix des enfants. Il est commun parmi les chefs d'États infantiles et les marchands de pouvoir, dont la langue vidée de son contenu les laisse sans accès à ce qu'il leur reste d'instincts humains, car ils ne parlent qu'à ceux qui obéissent ou pour forcer l'obéissance.

Le pillage systématique de la langue se reconnaît d'après la tendance qu'ont ses locuteurs à délaisser ses propriétés nuancées, complexes et maïeutiques au profit de la menace et de l'asservissement. Le langage qui opprime fait plus que représenter la violence :

il est violence ; il fait plus que représenter les limites de la connaissance : il limite la connaissance. Qu'il s'agisse du langage étatique qui embrouille ou du langage mensonger des médias bêtifiants ; qu'il s'agisse du langage fier mais calcifié du monde universitaire ou du langage scientifique régi par la production de marchandises ; qu'il s'agisse du langage pernicieux de la loi sans éthique ou de celui conçu pour aliéner les minorités, qui cache son butin raciste sous son culot littéraire, il faut le rejeter, le changer et le dénoncer. C'est le langage qui boit du sang, lape les sensibilités, cache ses bottes fascistes sous les crinolines de la respectabilité et du patriotisme, dans son mouvement implacable vers le plus bas niveau et l'esprit qui s'y est abîmé. Le langage sexiste, le langage raciste, le langage théiste : tous sont typiques des langues régulatrices de la domination et ne permettent ni ne sauraient permettre de nouvelles connaissances, ni n'encouragent l'échange d'idées.

La vieille femme est parfaitement consciente qu'aucun mercenaire intellectuel ni dictateur insatiable, aucun démagogue ni politicien soudoyé, aucun faux journaliste ne serait convaincu par ses réflexions. Il y a, et il y aura, un langage enthousiaste pour que les citoyens continuent de s'armer et d'être armés ; de massacrer et d'être massacrés dans les centres commerciaux, les tribunaux, les bureaux de poste, sur les terrains de jeux, dans les chambres à coucher et sur les boulevards ; un langage commémoratif pour masquer la honte et le gâchis de morts inutiles. Il y aura davantage de langage diplomatique pour approuver le viol, la torture et l'assassinat. Il y a, et il y aura, un langage mutant, plus séduisant, conçu pour étrangler les femmes, pour les gaver telles des oies destinées à produire du foie gras, en leur fourrant dans la gorge leurs propres paroles transgressives et indicibles ; il y aura davantage de langage de contrôle déguisé en recherche ; de politique et d'Histoire calculées pour réduire au silence les souffrances de millions d'individus ; de langage rendu prestigieux pour inciter les insatisfaits et les démunis à agresser leurs voisins ; de langage arrogant et pseudo-empirique forgé pour enfermer les personnes créatives dans des cages d'infériorité et de désespoir.

Sous l'éloquence, le prestige ou les sociétés savantes, aussi stimulants ou séduisants soient-ils, le cœur d'une telle langue se languit, ou peut-être ne bat-il plus du tout, si l'oiseau est déjà mort.

La vieille femme a songé à ce qu'aurait pu être l'Histoire intellectuelle de n'importe quelles disciplines si celles-ci n'avaient pas tenu, ou été forcées de participer, aux pertes de temps et de vie qu'exigent les rationalisations et représentations de la domination : discours d'exclusion fatals qui bloquent l'accès à la connaissance, tant pour l'exclu que celui qui exclut.

La sagesse communément admise de l'histoire de la tour Babel dit que l'effondrement de celle-ci a été un malheur. Que c'est l'inattention, ou bien le poids de nombreuses langues, qui ont eu raison de son architecture défectueuse. Qu'une seule langue monolithique aurait accéléré la construction de l'édifice et que le Paradis aurait été atteint. Le Paradis de qui ? se demande la vieille femme. Et de quel ordre ? L'accès au Paradis était peut-être prématuré, un peu hâtif, si nul ne pouvait s'accorder le temps de comprendre d'autres langues, d'autres opinions, d'autres récits. Dans le cas contraire, le Paradis qu'ils imaginaient aurait pu se trouver à leurs pieds. Compliqué, exigeant, oui, mais une idée du Paradis en tant que vie, et non du Paradis comme vie après la mort.

La vieille femme ne devait pas vouloir laisser à ses jeunes visiteurs l'impression qu'il fallait forcer la langue à rester en vie simplement pour qu'elle existe. La vitalité de la langue réside dans son aptitude à dépeindre la vie réelle, imaginée et possible de ses locuteurs, lecteurs et écrivains. Bien que son équilibre se trouve parfois dans le déplacement de l'expérience, il n'en est pas un substitut. Il penche vers l'endroit où peut résider le sens. Quand un président des États-Unis a pensé au cimetière qu'était devenu son pays et dit : « Le monde ne remarquera guère ni ne se rappellera longtemps ce que nous disons ici, mais il ne pourra jamais oublier ce qu'ici ils ont fait[1] », ses simples paroles étaient jubilatoires dans leurs propriétés de maintien de la vie, car elles refusaient d'incarner la

1. Il s'agit du discours de Gettysburg, prononcé par Abraham Lincoln le 19 novembre 1863 en hommage à toutes les victimes de la guerre de Sécession.

réalité des six cent mille morts d'une guerre raciale cataclysmique. Refusant de monumentaliser, dédaignant le « dernier mot », le « résumé » précis, « leur faible pouvoir d'ajouter ou de retirer », ces paroles expriment le respect de la nature insaisissable des vies dont elles déplorent la perte. C'est ce respect qui émeut la vieille femme, cette reconnaissance, une fois pour toutes, que la langue ne peut jamais être à la hauteur de la vie. Elle ne le doit pas non plus. La langue ne peut jamais « fixer » l'esclavage, le génocide, la guerre. Elle ne doit pas non plus aspirer à l'arrogance d'en être capable. Sa force et sa félicité résident dans son mouvement vers l'ineffable.

Qu'elle soit grandiose ou mince, qu'elle creuse, fasse éclater ou refuse de sanctifier, qu'elle rie haut et fort ou soit un cri sans alphabet, qu'elle soit le mot de choix ou le silence choisi, la langue non brutalisée s'élève vers la connaissance et non sa destruction. Mais qui ne connaît pas de littérature interdite parce qu'elle interroge ; discréditée, parce qu'elle critique ; effacée, parce qu'elle propose un choix ? Et combien se scandalisent à l'idée d'une langue qui s'est anéantie elle-même ?

Le travail des mots est sublime, pense la vieille femme, parce qu'il est génératif ; il produit un sens qui assure notre différence, notre différence humaine : la manière selon laquelle nous ne ressemblons à aucune autre forme de vie.

Nous mourons. Ce peut être le sens de la vie. Mais nous *faisons* la langue. Ce peut être la mesure de notre vie.

« Il était une fois... » Des visiteurs posent une question à une vieille femme. Qui sont-ils, ces enfants ? Qu'ont-ils fait de cette rencontre ? Qu'ont-ils entendu dans ces derniers mots : « Il est entre vos mains » ? Une phrase qui signale une possibilité ou qui ferme un verrou ?

Ce que les enfants ont entendu est peut-être : « Ce n'est pas mon problème. Je suis vieille, je suis une femme, noire, aveugle. La sagesse que j'ai désormais consiste à savoir que je ne puis vous aider. L'avenir de la langue est à vous. »

Ils se tiennent là. Supposons qu'ils n'aient rien eu dans les mains. Supposons que cette visite n'ait été qu'une ruse, un stratagème pour qu'on leur parle, qu'on les prenne au sérieux comme jamais auparavant. Une occasion d'interrompre, de violer le monde adulte et les miasmes de son discours sur eux, pour eux, mais qui ne leur est jamais adressé. Des questions urgentes sont en jeu, y compris celle qu'ils ont posée : « L'oiseau que je tiens est-il vivant ou mort ? » La question signifiait peut-être : « Quelqu'un pourrait-il nous dire ce qu'est la vie ? Ce qu'est la mort ? » Pas un stratagème du tout ; pas une bêtise. Une question franche, digne de l'attention d'un sage. D'un ancien. Et si les sages et les anciens qui ont vécu la vie et fait face à la mort ne peuvent décrire ni l'une ni l'autre, qui peut le faire ? Mais la vieille femme ne le fait pas : elle garde son secret, sa bonne opinion d'elle-même, ses formulations gnomiques, son art sans engagement. Elle garde ses distances, les impose et se retire dans la singularité de l'isolement, dans un espace raffiné et privilégié.

Rien, aucun mot ne suit sa déclaration de transfert. Ce silence est profond, plus profond que le sens disponible dans les paroles qu'elle a prononcées. Il frémit, ce silence ; contrariés, les enfants le remplissent d'un langage inventé sur-le-champ.

« S'il n'y a pas de discours, lui demandent-ils, pas de mots que tu puisses nous donner pour nous aider à briser le dossier de tes échecs ? Ou l'enseignement que tu viens de nous donner et qui n'est pas un enseignement du tout, car nous prêtons beaucoup d'attention à ce que tu as fait aussi bien qu'à ce que tu as dit ? À la barrière que tu as dressée entre la générosité et la sagesse ?

« Nous n'avons pas d'oiseau entre les mains, vivant ou mort. Nous n'avons que toi et notre question d'importance. Le rien entre nos mains est-il quelque chose que tu ne supporterais pas d'envisager, ni même de deviner ? Ne te rappelles-tu pas avoir été jeune, moment où la langue était une magie sans signification ? Où ce que tu pouvais dire pouvait ne pas avoir de sens ? Où l'invisible était ce que l'imagination s'efforçait de voir ? Où les questions et les demandes de réponses brûlaient avec tant d'éclat que tu tremblais de fureur de ne pas savoir ?

« Devons-nous faire débuter la conscience par une bataille que des héros et héroïnes comme toi avez déjà livrée et perdue, et qui nous laissent sans rien entre les mains, hormis ce que tu as imaginé qu'il s'y trouvait ? Ta réponse est habile, mais son habileté nous embarrasse et devrait t'embarrasser. Ta réponse est indécente dans son autosatisfaction. Un scénario fait pour la télévision et qui est absurde, s'il n'y a rien entre nos mains.

« Pourquoi ne pas nous avoir tendu les bras, ne pas nous avoir touchés de la douceur de tes doigts, ne pas avoir retardé la judicieuse morsure, la leçon, jusqu'à ce que tu saches qui nous étions ? Méprisais-tu notre stratagème, notre procédé, au point de ne pas voir que nous ne savions pas quoi faire pour attirer ton attention ? Nous sommes jeunes. Immatures. Tout au long de notre courte vie, nous avons entendu qu'il nous faut être responsables. Qu'est-ce que cela pouvait bien signifier dans la catastrophe que ce monde est devenu, où, comme l'a dit le poète : "Rien n'a besoin d'être révélé puisque tout est déjà à visage découvert" ? Notre héritage est un affront. Tu veux que nous ayons tes vieux yeux sans expression pour ne voir que la cruauté et la médiocrité. Nous crois-tu assez bêtes pour nous parjurer encore et toujours grâce à la fiction de l'appartenance à la nation ? Comment oses-tu nous parler du devoir quand nous sommes enfoncés à mi-corps dans les toxines de ton passé ?

« Tu nous dévalorises et tu dévalorises l'oiseau qui n'est pas entre nos mains. N'existe-t-il pas de contexte à nos vies ? Pas de chant, pas de littérature, pas de poème plein de vitamines, pas d'Histoire liée à l'expérience, que tu puisses nous transmettre pour nous aider à faire de bons débuts ? Tu es une adulte. L'ancienne, la sage. Arrête de penser à sauver la face. Pense à notre vie et raconte-nous ton monde individualisé. Invente une histoire. Le récit est radical, qui nous crée à l'instant même où il est créé. Nous ne te blâmerons pas si ton objectif est hors de ta portée, si l'amour embrase à ce point tes paroles qu'elles tombent en flammes et qu'il n'en reste que leur brûlure. Ou si, avec les réticences d'une main de chirurgien, tes paroles ne suturent que les endroits où le sang pourrait couler. Nous savons que tu ne pourras jamais y arriver comme il faut, une fois pour toutes. La passion ne suffit jamais ; le savoir-faire non plus. Mais essaye. Par égard pour nous et pour toi-même, oublie ton nom dans la rue, dis-nous ce que le monde était pour toi dans les endroits sombres et dans la lumière. Ne nous dis pas que croire, que craindre. Montre-nous l'ample jupe de la croyance et la couture qui défait la coiffe de la peur. Toi, vieille femme, qui as la chance d'être aveugle, tu sais parler la langue qui nous dit ce que seule la langue peut dire : comment voir sans images. Seule la langue nous protège de la nature effroyable des choses sans nom. Seule la langue est méditation.

« Dis-nous ce que c'est d'être une femme, afin que nous puissions savoir ce que c'est d'être un homme. D'être ce qui bouge en marge. Ce que c'est de ne pas avoir de foyer en ce lieu. D'être envoyé à la dérive, hors de celui que tu connaissais. Ce que c'est de vivre en bordure de villes qui ne supportent pas ta compagnie.

« Parle-nous des navires chassés du rivage à Pâques, placentas dans un champ. Parle-nous d'un chariot plein d'esclaves, de leur manière de chanter si douce que l'on ne distinguait pas leur souffle de la neige qui tombait. Dis-nous comment ils savaient, d'après la pression de l'épaule la plus proche, que le prochain arrêt serait pour eux le dernier. Comment, les mains jointes en prière devant leur sexe, ils pensaient à la chaleur, puis au soleil. Le visage levé, comme si le soleil était là pour qu'ils en profitent. Ils s'arrêtent à l'auberge. Le conducteur et son camarade entrent avec la lampe, les laissant fredonner dans le noir. L'urine du cheval provoque de la vapeur dans la neige qu'il a sous les sabots et dont le sifflement et la fonte suscitent l'envie des esclaves gelés.

« La porte de l'auberge s'ouvre : une fille et un garçon s'éloignent de sa lumière. Ils montent à l'arrière du chariot. Dans trois ans, le garçon aura un fusil ; mais dans l'immédiat, il porte une lampe et une cruche de cidre chaud. Ils se la passent de bouche en bouche. La fille offre du pain, des morceaux de viande et quelque chose en plus : un regard dans les yeux de celui qu'elle sert. Une ration pour chaque homme, deux pour chaque femme. Et un regard. Ils la regardent en retour. Le prochain arrêt sera pour eux le dernier. Mais pas celui-ci. Celui-ci est réchauffé. »

Quand les enfants finissent de parler, le silence s'installe de nouveau, puis la femme le rompt.

« Enfin, dit-elle ; à présent, je vous fais confiance. Je vous fais confiance, vous dont l'oiseau n'est pas entre vos mains, car vous l'avez réellement capturé. Regardez. Ô combien charmante, cette chose que nous avons faite… ensemble. »

Les demi-sœurs de Cendrillon

Permettez-moi de commencer en vous ramenant quelque peu en arrière. Avant l'époque de l'université. À l'école maternelle, probablement, à un « Il était une fois » où vous avez pour la première fois entendu, lu ou même, je le soupçonne, vu *Cendrillon*. Parce que c'est de Cendrillon que je veux *parler*. Parce que c'est Cendrillon qui fait naître en moi un sentiment d'urgence. Ce qui est troublant, dans ce conte de fées, c'est qu'il s'agit essentiellement de l'histoire d'une maisonnée – d'un monde, s'il vous plaît – de femmes rassemblées et unies afin de maltraiter une autre femme. Il y a, bien sûr, un père absent, assez vague, et un prince fétichiste du pied, qui arrive juste à temps. Mais ni l'un ni l'autre n'ont beaucoup de personnalité. Et puis il y a les « mères » de substitution, bien sûr (marraine et belle-mère), qui contribuent tant au chagrin de Cendrillon qu'à sa libération et à son bonheur. Mais ce sont les demi-sœurs qui m'intéressent. Comme il a dû être handicapant, pour ces jeunes filles, de grandir avec une mère qui asservissait une autre fille, de regarder et d'imiter cette mère.

Je suis curieuse de leur sort une fois que l'histoire s'achève. Car contrairement à ce que montrent les récentes adaptations, ces demi-sœurs n'étaient pas des filles laides, maladroites, ni idiotes, aux pieds démesurés. Le recueil de Grimm les décrit comme « belles et d'apparence agréable ». Quand on nous les présente, ce sont des femmes belles et élégantes, de condition élevée et manifestement des femmes de pouvoir. Après avoir observé la violente domination d'une autre femme et y avoir pris part, seront-elles moins cruelles quand viendra leur tour d'asservir d'autres enfants, ou même quand il leur faudra s'occuper de leur propre mère ?

Ce n'est pas un problème entièrement médiéval. C'est un problème tout à fait contemporain : lorsqu'il était dirigé contre d'autres femmes, le pouvoir féminin s'est historiquement exercé d'une façon que l'on a qualifiée de « masculine ». Vous serez bientôt en mesure de l'exercer de même. Quel que soit votre milieu d'origine (riche ou pauvre), quelle que soit l'histoire de l'instruction dans votre famille (cinq générations ou une seule), vous avez tiré parti de ce qui vous était accessible à Barnard ; vous aurez donc à la fois le statut économique et social des demi-sœurs, et vous aurez leur pouvoir.

Je ne veux pas vous demander, mais vous *dire*, de ne pas prendre part à l'oppression de vos sœurs. Les mères qui maltraitent leurs enfants sont des femmes, et c'est une autre femme, non un intermédiaire, qui doit être disposée à arrêter leur main. Les femmes qui empêchent la promotion d'autres femmes dans leur carrière sont bien des femmes, et c'est une autre femme qui doit venir en aide aux victimes. Les travailleurs ou assistants sociaux qui humilient leurs clients peuvent être des femmes, et ce sont d'autres collègues femmes qui doivent faire retomber leur colère.

Je suis affolée par la violence que les femmes s'infligent entre elles : violence professionnelle, violence compétitive, violence affective. Je suis affolée par l'empressement des femmes à asservir d'autres femmes. Je suis affolée par l'absence croissante de décence sur le plancher d'abattage du monde professionnel des femmes. Vous êtes les femmes qui prendrez votre place dans le monde où *vous* pourrez décider qui s'épanouira et qui s'atrophiera : où vous distinguerez entre les pauvres méritants et les pauvres non méritants ; où vous pourrez vous-mêmes déterminer de quelle vie on peut se passer et quelle vie est indispensable. Puisque vous aurez le pouvoir de le faire, vous serez peut-être également persuadées que vous en avez le droit. Comme vous êtes des femmes instruites, la distinction entre les deux est une affaire de premier ordre.

Je propose que nous prêtions autant d'attention à nos sensibilités nourricières qu'à notre ambition. Vous évoluez en direction de la liberté, et la fonction de la liberté, c'est de libérer quelqu'un d'autre. Vous évoluez vers l'épanouissement de vous-mêmes, et cet épanouissement devrait avoir pour conséquence de vous faire découvrir qu'il existe quelque chose de tout aussi important que vous, et que cette chose tout aussi importante peut être Cendrillon, ou bien votre demi-sœur.

Lors de votre voyage arc-en-ciel, qui vous mènera à la réalisation de vos objectifs personnels, ne faites pas de choix fondés uniquement sur votre sûreté et votre sécurité. Rien n'est sans danger. Cela ne veut pas dire que rien ne l'a jamais été ni que rien qui mérite d'être accompli ne devrait l'être. Les choses de valeur le sont rarement. Il n'est pas sans danger d'avoir un enfant. Il n'est pas sans danger de braver le statu quo. Il n'est pas sans danger de choisir un travail qui n'a jamais été fait auparavant. Ni de faire un travail ancien d'une façon nouvelle. Il y aura toujours quelqu'un pour vous en empêcher.

Mais en poursuivant vos ambitions les plus élevées, ne laissez pas votre sécurité personnelle diminuer la sécurité de vos demi-sœurs. En exerçant le pouvoir qui vous revient par votre mérite, ne lui permettez pas d'asservir vos demi-sœurs. Laissez votre puissance et votre pouvoir émaner de cet endroit en vous qui nourrit et qui est attentionné.

Les droits des femmes ne sont pas uniquement une abstraction, une cause : ce sont aussi une affaire personnelle. Il ne s'agit pas seulement de « vous » : il s'agit aussi de vous et moi. Rien que nous deux.

L'avenir du temps
Littérature et diminution des attentes

Le temps, semble-t-il, n'a pas d'avenir. C'est-à-dire que le temps ne semble plus être un courant infini par lequel l'espèce humaine évolue en toute confiance dans l'importance et la valeur croissantes qui sont les siennes. Il semble certainement ne pas avoir d'avenir qui égale son passé par sa longueur, sa largeur, son étendue, ni même par la fascination qu'il exerce. Apparemment, l'infini relève désormais du passé. Malgré l'attente frénétique de l'entrée imminente dans le prochain millénaire, la qualité de l'habitation humaine dans toute sa durée occupe très peu d'espace dans les échanges publics. Vingt ou quarante ans après le début du XXIe siècle : voilà tout ce qu'il semble y avoir de « temps réel » accessible à notre imagination. Le temps, bien sûr, est un concept humain ; cependant, à la fin du XXe siècle (contrairement aux siècles précédents), il semble n'y avoir aucun avenir qui puisse contenir l'espèce qui l'organise, l'utilise et médite dessus. Le cours du temps semble se rétrécir pour n'être plus qu'un point de fuite au-delà duquel l'humanité ni n'existe, ni ne veut exister. Elle est singulière, cette envie diminuée et déjà flétrie d'avoir un avenir. Bien que des irruptions aléatoires d'armageddonisme et une trace persistante de désirs d'apocalypse aient perturbé une Histoire que l'on croyait être une trajectoire, c'est le passé qui devient de plus en plus long. Depuis une terre dont on pensait, au XVIIe siècle, qu'elle avait débuté environ 4 000 ans avant J.-C., jusqu'à la notion, au XVIIe siècle, d'une terre vieille de 168 000 ans, jusqu'à un passé terrestre « sans limites » vers le XIXe siècle, jusqu'à l'hypothèse de Charles Darwin voulant qu'une portion de terrain soit vieille de trois cents millions d'années, nous ne voyons aucune raison de ne pas accepter l'image qu'offre Henri Bergson d'un « passé qui ronge l'avenir et qui gonfle en avançant[1]. »

Assez curieusement, c'est dans l'Occident moderne – dont avancée, progrès et changement ont été des marques distinctives – que la confiance dans un avenir durable est au plus bas.

Les pharaons remplissaient leur tombe en prévision d'un temps sans fin. Les croyants ne demandaient jadis pas mieux que de passer un siècle à parfaire une cathédrale. Mais aujourd'hui, du moins depuis 1945, l'assurance confortable d'un « monde sans fin » est sujette à débat et, à mesure que nous approchons de l'an 2000, il n'y a manifestement pas d'an 4000, 5000 ni 20000 qui plane à l'intérieur ou à proximité de notre conscience.

Ce qui est infini, semble-t-il, ce qui est toujours imaginable, toujours un objet d'analyse, d'aventure et de création, c'est le passé. Même nos définitions de l'époque dans laquelle nous vivons ont des préfixes orientés vers le passé : postmoderne, poststructuraliste, postcolonial, post-Guerre froide. Nos prophètes contemporains se retournent pour regarder derrière eux, post-, après, ce qui a eu lieu auparavant. Il est vrai, bien sûr, que toutes les connaissances requièrent une compréhension de celles qui les ont précédées. Pourtant, il est remarquable de constater le nombre de fois où les incursions imaginaires dans l'avenir lointain ont été simplement et uniquement des occasions d'imaginer à nouveau le présent ou de le transformer en passé. Et bien qu'il soit rendu possible par l'avenir de la technologie, ce regard en arrière n'offre absolument aucun réconfort pour l'avenir de l'humanité. Tout autour de l'estrade d'où l'on jette ce regard en arrière, il y a un paysage sinistre, rebutant.

Peut-être est-ce l'intervention perturbatrice de la technologie des télécommunications, facteur d'un tel changement de notre perception du temps, qui encourage une nostalgie du temps jadis, où le

1. Henri Bergson, *L'Évolution créatrice* (1907), Paris, Presses Universitaires de France, coll. « Quadrige », 1991, p. 4.

rythme était moins discontinu, plus proche de nos propres battements de cœur. Où le temps était tout sauf de l'argent. Peut-être que des siècles d'appropriation impérialiste de l'avenir d'autres pays et d'autres continents ont épuisé notre foi dans le nôtre. Peut-être que les visions de l'avenir qu'a eues Orwell – un corps d'eau stagnante qui ne fait jamais de vagues – nous ont accablés et ont accéléré une fuite dans une éternité qui a déjà eu lieu.

Il y a de bonnes raisons à cette ruée dans le passé et dans le bonheur que procurent son exploration, sa révision et sa déconstruction. L'une d'entre elles est liée à la sécularisation de la culture. Là où il n'y aura pas de Messie, où la vie après la mort est présumée absurde d'un point de vue médical, où le concept d'« âme indestructible » est non seulement incroyable, mais de plus en plus inintelligible dans les sphères intellectuelles et cultivées, où la croyance religieuse passionnée, profondément ressentie, est associée au mieux à l'ignorance, au pire à une intolérance violente, durant des époques aussi méfiantes de la vie éternelle que celle-ci, où la vie dans l'Histoire supplante la vie dans l'éternité, l'œil, en l'absence de vie ressuscitée ou réincarnée, devient exercé à la durée de vie biologique d'un seul être humain. Sans la « vie éternelle », qui précipite – à jamais – les humains dans tout temps futur, l'avenir devient un espace que l'on peut découvrir, un espace cosmique, qui est en fait la découverte d'un passé supplémentaire. La découverte de milliards d'années écoulées. Écoulées il y a des milliards d'années. Et c'est ce « il y a » qui se déroule devant nous comme un écheveau dont les origines demeurent impénétrables.

Une autre raison à cette préférence pour un passé illimité, ce sont certainement cinquante ans de vie à l'ère nucléaire, durant laquelle la fin des temps (à savoir de l'habitation humaine en eux) a été et peut encore être une perspective bien réelle. Il semblait inutile d'imaginer l'avenir d'une espèce dont on avait peu de raisons de croire qu'elle survivrait. Ainsi, une obsession du temps déjà enfui est devenue plus que séduisante : elle est devenue psychologiquement nécessaire. Et la terrible absence d'avenir qui accompagnait la Guerre froide n'a pas tant changé (à la suite de divers désarmements, blocages et traités de non-prolifération) que trouvé refuge dans la clandestinité. Nous hésitons à formuler l'existence d'un long avenir terrestre ; on nous met en garde contre le luxe de méditer dessus, présenté comme un ajournement et un déplacement des problèmes contemporains. Craignant, peut-être, d'être comparés aux missionnaires jadis accusés de détourner l'attention du converti de la pauvreté ici-bas pour la diriger vers les récompenses après la mort, nous acceptons un avenir sévèrement diminué.

Je ne veux pas donner l'impression que tout le discours actuel est sans cesse orienté vers le passé et indifférent à l'avenir. Les sciences naturelles et sociales sont pleines de promesses et de mises en garde qui nous affecteront durant de très longues périodes. Des applications scientifiques sont prêtes à éradiquer la faim, à anéantir la douleur, à augmenter la durée de vie individuelle en produisant des personnes résistantes à la maladie et des plantes résistantes aux pathologies. Les technologies de communication s'assurent déjà que quasiment tout le monde sur terre peut « interagir » avec autrui et, ce faisant, se distraire, peut-être même s'instruire. Nous sommes avertis du changement de terrain et de climat dans le monde, qui peut radicalement modifier l'environnement humain ; nous sommes avertis des conséquences d'une mauvaise répartition des ressources sur la survie de l'humanité et de la portée d'une répartition excessive de l'humanité sur les ressources naturelles. Nous investissons lourdement dans ces promesses et agissons parfois avec intelligence et compassion selon ces mises en garde. Mais ces promesses nous infligent des dilemmes éthiques et une horreur de jouer aveuglément à Dieu, tandis que les mises en garde nous ont laissés de moins en moins certains des moyens, des enjeux et des motifs. Les prophéties qui retiennent notre attention sont celles assorties de comptes en banque assez importants ou de séances de photos assez sensationnelles pour imposer le débat et donner les grandes lignes d'une action correctrice, afin que nous puissions décider quelle guerre, quelle débâcle politique ou quelle crise environnementale sont suffisamment intolérables ; quelle maladie, quelle catastrophe naturelle, quelle institution, quelle plante, quel mammifère, oiseau ou poisson ont le plus besoin de notre attention. Ce sont à l'évidence de graves sujets d'inquiétude. Ce qu'il convient de noter, parmi ces promesses et mises en garde, c'est que, hormis des produits de consommation, un petit peu plus de temps pour soi sous la forme d'une meilleure santé et davantage de ressources sous forme de loisirs et d'argent pour consommer ces produits et ces services, l'avenir n'a pas grand-chose à faire valoir.

Que penserons-nous durant cette vie plus longue, plus saine ? Penserons-nous combien nous avons été efficaces en décidant de qui ont été choisis les gènes pour profiter de ces « avancées » et à qui étaient ceux jugés indignes de l'être ? Rien d'étonnant à ce que les vingt ou quarante prochaines années soient le maximum que quiconque veuille envisager. Peser l'avenir de pensées futures exige une réflexion puissamment visionnaire sur la façon dont la vie de l'esprit peut agir dans un contexte moral dangereux pour sa santé. Cela exigera de réfléchir aux générations futures comme formes de vie du moins aussi importantes que des forêts gigantesques ou des phoques scintillants. Cela exigera de réfléchir aux générations futures comme à sa propre lignée familiale, à la stabilité de son groupe, à son genre, à son sexe, à sa race et à sa religion sur plus d'un siècle environ. De réfléchir à la façon dont nous pourrions réagir si nous étions certains que notre lignée allait encore durer deux mille, douze mille années terrestres. Cela exigera de réfléchir à la qualité de la vie humaine, et pas seulement à sa durée. À la qualité d'une vie intelligente, et pas seulement à ses capacités d'élaborer des stratégies. Aux obligations de la vie morale, et pas seulement à son aptitude de circonstance à éprouver de la pitié.

Il est extrêmement clair que, dans la sphère politique, l'avenir est déjà une catastrophe. Le discours politique formule l'avenir auquel il fait référence comme quelque chose que nous pouvons laisser ou garantir à « nos » enfants ou, dans un gigantesque élan de foi, à « nos » petits-enfants. Je sous-entends que c'est le possessif qui devrait nous troubler. On ne nous demande pas de nous rallier pour *les* enfants, mais pour les *nôtres*. « Nos enfants » étend notre inquiétude à deux ou cinq générations. « Les enfants » indique une période future de perspectives plus grandes, plus vastes, plus éclatantes : exactement ce que la politique dissimule à la vue. Au lieu de cela, le langage politique est dominé par des glorifications d'une décennie passée et puise de la force dans le prestige artificiel des années 1920, décennie ravagée par la guerre et l'amputation des pays du tiers-monde ; dans la simplicité attachante et la tranquillité rurale jusqu'aux années 1930, décennie de crise économique, de grèves dans le monde entier et de pénurie à ce point universelle qu'elle ne souffre guère de réflexion cohérente ; dans les années 1940, bien-pensantes, durant lesquelles la « bonne guerre » a été remportée et des millions et des millions d'innocents sont morts en se demandant, peut-être, ce que le mot « bon » pouvait bien signifier. Les années 1950, décennie favorite, ont acquis un vernis de discipline volontaire, d'harmonie ethnique, même s'il s'agissait d'une décennie de persécution politique et ethnique scandaleuse. Et c'est ici qu'on s'aperçoit que l'habileté du langage politique est stupéfiante ; stupéfiante et éhontée. Elle consacre les années 1950 comme décennie modèle peuplée de patriotes modèles, tout en abandonnant les patriotes qui les ont traversées à un système de santé réduit, inférieur ou onéreux ; à des pensions de retraite restreintes ; au choix entre se suicider et finir à la rue.

Que penserons-nous durant cette vie plus longue, plus saine ? Penserons-nous combien nous avons su persuader nos enfants qu'il n'importait guère que leur confort ait été arraché ou refusé à d'autres enfants ? Combien nous avons été experts dans l'art d'amener les gens âgés à accepter la pauvreté et l'indignité comme récompenses pour avoir été de bons citoyens ?

Dans la sphère des analyses culturelles, non seulement il n'existe aucune notion d'avenir étendu, mais l'Histoire elle-même est terminée. Des versions modernes du *Déclin de l'Occident*, d'Oswald Spengler, fleurissent partout dans le pays. Sans, toutefois, la conviction de Spengler que le monde moderne contient une « volonté d'Avenir » insurpassable. D'après Eric Hobsbawm[1], le « raz-de-marée » a débuté en 1973. Et cette date postérieure aux années 1960 est plus ou moins le repère sur lequel on s'accorde pour marquer le commencement de la fin. Tuer les années 1960, transformer cette décennie en aberration, en maladie exotique saturée d'excès,

1. Historien britannique (1917-2012).

de drogues et de désobéissance, vise à enterrer ses caractéristiques majeures: l'émancipation, la générosité, une conscience politique aiguë, ainsi que le sentiment d'une société partagée et mutuellement responsable. On nous persuade que tous les problèmes actuels sont la faute des années 1960. Ainsi, la culture américaine contemporaine est présentée sur le marché comme étant en si mauvais état qu'elle requiert toute notre énergie pour maintenir le faible système qui l'aide à survivre.

Vu par le filtre d'un passé soigneusement tamisé, l'avenir s'amenuise, se nivelle par le bas, se limite à la durée d'un bon du Trésor valable trente ans. Nous nous replions donc sur nous-mêmes en nous raccrochant au rêve d'une famille telle que dans les abécédaires: forte, idéale, protectrice. Petite, mais bénie par la loi et consolidée par les « grandes espérances » du XIXe siècle. Nous nous tournons vers la sorcellerie: nous invoquons un brassage d'étrangers, d'ennemis, de démons et de fausses « causes » qui détournent et apaisent les angoisses quant aux portes par lesquelles gambadent les barbares; les angoisses à l'idée que le langage tombe dans la bouche des autres. Que l'autorité passe aux mains d'inconnus. La civilisation au point mort, puis qui s'enlise, impuissante et pitoyable. Les voix les plus fortes exhortent ceux qui vivent déjà dans la peur de l'avenir à parler de culture en termes militaires: comme cause et expression de la guerre. On nous demande de réduire la créativité et la complexité de notre vie ordinaire à un massacre culturel; on nous intimide au point de nous faire comprendre l'échange crucial d'opinions soutenues avec passion comme un effondrement de l'intelligence et de la civilité; on nous demande de considérer l'enseignement public avec hystérie et de le démanteler plutôt que de le protéger; on nous persuade par ruse d'accepter des versions tronquées, à court terme et informatisées de notre avenir entièrement humain. Notre vie quotidienne peut bien être empreinte de tragédie, vernie de frustration et de besoin, elle est aussi capable d'une résistance acharnée à la déshumanisation et à la banalisation dont dépendent les avis d'experts politico-culturels et les médias guidés par le profit.

Nous nous inquiétons, par exemple, de la violence – de notre penchant à la violence et de celui de nos voisins – jusqu'à sombrer dans la catalepsie ou la folie. Que cette inquiétude soit exacerbée par des images violentes conçues pour divertir, par des analyses de sa présence propres à créer des boucs émissaires, par le sourire fatal d'un prédicateur télégénique ou par des fabricants d'armes déguisés en occupants d'innocents affûts bucoliques ou de pavillons de chasse, nous nous retrouvons néanmoins aussi captifs que les criminels qui alimentent l'industrie pénitentiaire florissante en faisant proliférer un produit parfait : l'arme à feu. Je dis « parfait » car, du point de vue de l'industrie de l'armement, sa commercialisation est affaire de protection, de virilité, mais la valeur réelle du produit, qu'il s'agisse d'une unique balle, de mille tonnes de dynamite ou d'un arsenal de missiles, réside en ceci qu'il s'anéantit lui-même immédiatement et, de là, crée le besoin urgent d'en avoir d'autres. Qu'il anéantisse aussi l'existence est en vérité un effet secondaire.

Que penserons-nous durant cette vie plus longue, plus confortable ? Penserons-nous à la façon dont nous avons autorisé la résignation et les motifs guidés par la testostérone à dérober l'avenir et à nous condamner à l'impasse où aboutit la violence approuvée, rendue prestigieuse, légitimée et transformée en marchandise ? À la façon dont, en nous inspirant des jeux vidéo pour résoudre les inégalités sociales, nous avons remporté des points ou des voix selon la quantité de personnes vulnérables et malchanceuses que nous avons éliminées ? Remporté des sièges au gouvernement en comptant sur la soif de sang de la peine capitale ? Remporté des financements et attiré l'attention en rafraîchissant la sociologie de 1910 pour croire à la violence « innée » et permettre ainsi l'emprisonnement dès la naissance ? Rien d'étonnant à ce que notre imagination chancelle au-delà de 2030, moment où nous serons peut-être considérés comme des monstres par les générations qui viendront après nous.

Si le langage scientifique parle d'une vie individuelle plus longue en échange d'une vie éthique ; si le programme politique consiste dans la protection xénophobe de quelques familles contre les autres, désastreuses ; si le langage religieux est discrédité à titre de mépris envers les non-religieux ; si le langage séculier se réfrène, dans la peur du sacré ; si le langage du marché n'est qu'un prétexte pour inciter à l'avidité ; si l'avenir des connaissances n'est que la « promotion », où pourrions-nous ailleurs chercher espoir dans l'avenir même du temps ?

Je ne m'intéresse pas ici aux indices du progrès, idée dont l'époque est apparue et a disparu : disparu avec la destruction de l'avenir de l'État communiste monolithique ; disparu aussi une fois tombé le masque du capitalisme se présentant comme libre, illimité et progressiste ; disparu avec la paupérisation délibérée des peuples qu'exigeait le capitalisme ; disparu aussi avec la crédibilité des « nationalismes » phallocentriques. Mais elle avait déjà disparu à l'heure où l'Allemagne faisait fonctionner sa première chambre à gaz. À l'heure où l'Afrique du Sud légalisait l'apartheid et abattait ses enfants dans une poussière trop fine pour absorber leur sang. Elle a disparu, disparu de l'Histoire de si nombreuses nations qui avaient tracé leur géographie en tirant des lignes à travers les fosses communes de leurs voisins ; qui avaient fertilisé leurs prés et leurs pelouses avec les nutriments fournis par les squelettes de leurs citoyens ; qui avaient fait reposer leur architecture sur l'échine de femmes et d'enfants. Non. Ce n'est pas le progrès qui m'intéresse. Moi, je m'intéresse à l'avenir du temps.

Parce que l'art est temporel et du fait de mes propres centres d'intérêt, mon regard s'oriente facilement vers la littérature en général et la fiction narrative en particulier. Je sais que la littérature n'occupe plus une place essentielle parmi les systèmes de connaissance prisés : qu'on l'a repoussée vers les limites du débat social, qu'elle est d'un usage minimal ou purement décoratif dans le discours scientifique et économique. Mais c'est précisément là, au cœur de cette forme, que sont actuellement menées les analyses et discussions éthiques sérieuses. Que nous dit le récit à propos de cette crise de la diminution des attentes ?

Je pourrais chercher une Edith Wharton s'écriant : « Abrégez votre vie ! », à savoir : « Assumez votre vie ! » Un Henry James effrayé (dans *Le Sens du passé*) par un ancien château qui enferme et dévore son propriétaire. Un William Faulkner envisageant une voix humaine post-nucléaire, aussi chétive soit-elle. Un Ralph Ellison formulant une question au présent pour signaler la promesse souriante et malicieuse d'un avenir (visible) nouvellement aperçu. L'immense honnêteté d'un James Baldwin associée à une conviction permanente que le prix du billet avait été entièrement réglé et le trajet, entamé[1]. Ces voix ont été suivies, peut-être supplantées, par un autre genre de réaction à notre condition humaine. Les recherches modernes sur le passé ont engendré d'extraordinaires innovations conceptuelles et structurelles.

L'enthousiasme né de l'attente impatiente d'un avenir, préoccupation assez constante de la littérature du XIXe et du début du XXe siècle, a récemment été reproduit dans *L'Île du jour d'avant*, étonnant ouvrage d'Umberto Eco. Son titre illustre mon propos. Le génie de la structure narrative de ce roman, c'est de situer son protagoniste au XVIIe siècle afin de nous envoûter par des perspectives futures. On nous fait éprouver un plaisir effroyable à apprendre ce que nous savons avoir déjà eu lieu il y a longtemps. Et ce roman extraordinaire est, comme nous le dit l'auteur, « le palimpseste d'un manuscrit retrouvé[2] ». D'un bout à l'autre de sa construction et de sa lecture, nous avançons dans une Histoire déjà attestée. Lorsque leur puissance et leur intelligence supérieure se concentrent sur notre condition, de nombreux écrivains de la fin du XXe siècle trouvent souvent que c'est la reprise du passé qui fournit l'examen le plus pénétrant du présent, et les images qu'ils nous laissent sont instructives.

Dans *L'Histoire des rêves danois*, Peter Høeg, dont le premier roman nous avait impitoyablement cloués au présent, se tourne vers un genre de voyage dans le temps (associé à celui d'Eco, bien que non identique) dans lequel la régression devient progression.

Si je m'obstine à écrire l'histoire de ma famille, c'est bien parce que c'est une nécessité pour moi. Les lois, les règles,

1. Allusion à une anthologie de James Baldwin, intitulée *The Price of the Ticket*, St. Martin's, New York, 1985.

2. Umberto Eco, *L'Île du jour d'avant* (1994), traduit par Jean-Noël Schifano, Paris, Grasset, 1996, p. 459.

> les structures et les modèles que ma race et tous les autres au Danemark ont depuis deux cents ans foulés aux pieds, respectés, bousculés et abominés, sont aujourd'hui en complète décomposition […] Par-delà l'horizon s'ouvre l'avenir, et je me refuse à le regarder comme le fit Carl Laurids à travers la hausse d'un fusil, ou à l'aide d'un verre grossissant comme le fit Anna, je veux le regarder les yeux dans les yeux, mais je suis sûr que si l'on ne fait pas quelque chose il n'y aura pas d'avenir à regarder dans les yeux. Encore que beaucoup de choses soient incertaines, la catastrophe à venir et l'anéantissement sont assurés, et c'est pourquoi me vient l'envie d'appeler au secours […] Pour ma part, j'en ai appelé au passé.
>
> […] De temps à autre me vient la pensée que je n'ai jamais vu autre chose que mes propres aspirations ; la pensée la plus désolée au monde est la pensée que nos regards ne sont jamais tombés sur d'autres que nous-mêmes, mais cette pensée vient trop tard ; il faut faire quelque chose et, d'ici-là, nous contenter de nous faire une idée du XXe siècle[1].

Se faire une idée du XXe (et non du XXIe) siècle, tel est donc, dans ce roman, le projet de l'avenir.

Dans *Le Tunnel*, œuvre magistrale, William Gass nourrit une brillante méditation sur le passé récent à jamais marqué par l'Allemagne nazie. Ici, après avoir achevé une histoire ambivalente et moralement « inoffensive » du fascisme allemand, ouvrage intitulé *Culpabilité et innocence dans l'Allemagne de Hitler*, le narrateur/protagoniste se retrouve incapable de rédiger la préface de son livre. Cette paralysie est si longue et si implacable qu'il se tourne vers l'exploration de sa propre vie passée et sa relation complice avec le sujet historique de son étude : un « fascisme du cœur ». Gass achève le roman sur des images déchirantes de la perte :

1. Peter Høeg, *L'Histoire des rêves danois* (1988), traduit par Frédéric Durand, Paris, Éditions du Seuil, 1994, p. 402-403.

Suppose qu'au lieu de donner lieu à des fleurs, le bulbe retourne à un stade antérieur au bourgeonnement, que le pollen reflue dans la brise qui le porte jusqu'à son pistil ; imagine que les rôles soient renversés et la mort première, qu'elle soit chargée des commencements, et accouche à rebours de ses enfants, de sorte que le premier souffle n'enfle pas le poumon mais lui marche dessus, tel un pied pesant sur une pédale ; qu'il y ait [...] une révolte dans les rangs, et que la vie choisisse le passé plutôt que le présent pour y aller de son cruel décompte [...] J'ai essayé. J'ai abandonné la Poésie pour l'Histoire dans ma Jeunesse.

Quel périple, cependant, que de ramper dans la terre, puis de nager dans la crasse ; de passer par ses propres canalisations, d'y rencontrer les vers. Et de comprendre. Qu'on était. Sous le monde. Quand j'étais petit, je mentais comme un égout. Je racontais à mes rares copains que j'allais là-bas. Dans le royaume des ombres. Je leur disais que j'avais vu de vastes corridors, les nombreuses salles de grottes infinies, des étangs magiques gardés par des Merlins vêtus de fourrures de taupe et de toiles d'araignées, le torse dégoulinant de bijoux sans nul doute de pacotille, des salles pleines de doublons, et, soudain, par une ouverture aux bords irréguliers comme une déchirure dans un vêtement pourri, un nouveau soleil brillant, des prés remplis de fleurs saines, des ruisseaux couleur pastel, oh, les arpents des Édens qui sont en nous [...]

Et, pendant ce temps, continuer sans se plaindre. Pas de bras brandi avec son brassard. Plus d'orchestres tonitruants, plus de cieux balayés par les projecteurs. Ou, tel un fleuve, céderai-je à la crue ? Ah. Bien. Mais est-ce sage ? Un revolver sur la tempe comme le Führer. Ou laisser la peine bercer mes pensées[1].

Ce n'est pas un réflexe apocalyptique prévisible qui émergerait des brumes du siècle telle une vision hallucinatoire du Loch Ness.

1. William Gass, *Le Tunnel* (1995), traduit par Claro, Paris, Le Cherche-Midi, coll. « Lot 49 », 2007, p. 705-707.

C'est un deuil, un requiem, un repli sur soi de l'avenir même du temps.

Ce qui devient donc fort passionnant, ce sont les lieux et les voix par lesquels le voyage à l'intérieur des caves du temps est un genre de sauvetage, une exhumation dans le but de construire, de découvrir, d'envisager un avenir. Bien sûr, je ne suis pas en train d'encourager ni de consacrer les fins heureuses (forcées ou sincères), ni les fins sordides voulues comme correctifs ou mises en garde. J'entends attirer l'attention sur la question de savoir si la main qui contient les métaphores du livre est une paume ouverte ou un poing.

Les Mangeurs de sel, brillant roman de Toni Cade Bambara, s'ouvre sur une question surprenante : « Tu es sûre, ma belle, de vouloir aller bien[1] ? » Tu es sûre de vouloir aller bien ? Ce qui résulte de cette question très grave, c'est un apaisement exigeant une Déméter des temps modernes effrayée pour sonder et comprendre chaque minute des profondeurs de la personne qui la pose et de sa communauté, pour repenser et revivre le passé : tout simplement pour répondre à la question. Le succès de l'exhumation est décrit en ces termes :

> Ce qui avait poussé sa filleule vers le four n'était rien en comparaison de ce qui l'attendait [...] Bien sûr, elle se battrait, Velma avait toujours été une battante. Bien sûr, elle rejetterait tout ce qui ne pouvait s'expliquer par des mots, des phrases, des nombres, et par ces autres systèmes qu'on lui avait enfoncés dans le crâne [...] La prochaine épreuve de Velma pourrait bien avoir des conséquences beaucoup plus dévastatrices que le désir de se blesser ou de respirer du gaz.
>
> [...] Velma pivote avec grâce sur son tabouret, elle a la tête en arrière, prête à crier, à rire, à chanter. Elle n'a plus besoin des mains de Minnie, c'est tout à fait clair. Son aura s'illumine et se déploie en un cercle jaune et blanc d'une pureté absolue.

1. Toni Cade Bambara, *Les Mangeurs de sel* (1980), traduit par Anne Wicke et Marc Amfreville, avant-propos par Anne Wicke, Paris, Christian Bourgois Éditeur, coll. « Fictives », 1994, p. 7.

Ses yeux fouillent l'air autour de Minnie, puis contemplent ses propres mains aux doigts tendus et vibrants d'énergie. Plus besoin des mains de Minnie, la guérisseuse les retire donc, et les pose sur ses genoux. À ce moment, Velma se dresse solidement sur ses jambes et laisse tomber le châle qui s'affaisse sur le tabouret comme un cocon devenu inutile[1].

Le Dernier Soupir du Maure, titre du dernier roman de Salman Rushdie, suggère que le récit s'achèvera sur un lit de mort ou au cimetière. En fait, tel est le cas. Moraes Zogoiby, le narrateur/protagoniste, nous emmène faire un voyage jubilatoire afin d'accrocher ses petits papiers au mur. Papiers qui sont le résultat du « chant silencieux et quotidien qu'[il] égrenai[t] pour [sa] vie[2] ». Raconter, écrire, consigner quatre générations d'histoire nationale et familiale. Une histoire d'amours ravageuses et de haines transcendantes, d'ambition illimitée et de paresse irrémédiable, de loyautés qui dépassent l'entendement et de tromperies qui dépassent l'imagination. Quand chaque étape, chaque interruption de cet imaginaire est finalement soumise à notre vision, la conclusion est celle-ci :

> *L'herbe dure du cimetière est haute et piquante et, assis sur cette tombe, je semble reposer sur les pointes jaunes de l'herbe, léger, flottant sans poids, soutenu en l'air par une épaisse poignée de feuilles miraculeuses rigides. Il me reste peu de temps. Mes souffles me sont comptés, comme les années du monde ancien, sur l'autre versant, et le compte à rebours est proche du zéro. J'ai utilisé mes dernières forces pour accomplir ce pèlerinage […]*
>
> *À la tête de cette tombe, il y a trois lettres rongées; la pinte de mes doigts les déchiffre. RIP.* Requiescat in pace. *Très bien, je reposerai et, je l'espère, en paix. Le monde est plein de gens endormis qui attendent l'instant de leur retour […] et quelque*

1. *Op. cit.*, p. 378-380.
2. Salman Rushdie, *Le Dernier Soupir du Maure* (1995), traduit par Danielle Marais, Paris, Folio Gallimard, 2009, p. 681.

> *part, dans un fouillis d'épines, une belle dans un cercueil de verre attend le baiser d'un prince. Regardez : voici ma gourde. Je vais boire un peu de vin ; puis, comme un RIP moderne, Rip Van Winckle l'éternel revenant, je m'allongerai sur cette pierre gravée, je poserai ma tête sous ces trois lettres, RIP, et je fermerai les yeux, selon la vieille habitude de notre famille de nous endormir dans les périodes troublées, en espérant me réveiller, neuf et joyeux, dans des temps meilleurs*[1].

Le repos et la paix sont exprimés deux fois, mais l'espoir aussi. Pour le renouveau, la joie et, fait très important, « des temps meilleurs ».

En 1991, Ben Okri achevait son roman *La Route de la faim* par un rêve tellement sincère qu'il devient plus important que le récit tout entier :

> L'air de la pièce était calme. Il n'y avait pas de turbulences. La présence de Papa protégeait l'espace de notre nuit. Aucune silhouette ne vint envahir notre air, aucune forme ne traversa les objets ni ne vint presser le toit en cherchant à pénétrer dans la pièce. Dans mon sommeil, je traversai des espaces dégagés où je flottai sans crainte. [...] La douceur dissipa mes craintes. Je n'avais pas peur du Temps.
>
> Et puis il y a eu un autre matin. [...]
>
> Un rêve peut être l'apogée de toute une vie[2].

En 1993, comme il poursuit l'histoire de cet enfant clairvoyant, Okri conclut ses *Songs of Enchantment* [Chansons de l'enchantement] par un mouvement plus prononcé vers l'avenir : « Peut-être un jour verrons-nous les montagnes face à nous. Peut-être un jour verrons-nous les sept montagnes de notre mystérieuse destinée. Peut-être un jour verrons-nous que, au-delà de

1. *Ibid.*, p. 689-691.
2. Ben Okri, *La Route de la faim* (1991), traduit par Aline Weill, Paris, Julliard, 1994, p. 639-640.

notre chaos, il pourrait toujours y avoir une nouvelle lumière et la sérénité[1]. »

Les divers symbolismes des montagnes qu'il évoque constituent le début du roman :

> Nous ne voyions pas les sept montagnes face à nous. Nous ne voyions pas qu'elles sont tout le temps devant nous. Tout le temps à nous appeler, tout le temps à nous rappeler qu'il y a plus de choses à faire, plus de rêves à réaliser, de joies à redécouvrir, de promesses faites avant la naissance et à honorer, de beauté à incarner et d'amour à exprimer.
>
> Nous ne remarquions pas qu'elles sous-entendaient que rien n'est jamais fini, que les combats ne sont jamais vraiment achevés, qu'il nous faut parfois à nouveau rêver nos vies et que la vie peut toujours être employée à créer davantage de lumière[2].

L'attente exprimée dans ces lignes est palpable et insiste sur la possibilité d'une « seule grande action, vécue tout du long jusqu'à la mer, [qui] peut changer l'Histoire du monde[3]. »

Dans *Almanac of the Dead* [Almanach des morts], Leslie Marmon Silko se taille un chemin à travers des millénaires de l'Histoire du Nouveau Monde, depuis les siècles précédant l'apparition des conquistadores sur nos rives jusqu'à l'époque actuelle. Ce roman repose sur une intemporalité non seulement passée, mais aussi future : le temps véritablement sans fin. La dernière image du récit est celle du serpent « regardant vers le sud, dans la direction d'où les frères jumeaux et les gens arriveraient[4]. » La valeur future du verbe est rattachée à la direction qui, contrairement à celle de la plupart des arrivées que nous approuvons, est le sud. Il est impossible d'ignorer le fait que c'est précisément dans « le sud » que les murs,

1. Ben Okri, *Songs of Enchantment* (1993), Vintage, Random House, New York, 2003, p. 297.
2. *Ibid.*, p. 3.
3. *Ibid.*, p. 294.
4. Leslie Marmon Silko, *Almanach of the Dead*, New York, Simon & Schuster, 1991, p. 763.

les barrières, les gardes armés et l'hystérie écumante se rassemblent en ce moment même.

Des cocons dont surgissent des femmes guéries, des rêves qui ôtent sa terreur au temps; des espoirs immuables d'un temps meilleur, d'un temps au-delà du chaos et où se trouvent les sept montagnes de la destinée; des dieux-serpents qui attendent impatiemment les gens qui viendront du sud: ces images finales qui suivent d'éprouvants voyages dans le passé nous amènent à risquer la conclusion que certains écrivains ne sont pas d'accord avec les idées répandues d'absence d'avenir. Que non seulement ils ont certes un avenir, mais qu'ils y tiennent. Que pour eux, pour nous, l'Histoire est en plein recommencement.

Je ne suis pas en train de dénicher dans les romans contemporains des signes d'un espoir hésitant ni d'un optimisme acharné: je crois détecter une vision éclairée, fondée sur une expérience déchirante qui signale néanmoins un avenir rédempteur. Et je remarque le milieu d'où naît cette vision. Il est infléchi par la race, par le genre, colonisé, déplacé, pourchassé.

Il y a ici une trace intéressante d'imaginaires divergents: entre l'imaginaire de la tristesse due à l'extinction du temps, à la nature poignante du temps inversé (temps qui n'a qu'un passé), au temps lui-même qui vit de « temps emprunté », et l'autre, aux attentes croissantes d'un temps ayant un avenir ininterrompu. On se tourne vers l'Histoire pour éprouver la sensation du temps ou ses effets purificateurs; on s'absorbe dans l'art pour découvrir ses signes de renouvellement.

La littérature, sensible comme un diapason, est un témoin impassible de la lumière et de l'ombre du monde dans lequel nous vivons.

Au-delà du monde de la littérature, cependant, il existe un autre monde: celui du commentaire qui a une vue des choses tout à fait différente. Une tête de Janus qui a masqué son visage orienté vers l'avant et s'évertue à nous assurer que l'avenir n'en vaut quasiment pas le temps. Peut-être est-ce la réalité d'un avenir aussi durable et qui s'étend aussi loin que le passé, d'un avenir qui sera façonné par ceux que l'on a acculés à la marge, ceux que l'on a rejetés comme surplus insignifiant, ceux que l'on a enveloppés de la cape du démon;

peut-être est-ce la contemplation d'un tel avenir qui a provoqué les tremblements des prophètes des derniers jours, dans leur crainte que le déséquilibre actuel soit un frémissement et non un effacement. Que non seulement l'Histoire ne soit pas morte, mais qu'elle soit sur le point de prendre son premier souffle non entravé. Pas sous peu, peut-être pas dans trente ou cinquante ans, parce qu'un tel souffle, une telle respiration prendra du temps. Mais elle sera là. S'il en est ainsi, nous devrions prêter attention aux méditations de la littérature. William Gass a raison. Il y a « les arpents des Édens qui sont en nous ». Le temps a bel et bien un avenir. Plus long que son passé et infiniment plus accueillant… pour la race humaine.

INTERLUDE
BLACK MATTER(S)

Hommage à Martin Luther King

Comme il recherchait les souvenirs de plusieurs personnes pour des projets dans lesquels il est engagé, Martin Luther King III m'a récemment demandé mes opinions sur son père. L'une de ses questions, conçue pour susciter une réponse subjective, était prévisible. Il a dit : « Si vous aviez une conversation avec mon père, qu'aimeriez-vous lui demander ? » Pour une raison totalement inexplicable, mon cœur a bondi et j'ai carrément gémi dans le téléphone : « Ah, j'espère qu'il n'est pas déçu. Pensez-vous qu'il soit déçu ? Il doit bien y avoir ici quelque chose qui lui plaise. » Bon, j'ai calmé ma voix pour dissimuler ce qui devenait évident pour moi : ce que je voulais dire, en fait, c'était : « J'espère que je ne le déçois pas. »

J'ai poursuivi en élaborant une question que j'aimerais lui poser et mis de côté mes opinions sur la situation actuelle concernant les dépossédés : des victoires, mais des pertes d'envergure ; des avancées spectaculaires, mais beaucoup de lentes noyades dans la boue du désespoir.

Mais tout ce temps, je me demandais : « Est-ce que je le décevrais ? » C'était étrange, parce que je n'ai jamais rencontré le révérend King. Le souvenir que j'ai de lui trouve sa forme dans les livres, sur les écrans, à travers les récits des autres. Cependant, j'éprouvais cette responsabilité personnelle envers lui. Voilà ce qu'il faisait aux gens. Je me suis aperçue par la suite que je réagissais à quelque chose d'autre et de plus durable que la personnalité complexe de King. Non pas au prédicateur ou à l'érudit qu'il était, ni à l'être humain vulnérable, non pas au stratège politique, à l'orateur, au brillant militant qui prenait des risques. Mais que je réagissais à sa mission. À sa foi téméraire, selon son expression. À son attente de pouvoir transformer et développer l'élégie cosmique en un psaume de fraternité.

Sa certitude que nous allions bien mieux que nous ne le pensions, qu'il y avait des raisons morales que nous refusions d'abandonner, des barrières de comportement civique que nous refusions tout bonnement de franchir. Qu'il y avait des choses auxquelles nous renoncerions volontiers en faveur du bien public ; qu'une vie confortable, si elle reposait sur les épaules du malheur d'autrui, était une abomination que ce pays, surtout, parmi toutes les nations, trouvait insultante.

Je sais que le monde est meilleur, que le monde va mieux, parce qu'il y a vécu. Mon inquiétude était toute personnelle. Étais-je meilleure en quoi que ce soit ? Allais-je mieux ? Parce que j'ai vécu dans un monde qui est imaginaire ? Est-ce que je le décevrais ? La réponse n'a pas d'importance. Mais la question, elle, en a vraiment, et tel est l'héritage de Martin Luther King. Il a commis l'acte d'assumer la responsabilité personnelle de soulager un mal social ordinaire, habituel et irrésistible. L'hommage que je lui rends est la profonde gratitude que j'éprouve pour le don qu'était réellement sa vie.

La race importe

Au début de ma vie d'écrivain, j'ai cherché, sans jamais vraiment la trouver, une souveraineté, une autorité comme celle dont je disposais en écrivant des romans: c'était seulement dans cette activité que je me sentais tout à fait cohérente et totalement sans entraves. Là, dans le processus d'écriture, se trouvait l'illusion, l'impression trompeuse de contrôler, de se blottir toujours plus près du sens. Il y avait (et il y a toujours) le plaisir de la rédemption, l'attrait de l'originel. Mais depuis une bonne partie de ces vingt-neuf dernières années, je sais que ces plaisirs et ces attraits sont plutôt plus que moins des inventions délibérées, nécessaires tant pour faire le travail que pour légiférer sur son mystère. Cependant, il est devenu de plus en plus manifeste que la langue libérait et emprisonnait à la fois. Quelles qu'aient été les incursions faites par mon imagination, le gardien, dont les clefs cliquetaient toujours à portée de mon oreille, c'était la race.

Je n'ai jamais vécu, ni aucun d'entre vous, dans un monde où la race n'importait pas. Un tel monde, monde dénué de hiérarchie des races, est souvent imaginé ou décrit comme un paysage onirique, édénique, utopique, tant ses perspectives d'accomplissement sont lointaines. Du langage plein d'espoir de Martin Luther King à la cité promise de Doris Lessing, de saint Augustin à « l'Américain » de Jean Toomer[1], le

1. Homme de lettres africain-américain (1894-1967), figure de proue de la Renaissance de Harlem, qui insistait néanmoins pour se définir uniquement comme « américain » et non comme « noir ».

monde sans races a été postulé comme monde idéal, millénaire, possible uniquement s'il était accompagné du Messie ou se situait dans une réserve protégée plutôt qu'un parc sauvage.

Mais, pour les besoins de cette conférence et en raison de certains projets dans lesquels je suis engagée, je préfère penser à un monde où la race *n'importe pas* : non sous la forme d'un parc à thème, d'un rêve qui a échoué et échoue tout le temps, ni de la maison paternelle aux nombreuses pièces. J'y pense comme à un foyer. Pour trois raisons.

Premièrement, faire une distinction radicale entre la métaphore de la maison et la métaphore du foyer m'aide à clarifier ma réflexion sur la construction de la race. Deuxièmement, cela situe le concept d'insignifiance de la race à l'écart des aspirations et des désirs, à l'écart d'un avenir impossible ou d'un passé irrécupérable et probablement inexistant, pour l'orienter vers une activité humaine faisable, contrôlable. Troisièmement, parce que le travail que je peux faire, c'est éliminer la puissance des constructions raciales dans la langue. Je ne peux pas attendre que la toute dernière théorie sur la libération imagine sa pratique et fasse son œuvre. En outre, les questions de race et les questions de foyer sont des priorités dans mon œuvre, et ont toutes deux, d'une manière ou d'une autre, été à l'origine de ma recherche de souveraineté aussi bien que de mon abandon de cette recherche une fois que j'avais reconnu son déguisement.

En tant qu'écrivain déjà et toujours doué d'une race, j'ai su d'emblée, dès le tout début, que je ne pouvais ni ne voulais reproduire la voix du maître et ses prétentions à incarner la loi omnisciente du père blanc. Je ne voulais pas non plus substituer à sa voix celle de sa maîtresse flagorneuse ni de son valeureux adversaire, car ces deux positions (maîtresse ou adversaire) semblaient me confiner à son terrain, à son arène, puisqu'elles acceptaient les règles domestiques du jeu de la domination. S'il me fallait vivre dans une maison raciste, il était important au minimum de la reconstruire pour qu'elle ne soit pas une prison sans fenêtres où l'on me forcerait à entrer ; un conteneur impénétrable aux murs épais, dans lequel on n'entendrait aucun bruit, mais plutôt une maison ouverte, aux fondements solides, mais généreuse dans ce qu'elle offrirait de portes et de fenêtres. Ou bien, au maximum, il devenait pour moi impératif de totalement transformer cette maison. J'ai été tentée de la convertir en un palais où le racisme n'était pas si douloureux, de me tapir dans l'une de ses nombreuses pièces où la coexistence procurait l'illusion d'un moyen d'action. À un moment, j'ai tenté d'utiliser cette maison raciste comme échafaudage à partir duquel instaurer une fête mobile qui pouvait fonctionner, être célébrée dans n'importe quel nombre de domaines choisis. Voilà l'autorité, le confort luisant, la qualité rédemptrice, la liberté que semblait tout d'abord promettre l'écriture. Pourtant, dans cette liberté, comme dans toutes les libertés (surtout celles qu'on usurpe), résidait un danger. Pouvais-je revoir la décoration, les plans et même la conception de la maison raciste sans perdre un foyer qui m'appartenait ? Cette liberté voulue, inventée, exigerait-elle une absence de foyer tout aussi inventée ? Me condamnerait-elle à d'éternels accès de nostalgie du foyer que je n'ai jamais eu et ne connaîtrais jamais ? Ou bien exigerait-elle une circonspection intolérable, un lien d'autocensure par rapport au point d'origine de l'architecture raciale ? En bref, n'étais-je pas (ne serais-je pas toujours) enchaînée à une idéologie mortifère, même (et surtout) quand j'aiguisais toute mon intelligence en vue de la subvertir ?

Ces questions, qui ont intéressé tellement de monde, ont perturbé tout mon travail. Comment être à la fois libre et établi, comment convertir une maison raciste en foyer spécifique à la race et pourtant non raciste ? Comment exprimer la race tout en la privant de son emprise mortelle ? Ce sont des questions de concept, de langue, de trajectoire, d'habitation, d'occupation et, bien que mon intérêt pour elles ait été acharné, sporadique et constamment (je crois) en évolution, elles demeurent dans mes pensées comme non résolues d'un point de vue esthétique et politique. Franchement, je me tourne vers les lecteurs pour trouver des analyses littéraires et extra-littéraires d'une bonne partie de ce qui peut être mieux compris. Je crois, cependant, que mes excursions littéraires et mon recours à l'antagonisme maison/foyer sont liés aux questions qui seront débattues au cours des deux prochains jours, parce qu'une majeure partie de ce qui semble résider dans les discours sur la race concerne la légitimité, l'authenticité, la communauté, l'appartenance : en fait, elle a trait au foyer. Foyer intellectuel, foyer spirituel, famille et communauté en tant que foyer ; main-d'œuvre contrainte ou expulsée lors de la destruction du foyer ; la dislocation du foyer ancestral et l'aliénation en son sein ; les réponses créatives à l'exil, les ravages, les plaisirs, les impératifs dictés par l'absence de foyer telle qu'elle se manifeste dans les débats sur le mondialisme, la diaspora, les migrations, l'hybridité, la contingence, les interventions, les assimilations et les exclusions. Le corps devenu étranger à lui-même, le corps légiféré, le corps comme foyer. Dans quasiment toutes ces formations, quel que soit le terrain, la race magnifie l'affaire qui importe.

Il y a eu un moment d'une certaine importance pour moi après la publication de *Beloved* et qui a fait partie de ma réflexion sur son processus d'écriture. C'est un moment qui concentre une partie du territoire à cartographier lors de cette conférence. Il concerne la complexité inhérente à la création d'un langage narratif à la fois évocateur d'un point de vue racial et logique d'un point de vue métaphorique.

Quelqu'un a vu la dernière phrase de *Beloved* telle qu'elle avait été écrite à l'origine. En fait, c'était l'avant-dernière phrase, si l'on considère que le dernier mot – résurrection du titre, personnage, épigraphe – est la toute dernière phrase. En tout cas, la formule « Certes pas la revendication d'un baiser[1] », qui apparaît dans le texte publié, n'est pas celle par laquelle j'avais conclu le livre à l'origine, et cet ami a été très surpris de ce changement. Je lui ai dit que mon éditeur avait suggéré une modification à cet endroit, sans pour autant proposer de décrire ce qu'elle pourrait être. L'ami s'est répandu en injures contre mon éditeur pour avoir eu l'audace de suggérer un changement, mais aussi contre moi, pour en avoir envisagé et plus encore accepté un. J'ai eu ensuite bien du mal à lui expliquer pourquoi j'avais effectué ce changement, mais je me suis embrouillée dans ce qu'avait signifié la formule d'origine, ou plutôt

1. *Op. cit.*, p. 380.

dans ce qu'avait signifié pour moi le dernier mot d'origine de cette formule. Combien de temps il avait fallu pour aboutir à ce mot, comment j'avais cru que c'était le dernier mot parfait : qu'il unissait tout, depuis l'épigraphe et l'intrigue compliquée jusqu'aux combats des personnages à travers le processus de reconstruction, par la mémoire, du corps et de ses parties, de la famille, du quartier… et de notre histoire nationale. Et cru que ce dernier mot reflétait ce travail de mémoire, révélait sa nécessité et fournissait la passerelle que je voulais avoir du début jusqu'à la fin du livre, puis jusqu'au début de l'ouvrage qui devait suivre. À mesure que je continuais d'évoquer l'importance de ce dernier mot d'origine, mon ami devenait de plus en plus furieux. J'ai dit que, néanmoins, je pensais qu'il y avait quelque chose à prendre en compte dans l'objection de l'éditeur, objection qui n'était rien d'autre, pas un ordre. Il s'était demandé si l'on ne pouvait pas trouver un meilleur terme pour conclure le livre, car celui que j'avais choisi était trop dramatique, trop théâtral. Au début, je n'étais pas d'accord avec lui sur ce point. C'était un nom commun très simple, mais dans le contexte des phrases précédentes, mon éditeur trouvait qu'il faisait tache. C'était peut-être même l'expression qu'il avait employée.

J'ai donc résisté longtemps. Longtemps, si l'on considère que nous en étions aux premières épreuves. Ou à des stades plutôt avancés du manuscrit, j'imagine. En tout cas, je suis partie et j'ai réfléchi à sa remarque. J'y ai réfléchi tous les jours pour savoir si j'allais laisser la phrase telle que je l'avais écrite à l'origine ou si j'allais la changer. Pour finir, j'ai résolu de laisser ma décision dépendre de ma capacité ou non à vraiment trouver un meilleur mot. Un mot qui produirait le même sens.

Pendant des semaines, je n'ai trouvé aucune solution de remplacement satisfaisante. Et j'avais hâte de trouver quelque chose, car ce qui me tourmentait, c'était que même si le mot que j'avais choisi à l'origine était exactement celui qu'il fallait, quelque chose n'allait pas, s'il jurait comme ça sans compléter le sens du texte, mais en le déplaçant. Il ne s'agissait donc pas seulement de remplacer un mot par un autre signifiant la même chose (un synonyme) ni de tenter de décider si mon terme d'origine était pertinent. Il me faudrait peut-être réécrire beaucoup pour m'assurer que mon dernier mot d'origine fonctionnait.

J'ai décidé qu'il ne fonctionnait pas. J'ai décidé qu'il existait un autre terme susceptible de faire la même chose en rendant moins perplexe. Ce mot, c'était « baiser ».

Eh bien, la discussion avec mon ami m'a fait prendre conscience que je n'étais toujours pas satisfaite, car « baiser » fonctionne à un niveau un peu trop superficiel. « Baiser » fonctionne à un niveau qui cherche et situe une qualité ou un élément du roman qui n'était pas, et qui n'est pas, sa caractéristique principale. Celle-ci n'est pas l'amour ni la satisfaction du désir physique. C'est la nécessité, quelque chose qui précède l'amour, suit l'amour, imprègne l'amour, façonne l'amour et auquel l'amour est subordonné. Dans ce cas, la nécessité est celle d'un genre de lien, une reconnaissance, l'expression d'un hommage qui était encore dû.

Je tendais à croire qu'il y avait des passages peu clairs conduisant au terme d'origine, pour qu'il soit en effet si mal compris et si fortement, si injustement perturbant. J'ai lu il y a peu des analyses de révisions de textes tombés dans le domaine public et réfléchi aux manières dont les livres sont non seulement relus, mais réécrits, pas seulement dans leur propre langue, avec l'ambivalence des allées et venues entre auteur et éditeur, mais aussi avec ce qui se passe en traduction. Les libertés que l'on prend et qui rehaussent ; les libertés que l'on prend et qui réduisent. Et pour moi, l'inquiétude. Il y a toujours la menace de ne pas être prise au sérieux, de voir l'œuvre réduite à un abécédaire, de voir la politique de la langue, la politique d'une autre langue, imposée à la propre politique de l'écrivain.

Mon effort pour manipuler l'anglais américain ne consistait pas à prendre de l'anglais correct, puis à utiliser la langue parlée pour le décorer ou peindre dessus, mais à retrancher ses excroissances de tromperie, d'aveuglement, d'ignorance, de paralysie et de pure malveillance, afin que certains genres de perceptions soient non seulement accessibles, mais inévitables. Voilà ce que je croyais qu'accomplissait mon dernier mot d'origine ; ensuite, je suis devenue persuadée du contraire et maintenant, je suis navrée d'avoir fait ce changement. Tout le mal qu'il faut se donner pour trouver un seul mot en sachant que c'est cette note et aucune autre qui conviendrait est une bataille extraordinaire. L'avoir trouvé, puis perdu, est rétrospectivement rageant. D'un côté, qu'est-ce que cela pouvait bien faire ? Un livre peut-il vraiment échouer à cause d'un seul mot, même s'il est à un endroit décisif? Probablement pas. D'un autre côté, peut-être que si, en admettant que son écriture tente d'exprimer la spécificité raciale et la cohérence métaphorique. Dans le cas présent, j'ai opté pour cette dernière. J'ai renoncé à un mot doué d'une résonance raciale et d'une logique métaphorique au profit d'un terme qui ne possédait que celle-ci, car mon dernier mot d'origine opérait une disjonction si flagrante, faisait tache, donnait une note discordante en combinant deux fonctions linguistiquement incompatibles sauf lorsqu'elles indiquaient l'exotisme de la race.

En fait, je pense que mon éditeur avait raison. Le mot d'origine était le mot « qu'il ne fallait pas ». Mais je sais aussi que mon ami avait raison : le mot « qu'il ne fallait pas », dans le cas présent, était le seul possible. Comme vous le voyez, ma prétention à un moyen d'action hors de la maison raciste s'est transformée en prosternation dans son jardin familier (plus confortable).

Cette expérience du regret souligne pour moi le besoin de repenser les attachements subtils, mais omniprésents, que nous pouvons tous avoir à l'architecture de la race. Le besoin de réfléchir à ce que signifie et requiert le fait de vivre dans une maison raciste entièrement reconçue et de la qualifier, d'une façon provocatrice bien qu'erronée, de diversité ou de multiculturalisme : de la qualifier de foyer. Le besoin de réfléchir à quel point certains des meilleurs travaux théoriques peuvent être impliqués dans le raccrochement à son simulacre. Le besoin de réfléchir aux nouveaux dangers qui se présentent lorsque s'accomplit la fuite ou l'exil volontaire hors de cette maison.

Je risque ici d'être accusée de fuir la réalité et d'encourager des efforts inutiles pour transcender la race, ou des efforts pernicieux pour la banaliser, et je serais très inquiète si mes remarques et le projet auquel je travaille devaient être totalement compris de travers. Ce que je suis déterminée à faire, c'est prendre ce que l'on présente comme l'avenir insaisissable et le domestiquer : concrétiser ce qui, en dehors de la science-fiction, est rendu dans le langage et la pensée politiques sous l'aspect d'un rêve éternellement irréalisable. Ma confrontation s'opère peu à peu et très lentement, bien sûr, car contrairement à la mise en avant réussie d'un argument, la narration exige la complicité d'un lecteur dans la découverte. Et il n'y a pas d'images pour atténuer la difficulté.

Dans divers romans, l'aventure, pour moi, a consisté à explorer des sujets apparemment impénétrables, infléchis par la race, encombrés par la race. Depuis mon premier livre, dans lequel je m'intéressais au racisme comme cause, conséquence et manifestation d'une psychose individuelle et sociale, jusqu'au suivant, dans lequel je me préoccupais de la culture du genre et de l'invention de l'identité, dont tous deux acquéraient une signification étonnante, une fois placée dans un contexte racial. Jusqu'au *Chant de Salomon* et à *Tar Baby*, où je m'intéressais à l'influence de la race sur l'attrait de la communauté et de l'individualité ; dans *Beloved*, où je considérais les perspectives révélatrices qu'offre la narration historique lorsque, vues par le filtre de la race, les oppositions corps-esprit, sujet-objet, passé-présent s'écroulent et s'aplanissent. Dans *Jazz*, j'ai tenté de situer la modernité comme réaction à la maison raciste, afin de montrer en gros plan sa protection qui englobe tout, son omniscience et ses prétentions au contrôle. De même en ce moment, dans *Paradis*, d'abord pour exposer, puis totalement déstabiliser le regard raciste.

Dans *Jazz*, c'est derrière la voix narrative que s'allume le détonateur. La voix qui peut commencer par des prétentions à la connaissance, à la connaissance intérieure et à l'autorité incontestable – « Je connais cette femme[1] » –, puis finir par la bienheureuse épiphanie de son humanité et de ses propres besoins.

Dans mon projet du moment, je veux voir si, oui ou non, une langue sans race et spécifique à la race est à la fois possible et significative dans la narration. Je veux habiter et parcourir un site ne

1. *Op. cit.*, p. 11.

comprenant aucun détritus raciste : un endroit où la race est à la fois importante et rendue impuissante, un endroit « déjà préparé pour moi, à la fois douillet et grand ouvert. Avec une entrée qu'on n'a jamais besoin de fermer, une vue en biais acceptant la lumière et les feuilles colorées de l'automne mais pas la pluie. Où on peut compter sur le clair de lune si le ciel est dégagé et sur les étoiles quoi qu'il arrive. Et en bas, juste en dessous compter sur une rivière appelée Trahison[1]. » Je veux imaginer non pas la menace de la liberté ni sa fragilité timide et haletante, mais le frisson concret de l'absence de frontières : un genre de sécurité en plein air où « une femme, qui ne dormait pas, pouvait toujours quitter son lit, jeter un châle sur ses épaules et s'asseoir sur les marches au clair de lune. Et si l'envie lui en prenait, elle pouvait sortir de la cour pour descendre la route. Aucune lampe, aucune peur. Un craquement ou un sifflement sur le bas-côté ne l'effrayait jamais, car quelle que soit l'origine du bruit, rien ne chercherait à l'attaquer par surprise. À cent kilomètres à la ronde, rien ne la considérait comme une proie. Elle pouvait marcher aussi lentement qu'elle en avait envie, se rappeler des recettes de cuisine, la guerre, des histoires de famille, ou lever les yeux vers les étoiles sans penser à rien du tout. Dans l'obscurité et sans peur, elle pouvait continuer son chemin. Et si une lampe brillait dans une maison un peu plus loin, et si les pleurs d'un bébé souffrant de coliques attiraient son attention, elle pouvait aller jusqu'à la maison et doucement appeler la femme qui, à l'intérieur, essayait de l'apaiser. Elles pouvaient masser le ventre de l'enfant à tour de rôle, le bercer ou essayer de lui faire prendre un peu d'eau gazeuse. Quand le bébé se calmait, elles pouvaient s'asseoir côte à côte, un petit moment, pour rire et bavarder à voix basse afin de ne réveiller personne.

« La femme pouvait alors décider de rentrer chez elle, détendue et prête à dormir, ou elle pouvait continuer dans la même direction, descendre la route [...] Puis sortir, franchir les limites de la ville, parce que là rien ne la considérait comme une proie[2]. »

1. *Ibid.*, p. 240.

2. Toni Morrison, *Paradis* (1997), traduit par Jean Guiloineau, Paris, Christian Bourgois Éditeur, 1998, p. 17-18.

L'événement démesuré du monde moderne n'est pas sa technologie : ce sont les mouvements de population massifs. À commencer par le plus grand transfert forcé d'individus dans l'Histoire du monde : l'esclavage. Transfert dont les conséquences ont déterminé toutes les guerres qui l'ont suivi, ainsi que celles en cours sur chaque continent. Le travail du monde contemporain consiste désormais à réguler le déplacement perpétuel des individus, à élaborer une politique en la matière et à tenter d'administrer ce mouvement perpétuel. L'appartenance à une nation – définition même de la citoyenneté – est marquée par l'exil, les réfugiés, les médiateurs, les immigrants, les migrations, les personnes déplacées, celles qui fuient et celles qui sont assiégées. L'envie d'avoir un foyer est ensevelie sous les métaphores centrales du discours sur le mondialisme, le transnationalisme, le nationalisme, le démantèlement des nations et les fictions de souveraineté. Pourtant, ces rêves de foyer sont souvent eux-mêmes autant marqués par la race que la maison raciste qui les a créés et définis. Dans le cas contraire, comme je l'ai suggéré plus tôt, ils sont un paysage extérieur, jamais intérieur : une utopie, jamais un foyer.

J'adresse mes applaudissements – et suis redevable – aux spécialistes d'ici et d'ailleurs qui dégagent un espace (théorique) dans lequel on force les constructions racistes à révéler leurs verrous et armatures, leur technologie et leur carapace, afin de pouvoir engendrer une action politique, une réflexion intellectuelle et une production culturelle.

Les défenseurs de l'hégémonie occidentale ressentent cet empiétement ; ils ont déjà décrit, défini et désigné comme « barbarie » la possibilité d'imaginer une race sans domination, sans hiérarchie ; ils l'ont qualifiée de destruction de la cité promise, de fin de l'Histoire : toutes peuvent être lues comme ineptie, sottise, expérience déjà compromise, avenir sans valeur. Si, une fois de plus, la conséquence politique du travail théorique est déjà appelée « catastrophe », il est plus urgent que jamais de développer une langue non messianique afin de repenser la communauté douée d'une race et de déchiffrer la suppression des races dans le monde. Plus urgent que jamais de développer une épistémologie qui ne soit ni une complaisance intellectuelle dans le sordide, ni une réification intéressée. Vous délimitez l'espace d'un travail critique qui ne va ni saigner la maison raciste pour obtenir les gains d'authenticité et d'intériorité qu'elle procure, ni l'abandonner à sa tendance révélatrice aux simagrées. Si le monde-comme-foyer pour lequel nous travaillons est déjà décrit comme déchet dans la maison raciste, le travail sur lequel cette étude attire notre attention n'est pas seulement intéressant : il peut nous sauver la vie.

Ces campus où surtout nous travaillons et où souvent nous nous retrouvons ne resteront pas un territoire étranger dans les limites fixes duquel, en interprètes ou en guides autochtones, nous passons d'un genre de communauté infléchie par la race à une autre ; ni des campus résignés au statut de châteaux, où règne la ségrégation et depuis les balustrades desquelles nous voyons (voire invitons) les sans-abri ; ni des marchés où nous nous laissons mettre aux enchères, acheter, réduire au silence et fortement compromettre, selon le caprice du maître et le taux en vigueur.

La méfiance que s'attirent les études raciales de la part de la communauté d'homologation extérieure au campus n'est légitime que quand les spécialistes eux-mêmes ne se sont pas fait une image de leur propre foyer ; n'ont pas compris ni reconnu, sans contrition aucune, que le précieux travail qu'ils font ne peut être fait nulle part ailleurs ; n'ont pas envisagé la vie universitaire comme n'étant ni une vie à cheval sur deux mondes opposés, ni une fuite hors d'aucun de ces mondes. L'observation de W.E.B. Du Bois est une stratégie, non une prophétie ou un remède. Au-delà de la double conscience intérieure/extérieure, ce nouvel espace postule le caractère intérieur de l'extérieur, imagine une sécurité sans remparts dans laquelle nous pouvons concevoir, si vous me permettez l'expression, un monde tiers, « déjà préparé pour moi, à la fois douillet et grand ouvert. Avec une entrée qu'on n'a jamais besoin de fermer ».

Dans nos foyers.

Black Matter(s)

Voilà maintenant un moment que je réfléchis à la validité ou à la fragilité d'un certain ensemble de présupposés admis de manière conventionnelle parmi les historiens et critiques littéraires, et qui circulent à titre de « connaissances ». Ces « connaissances » prétendent que la littérature américaine traditionnelle, canonique, n'est pas affectée, formée ni façonnée par les quatre cents ans de présence d'abord des Africains, puis des Africains-Américains aux États-Unis. Elles supposent que cette présence – qui a façonné le corps politique, la Constitution et l'Histoire entière de la culture – n'a eu aucune place ni aucun résultat significatifs dans la source ou le développement de la littérature de cette culture. En outre, elles supposent que les caractéristiques de notre littérature nationale émanent d'une « américanité » particulière, séparée de cette présence et non responsable envers elle. Parmi les spécialistes de la littérature, il semble y avoir un accord plus ou moins tacite voulant que, comme la littérature a manifestement été la chasse gardée des opinions, du génie et du pouvoir de l'homme blanc, ces opinions, ce génie et ce pouvoir n'aient aucune proximité ni aucun lien avec la présence des Noirs aux États-Unis, population qui préexistait à chacun des écrivains américains de renom et a peut-être été la force la plus radicale et la plus marquante à agir furtivement sur la littérature de ce pays.

La méditation sur cette présence noire étant essentielle à toute compréhension de notre littérature nationale, elle ne devrait pas être reléguée aux confins de l'imagination littéraire. C'est peut-être à cause de cette population déstabilisée et déstabilisante, et par rapport à elle, que la littérature américaine se distingue comme entité cohérente. J'ai commencé à me demander si les thèmes majeurs et grandement célébrés de la littérature américaine – l'individualisme, la virilité, le conflit entre l'engagement social et l'isolement historique – ne sont non pas des problématiques morales aiguës et ambiguës, mais, en fait, des réactions à une présence africaniste[1] obscure, constante et qui se manifeste par signes. Le langage codé et sa restriction intentionnelle, par lesquels la nation nouvellement formée s'adaptait à la fourberie raciste et à la fragilité morale situées en son cœur même, se maintiennent dans sa littérature, y compris tout au long du XXᵉ siècle. Une présence africaniste, réelle ou inventée, a été essentielle au sentiment qu'avaient les écrivains de leur américanité. Et cela se voit : à travers des omissions soulignées et révélatrices, d'étonnantes contradictions, des conflits fortement nuancés et à la façon dont leurs œuvres sont habitées par les signes et les corps qui sont ceux de cette présence.

Ma curiosité s'est développée en une étude encore informelle de ce que j'appelle l'« africanisme américain ». C'est une recherche sur les façons dont une présence non blanche, africaniste, s'est construite aux États-Unis et sur les usages inventifs auxquels a servi cette fabrication. J'emploie « africanisme » comme terme pour dénoter et connoter la noirceur que les peuples africains en sont venus à signifier, ainsi que tout le registre d'opinions, de présupposés, de lectures justes ou erronées servant à caractériser ces peuples selon un point de vue eurocentrique. Il est important de reconnaître l'absence de restrictions attachée aux usages de ce trope. Virus invalidant au sein du discours littéraire, l'africanisme est devenu, dans la tradition eurocentrique privilégiée par l'enseignement américain, un moyen à la fois d'évoquer et de maîtriser les questions de classes sociales, de licence sexuelle et de répression, la formation et l'exercice du pouvoir, l'éthique et la responsabilité. Par le simple expédient consistant à diaboliser et à réifier la gamme des couleurs sur

1. À savoir africaine ou d'origine africaine.

la palette, l'africanisme américain permet de dire et de ne pas dire, d'inscrire et d'effacer, de fuir et de s'engager, d'abolir et d'appliquer, d'historiciser et de rendre intemporel. Il fournit une façon de méditer sur le chaos et la civilisation, le désir et la peur, ainsi qu'un mécanisme pour expérimenter les problèmes et les bienfaits de la liberté.

Ce que l'africanisme est devenu et la façon dont il a fonctionné dans l'imagination littéraire sont d'un intérêt primordial car, en regardant de très près la « noirceur » littéraire, on pourra peut-être découvrir la nature, voire la source, de la « blancheur » littéraire. À quoi *sert*-elle ? Quels rôles l'invention et le développement de la « blancheur » jouent-ils dans la construction de ce que l'on décrit comme étant « l'Américain » ? Si cette recherche que je mène parvient un jour à maturité, elle me fournira peut-être un accès à une lecture cohérente de la littérature américaine, lecture qui ne m'est pas accessible en entier dans l'immédiat ; notamment, à ce que je soupçonne, en raison de l'indifférence voulue de la critique littéraire à ces questions.

Une raison probable de la rareté du matériel critique sur ce sujet vaste et passionnant est que, en matière de race, ce sont le silence et l'évitement qui ont historiquement dominé le discours littéraire. L'évitement a encouragé un langage autre, supplétif, dans lequel les problèmes sont codés et rendus inaccessibles au débat ouvert. Cette situation est aggravée par l'inquiétude qui fait irruption dans le discours sur la race. Elle est davantage compliquée par le fait qu'ignorer la race est perçu comme une habitude élégante, libérale, voire généreuse. La remarquer, c'est reconnaître une différence déjà discréditée : maintenir son invisibilité par le silence, c'est permettre au corps noir de participer au corps culturel dominant sans lui faire d'ombre. D'après cette logique, chaque instinct bien élevé argumente contre le fait de remarquer la race et empêche le discours adulte. C'est justement ce concept de *mœurs** littéraires et universitaires (qui fonctionne sans heurts dans la critique littéraire, mais ne formule ni ne suscite de revendications crédibles dans d'autres disciplines) qui a supprimé de nos étagères certains auteurs américains jadis fort considérés et bloqué l'accès aux aperçus remarquables contenus dans certaines de leurs œuvres.

Une autre raison à ce vide ornemental du discours littéraire est le schéma qui consiste à réfléchir sur le racisme de manière asymétrique, en fonction de ses seules conséquences sur ses victimes. On a consacré beaucoup de temps et d'intelligence à dénoncer le racisme et ses effets épouvantables sur ceux qui en font l'objet. Cela a résulté en des efforts constants, bien qu'erratiques, pour instaurer par la loi des réglementations préventives. Il y a aussi eu des tentatives puissantes et convaincantes pour analyser l'origine du racisme lui-même, en contestant l'hypothèse qu'il était un aspect inévitable et permanent de tous les paysages sociaux. Je ne souhaite en rien dénigrer ces recherches. C'est précisément grâce à elles que tout genre de progrès a été accompli en matière de discours racial. Mais je veux voir cette étude bien établie rattachée à une autre, tout aussi importante : l'effet du racisme sur ceux qui le perpétuent. Il me semble à la fois poignant et saisissant que ses effets sur le sujet raciste aient été évités et refusés à l'analyse. L'étude qui se penche sur l'esprit, l'imagination et le comportement des esclaves est précieuse ; un examen intellectuel sérieux de ce que l'idéologie raciste a fait et fait à l'esprit, à l'imagination et au comportement du maître l'est tout autant.

Les littératures nationales, comme les écrivains, font du mieux qu'elles peuvent et avec ce qu'elles peuvent. Pourtant, elles semblent finir par décrire et inscrire ce qui tracasse vraiment la nation. Pour l'essentiel, la littérature des États-Unis a choisi de se préoccuper de la construction d'un *nouvel homme blanc*. Si je ne me fais plus d'illusions sur l'indifférence de la critique littéraire envers l'examen de la nature d'une telle préoccupation, j'ai en revanche un dernier recours : les écrivains eux-mêmes.

Les écrivains comptent parmi les artistes les plus sensibles, les plus anarchistes intellectuellement, les plus représentatifs et les plus pénétrants. La capacité de l'écrivain à imaginer ce qui n'est pas le moi, à rendre familier l'élément étranger et à mystifier l'élément familier : tout cela constitue la mesure de son pouvoir. Les langages qu'il utilise (imagé, structurel, narratif), ainsi que le contexte social et historique dans lesquels ils ont un sens, sont des révélations directes et indirectes de ce pouvoir et de ses limites. C'est donc vers eux, les créateurs de la littérature américaine, que je me tourne pour obtenir des éclaircissements sur l'invention et l'effet de l'africanisme aux États-Unis.

Comment l'énoncé littéraire s'organise-t-il lorsqu'il tente d'imaginer un Autre africaniste ? Quels sont les signes, les codes, les stratégies littéraires conçues pour s'adapter à cette rencontre ? En bref, que se passe-t-il ? Que fait l'inclusion d'Africains et d'Africains-Américains au texte et pour le texte ? En tant que lectrice, j'avais toujours supposé qu'il ne « se passe » rien. Que les Africains et leurs descendants ne sont *là* d'aucune manière qui importe : que lorsqu'ils sont *là*, ils sont décoratifs ou donnent à voir l'expertise technique de l'écrivain doué d'aisance. Je supposais que, puisque l'auteur n'était pas africaniste, l'apparition de personnages, d'un récit ou d'un idiome africanistes dans son œuvre ne pouvait jamais concerner autre chose que le monde blanc « normal », non racialisé, illusoire, qui fournit son arrière-plan à l'œuvre. Aucun texte américain du genre de ceux dont je parle ici n'a assurément été écrit *pour* les Noirs, pas plus que *La Case de l'oncle Tom* n'a été écrite pour que l'oncle Tom la lise ou pour le convaincre. En tant qu'écrivain qui lit, j'ai pris conscience de l'évidence : l'objet du rêve, c'est le rêveur. L'invention d'un personnage africaniste était réflexive : c'était une méditation extraordinaire sur le moi, une puissante exploration des peurs et des désirs qui résident dans la conscience de l'écrivain (aussi bien que dans d'autres), une révélation étonnante de l'envie, de la terreur, de la perplexité, de la honte, de la magnanimité.

Lire ces textes en tant qu'écrivain m'a permis d'y accéder de manière plus profonde. C'était comme si je regardais un aquarium, le mouvement lisse ou brusque des écailles rouges, les extrémités vertes, l'éclair de blanc reculant à l'arrière des branchies, les châteaux tout au fond, entourés de galets et de minuscules frondes vertes enchevêtrées, l'eau à peine troublée, les petites bribes de détritus et de nourriture, la bulle tranquille qui s'élevait vers la surface… Et soudain, je voyais l'aquarium lui-même, sa structure transparente, invisible, qui permettait à la vie bien ordonnée qu'elle contenait d'exister dans le vaste monde. En d'autres termes, je me suis mise à compter sur ma connaissance de la façon dont on écrit des livres, dont arrive le langage, sur ma perception des moyens et des motifs par lesquels les écrivains abandonnent ou entreprennent certains aspects de leurs projets. J'ai commencé à me fier à ma compréhension de ce que le combat linguistique exige des écrivains et de ce qu'ils font de la surprise qui est l'événement concomitant nécessaire et inévitable de l'acte de création. Ce qui est devenu transparent, ce sont les façons évidentes qu'ont choisies les Américains pour parler d'eux-mêmes, par le biais et au sein d'une représentation tantôt allégorique, tantôt métaphorique, mais toujours étouffée, de la présence africaniste.

La jeune Amérique s'est distinguée par son élan, en toute conscience, vers un avenir, une liberté, un genre de dignité humaine que l'on croyait sans précédent au monde. Toute une tradition d'aspirations « universelles » s'est concentrée dans cette formule bien-aimée de « rêve américain ». Si le rêve des immigrants mérite l'examen exhaustif dont il a fait l'objet dans les disciplines universitaires et les arts, il est tout aussi important de savoir ce que ces populations s'empressaient de fuir que de savoir vers quoi elles se ruaient. Si le Nouveau Monde nourrissait leurs rêves, quelle était la réalité de l'Ancien Monde qui aiguisait leur appétit de tels rêves ? Et comment cette réalité pouvait-elle caresser et s'approprier la formation d'une réalité nouvelle ?

Fuir l'Ancien Monde pour le Nouveau se comprend d'ordinaire comme fuir l'oppression et les restrictions afin d'obtenir liberté et perspectives. En fait, pour certains, cette échappée signifiait fuir la licence : une société perçue comme impie, indisciplinée et d'une permissivité inacceptable. Pour ceux qui fuyaient en raison de motifs autres que religieux, cependant, c'étaient les contraintes et les restrictions qui poussaient au voyage. L'Ancien Monde n'offrait à ces émigrants que la pauvreté, la prison, l'ostracisme social et, assez souvent, la mort. Il y avait, bien entendu, un autre groupe d'immigrants qui venaient vivre les aventures possibles lors de la fondation d'une colonie pour, plutôt que contre, une autre patrie ou terre natale. Et, bien sûr, il y avait les marchands, qui venaient pour l'argent.

Aux yeux de toutes ces personnes, l'attrait était du genre « faire table rase », une occasion unique dans une vie non seulement de renaître, mais de renaître dans des vêtements neufs, en quelque sorte : le nouveau décor fournirait de nouveaux habits au moi. Le Nouveau Monde offrait la vision d'un avenir sans limites, qui brillait de façon plus éclatante en comparaison avec les contraintes, l'insatisfaction et les troubles qu'on laissait derrière soi. Une promesse authentiquement prometteuse. Avec de la chance et de l'endurance, on pouvait découvrir la liberté, trouver un moyen de rendre la loi divine manifeste dans l'Homme ou de finir riche comme un prince. Le désir de liberté est précédé par l'oppression ; l'aspiration à la loi divine naît de la haine de la corruption et de la licence de l'Homme ; le prestige des richesses est esclave de la pauvreté, de la faim et des dettes.

Il y avait bien plus d'éléments à valoir le risque du voyage. L'habitude de se prosterner serait remplacée par le frisson du commandement. Le pouvoir – le contrôle de sa propre destinée – remplacerait l'impuissance ressentie face aux barrières des classes sociales, des castes, et aux persécutions sournoises. On pouvait passer de la discipline et du châtiment à l'exercice de la discipline et du châtiment ; de l'expérience de l'ostracisme social au statut d'arbitre du rang social. On pouvait être libéré d'un passé inutile, contraignant et odieux pour entrer dans un genre d'absence d'Histoire : une page blanche attendant qu'on la remplisse. Il y avait beaucoup à y écrire : de nobles élans ont été transformés en lois et adaptés à la tradition nationale ; mais aussi des élans vils, appris et développés sur la terre natale rejetée et qui rejetait.

Le corpus littéraire produit par la jeune nation est l'un des endroits où elle a inscrit ces peurs, ces forces et ces espoirs. On a du mal à lire la littérature de la jeune Amérique sans être frappé de découvrir combien elle s'oppose à notre conception moderne du « rêve américain », combien l'absence du mélange insaisissable d'espoir, de réalisme, de matérialisme et de promesses contenu dans ces termes y est criante. De la part d'un peuple qui a beaucoup insisté sur sa « nouveauté » (son potentiel, sa liberté, son innocence), il est frappant de constater combien sa toute première littérature fondatrice est austère, perturbée, effrayée et hantée.

Nous avons des mots et des étiquettes pour qualifier cette hantise – « gothique », « romantique », « moralisatrice », « puritaine » – dont les sources, bien sûr, se trouvent dans la littérature du monde qu'ont fui les écrivains. Mais la puissante affinité entre la psyché américaine du XIXe siècle et le roman gothique a fait, à juste titre, l'objet de nombreux commentaires. Il n'est pas surprenant qu'un jeune pays rebuté par le désordre moral et social de l'Europe, et qui se pâme dans un accès de désir et de rejet, consacre ses talents à reproduire dans sa propre littérature la typologie du diabolisme devant laquelle avaient fui ses citoyens et leurs ancêtres. Après tout, une façon de profiter des leçons tirées de précédentes erreurs et de malheurs passés était de les consigner : un vaccin contre leur répétition, en quelque sorte.

Le romantisme est la forme sous laquelle s'est jouée cette prophylaxie uniquement américaine. Longtemps après s'être évanoui en Europe, il est resté le moyen d'expression cher à la jeune Amérique. Qu'y avait-il, dans le romantisme américain, qui le rendait si séduisant, aux yeux des Américains, comme champ de bataille sur lequel combattre, affronter et imaginer leurs démons ?

On a suggéré que le romantisme est une façon d'éviter l'Histoire et qu'il est donc peut-être séduisant pour des individus qui tentent d'éviter le passé récent. Mais je suis davantage convaincue par des arguments qui trouvent en lui la rencontre frontale avec des forces historiques très réelles, très insistantes, et les contradictions qui leur sont inhérentes, telles que les écrivains finissent par les vivre. Exploration de l'angoisse importée des ombres de la culture européenne, le romantisme a permis l'acceptation – tantôt sûre, tantôt risquée – de certaines peurs américaines légitimement humaines et tout à fait spécifiques : la peur d'être un paria, la peur de l'échec, de l'impuissance ; la peur de l'absence de frontières, d'une nature débridée et prête à l'attaque ; la peur de l'absence d'une prétendue civilisation ; de la solitude, de l'agression à la fois extérieure et intérieure. En bref, la terreur qu'inspire la liberté humaine, chose qu'ils convoitaient par-dessus tout. Le romantisme offrait aux écrivains non pas moins, mais davantage ; non pas une trame historique exiguë, mais vaste ; non pas la fuite, mais l'affranchissement. Il offrait des tribunes pour les leçons de morale et la fabulation, pour le divertissement imaginatif fourni par la violence, l'incrédibilité sublime, la terreur, et dont l'ingrédient le plus significatif et le plus démesuré était la noirceur, avec toute la valeur connotative qu'elle recelait.

Il n'y a pas de romantisme dénué de ce que Melville appelait « le pouvoir de la noirceur », surtout dans un pays où résidait une population déjà noire, grâce à laquelle l'imagination pouvait exprimer les peurs, les dilemmes, les divisions qui l'obsédaient historiquement, moralement, métaphysiquement et socialement. Cette population d'esclaves semblait s'offrir comme objet de méditation sur les leurres et le caractère insaisissable de la liberté humaine, la terreur du paria et sa peur de l'échec, de l'impuissance, une Nature sans limites, la solitude innée, l'agression interne, le mal, le péché, l'avidité… En d'autres termes, la liberté humaine sous tous ses aspects hormis ceux du potentiel humain et des droits de l'Homme.

Et pourtant, les droits de l'Homme, principe d'organisation sur lequel s'est fondée la nation, allaient inévitablement et particulièrement de pair avec l'africanisme. Leur Histoire et leurs origines sont constamment liées à un autre concept séduisant : la hiérarchie des races. Comme l'a remarqué Orlando Patterson[1], nous ne devrions pas nous étonner que les Lumières aient pu faire une place à l'esclavage : c'est l'inverse qui devrait nous étonner. Le concept de liberté n'est pas apparu dans un vide. Rien n'a mis en valeur la liberté – s'il ne l'a pas créée – comme l'esclavage.

Dans cette construction de la noirceur et de la servitude se trouvaient non seulement ceux qui n'étaient pas libres, mais aussi la projection de ceux qui n'étaient pas moi. Il en est résulté un terrain de jeux pour l'imagination. Ce qui a surgi des besoins collectifs

1. Sociologue américain (né en 1940), célèbre pour ses travaux sur les questions raciales aux États-Unis.

pour soulager les peurs intérieures et rationaliser l'exploitation extérieure, c'est l'africanisme : un mélange inventé de noirceur, d'altérité, d'inquiétude et de désir, qui est uniquement américain. (Il existe aussi un africanisme européen ayant son équivalent dans sa propre littérature coloniale.)

Ce que je souhaite examiner, c'est comment l'image d'une noirceur maîtrisée, contrainte, supprimée ou réprimée s'est objectivée dans la littérature américaine sous la forme d'un personnage africaniste. Je veux démontrer comment les obligations de ce personnage – obligations de refléter, d'incarner et d'exorciser – sont requises et déployées dans une grande partie de la littérature nationale, et contribuent à fournir ses caractéristiques distinctives.

J'ai dit précédemment que les identités culturelles sont formées et imprégnées par la littérature d'une nation, et que ce qui semblait « tracasser » la littérature des États-Unis, c'était la construction consciente, mais fort problématique, de l'Américain en tant que nouvel homme blanc. *L'intellectuel américain*, appel d'Emerson à cet homme nouveau, indique la nature délibérée de cette construction, le besoin conscient d'établir une différence. Mais les écrivains qui ont réagi à cet appel, en l'acceptant ou en le rejetant, ne se sont pas tournés uniquement vers l'Europe pour établir une référence en matière de différence. Il existait sur place une différence spectaculaire. Les écrivains ont pu célébrer ou déplorer une identité (qui existait déjà ou prenait forme rapidement) élaborée à travers la différence raciale. Cette dernière procurait un énorme trésor de signes, de symboles et de moyens d'action pour organiser, séparer et consolider une identité en fonction de précieux intérêts.

Bernard Bailyn nous a fourni une enquête extraordinaire sur les colons européens durant leur processus d'américanisation. Une description qu'il fait dans *Voyagers to the West* est particulièrement pertinente. Je veux citer un assez long passage de ce livre parce qu'il aide à éclaircir et à souligner les aspects saillants de ce caractère américain que je décris :

> Vu à travers sa correspondance et son journal, William Dunbar semble plus appartenir au roman qu'à la réalité… [C']était un

homme âgé de vingt ans et quelques, qui est soudain apparu dans les contrées sauvages du Mississippi pour revendiquer une grande parcelle de terrain, puis qui a disparu aux Caraïbes, pour revenir à la tête d'un bataillon d'esclaves « sauvages » grâce au seul labeur desquels il a construit une propriété là où il n'y avait auparavant que des arbres et un sol inculte. [...] [I]l était [...] complexe [...] et [...] faisait partie d'un monde violent, divisé en deux races, dont les tensions pouvaient mener dans d'étranges directions. Car ce planteur du désert était un scientifique, qui correspondrait plus tard avec Jefferson sur la science et l'exploration ; un planteur du Mississippi dont les contributions à la Société Philosophique Américaine [...] comprenaient comme sujets la linguistique, l'archéologie, l'hydrostatique, l'astronomie et la climatologie, et dont les explorations géographiques étaient rapportées dans des publications célèbres [...] [P]ersonnage exotique du monde des plantations dans le Mississippi des premiers temps [...], il a [...] importé dans ce monde brut, à moitié sauvage, les raffinements de la culture européenne : non pas des chandeliers ni d'onéreux tapis, mais des livres, des outils d'arpentage du genre le plus élaboré et les derniers instruments scientifiques en date.

Dunbar [...] a tout d'abord été éduqué à domicile par des précepteurs, puis à l'université d'Aberdeen, où son intérêt pour les mathématiques, l'astronomie et les belles-lettres a achevé de se développer. On ignore ce qui lui est arrivé après son retour chez lui, puis plus tard à Londres, où il a fréquenté de jeunes intellectuels, et ce qui l'a conduit ou chassé hors de la métropole pour entreprendre la première étape de son long voyage vers l'Ouest. Mais quelle qu'ait pu être sa motivation, en avril 1771, âgé de vingt-deux ans seulement, Dunbar est apparu à Philadelphie [...]

Toujours avide de distinction, ce produit cultivé des Lumières écossaises et du raffinement londonien – ce jeune scientifique et *littérateur** studieux qui, seulement cinq ans plus tôt, avait correspondu au sujet de problèmes scientifiques (les

« béatitudes du doyen Swift[1] », la « vie heureuse et vertueuse » ou le Commandement du Seigneur selon lequel les hommes doivent « s'aimer les uns les autres ») – était étrangement insensible aux souffrances de ceux qui le servaient. En juillet 1776, il consignait non l'indépendance des colonies américaines par rapport à la Grande-Bretagne, mais la répression d'une conjuration présumée d'esclaves de sa propre plantation en vue d'obtenir leur liberté.

Dunbar, le jeune *érudit**, le scientifique et homme de lettres écossais, n'était pas un sadique. Selon les critères de l'époque, le régime en vigueur dans sa plantation était bienveillant : il habillait et nourrissait correctement ses esclaves, et revenait souvent sur ses châtiments les plus sévères. Mais à 6 400 kilomètres des sources de la culture, seul à la lointaine périphérie de la civilisation britannique, où survivre physiquement était un combat quotidien, où l'exploitation impitoyable était un mode de vie et où le désordre, la violence et l'avilissement de l'homme étaient monnaie courante, il avait triomphé en réussissant son adaptation. Infiniment doué d'initiative et plein de ressources, ses sensibilités les plus délicates émoussées par les rigueurs de la vie à la Frontière, éprouvant en lui-même un sentiment d'autorité et d'autonomie inconnu auparavant, une force découlant de son contrôle absolu sur la vie des autres, il est devenu un homme nouveau, caractéristique, un gentilhomme des régions limitrophes, un homme possédant des biens dans un monde brut, à moitié sauvage[2].

Puis-je attirer votre attention sur certains éléments de ce portrait, certaines associations et interdépendances bien marquées dans cette description de William Dunbar ? Premièrement, le rapport historique entre les Lumières et l'institution de l'esclavage : les droits de l'Homme et son asservissement. Deuxièmement, le lien entre l'éducation de Dunbar et son entreprise dans le Nouveau Monde.

1. À savoir l'auteur des *Voyages de Gulliver*.
2. *Voyagers to the West*, New York, A.A. Knopf, 1986, p. 488-492.

Son éducation était d'une érudition exceptionnelle et comprenait les dernières opinions en date sur la théologie et la science : dans un effort, peut-être, pour les rendre mutuellement dépendantes, pour faire que les unes confortent les autres. Dunbar est un produit non seulement des « Lumières écossaises », mais aussi du « raffinement londonien ». Il a lu Swift, il a débattu du commandement chrétien ordonnant de « s'aimer les uns les autres » et il est décrit comme « étrangement » insensible aux souffrances de ses esclaves. Le 12 juillet 1776, il consigne avec douleur et étonnement la rébellion des esclaves de sa plantation : « Jugez de ma surprise. À quoi servent la gentillesse & les bons traitements lorsqu'ils sont récompensés par une telle ingratitude[1]. » « Constamment stupéfait, poursuit Bailyn, par le comportement de ses esclaves, [...], [Dunbar a] retrouvé deux fugitifs et les a “condamnés à recevoir chacun 500 coups de fouet à cinq moments dif[férent]s, et à porter une chaîne liée à un billot & fixée à la cheville.” » J'estime que ce passage est une description succincte du processus par lequel s'est constitué l'Américain en tant qu'individu nouveau, blanc et masculin. C'est une formation qui a au moins quatre conséquences désirables, toutes évoquées dans le résumé que fait Bailyn du caractère de Dunbar et situées dans ce que Dunbar ressent « en lui-même ». Permettez-moi de reprendre : « un sentiment d'autorité et d'autonomie inconnu auparavant, une force découlant de son contrôle absolu sur la vie des autres, il est devenu un homme nouveau, caractéristique, un gentilhomme des régions limitrophes, un homme possédant des biens dans un monde brut, à moitié sauvage. » Un pouvoir, un sentiment de liberté inconnu auparavant. Mais qu'avait-il « connu auparavant » ? Une éducation délicate, le raffinement londonien, la pensée théologique et scientifique. On devine qu'aucun d'entre eux ne pouvait lui procurer l'autorité ni l'autonomie qu'offrait la vie de planteur dans le Mississippi. Son « sentiment » est une « force » qui « découle » : non pas une domination voulue, un choix réfléchi, calculé, mais plutôt un genre de ressource naturelle déjà présente, des chutes du Niagara attendant de déborder sitôt qu'il sera en mesure

1. *Ibid.*, p. 491, de même que la citation suivante.

d'avoir le « contrôle absolu sur la vie des autres ». Et une fois qu'il a intégré cette position, il est ressuscité sous les traits d'un homme nouveau, caractéristique, différent. Quel qu'ait été son statut social à Londres, Dunbar est un gentilhomme dans le Nouveau Monde. Plus gentil, plus homme. Parce que le lieu de sa transformation se trouve au cœur de ce qui est brut. Dunbar a la sauvagerie en arrière-plan.

Autonomie, nouveauté, différence, autorité, pouvoir absolu : tels sont les thèmes et préoccupations majeurs de la littérature américaine, chacun étant rendu possible, façonné et activé par une conscience et un usage complexes d'un africanisme déjà constitué qui, déployé comme état brut et sauvagerie, fournissait le décor et l'arène nécessaires pour élaborer la quintessence de l'identité américaine.

L'autonomie – la liberté – se traduit par cet « individualisme » grandement défendu et vénéré ; la nouveauté se traduit par « l'innocence » ; le caractère distinctif devient une différence assortie de stratégies visant à son maintien ; l'autorité devient un « héroïsme » et une « virilité » romantiques et conquérants, et soulève la question de l'exercice du pouvoir absolu sur la vie des autres. Ces quatre éléments sont rendus possibles par le cinquième : le pouvoir absolu que l'on invoque et exerce contre, sur et dans un paysage naturel et mental conçu comme « un monde brut, à moitié sauvage. »

Pourquoi « brut » et « à moitié sauvage » ? Parce qu'il abrite une population indigène non blanche ? Peut-être. Mais certainement parce qu'il existe à portée de main une population noire asservie, non libre, rebelle mais utile, d'après laquelle Dunbar et tous les hommes blancs deviennent capables de mesurer les différences qui sont des privilèges ou en confèrent.

Pour finir, l'individualisme aboutira à un prototype d'Américains sous les traits de mécontents solitaires et désormais étrangers. À quoi, veut-on demander, sont-ils étrangers ? De quoi les Américains sont-ils si obstinément innocents ? Différents ? Sur qui le pouvoir absolu est-il détenu, à qui est-il refusé, à qui est-il distribué ?

Les réponses à ces questions résident dans la présence, puissante et fortifiante pour l'ego, d'une population africaniste. Le nouveau mâle blanc peut désormais se persuader que la sauvagerie est « là-bas » ; que les coups de fouet qu'il ordonne (cinq cents, infligés cinq fois : deux mille cinq cents au total) ne relèvent pas de sa propre sauvagerie ; que les évasions dangereuses et répétées pour obtenir la liberté sont de « curieuses » confirmations de l'irrationalité des Noirs ; que la combinaison des béatitudes du doyen Swift et d'une vie de violence régularisée est civilisée ; que si les sensibilités sont assez émoussées, ce qui est brut reste extérieur.

Ces contradictions se taillent un chemin à travers les pages de la littérature américaine. Comment aurait-il pu en être autrement ? Comme nous le rappelle Dominick LaCapra, « les romans "classiques" ne sont pas seulement retravaillés [...] par des forces contextuelles communes (telles que les idéologies), mais retravaillent aussi et, du moins, travaillent en profondeur ces forces, de manière cruciale et parfois potentiellement transformatrice[1] »

Le terrain imaginatif et historique sur lequel cheminent les premiers auteurs américains est, dans une très large mesure, façonné et déterminé par la présence de l'Autre racial. Les affirmations du contraire, qui insistent sur le caractère insignifiant de la race pour l'identité américaine, sont elles-mêmes significatives. Le monde ne devient pas sans races ni ne sera déracialisé au moyen d'affirmations. Appliquer l'absence de races au discours littéraire est en soi un acte racial. Déverser de l'acide rhétorique sur les doigts d'une main noire peut certes détruire les sillons digitaux, mais non les mains. En outre, dans cet acte violent et intéressé d'effacement, qu'arrive-t-il aux mains, aux doigts, aux sillons digitaux de celui qui déverse ? Échappent-ils à l'acide ? La littérature elle-même suggère le contraire.

Explicite ou implicite, la présence africaniste imprègne de manière éloquente, irrésistible et inévitable la texture et la forme de la littérature américaine. C'est une présence sombre et constante, qui sert de force de médiation à la fois visible et invisible à l'imagination littéraire. De sorte que même, et surtout, quand les textes

1. Dominick LaCapra, *History, Politics, and the Novel*, (1987), Ithaca, New York, Cornell University Press, 1989, p. 4.

américains ne « traitent » pas de présences, de personnages, de récits ou d'idiomes africanistes, leur ombre y plane néanmoins, sous-entendue et signifiée, en guise de frontière. Ce n'est pas un hasard, loin de là, si les populations d'immigrés (et une bonne partie de la littérature des immigrés) comprenaient leur « américanité » par opposition à la population noire résidente. La race, en fait, fonctionne aujourd'hui comme une métaphore tellement nécessaire à la construction de l'« américanité » qu'elle rivalise avec les anciens racismes pseudo-scientifiques et influencés par les classes sociales, dont nous sommes plus habitués à déchiffrer la dynamique.

Comme moyen de traiter le processus complet d'américanisation tout en enfouissant ses ingrédients raciaux particuliers, cette présence africaniste est peut-être quelque chose dont les États-Unis ne sauraient se passer. En effet, dans cette partie du XXe siècle, le mot « Américain » contient au plus profond de lui-même son association avec la race. Ce n'est pas vrai de « Canadien » ni d'« Anglais ». Identifier un individu comme Sud-Africain, c'est dire très peu : il nous faut l'adjectif « blanc », « noir » ou préciser « de couleur » pour clarifier notre propos. Aux États-Unis, c'est plutôt l'inverse. « Américain » signifie blanc et les Africanistes luttent pour que ce terme leur devienne applicable, en ajoutant l'appartenance ethnique et des traits d'union. Les Américains n'ont pas eu de noblesse immanente d'où arracher et contre laquelle définir une identité de qualité nationale tout en continuant à convoiter la licence et le luxe des aristocrates. La nation américaine a surmonté son dédain et son envie à la manière de Dunbar : par une méditation réflexive sur l'africanisme mythologique et inventé. Pour Dunbar et pour les écrivains américains en général, cet Autre africaniste est devenu le moyen de réfléchir sur le corps, l'esprit, le chaos, la bonté et l'amour ; il est devenu l'occasion de s'exercer à l'absence de restrictions, à la présence de restrictions, à la méditation sur la liberté, l'agressivité ; l'occasion d'explorer l'éthique et la morale, de satisfaire aux obligations du contrat social, de porter la croix de la religion et de suivre jusqu'au bout les ramifications du pouvoir.

Lire et tracer l'apparition d'un personnage africaniste dans le développement de la littérature nationale est un projet à la fois fascinant et urgent, si l'Histoire et la critique de notre littérature doivent devenir cohérents. Le plaidoyer d'Emerson en faveur de l'indépendance intellectuelle ressemblait à la présentation d'une assiette vide que les écrivains pouvaient remplir d'aliments sortis d'une cuisine indigène. Sa langue, bien sûr, devait être l'anglais, mais le contenu de cette langue, son objet, devait être délibérément, intensément non anglais et anti-européen dans la mesure où, par sa rhétorique, il répudiait l'adoration de l'Ancien Monde et définissait le passé comme corrompu et indéfendable.

Dans les études sur la formation d'un caractère américain et la production d'une littérature nationale, on a catalogué un certain nombre d'éléments. Un élément majeur à rajouter sur la liste doit être une présence africaniste : résolument non américaine, résolument Autre.

La nécessité d'établir une différence trouvait sa source non seulement dans l'Ancien Monde, mais aussi dans une différence au sein du Nouveau. Ce qui était caractéristique du Nouveau Monde, c'était, premièrement, sa revendication de liberté et, deuxièmement, la présence de l'élément non libre au cœur de l'expérience démocratique : l'absence cruciale de démocratie, son écho, son ombre, son silence et sa force silencieuse dans l'activité politique et intellectuelle de certains non-Américains. Les traits distinctifs de ces non-Américains étaient leur statut d'esclave – leur statut social – et leur couleur. On peut concevoir que le premier se serait autodétruit de diverses manières s'il n'y avait eu la seconde. Ces esclaves, contrairement à beaucoup d'autres dans l'Histoire du monde, étaient par trop visibles. Et ils avaient hérité, entre autres, d'une longue Histoire du « sens » de la couleur. Ce n'était pas seulement que cette population d'esclaves avait une couleur distinctive : c'était que cette couleur « signifiait » quelque chose. Ce « sens » avait été nommé et déployé par des spécialistes au moins à partir du moment où, au XVIIIe siècle, d'autres spécialistes et parfois les mêmes avaient étudié tant l'histoire naturelle que les droits inaliénables de l'Homme, à savoir la liberté humaine.

On suppose que si les Africains avaient tous eu trois yeux ou une seule oreille, on aurait aussi trouvé que cette différence par rapport aux envahisseurs européens, petits mais conquérants, avait un « sens ». En tout cas, si tard au XXe siècle, on ne saurait remettre en cause la nature subjective de l'attribution d'une valeur et d'un sens à la couleur. Le point essentiel de cette discussion est l'alliance d'idées rendues visuellement et d'énoncés linguistiques. C'est ce qui mène au cœur de la nature sociale et politique du savoir admis tel qu'il est révélé dans la littérature américaine.

Le savoir, aussi prosaïque et utilitaire soit-il, crée des images linguistiques et des pratiques culturelles. Réagir à la culture (clarifier, expliquer, valoriser, traduire, transformer, critiquer), c'est ce que font partout les artistes, et cela est particulièrement vrai des écrivains engagés dans le développement d'une littérature lorsque est fondée une nouvelle nation. Quelles qu'aient été leurs réactions personnelles et formellement « politiques » au « problème » inhérent à la contradiction que présente une république libre profondément attachée à sa population d'esclaves, les écrivains du XIXe siècle étaient attentifs à la présence des Noirs. Fait plus important, ils évoquaient, de façon plus ou moins passionnée, leurs opinions sur cette présence difficile.

La conscience de l'existence de cette population d'esclaves ne se limitait pas aux rencontres personnelles que les écrivains pouvaient faire. La publication de récits d'esclaves, au XIXe siècle, a connu un immense succès de librairie. Le débat sur l'esclavage et la liberté sévissait dans la presse, de même que les campagnes et lignes d'action des partis politiques et du gouvernement élu. Il aurait fallu être vraiment isolé pour ne pas être au courant du problème le plus explosif de la nation. Comment pouvait-on parler de profit, d'économie, de travail, de progrès, de droit de vote, de christianisme, de la Frontière, de la formation de nouveaux États, de l'acquisition de nouvelles terres, d'éducation, de transport (marchandises et passagers), de quartiers, de résidences, d'armée – de presque tout ce dont un pays peut se préoccuper – sans avoir pour référence, au cœur du discours, au cœur de la définition, la présence des Africains et de leurs descendants ?

Ce n'était pas possible. Et cela n'a pas eu lieu. Ce qui a eu lieu, bien souvent, c'était un effort pour parler de ces choses avec un vocabulaire conçu pour dissimuler le sujet. Il n'a pas toujours abouti et, dans l'œuvre de nombreux écrivains, la dissimulation n'a jamais été intentionnelle. Mais la conséquence a été le récit du maître qui parlait *pour* l'Africain et ses descendants, ou bien qui parlait du premier. Le récit du législateur ne pouvait coexister avec une réaction de la part du personnage africaniste.

Quelque popularité qu'aient connue les récits d'esclaves (qui ont inspiré des abolitionnistes et converti des anti-abolitionnistes), le propre récit des esclaves, tout en libérant le narrateur de bien des façons, n'a pas détruit celui du maître. Le récit du maître pouvait faire place à de nombreux changements ou procéder à n'importe quel nombre d'adaptations pour demeurer intact. Le silence de la part et à propos du sujet était à l'ordre du jour. Certains de ces silences ont été rompus et d'autres, entretenus par des auteurs qui vivaient en compagnie et au sein du récit qui garantissait l'ordre. Ce qui m'intéresse, ce sont les stratégies visant à maintenir ou à rompre le silence. Comment les écrivains fondateurs de la jeune Amérique ont-ils abordé, imaginé, utilisé et créé une présence et un personnage africanistes ? De quelles manières ces stratégies expliquent-elles la littérature américaine ? Comment la mise au jour de tels chemins a-t-elle abouti à des analyses plus originales et plus profondes de ce qu'ils comportent et de leur manière de le comporter ?

Permettez-moi de prendre un exemple : un roman américain majeur qui est à la fois un exemple et une critique du romantisme en tant que genre. Si nous élargissons notre lecture de *Huckleberry Finn*, si nous l'amplifions, si nous dépassons l'emprise de ses panacées sentimentales évoquant la fuite en direction du territoire, les dieux du fleuve et l'innocence foncière de l'américanité, si nous incorporons à notre lecture sa critique combative de l'Amérique d'avant la guerre de Sécession et élucidons ainsi grandement les problèmes engendrés par les lectures traditionnelles trop timides pour s'attarder sur les implications de la présence africaniste au centre du roman, celui-ci semble être un roman autre et, d'une certaine manière, plus complet. Nous comprenons que, à un certain niveau, la critique des classes sociales et des races est là, bien que dissimulée ou accentuée grâce à une combinaison d'humour, d'aventure et de naïveté.

Les lecteurs de Twain sont libres de rejeter les qualités combatives et contestataires du roman pour se concentrer sur sa glorification de l'innocence pleine de bon sens, tout en exprimant un embarras poli face à l'attitude raciste symptomatique qu'il adopte. Les premières critiques, les réévaluations des années 1950 qui ont abouti à intégrer *Huckleberry Finn* au canon littéraire à titre de grand roman, ont manqué ou rejeté la querelle sociale, car cette œuvre semble avoir pleinement assimilé les présupposés idéologiques de sa société et de sa culture ; parce qu'elle est racontée par la voix – et contrôlée par le regard – d'un enfant sans statut (un individu extérieur, marginal, déjà « fait Autre » par la société de classes moyennes qu'il abhorre et ne semble jamais envier) et parce que le roman se cache lui-même sous le masque du comique, de la parodie et de l'exagération du récit à dormir debout.

C'est sur ce Huck jeune, mais innocent et débrouillard, vierge de toute la corruption des aspirations, de la fureur et de l'impuissance bourgeoises, que Mark Twain inscrit la critique de l'esclavage et les prétentions des soi-disant classes moyennes, la résistance à la perte de l'Éden et la difficulté de devenir l'oxymore qu'est « un individu social ». L'agent intermédiaire de la lutte de Huck, cependant, est le nègre Jim, et il est absolument nécessaire que le terme de « nègre » soit indissociable des réflexions de Huck sur ce qu'il est lui-même. Ou, plus précisément, ce qu'il n'est pas. Les controverses majeures sur la grandeur ou quasi-grandeur de *Huckleberry Finn* en tant que roman américain (ou même « mondial ») existent comme telles parce qu'elles renoncent à un examen précis de l'interdépendance entre l'esclavage et la liberté, du développement de Huck et de l'utilité de Jim à l'intérieur de celui-ci, et même de l'incapacité de Twain à continuer, à poursuivre le voyage jusqu'à l'intérieur du territoire libre.

Cette controverse critique se concentre sur l'effondrement de la prétendue fin tragique du roman. On a suggéré que cette fin est une brillante astuce qui remet Tom Sawyer au centre de la scène, où il devrait être. Que c'est un jeu brillant sur les dangers et les limites du romantisme. Que cette fin est une précieuse expérience d'apprentissage pour Jim et pour Huck, dont eux et nous devrions être reconnaissants. Que c'est une fin triste et embrouillée pour un livre dont l'auteur, après un long blocage, ne savait que faire et qui l'a donc retransformé en une histoire d'enfant, par dégoût. Ce que l'on ne relève pas, c'est que, étant donné les limites du roman, il n'existe aucune façon pour Huck de mûrir et de devenir un être humain moral en Amérique sans Jim, et donc que permettre à Jim de partir libre, lui permettre de ne pas manquer l'embouchure de l'Ohio ni le passage en territoire libre, ce serait abandonner toutes les prémisses du roman.

En termes d'imagination, ni Huck ni Twain ne peuvent tolérer un Jim affranchi. Ce serait arracher la prédilection à ses amarres. Ainsi, la fin « tragique » devient l'ajournement raffiné de la fuite d'un personnage africaniste nécessaire et nécessairement privé de liberté, car la liberté n'a aucun sens pour Huck ni pour le texte sans le spectre de l'asservissement, l'antalgique de l'individualisme, le critère du pouvoir absolu sur la vie d'autrui : la présence signée, marquée, éclairante et changeante de l'esclave noir. À chaque point de son édifice structurel, le roman met l'accent et s'attarde, dans chacune de ses fissures, sur le corps et la personnalité de l'esclave : la façon dont il parlait, les passions, licites ou illicites, auxquelles il était en proie, la douleur qu'il pouvait supporter, les limites, s'il y en avait, à ses souffrances, les possibilités de pardon, de compassion et d'amour.

Deux choses nous frappent dans ce roman : la réserve apparemment illimitée d'amour et de compassion qu'a l'homme Noir pour ses maîtres blancs, et ses présupposés voulant que les Blancs soient en effet ce qu'ils disent être : supérieurs et adultes. Cette représentation de Jim en tant qu'Autre visible peut être lue comme l'aspiration des Blancs au pardon et à l'amour, mais celle-ci n'est rendue possible que lorsqu'on suppose que le Noir a reconnu et méprisé son infériorité (non en tant qu'esclave, mais en tant que Noir) : qu'il a permis à ses persécuteurs de le tourmenter et de l'humilier, comme Jim est forcé de le faire, et qu'il réagit à ces tourments et à ces humiliations par un amour sans bornes. L'humiliation que Tom et Huck font subir à Jim est baroque, infinie, idiote, abrutissante, et elle arrive *après* que nous avons connu Jim sous les traits d'un adulte, d'un père attentionné et d'un homme sensible. Si Jim avait été un ancien bagnard blanc dont Huck s'était fait un ami, cette fin n'aurait pu être imaginée ni écrite, car il n'aurait pas été possible, pour deux enfants, de jouer de manière aussi horrible avec la vie d'un Blanc (indépendamment de sa classe sociale, de son degré d'instruction ou de son statut de fugitif) une fois qu'on nous l'aurait révélé sous les traits d'un adulte doué de sens moral. C'est le statut d'esclave de Jim qui permet « le jeu et l'ajournement », mais aussi qui actualise, dans son style et son mode de narration, l'importance de l'esclavage pour l'accomplissement (en termes réels) de la liberté. Jim a l'air effacé, aimant, irrationnel, passionné, dépendant, peu bavard (sauf dans les conversations qu'il a avec Huck, de longues et douces conversations dont nous ne sommes pas instruits. De quoi parliez-vous, Huck ?) Ce qui devrait attirer notre attention, ce n'est pas ce dont Jim *a l'air*, mais ce dont Twain, Huck et surtout Tom ont besoin de sa part. *Huckleberry Finn* peut certes être un « grand » roman parce que, dans sa structure, dans l'enfer qu'il fait traverser à ses lecteurs vers la fin, dans le débat frontal qu'il impose, il stimule et décrit la nature parasite de la liberté des Blancs.

Ma suggestion voulant que l'africanisme ait fini par acquérir une nécessité métaphysique ne devrait nullement être comprise de sorte à sous-entendre qu'il a perdu sa nécessité idéologique. Il y a encore de nombreux gains mal acquis à récolter en rationalisant les prises de pouvoir à l'aide de conclusions tirées de l'infériorité et du classement des différences. Il y a encore beaucoup de réconfort national à s'assurer dans la poursuite de rêves d'égalitarisme démocratique, en cachant les conflits de classes, la rage et l'impuissance sous des représentations de la race. Et il y a quantité de jus à extraire des souvenirs onctueux d'« individualisme » et de « liberté », si l'arbre auquel pendent ces fruits est une population noire forcée de servir d'antipode de la liberté. On met en avant l'« individualisme » et on croit en lui lorsqu'il a pour arrière-plan une dépendance forcée, stéréotypée. On peut savourer plus intensément la « liberté » (de se déplacer, d'acquérir, d'apprendre, de s'allier à un centre puissant, de narrer le monde) lorsqu'on côtoie ceux qui sont captifs ou non libres, opprimés économiquement, marginalisés ou réduits au silence. La dépendance idéologique au racisme est intacte.

Pour sûr, dira-t-on, les Blancs américains ont envisagé les questions de morale et d'éthique, la suprématie de l'esprit et la vulnérabilité du corps, les bienfaits et les inconvénients du progrès et de la modernité sans se référer à la situation de la population noire. Où, demandera-t-on, trouve-t-on la preuve écrite qu'une telle référence faisait partie de ces réflexions ?

Ma réponse à cette question est une autre question : dans quel discours public peut-on dire que la référence aux Noirs n'existe pas ? Elle est présente à chaque instant des luttes les plus puissantes de la nation. La présence des Noirs réside non seulement derrière l'élaboration de la Constitution, mais elle est aussi dans la bataille sur le droit de vote pour les citoyens non propriétaires, les femmes et les illettrés. Dans la construction d'un système éducatif public et gratuit ; dans l'équilibre des représentations au sein des corps législatifs ; dans la jurisprudence et dans les définitions légales de la justice. Dans le discours théologique ; dans les circulaires des banques ; dans le concept de destinée manifeste et dans le récit qui accompagne l'initiation de chaque immigrant rejoignant la communauté des citoyens américains.

La littérature des États-Unis, comme leur Histoire, illustre et représente les transformations des concepts biologiques, idéologiques et métaphysiques des différences raciales. Mais la littérature a comme objet une préoccupation supplémentaire : l'imagination privée en interaction avec le monde extérieur qu'elle habite. La littérature redistribue et transforme en langage figuré les conventions sociales de l'africanisme. Dans les spectacles de Blancs grimés en Noirs, une couche de noir appliquée sur un visage blanc faisait échapper celui-ci à la loi. De même que les amuseurs publics, par le biais d'un visage noir, rendaient acceptables des sujets qui auraient sinon été tabous, les écrivains américains ont pu recourir à un personnage africaniste imaginaire pour énoncer et jouer de manière inventive ce qui était interdit dans la culture américaine.

Codées ou implicites, indirectes ou franches, les réactions linguistiques à la présence africaniste compliquent les textes et les contredisent parfois même entièrement. Elles peuvent servir de nourriture allégorique à la méditation sur l'Éden, l'expulsion et la disponibilité de la grâce. Elles fournissent des paradoxes et des ambiguïtés ; elles révèlent des omissions, des répétitions, des ruptures, des polarités, des réifications et de la violence. En d'autres termes, elles donnent aux textes une vie plus profonde, plus riche et plus complexe que la vie aseptisée qu'on nous présente habituellement. Il serait dommage que la critique de cette littérature continue à lisser ces textes et à immobiliser les complexités et le pouvoir sous la surface dense et réfléchissante qu'elle leur confère. Il serait dommage que la critique demeure trop polie ou trop craintive pour remarquer une noirceur dérangeante sous ses yeux.

Choses inexprimables et inexprimées
La présence afro-américaine
dans la littérature américaine

I

Je comptais intituler cette conférence « Chair à canon », car ces termes me font penser à un genre de réaction musculaire bien rodée qui semble visible dans certaines parties du récent débat sur le canon littéraire. En outre, j'aimais bien leur fracas et leur tourbillon. D'abord, ils me rappelaient cette foule de jeunes gens – noirs, « ethniques », pauvres ou issus de la classe ouvrière – qui ont quitté le lycée pour aller faire la guerre au Vietnam et étaient perçus par les opposants au conflit comme de la simple « chair ». En effet, nombre de ceux qui sont partis, ainsi que de ceux qui sont revenus, étaient traités comme la définition de ces termes : « soldats envoyés à la boucherie » ; ou, dans le contexte de mes réflexions sur l'objet de cette conférence, des « individus considérés comme immédiatement disponibles et de peu de valeur ». Une chair grossière pour nourrir la machine de guerre. Il y avait aussi le jeu de mots sur « canon ». L'étymologie du terme d'artillerie comprend « tube », « canne » ou « semblable à une canne », « roseau ». Les sources de l'autre terme comprennent « baguette », qui devient « corps de lois », « corps de règles », « baguette de mesure ». Quand les deux mots se sont retrouvés face à face, l'image a pris la forme d'un canon braqué sur (ou par) le corps de lois. L'explosion de pouvoir annonçant un « ensemble de textes officiellement reconnu ». Le canon qui défend le canon, pourrait-on dire. Et sans aucun lien étymologique, j'ai entendu « père » dans « chair » et senti « père » dans les deux canons à la fois, pour finir par « nourriture du père ». Et que mange ce père ? Des individus/textes immédiatement disponibles et de peu de valeur. Mais j'ai changé d'avis (tant de personnes ont utilisé cette expression) et espère élucider le caractère approprié du titre que j'ai retenu.

Mon objectif ici est d'observer la panoplie de cette série de questions très récentes et très angoissées sur ce qui constitue ou devrait constituer un canon littéraire, afin de proposer des façons d'aborder la présence afro-américaine dans la littérature américaine qui n'exigent ni massacre, ni réification : des opinions qui feront peut-être surgir toute la littérature d'une nation entière de la solitude dans laquelle on l'a enfermée. Il existe quelque chose qui s'appelle « littérature américaine » et qui, selon la sagesse conventionnelle, n'est certainement pas la littérature chicano, ni afro-américaine, ni asiatique-américaine, ni amérindienne, ni… Elle en est séparée, d'une manière ou d'une autre, tout comme celles-ci sont séparées d'elle, et malgré les efforts des récentes histoires littéraires, des programmes révisés ou des anthologies, cet enfermement à l'écart, qu'il soit rompu ou approuvé, fait l'objet d'une grande partie de ces débats. Les termes utilisés, tout comme le vocabulaire de précédents débats sur le canon, ont beau évoquer une valeur littéraire et/ou humaniste, des critères esthétiques, des lectures ancrées dans les questions sociales ou ne renvoyant à aucune valeur, le champ de bataille contemporain est le plus souvent supposé être fait des revendications des autres contre les origines masculines blanches et les définitions de ces valeurs, que ces définitions reflètent un paradigme éternel, universel et transcendant, ou qu'elles constituent le déguisement d'un programme temporel, politique et culturellement spécifique.

Une partie de l'histoire de ce débat en particulier se situe dans l'attaque réussie que les études féministes d'hommes et de femmes (blancs et noirs) ont perpétrée et continuent de perpétrer contre le discours littéraire traditionnel. La partie masculine de l'équation blanche masculine étant déjà profondément engagée, nul ne croit que le corps formé par la littérature et sa critique redeviendra un jour ce qu'il était en 1965 : le domaine protégé des pensées, des travaux et des stratégies analytiques des hommes blancs.

C'est cependant sur la partie « blanche » de la question que se concentre cette conférence et, à mon grand soulagement, des termes comme « blanc » et « race » peuvent entrer dans des discussions sérieuses sur la littérature. Bien qu'il soit toujours un appel aux armes promptement lancé et promptement suivi, leur emploi n'est plus interdit[1]. Il peut sembler grossier de mettre en doute la sincérité ou de contester l'altruisme proclamé et bien intentionné d'une académie vieille de neuf cents ans qui a lutté au fil de décennies de chaos afin de « maintenir le niveau ». Cependant, à quoi bon continuer de dire que la « qualité » est l'unique critère de grandeur, sachant que la définition de la qualité fait elle-même l'objet de force rage et rarement d'un accord universel par tout le monde à tout instant ? Est-ce en vue de s'approprier le terme pour des raisons d'État, d'être en mesure de distribuer la grandeur ou de la retenir ? Ou de rechercher activement les chemins et endroits où la qualité apparaît et nous stupéfie au point de nous réduire au silence ou de nous faire employer une langue suffisamment digne pour la décrire ? Ce qui est possible, c'est d'essayer de reconnaître, de définir et d'applaudir le combat pour la qualité et le triomphe de celle-ci lorsqu'elle nous est révélée, et d'abandonner l'idée que seuls la culture ou le genre dominants peuvent rendre de tels jugements, définir cette qualité ou la produire.

Ceux qui revendiquent la supériorité de la culture occidentale ne sont en droit de le faire que lorsqu'on compare très précisément la civilisation occidentale à d'autres civilisations sans la trouver déficiente et que la civilisation occidentale reconnaît avoir ses propres sources dans les cultures qui l'ont précédée.

Une large mesure de la satisfaction que m'a toujours procurée la lecture des tragédies grecques, par exemple, est due à leur ressemblance avec les structures communautaires afro-américaines (la fonction du chant et du chœur, la lutte héroïque entre les

1. Voir *"Race", Writing and Difference*, ed. Henry Louis Gates, Chicago, University of Chicago Press, 1986. (Note de l'auteur.)

revendications de la communauté et l'*hubris* individuelle), ainsi qu'avec la religion et la philosophie africaines. Autrement dit, c'est en partie la raison pour laquelle ces tragédies sont, pour moi, de qualité : je m'y sens intellectuellement chez moi. Mais ce ne pourrait guère être le cas pour ceux qui ne connaissent pas mon « chez-moi », ni un élément nécessaire au plaisir qu'ils prendraient à cette lecture. L'essentiel, c'est que la forme (tragédie grecque) rend accessibles ces variétés d'amour provocateur parce qu'*elle* est magistrale, et non parce que la civilisation qui est sa référence était sans défauts ou supérieure à toutes les autres.

On a l'impression que, dans certains endroits, les nuits sont marquées par l'insomnie, et il me paraît évident que si le retrait des « humanistes » traditionnels et de certains théoriciens postmodernes face à cet aspect particulier du débat, l'aspect de « la race », est à ce point sévère, c'est parce que les volontés d'attirer l'attention émanent de cette partie du travail artistique ou universitaire dans laquelle la mention de la « race » est soit inévitable, soit minutieusement, méticuleusement masquée, et que si l'on prend au sérieux toutes les ramifications exigées par ce terme, il faudra repenser les fondements de la civilisation occidentale. Ainsi, malgré sa reconnaissance implicite ou explicite, la « race » demeure une chose quasiment inexprimable, comme on peut le voir dans les excuses, les notes « à usage spécifique » et les définitions circonscrites qui l'accompagnent[1], « race » pour laquelle ma propre vénération, dans le fait que je mets ce terme entre guillemets, n'est pas des moindres. Soudain (pour les besoins de notre objectif, soudain), « la race » n'existe plus. Pendant trois cents ans, les Noirs américains ont soutenu que la « race » n'était pas un facteur de distinction utile dans les relations humaines. Durant ces mêmes trois cents ans, chaque discipline universitaire, y compris la théologie, l'Histoire et les sciences naturelles, a soutenu que la « race » était *le* facteur déterminant du développement humain. Quand les Noirs

1. Parmi de nombreux exemples, voir *They Came Before Colombus: The African Presence in Ancient America*, d'Ivan Van Sertima, New York : Random House, 1976, p. xvi-xvii. (Note de l'auteur.)

ont découvert qu'ils avaient façonné ou qu'ils étaient devenus une race culturellement formée, et qu'elle comprenait une différence spécifique et vénérée, on leur a dit soudain qu'il n'existe rien de tel que la « race », biologique ou culturelle, qui puisse importer et que l'échange authentiquement intellectuel ne saurait lui faire de place[1]. En essayant de comprendre la relation entre « race » et culture, je suis tentée de lever les mains au ciel. Il m'a toujours semblé que les gens qui avaient inventé la hiérarchie des « races » quand cela les arrangeait ne devraient pas être ceux qui l'abandonnent par une simple explication, maintenant que son existence ne sert plus leurs objectifs. Mais il y a certes la culture, et tant le genre que la race l'imprègnent et en sont imprégnés. La culture afro-américaine existe et sa façon de réagir à la culture occidentale a beau être évidente (et devenir encore plus évidente), les cas où elle a façonné la culture occidentale et les moyens par lesquels elle l'a fait sont peu reconnus ou mal compris.

Je veux aborder les façons dont la présence de la littérature afro-américaine et la conscience de sa culture ressuscitent l'étude de la littérature aux États-Unis et élèvent son niveau en même temps. En poursuivant ce but, j'adapterai mes objectifs afin de mettre en contexte l'itinéraire qu'ont suivi les débats sur le canon dans la critique occidentale.

Je ne crois pas que l'on puisse attribuer l'inquiétude du moment aux seules disputes ordinaires, voire cycliques, qui ont lieu dans les communautés littéraires et reflètent des changements imprévisibles, mais inévitables, en matière de goûts, de pertinence ou de perception. Changements au cours desquels l'enthousiasme pour William Dean Howells[2] et son approbation officielle, par exemple, se sont évanouis ; au cours desquels la légalisation de Mark Twain au tribunal de la critique s'est élevée, puis est retombée comme le mouvement d'exploration d'une ligne de sonde (qui peut ou non

1. Voir Tzvetan Todorov, « *"Race", Writing and Culture* », *in* Gates, *op. cit.*, p. 370-380. (Note de l'auteur.)

2. Homme de lettres et critique américain (1837-1920), qui attachait une grande importance au réalisme en littérature.

lui avoir inspiré son pseudonyme[1]) ; ou même au cours desquels l'accroissement lent, tardif, mais constant de l'attention et du dévouement à Emily Dickinson est monté jusqu'à ce qui est désormais, sans nul doute, un sommet permanent de respect. Non. Il s'agissait là de découvertes, de réévaluations d'artistes individuels. Sérieuses, mais non déstabilisantes. De telles adaptations étaient simples car les questions qu'elles soulevaient étaient simples : Existe-t-il cent exemples remarquables de grand art littéraire dans la littérature américaine et pas plus ? Cent six ? Si un ou deux tombent en discrédit, y aura-t-il de l'espace pour un ou deux autres qui sont dans le vestibule, à attendre comme des jeunes filles la clochette qu'agiteront de futurs maris qui seuls peuvent leur promettre la sécurité, la légitimité, et dans les seules mains desquels repose le don de longévité critique ? Des questions intéressantes mais, comme je le dis, qui ne mettent pas en danger.

Cette insomnie universitaire décelable n'est pas non plus la conséquence d'un changement bien plus radical, tel celui qui, au milieu du XIXe siècle, a annoncé l'authenticité de la littérature américaine. Ni même d'un bouleversement antérieur (qui recule désormais dans le passé lointain) au cours duquel on a écarté la théologie et, de ce fait, le latin, au profit de l'étude tout aussi rigoureuse des classiques et du grec, puis continué par ce que l'on a tenu pour une proposition étrangement arrogante et arriviste : la littérature anglaise comme sujet d'étude approprié à une éducation aristocratique, et pas seulement comme nourriture moralement instructive conçue pour les classes laborieuses. (La Chaucer Society a été fondée en 1848, quatre cents ans après la mort de Chaucer.) Non. D'une manière ou d'une autre, cet échange paraît singulier, plus subtil. Il jouit d'une défense argumentée (et ressentie) avec plus de ferveur et d'une attaque à l'insistance plus vigoureuse. Défenses et attaques ont toutes deux débordé de l'université dans la presse populaire. Pourquoi ? La résistance à une mise à l'écart au sein du canon ou à l'élargissement du canon n'est pas, après tout, surprenante ni

1. *Mark Twain*, qui désignait la deuxième marque sur une telle ligne, indiquait une profondeur de douze pieds.

injustifiée. C'est à cela que sert l'intégration dans le canon. (Et la question de savoir s'il devrait ou non y en avoir un ne me semble pas perfide : il y en a toujours un, qu'il le faille ou non, car c'est dans l'intérêt de la communauté des critiques professionnels d'en avoir un.) L'attitude légitime du critique, du pédagogue et de l'artiste est assurément une vigilance aiguë quant aux *raisons* pour lesquelles une œuvre est digne ou non d'être étudiée. Ce qui est étonnant, dans le débat contemporain, ce n'est pas la résistance à la mise à l'écart d'une œuvre ou à l'élargissement d'un genre, au sein du canon, mais la colère virulente qui accompagne cette résistance et, fait plus important, la qualité de ses armes défensives. Les pistolets sont très gros ; la détente s'actionne vite. Mais je suis convaincue que le mécanisme des défenseurs de la flamme est défectueux. Non seulement les mains des spécialistes-cowboys qui dégainent peuvent être soufflées par l'explosion, non seulement ils peuvent manquer leur cible, mais l'objet de la conflagration (les textes sacrés) est sacrifié, défiguré dans la bataille. Cette chair à canon peut tuer le canon. Et moi, du moins, je n'ai pas l'intention de vivre sans Eschyle, ni William Shakespeare, ni James, ni Hawthorne, ni Melville, etc., etc., etc. Il doit y avoir un moyen de mettre en valeur les lectures du canon sans les consacrer.

Lorsque, dans *L'Art du roman*, Milan Kundera a défini le territoire historique du roman en disant : « Le roman est l'œuvre de l'Europe » et « Le seul contexte où l'on peut saisir la valeur d'un roman est celui de l'histoire du roman[1] », le critique du *New Yorker* s'est raidi. Cette « "idée personnelle du roman", a-t-il écrit, est si profondément eurocentrique qu'elle est susceptible de paraître exotique, voire perverse, aux yeux des lecteurs américains [...] *L'Art du roman* dégage des bouffées occasionnelles (mais âcres) d'arrogance culturelle et nous pouvons avoir l'impression que le discours de Kundera [...] révèle un aspect de son caractère dont nous aurions préféré ignorer l'existence [...] Pour devenir l'artiste qu'il est aujourd'hui, le romancier tchèque a dû se découvrir une seconde

1. Milan Kundera, *L'Art du roman* (1986), Paris, Folio Gallimard, 1995, p. 16 et p. 173.

fois, en tant qu'Européen. Mais si cette seconde occasion, plus grandiose, n'avait pas été là pour qu'il la découvre ? Et si Broch, Kafka, Musil – toutes ces lectures – n'avaient jamais fait partie de son éducation ou n'y étaient entrés que comme présences exotiques, étrangères ? La ferveur polémique de Kundera dans *L'Art du roman* nous agace, en tant que lecteurs américains, car nous nous sentons sur la défensive, exclus de la transcendante "idée du roman" qui, pour lui, ne semble avoir existé qu'afin qu'il s'en empare. (Si seulement, dans sa version amendée de l'histoire du roman, il avait cité un peu plus de héros issus de la culture du Nouveau Monde.) Nos romanciers ne découvrent pas de valeurs culturelles à l'intérieur d'eux-mêmes : ils les inventent[1]. »

Les opinions de Kundera, qui supprime les romanciers américains de son propre canon (à l'exception de William Faulkner), sont reléguées à une « suffisance » que Terrence Rafferty dissocie de l'œuvre d'imagination de Kundera pour l'appliquer à la « confiance sublime » de sa prose critique. Confiance d'un exilé qui a l'éducation sentimentale d'un Européen et le choix d'en devenir un.

Les commentaires de Rafferty m'ont ragaillardie. En y substituant certaines phrases, les écrivains afro-américains peuvent entièrement s'approprier ses observations et son ressentiment légitime, s'agissant de leur exclusion de la « transcendante "idée du roman" ». Car l'agitation actuelle ne semble pas concerner la souplesse du canon littéraire, son étendue entre et parmi les pays d'Europe, mais son métissage. Ici, ce terme est instructif, et c'est à dessein que je l'emploie. Un puissant ingrédient de ce débat concerne l'incursion de la littérature du tiers-monde ou de la prétendue littérature des minorités dans un bastion eurocentrique. Quand on soulève la question de la culture du tiers-monde, contrairement à celle de la culture scandinave, par exemple, on voit aussi s'élever une éventuelle menace et une critique implicite de l'équilibre en vigueur. Du XVIIe au XXe siècle, les arguments pour résister à cette incursion ont défilé dans un ordre prévisible : 1) il n'y a pas d'art afro-américain

1. Terrence Rafferty, « Articles of Faith », *The New Yorker*, 16 mai 1988, p. 110-118. (Note de l'auteur.)

(ni du tiers-monde) ; 2) il existe, mais il est inférieur ; 3) il existe, mais il n'est supérieur que lorsqu'il est à la hauteur des critères « universels » de l'art occidental ; 4) ce n'est pas tant un « art » qu'un minerai – un riche minerai – qui requiert un forgeron occidental ou européen pour le raffiner et le faire passer de son état « naturel » à une forme esthétiquement complexe.

Quelques commentaires sur un combat universitaire plus vaste, plus ancien, mais non moins révélateur – et qui a eu énormément de succès – peuvent être utiles ici. Il est révélateur, car il éclaire certains aspects du débat actuel et situera peut-être ses sources. J'ai fait référence, plus haut, au bouleversement radical de l'élaboration du canon qui a eu lieu lorsque ont été inaugurées les études des classiques et du grec. Ce changement d'itinéraire, de la scolastique vers l'humanisme, n'a pas été seulement radical : il a dû être (puis-je le dire ?) sauvage. Et il a fallu quelque soixante-dix ans pour l'accomplir. Soixante-dix ans pour éliminer l'Égypte comme berceau *et* modèle de la civilisation, puis la remplacer par la Grèce. Le triomphe de ce processus a été que la Grèce a perdu ses propres origines pour devenir elle-même originelle. Un certain nombre de spécialistes de diverses disciplines (Histoire, anthropologie, ethnobotanique, etc.) ont mis en avant leurs recherches sur les transmissions transculturelles ou interculturelles, et connu divers degrés de succès dans la réception de leurs travaux. Cela me rappelle la curieuse histoire de la publication de l'ouvrage d'Ivan Van Sertima, *Ils y étaient avant Christophe Colomb*, qui est une recherche sur la présence africaine dans l'Amérique ancienne. Cela me rappelle *L'Orientalisme*, d'Edward Said, et surtout l'œuvre de Martin Bernal, linguiste formé à l'Histoire de la Chine, qui s'est défini comme un intrus dans le domaine de la civilisation classique, mais qui, dans *Black Athena*, a proposé une enquête époustouflante sur le terrain. Selon Bernal, il existe deux « modèles » d'Histoire grecque ; l'un considère la Grèce comme aryenne ou européenne (le modèle aryen) ; l'autre la perçoit comme levantine : absorbée par la culture égyptienne et sémitique (le modèle ancien). « S'il s'avère, écrit le professeur Bernal, que j'ai raison de souhaiter que l'on déboulonne le Modèle Aryen et qu'on le remplace par le Modèle Ancien Révisé, il faudra non seulement repenser les bases de la "civilisation occidentale", mais aussi reconnaître l'influence du racisme, du "chauvinisme occidental" dans toute notre historiographie, c'est-à-dire dans notre conception de l'écriture de l'histoire. Le Modèle Ancien ne présentait pas de graves défauts "internes", pas de faiblesses dans l'argumentation. Il a été évacué pour des raisons externes. Il était en effet absolument intolérable aux yeux des Romantiques et des idéologues racistes du XVIIIe et du XIXe siècles que la Grèce, en qui l'on voyait la quintessence de l'Europe, et qui incarnait la pureté de l'enfance européenne, ait pu être le résultat d'un mélange d'Européens autochtones et de colonisateurs africains et sémites. Il fallait donc évacuer l'Ancien Modèle et le remplacer par quelque chose qui soit plus supportable[1]. »

Il est difficile de ne pas se laisser convaincre par le poids de la documentation sur laquelle s'appuie Martin Bernal et par ses perspectives analytiques assez éblouissantes. Ce qui m'a frappée, dans son analyse, c'étaient le *processus* d'invention de la Grèce antique et les *motifs* de cette invention. Les seconds (les motifs) impliquaient le concept de pureté, de progrès. Le premier (le processus) requérait une lecture erronée, une sélection prédéterminée des sources authentique et… le silence. Depuis l'appropriation théologique d'Israël (le Levant) par les chrétiens jusqu'aux travaux du prodigieux Karl Müller, au début du XIXe siècle, travaux qui rejetaient efficacement les propres témoignages des Grecs sur leurs influences et origines en y voyant leur « Égyptomanie », leur tendance à « admirer les merveilles » et la culture égyptienne, tendance manifestée « sous la forme d'un "fantasme" faisant des Égyptiens et autres "barbares" non européens les détenteurs de cultures supérieures auxquelles les Grecs auraient largement emprunté[2] », puis durant toute la réaction romantique aux Lumières, et la tombée en

1. Martin Bernal, *Black Athena: The Afroasiatic Roots of Classical Civilization*, vol. 1, *The Fabrication of Ancient Greece 1785-1985* (New Brunswick, NJ : Rutgers University Press, 1987), 2. (Note de l'auteur.) [*Black Athena : Les racines afro-asiatiques de la civilisation classique*, vol. 1, « L'invention de la Grèce antique, 1785-1985 », traduit de l'américain par Maryvonne Menget et Nicole Genaille, Paris, Presses Universitaires de France, coll. « Pratiques théoriques », 1999, p. 24-25.]

2. *Ibid.*, p. 310. [p. 374-375.] (Note de l'auteur.)

disgrâce des Phéniciens, « la force essentielle qui conduisit au rejet de la tradition d'une influence phénicienne massive sur la Grèce archaïque, fut la montée d'un antisémitisme racial (par opposition à religieux). La raison en était que l'on considérait, à juste titre, les Phéniciens comme culturellement très proche des Juifs[1]. »

J'ai peut-être cité trop longuement cet ouvrage parce que le *motif*, élément si rarement appliqué à l'Histoire de l'Histoire, est situé, défini et affronté dans les recherches de Bernal, et qu'il a aidé à ma propre réflexion sur le processus et les motifs de l'attention et de l'évaluation accordées par les spécialistes à la présence afro-américaine dans la littérature des États-Unis.

La construction du canon, c'est la construction d'un empire. La défense du canon, c'est la défense nationale. Le débat sur le canon, quels que soient le terrain, la nature et l'étendue (de la critique, de l'Histoire, de l'Histoire du savoir, de la définition du langage, de l'universalité des principes esthétiques, de la sociologie de l'art, de l'imagination humaniste), c'est le choc des cultures. Et *tous* les intérêts sont concernés.

Dans une mêlée telle que celle-ci, provocatrice, saine et explosive, un travail extraordinairement profond est en train de s'accomplir. Une partie de la controverse, cependant, a dégénéré en attaques individuelles et en spéculations injustifiées sur les habitudes personnelles des artistes, en arguments spécieux et sots à propos de politique (les forces déstabilisantes sont rejetées comme étant uniquement politiques ; le statu quo est perçu comme n'en étant pas un, comme si le terme « apolitique » n'était que son préfixe et non la posture la plus manifestement politique qu'il soit possible d'imaginer, puisque l'une des fonctions de l'idéologie politique est de se faire passer pour immuable, naturelle et « innocente »), et en expressions indirectes de questions cruciales, conçues pour neutraliser et dissimuler les intérêts politiques du discours. Pourtant, une majeure partie de la recherche et de l'analyse a rendu exprimable ce qui était auparavant inexprimé et fait, une fois de plus, des études humanistes l'endroit où il faut se rendre pour découvrir

1. *Ibid.*, p. 337. [p. 409.] (Note de l'auteur.)

ce qui se passe. Qu'elles soient réduites au silence ou qu'elles monologuent, qu'elles soient réprimées ou qu'elles répriment, les cultures cherchent du sens dans la langue et les images dont elles disposent.

Les silences se rompent, des choses perdues ont été retrouvées et au moins deux générations de spécialistes séparent le savoir admis du dispositif de contrôle, tout particulièrement ceux qui sont engagés dans des recherches sur la littérature colonialiste française et britannique, les récits d'esclaves américains et la délimitation de la tradition littéraire afro-américaine.

Maintenant qu'on a « découvert » que la présence artistique afro-américaine existait vraiment, maintenant que des études sérieuses ont cessé de réduire les témoins au silence, d'effacer leur place significative dans la culture américaine et leur contribution à celle-ci, il n'est plus acceptable de simplement nous imaginer et d'imaginer à notre place. Nous nous sommes toujours imaginés nous-mêmes. Nous ne sommes pas les « aspects de la nature » de Karen Blixen, ni le mutisme de Conrad. Nous sommes les sujets de notre propre récit, les témoins et acteurs de notre propre expérience et, nullement par hasard, de l'expérience de ceux avec qui nous sommes entrés en contact. Nous ne sommes pas « Autres », en fait. Nous sommes des choix. Et lire de la littérature d'invention, écrite par nous et sur nous, c'est choisir d'examiner des centres du moi et avoir l'occasion de les comparer au centre « sans race », que nous tous connaissons très bien.

II

Les récentes approches de la lecture de la littérature afro-américaine ont parcouru une certaine distance : elles ont abordé les arguments précédemment cités (ce ne sont pas des arguments, mais des attitudes) qui, depuis le XVIIe siècle, ont efficacement réduit l'autonomie de cette littérature. Quant à l'accusation qu'« il n'y a pas d'art afro-américain », l'analyse critique contemporaine de la littérature, ainsi que la récente vague de réimpressions et de redécouvertes d'ouvrages, l'ont enterrée, et elles continuent d'insister pour élargir le canon traditionnel afin qu'il inclue des classiques afro-américains aux endroits génériquement et chronologiquement appropriés, mais aussi pour concevoir des stratégies de lecture et de réflexion sur ces textes.

Quant à la deuxième accusation visant au silence : « l'art afro-américain existe, mais il est inférieur », une fois de plus, des lectures attentives et des recherches minutieuses sur la culture dont est né cet art ont évoqué et évoquent encore les étiquettes qui passaient jadis pour des analyses rigoureuses, mais ne le peuvent plus : elles le disaient imitatif, excessif, sensationnel, mimétique (uniquement) et non intellectuel, bien que très souvent « émouvant », « passionné », « naturaliste », « réaliste » ou sociologiquement « révélateur ». Ces étiquettes peuvent être interprétées comme des compliments ou des termes péjoratifs ; si elles sont valables, et démontrées comme telles, alors tant mieux. Le plus souvent, pourtant, ce sont des dénominations paresseuses, faciles, aux airs de marques de fabrique, quand le difficile travail d'analyse est jugé trop ardu ou que le critique n'a pas accès à tout le cadre qu'exige ce travail. Les stratégies conçues pour riposter à cet étiquetage paresseux incluent l'application de récentes théories littéraires à la littérature afro-américaine, pour que des textes non canoniques puissent être intégrés au discours critique existant ou en train de prendre forme.

La troisième accusation, selon laquelle « l'art afro-américain existe, mais il n'est supérieur que lorsqu'il est à la hauteur des critères "universels" de l'art occidental », engendre la forme d'analyse la plus séduisante, à la fois pour l'écrivain et le critique, car les comparaisons sont une forme majeure de connaissance et de flatterie. Les risques, néanmoins, sont doubles : 1) rassembler la différence d'une culture sous les jupes d'une reine est une neutralisation conçue et établie pour ennoblir et maintenir l'hégémonie ; 2) circonscrire et limiter la littérature à une simple réaction à la reine ou à une négation de celle-ci, juger l'œuvre uniquement par rapport à ses références aux critères eurocentriques, à son exactitude sociologique, à sa nature politiquement correcte ou à sa prétention à n'avoir pas de politique du tout, nuit à la littérature et infantilise le travail sérieux de l'écriture d'invention. Ce concept de littérature afro-américaine orienté par des réactions contient les germes de l'accusation suivante (la quatrième) : l'art afro-américain étant « brut » et « riche » comme un minerai, il a besoin, comme un minerai, d'être raffiné, et ce par l'intelligence occidentale. Trouver des influences occidentales dans la littérature afro-américaine ou lui en imposer a de la valeur, mais quand l'unique objectif est d'*accorder* de la valeur seulement là où se situent ces influences, c'est une démarche pernicieuse.

Mon malaise résulte des conséquences possibles ou probables que ces approches peuvent avoir sur l'œuvre elle-même. Elles peuvent aboutir à rendre l'œuvre orpheline de naissance afin de produire ses documents d'adoption. Elles peuvent limiter le discours à un plaidoyer en faveur de la diversification au sein du canon et/ou d'un genre de coexistence aimable à proximité ou à la portée des textes déjà sacrés. Chacune de ces deux postures peut rapidement devenir une autre façon d'imposer le silence, si on lui permet d'ignorer les qualités de l'écriture créées par l'autochtone. De si nombreuses questions apparaissent et agacent. Qu'ont fait les critiques de la trame même de l'œuvre ? De sa peinture, de son cadre, de son absence de cadre, de ses espaces ? Une autre liste de sujets approuvés ? De traitements approuvés ? Davantage d'autocensure, davantage d'exclusion de la spécificité de sa culture, de son genre, de sa langue ? Ces études ont-elles peut-être une autre utilité ? Accroître le pouvoir ou localiser ses fissures ? S'opposer aux intérêts de l'élite afin d'introniser l'effacement égalitaire ? Ou s'agit-il simplement de classer, avant de lui attribuer une note, le produit qu'on peut lire comme étant distinct de la production qu'on peut écrire ? Cette critique peut-elle révéler des façons dont l'auteur combat et affronte les préjugés communs, voire crée *d'autres termes* dans lesquels repenser son attachement ou son intolérance aux matériaux de ces œuvres ? L'important, dans tout cela, c'est que le critique ne s'occupe pas de revendiquer sa propre domination et son propre pouvoir au nom du texte. Ni d'échanger ses inquiétudes professionnelles contre l'agitation que l'on imagine provoquée par le texte. Comme on l'a déjà dit, le texte doit devenir un problème de passion, non le prétexte d'une colère passionnée.

Il existe au moins trois approches qui me semblent n'être ni réactionnaires, ni un simple pluralisme, ni les méthodes encore plus simples par lesquelles la littérature afro-américaine demeure le portier serviable des manoirs de la sociologie. Chacune d'entre elles, cependant, requiert de la vigilance.

L'une est le développement d'une théorie de la littérature qui fait vraiment une place à la littérature afro-américaine : approche fondée sur sa culture, son Histoire et sur les stratégies artistiques qu'utilisent les œuvres pour traiter avec le monde qu'elles habitent.

Une autre est l'examen et la réinterprétation du canon littéraire américain, des œuvres fondatrices du XIXe siècle, pour y découvrir les choses inexprimables et inexprimées, les manières dont la présence des Afro-Américains a façonné les choix, la langue, la structure, à savoir le sens d'une si grande partie de la littérature américaine. Une recherche, autrement dit, du fantôme dans la machine.

Une troisième approche est l'examen de la littérature contemporaine et/ou non canonique, indépendamment de sa catégorie, dominante, minoritaire ou ce que vous voudrez, afin d'y découvrir cette présence. Je suis toujours étonnée par les résonances, les changements de vitesse structurels et les usages auxquels sont soumis les récits, le personnage et l'idiome afro-américains dans la littérature « blanche » contemporaine. La question de la différence, de l'essence, est cruciale dans la littérature afro-américaine elle-même. Qu'est-ce qui fait qu'une œuvre est « noire » ? Le point d'entrée le plus valable dans la question de la distinction culturelle (ou raciale), celui qui est le plus riche, c'est sa langue : sa langue non régulée, séditieuse, conflictuelle, manipulatrice, inventive, perturbatrice, dissimulée et dissimulatrice. Une telle entrée doit être suivie de l'étude la plus prudente, dans laquelle l'influence de la présence afro-américaine sur la modernité devient manifeste et n'est plus un secret bien gardé.

J'aimerais évoquer, juste un instant, les deuxième et troisième approches. Nous pouvons convenir, je crois, que les choses invisibles ne sont pas forcément « pas là » : qu'un espace vacant peut être vide, mais que ce n'est pas un vide. De plus, certaines absences sont tellement soulignées, tellement décorées, tellement planifiées qu'elles attirent l'attention sur elles-mêmes, nous arrêtent avec détermination et intentionnalité, tels des quartiers définis par la population retenue hors d'eux. En regardant l'étendue de la littérature américaine, je ne puis m'empêcher de penser que la question n'aurait jamais dû être : « Pourquoi moi, Afro-Américain, en suis-je absent ? » Elle n'est pas très intéressante, de toute façon. La question d'un intérêt spectaculaire est : « Quelles prouesses intellectuelles l'auteur ou son critique ont-ils dû accomplir pour m'effacer d'une société qui grouillait de ma présence, et quel effet cet exploit a-t-il eu sur l'œuvre ? » Quelles sont les stratégies d'évasion face aux connaissances ? D'oubli volontaire ? Je ne suis pas en train de prôner une recherche sur les envies évidentes de penser à la pêche au saumon qui s'emparent d'un soldat de la Première Guerre mondiale assis dans une tranchée. Ce genre de « détournement » précis, de fuite délibérée face à la réalité ou de transcendance peut être salutaire dans une situation de contrainte immédiate. L'exploration que je propose est : comment, assis dans le public, observe-t-on, regarde-t-on le spectacle de la jeune Amérique, disons en 1915, et reconstruit-on la pièce – sa mise en scène, son intrigue, ses acteurs – de telle sorte que son intérêt même n'apparaît jamais ? Pas pourquoi. Comment. Dix ans après la prédiction de Tocqueville de 1840, selon laquelle, « ne trouvant plus matière à l'idéal dans le réel et dans le vrai, les poètes en sortent entièrement et créent des monstres[1] », soit en 1850, à l'apogée de l'esclavage et à la naissance de l'abolitionnisme, les écrivains américains ont choisi le romantisme. Où, dans les œuvres romantiques, me demandé-je, se trouve l'ombre de la présence dont s'est échappé le texte ? Où rehausse-t-elle, où disloque-t-elle, où nécessite-t-elle l'invention romanesque ; que libère-t-elle ; qu'entrave-t-elle ?

Le procédé (ou arsenal) qui sert l'objectif de la fuite peut être : romantisme contre vraisemblance ; nouvelle critique contre « élévation morale » piètrement déguisée et approuvée d'une façon

1. Voir Michael Paul Rogin, *Subversive Genealogy: The Politics and Art of Herman Melville*, Berkeley, University of California Press, 1985, p. 15. (Note de l'auteur.) [Le lecteur retrouvera cette citation dans *De la démocratie en Amérique* (1840), tome 2, Paris, Folio Gallimard, coll. « Folio Histoire », 1961, p. 113.]

contestable; la « suite complexe de faux-fuyants » que l'on croit parfois être l'essence du modernisme; la perception de l'« évolution de l'art » ; la culture de l'ironie, de la parodie; la nostalgie de la « langue littéraire » ; textualité non contrainte par la rhétorique contre textualité ancrée dans les questions sociales; la défaite de la textualité dans son ensemble. Ces stratégies cruciales peuvent (mais pas forcément) être mises en œuvre pour reconstruire le monde historique afin de servir des objectifs politiques et culturels spécifiques. Nombre d'entre elles ont engendré un travail d'une puissante créativité. Quels que soient les usages que l'on fait du romantisme, aussi suspectes que soient ses origines, il a produit un corpus d'œuvres incontestablement merveilleux. Dans d'autres cas, ces stratégies ont réussi à paralyser à la fois l'œuvre et sa critique. Dans d'autres encore, elles ont abouti à une quasi-infantilisation de l'intelligence de l'auteur, de sa sensibilité et de son talent. Elles ont réduit les méditations sur la théorie à une « lutte entre sectes pour s'assurer le pouvoir », en lisant des matériaux non autorisés et impossibles à autoriser, plutôt qu'en lisant *avec* l'auteur le texte qu'ils construisent ensemble.

Autrement dit, le processus critique a fait un travail merveilleux d'un certain travail merveilleux et, récemment, les moyens d'accès aux vieux débats ont changé. Le problème, maintenant, c'est de poser la question. La fuite du XIXe siècle devant la noirceur, par exemple, est-elle réussie dans la littérature américaine dominante? Belle? Problématique d'un point de vue artistique? Le texte est-il saboté par ses proclamations d'« universalité » ? Y a-t-il des fantômes dans la machine? Des présences actives, mais non évoquées, qui peuvent déformer les rouages de la machine, mais aussi la *faire* fonctionner? Des questions de ce genre ont été invariablement posées par les critiques de la littérature coloniale en ce qui concernait l'Afrique, l'Inde et autres pays du tiers-monde. La littérature américaine gagnerait à avoir une critique similaire. Je deviens mélancolique quand je considère que, en littérature, l'acte de défendre la posture occidentale eurocentrique comme posture non seulement « universelle », mais aussi « sans race », a peut-être eu pour résultat de lobotomiser cette littérature et de diminuer à la fois l'art et l'artiste. Comme l'amputation chirurgicale des jambes pour que le corps puisse demeurer sur le trône, immobile, statique : assigné à résidence, pour ainsi dire. Il se peut, bien sûr, que des auteurs contemporains excluent volontairement de leur monde conscient d'écrivain l'évaluation subjective de groupes perçus comme « Autres » et que des hommes de lettres blancs abjurent et nient souvent l'excitation que susciterait le fait d'élaborer ou de situer leur littérature dans le monde politique. Les écrivains du XIXe siècle, cependant, n'y auraient jamais pensé. Les auteurs dominants de la jeune Amérique supposaient que leur concurrence était nationale, culturelle, mais uniquement par rapport à l'Ancien Monde, certainement pas vis-à-vis d'une race ancienne (qu'elle soit amérindienne ou africaine) dépouillée de toute capacité d'expression et de réflexion intellectuelle, ce qui a été rendu par le terme de D.H. Lawrence : « dé-créer ». Pour ces premiers auteurs américains, comment pouvait-il y avoir de concurrence avec des nations ou des peuples présumés incapables de maîtriser l'écrit ou qu'une telle maîtrise n'intéressait pas ? On pouvait écrire sur eux, mais il n'y avait jamais de danger qu'ils « répondent ». Tout comme on pouvait leur parler sans crainte qu'ils « répliquent ». On pouvait même les observer, les contempler d'un regard prolongé sans courir le risque d'être observé, examiné, ni jugé en retour. Et si, à l'occasion, ils étaient eux-mêmes examinés et jugés, c'était par nécessité politique et, pour les besoins de l'art, cela ne pouvait avoir d'importance. Ou du moins était-ce ce que pensait la jeune Amérique. En 1843, il n'aurait jamais pu venir à l'esprit d'Edgar Allan Poe que moi, par exemple, je puisse lire *Le Scarabée d'or* en observant ses efforts pour faire du parler de mon grand-père quelque chose d'aussi proche que possible du braiment, effort si intense que vous en voyez la transpiration – et la bêtise – quand Jupiter dit « Je sais » [*I knows*] et que M. Poe écrit le verbe comme le mot « nez[1] » [*nose*].

1. La vieille Amérique ne se distingue pas toujours de sa prime enfance. En 1843, nous pouvons pardonner à Edgar Allan Poe, mais en 1987, Kenneth Lynn aurait dû se dire qu'une jeune Amérindienne pourrait lire sa biographie d'Hemingway et se voir qualifiée de « squaw » par ce spécialiste respecté, ou que des jeunes gens pourraient frissonner en lisant les mots « nègre » et « mulâtresse » inclus de manière si désinvolte dans ses conjonctures savantes. (Note de l'auteur.)

Pourtant, en dépit ou à cause de cette tendance au monologue, il y a dans la littérature américaine des débuts une absence prescrite, ornementale et énorme, dont je maintiens qu'elle est instructive. Il semble seulement que le canon de la littérature américaine soit « naturellement » ou « inévitablement » « blanc ». En fait, il l'est de manière étudiée. En fait, l'omission de ces présences vitales dans la littérature de la jeune Amérique peut être le fruit persistant de l'étude plutôt que du texte. Peut-être que certains de ces auteurs, bien qu'actuellement assignés à résidence, ont beaucoup plus à dire que l'on ne s'en est aperçu. Peut-être que certains ne faisaient pas tant transcender la politique ou échapper à la noirceur que les transformer en modes de discours intelligibles, accessibles et cependant artistiques. Ignorer cette hypothèse en ne remettant jamais en cause les stratégies de transformation, c'est priver l'écrivain de ses droits, diminuer le texte et rendre la majeure partie de la littérature esthétiquement et historiquement incohérente : prix exorbitant de la pureté culturelle (masculine blanche) et, je crois, un gaspillage. Le réexamen de la littérature fondatrice des États-Unis pour y trouver les choses inexprimables et inexprimées peut révéler que ces textes ont des sens autres et plus profonds, un pouvoir autre et plus profond, des significations autres et plus profondes.

Un tel écrivain en particulier, qu'il a été quasiment impossible de garder sous les verrous, c'est Herman Melville.

Parmi plusieurs spécialistes doués de finesse, c'est Michael Rogin qui a réalisé l'une des études les plus exhaustives de la profondeur à laquelle la pensée sociale de Melville est intégrée à son écriture. Il attire notre attention sur le lien qu'a fait Melville entre l'esclavage américain et la liberté américaine, afin de montrer combien l'un mettait l'autre en valeur. De plus, il a fourni des preuves de l'influence qu'ont eue sur son œuvre la famille de Melville, son milieu social et, chose très importante, le conflit qui faisait rage à l'époque et englobait tout : l'esclavage. Il nous a rappelé que c'était Lemuel Shaw, le beau-père de Melville, qui, en sa qualité de juge, avait tranché dans l'affaire vouée à donner sa pleine force à la loi sur les esclaves fugitifs[1] et que « d'autres preuves, dans *Moby-Dick*, suggèrent aussi la portée de sa décision sur le point culminant du récit de Melville. Melville a conçu la confrontation finale entre Achab et le cachalot blanc à un moment de la première moitié de l'année 1851. Il peut bien n'avoir écrit ses derniers chapitres qu'une fois rentré d'un voyage à New York en juin. [La décision du juge Shaw a été rendue en avril 1851[2].] Quand William Seward et John Van Buren, chefs de file new-yorkais du mouvement contre l'esclavage, ont écrit des lettres ouvertes pour protester contre l'arrêt Sims, le *New York Herald* a réagi. Son attaque contre les "agitateurs anti-esclavagistes" commençait par : "Avez-vous déjà vu un cachalot ? Avez-vous déjà vu un puissant cachalot en train de se débattre[3] ?" ».

Rogin retrace aussi la chronologie du cachalot depuis « sa naissance à l'état de nature » jusqu'à sa fin ultime comme marchandise[4]. Ce qui est essentiel à son argument, c'est que, dans *Moby-Dick*, en choisissant un tel animal, Melville se montrait politique d'une façon allégorique et insistante. Mais à l'intérieur de cette chronologie, un singulier cachalot transcende tous les autres, dépasse la nature, l'aventure, la politique et la matière première pour devenir une abstraction. Quelle est cette abstraction ? Cette « méchante idée[5] » ? Les interprétations ont varié. On a considéré le cachalot comme une allégorie de l'état dans lequel Achab est Calhoun ou Daniel Webster[6], allégorie du capitalisme et de la corruption, de Dieu et

1. Si, dès 1793, la loi consacrait le droit pour tout détenteur d'esclaves de récupérer les fugitifs, la nouvelle loi du 18 septembre 1850 contraignait les États « libres » à capturer et à renvoyer dans le Sud, sous peine de sanctions, tout esclave fugitif (sans même que sa possession ait été établie) ou tout Noir soupçonné d'en être un.

2. En avril 1851, Lemuel Shaw, qui exerçait dans l'État « libre » du Massachusetts, a refusé de libérer Thomas Sims, esclave fugitif capturé près de Boston, en invoquant le caractère constitutionnel des lois de 1793 et 1850.

3. Rogin, *op. cit.*, p. 107 et p. 142. (Note de l'auteur.)

4. *Ibid.*, p. 112. (Note de l'auteur.)

5. Allusion à une lettre dans laquelle Melville confiait à Hawthorne, en novembre 1851 : « J'ai écrit un méchant livre et me sens immaculé comme l'agneau. »

6. John C. Calhoun (1782-1850) : homme politique, vice-président des États-Unis et partisan convaincu de l'esclavage. Daniel Webster (1782-1852) : politicien ayant œuvré à élaborer le « Compromis » de 1850 et donc à faire appliquer la nouvelle loi sur les esclaves fugitifs.

de l'homme, de l'individu et du destin, et, le plus souvent, sa seule signification allégorique est supposée être la Nature brutale, indifférente, et Achab, le fou qui brave cette Nature.

Mais considérons une nouvelle fois Achab, l'acteur principal, créé par un auteur qui se faisait appeler Typee, signait du nom de Tawney, s'identifiait sous celui d'Ishmael et qui, avant *Moby-Dick*, avait écrit plusieurs ouvrages critiquant les incursions missionnaires dans divers paradis.

Achab perd de vue la valeur commerciale et l'objectif du trajet de son bateau, et poursuit une idée afin de la détruire. Son intention, la vengeance, « une vengeance hardie, implacable, surhumaine[1] », gagne en stature – en maturité – quand nous nous apercevons qu'il n'est pas un homme pleurant la jambe qu'il a perdue ni une cicatrice sur son visage. Aussi intenses et perturbantes qu'aient été sa fièvre et sa rémission après sa rencontre avec le cachalot, aussi satisfaisante dans son aspect « viril » que paraisse sa vengeance, elle est d'une vanité presque adolescente. Mais si le cachalot est plus que la Nature aveugle, indifférente et impossible à assujettir par une attaque virile, s'il est autant son adjectif que son substantif, nous pouvons envisager l'hypothèse que la « vérité » de Melville était sa reconnaissance du moment où, en Amérique, la blancheur est devenue une idéologie. Et si le cachalot blanc est l'idéologie de la race, ce qu'il a coûté à Achab, c'est son démembrement personnel, sa famille, sa société et sa propre place en tant qu'être humain dans le monde. Le traumatisme du racisme, pour le raciste et pour sa victime, c'est la sévère fragmentation du moi, qui m'a toujours paru un motif (non un symptôme) de psychose étrangement dépourvu d'intérêt pour la psychiatrie. Achab navigue alors entre une idée de la civilisation à laquelle il renonce et une idée de la sauvagerie qu'il doit anéantir, car les deux ne sauraient coexister. La première est fondée sur la seconde. Ce qui est terrible, dans sa complexité, c'est que la sauvagerie n'est pas la sauvagerie missionnaire :

1. Herman Melville, *Moby-Dick ou le cachalot*, traduit et présenté par Philippe Jaworski, in *Melville, Œuvres III*, Paris, Gallimard, « Bibliothèque de la Pléiade », 2006, p. 214.

c'est l'idéologie raciste blanche qui est sauvage et si, en effet, un Américain du XIXe siècle luttait non pas contre l'abolition, non pas contre l'amélioration des institutions racistes ou de leurs lois, mais contre le concept même de blancheur en tant qu'idée inhumaine, il devait être vraiment seul, vraiment désespéré et vraiment voué à échouer. La seule description appropriée d'une telle audace devait être la folie et « [elle...] m'accable[1] », la description la plus succincte et la plus appropriée de cette obsession.

Je ne voudrais pas que l'on comprenne que, d'après mes arguments, Melville était engagé dans un didactique noir/blanc simple et simplette, ni qu'il diabolisait les Blancs. Rien de tel. Ce que je veux dire, c'est qu'il était submergé par les incohérences philosophiques et métaphysiques d'une idée extraordinaire et sans précédent, qui a connu sa plus entière manifestation à sa propre époque, dans son propre pays, et que cette idée était l'affirmation réussie de la blancheur comme idéologie.

À bord du *Pequod*, le prolétariat multiracial, essentiellement étranger, est à l'œuvre pour produire une marchandise, mais il est distrait de ce travail et converti à la quête intellectuelle d'Achab, plus significative. Nous délaissons le cachalot comme objet de commerce pour l'affronter comme métaphore. Une fois cette interprétation mise en place, deux des chapitres les plus célèbres du livre deviennent lumineux, d'une façon entièrement nouvelle. L'un est le chapitre 9, « Le sermon ». Dans l'évocation exaltante que fait le père Mapple des épreuves de Jonas, l'accent est mis sur l'objectif du salut de ce dernier. Il est sauvé du ventre de la baleine dans un but unique : « Prêcher la Vérité à la face du Mensonge. Voilà quel était cet ordre ! » Alors seulement vient la récompense – « les délices » – qui rappelle fort la nécessité solitaire d'Achab :

> Délices [...] pour celui qui, devant les dieux et les commodores orgueilleux de cette terre, se dresse inflexiblement tel qu'en lui-même. Délices, pour celui que ses bras solides soutiennent encore quand le navire de ce monde vil et traître a sombré sous

1. *Ibid.*, p. 191.

lui. Délices pour celui qui livre le combat de la vérité sans faire de quartier, et tue, brûle et détruit toute espèce de *péché*, même s'il doit aller chercher sous les toges des sénateurs et des juges. Délices – délices de mât de perroquet, les plus hautes de toutes – pour celui qui ne se reconnaît d'autre loi ni d'autre seigneur que l'Éternel son Dieu, ni *d'autre patrie que le Ciel*[1]. (Mes italiques.)

Personne, je crois, n'a nié que ce sermon est conçu pour être prophétique, mais il semble que l'on n'a pas fait remarquer quelle est la nature du péché : celui qui doit être détruit dans tous les cas. La Nature ? Un péché ? Ces termes ne s'appliquent pas. Le capitalisme ? Peut-être. Le capitalisme a nourri la cupidité, il s'est inexorablement prêté à la corruption, mais il n'était probablement pas coupable en soi ni par lui-même aux yeux de Melville. Le péché sous-entend un affront moral à réparer, dans les limites de l'homme du Nouveau Monde. Le concept de supériorité raciale conviendrait parfaitement. Il est difficile de lire ces termes (« détruit toute espèce de péché », celui qui n'a « d'autre patrie que le Ciel ») sans y percevoir la description d'un Achab différent. Pas un adolescent en habits d'adulte, pas un égocentrique maniaque, ni la « plante exotique » que V.L. Parrington[2] croyait qu'était Melville. Pas même une voix libérale et moralement raffinée qui adaptait, équilibrait les institutions raciales ou transigeait avec elles. Mais un autre Achab : le seul Américain blanc suffisamment héroïque pour tenter d'occire le monstre qui dévorait le monde tel qu'il le connaissait.

Un autre chapitre qui semble acquérir par cette lecture un éclairage nouveau est le chapitre 42 : « La blancheur du cachalot ». Dans ce chapitre, Melville attire l'attention sur l'importance extrême de son effort pour dire quelque chose d'impossible à dire : « j'ai peu d'espoir de pouvoir la décrire [l'horreur] sous une forme compréhensible. C'était la blancheur du cachalot qui, plus que tout, m'emplissait d'épouvante. Comment parviendrai-je à m'expliquer

1. *Ibid.*, p. 70-71.

2. Historien américain de la littérature (1871-1929) et critique parmi les plus influents de son époque.

là-dessus ? Je le dois pourtant, fût-ce d'une manière confuse et hasardeuse, *sans quoi tous ces chapitres seraient vains*[1]. » (Mes italiques.) La langue de ce chapitre oscille entre de belles images bienveillantes de la blancheur et la blancheur perçue comme sinistre et choquante. Après avoir disséqué l'ineffable, il conclut : « Que l'homme, donc, quand telle est son humeur, fasse de la blancheur le symbole de ce qui est noble ou aimable, il ne pourra nier que, considérée dans *son sens spirituel le plus profond*, elle suscite dans l'âme de singulières apparitions. » J'insiste sur « son sens spirituel le plus profond » pour mettre en valeur et rendre bien clair (s'il est besoin d'affirmer une telle clarté) le fait que Melville n'étudie pas *les Blancs*, mais la blancheur idéalisée. Ensuite, après avoir informé le lecteur de son espoir de découvrir « un indice susceptible de nous mener à la cause cachée que nous cherchons », il tente de la révéler. De fournir la clef de cette « cause cachée ». Son combat pour ce faire est gigantesque. Il n'y arrive pas. Nous non plus. Mais dans un langage non figuré, il définit les outils imaginaires requis pour résoudre le problème : « la subtilité appelle la subtilité, et sans imagination nul homme ne sera capable d'en suivre un autre dans ces sphères. » Son observation finale retentit d'un traumatisme personnel : « le monde visible [de couleur] semble avoir été créé dans l'amour, les sphères invisibles [blanches], elles, l'ont été dans l'épouvante. » C'est en effet dans l'épouvante qu'a été inventée, créée, la nécessité de la blancheur comme état « naturel » privilégié.

« L'esclavage, écrit Rogin, confirmait l'isolement de Melville, résolument établi dans *Moby-Dick*, par rapport à la conscience dominante de son époque. » Je diverge sur ce point : je maintiens que l'hostilité et la répugnance de Melville envers l'esclavage auraient trouvé de la compagnie. Nombre d'Américains blancs de sa connaissance éprouvaient de la répulsion pour l'esclavage, écrivaient des articles de journaux à ce propos, en parlaient, légiféraient sur la question et ont été actifs dans le processus de son abolition. Sa seule attitude envers l'esclavage ne l'aurait pas

1. *Ibid.*, p. 216. Sauf mention contraire, toutes les citations de ce passage figurent aux p. 216-224.

condamné à l'isolement presque autiste qui lui a été infligé. Et s'il se sentait convaincu que les Noirs étaient dignes d'être traités comme les Blancs ou que le capitalisme était dangereux, il avait de la compagnie ou aurait pu en trouver. Mais remettre en cause la notion même de progrès des Blancs, l'idée même de supériorité raciale, de blancheur comme endroit privilégié sur l'échelle de l'évolution de l'humanité, pour méditer sur la philosophie malhonnête et autodestructrice de cette supériorité, aller la « chercher sous les toges des sénateurs et des juges », traîner « le juge lui-même [...] au banc des accusés[1] », voilà qui était un travail radical solitaire et dangereux. Surtout à l'époque. Surtout maintenant. N'avoir « d'autre patrie que le Ciel » n'est pas une mince aspiration pour un écrivain de la jeune Amérique, ni pour le capitaine d'un baleinier.

Moby-Dick est un texte complexe, haletant, désordonné, profond et, parmi ses nombreuses significations, il me semble que c'est cette signification « inexprimable » qui est demeurée la « cause cachée », la « Vérité à la face du Mensonge. » À ce jour, aucun romancier n'a autant lutté avec son sujet. À ce jour, les analyses littéraires des textes canoniques ont éludé cette perspective : la présence afro-américaine, influente et déterminante, dans la littérature américaine traditionnelle. Les chapitres auxquels j'ai fait référence ne représentent qu'une partie des cas dans lesquels le texte livre de tels aperçus et pointe un doigt utile en direction des moyens par lesquels le fantôme conduit la machine.

Melville n'est pas le seul auteur dont les œuvres redoublent de fascination et de puissance quand on les passe au crible afin de détecter cette présence et les stratégies choisies par l'écrivain pour l'aborder ou la nier. Edgar Allan Poe souffre une telle lecture. De même que Nathaniel Hawthorne, Mark Twain et, au XXe siècle, Willa Cather, Ernest Hemingway, F. Scott Fitzgerald, T.S. Eliot, Flannery O'Connor et William Faulkner, pour n'en citer que quelques-uns. La littérature américaine canonique réclame ce genre d'attention.

1. *Ibid.*, p. 588.

Ce me semble un projet plus que fructueux de produire une analyse convaincante montrant des cas dans lesquels la littérature américaine des débuts se définit et se met en danger pour affirmer son contraste avec la noirceur. Montrant comment sa démarche linguistique prouve le rapport intime à ce qui est annulé, en appliquant tout un appareil descriptif (l'identité) à une-présence-qui-est-supposée-ne-pas-exister. La recherche critique afro-américaine peut faire ce travail.

J'ai signalé précédemment que trouver des influences occidentales dans la littérature afro-américaine ou lui en imposer avait de la valeur pourvu que le processus auquel on attache de la valeur n'en vienne pas à se glorifier lui-même. Il existe un projet adjacent à entreprendre, qui est la troisième approche sur ma liste : l'examen de la littérature contemporaine (à la fois sacrée et profane) pour découvrir l'influence qu'a eue la présence afro-américaine sur la structure des œuvres, la pratique linguistique et l'entreprise de fiction dans laquelle elle est engagée. Comme la deuxième approche, ce processus critique doit aussi éviter l'objectif pernicieux qui vise à assimiler la réalité de cette présence à la réussite de l'œuvre. Une œuvre ne devient pas meilleure parce qu'elle est réceptive à une autre culture ; elle ne devient pas non plus automatiquement défectueuse en raison de cette réceptivité. L'essentiel est de clarifier, non de recruter. Et il ne « va pas sans dire » qu'une œuvre écrite par un Afro-Américain est automatiquement subsumée par une présence afro-américaine qui s'impose. Dans une très grande partie de la littérature afro-américaine, il y a une fuite évidente devant la noirceur. Dans d'autres parties, il y a le duel avec la noirceur et, dans certains cas, comme on dit, « Vous ne devinerez jamais. »

III

C'est ce domaine, l'influence de la culture afro-américaine sur la littérature américaine contemporaine, que je souhaite à présent commenter. J'ai déjà dit que les œuvres d'Afro-Américains peuvent réagir à cette présence (tout comme le font des œuvres d'auteurs non noirs) d'un certain nombre de façons. La question de ce qui constitue l'art de l'écrivain noir, pour qui cet adjectif est plus une recherche qu'un fait, comporte une certaine urgence. Autrement dit, hormis la mélanine et le sujet, qu'est-ce qui, en vérité, peut faire de moi un écrivain noir ? Hormis ma propre ethnicité, que se passe-t-il dans mon œuvre qui me porte à croire qu'elle est manifestement inséparable d'une spécificité culturelle afro-américaine ?

S'il vous plaît, pardonnez-moi le recours à mon œuvre dans ces observations. Je l'utilise non pas parce qu'elle fournit le meilleur exemple, mais parce que c'est celle que je connais le mieux, parce que je sais ce que j'ai fait et pourquoi, et que je sais combien ces questions sont essentielles pour moi. L'écriture est, *après* tout, un acte de langage, sa pratique. Mais *avant* tout, c'est un effort de la volonté de découvrir.

Permettez-moi d'évoquer certaines façons dont je mets la langue en œuvre et dont la langue me met en œuvre. Je limiterai cette lecture minutieuse en attirant l'attention uniquement sur les premières phrases des livres que j'ai écrits, et espère que, par l'exploration des choix que j'ai faits, des points antérieurs s'éclairciront.

L'Œil le plus bleu commence par : « *Tranquille comme c'était, il ne poussa pas de marguerites à l'automne de 1941*[1]. » Cette phrase, comme celles qui débutent chacun des livres suivants, est simple, pas compliquée. De toutes les phrases qui débutent tous mes livres, seules deux d'entre elles ont des propositions subordonnées ; les trois autres sont des phrases toutes simples et deux sont dépouillées au point de ne comprendre que sujet, verbe, adjectif. Rien de sophistiqué là-dedans. Pas de mots qu'il faille chercher dans le dictionnaire : ce sont des termes quotidiens, ordinaires. Pourtant, j'espérais que cette simplicité n'était pas simplette, mais sournoise, voire lourde de sens. Et que le processus de sélection de chaque mot, pour lui-même et pour sa relation aux autres dans la phrase, en plus du rejet d'autres termes du fait de leur écho, de ce qui est déterminé et de ce qui ne l'est pas, de ce qui est presque là et de ce

1. Toni Morrison, *L'Œil le plus bleu* (1970), traduit par Jean Guiloineau, Paris, Christian Bourgois Éditeur, 1994, p. 11.

qu'il faut glaner, ne se théâtraliserait pas lui-même, n'érigerait pas d'avant-scène ; du moins, pas d'avant-scène qui se remarquerait. Ne pas faire de mise en scène était si important pour moi que, dans ce premier roman, j'ai résumé tout le livre sur la première page. (Dans sa première édition, elle était intégralement imprimée sur la jaquette.)

La première partie de cette phrase, « *Tranquille comme c'était* », présentait pour moi plusieurs attraits. D'abord, c'était une formule familière, familière pour moi quand j'étais petite et que j'écoutais les adultes : des femmes noires qui faisaient la conversation entre elles, qui racontaient une histoire, une anecdote, des ragots sur quelqu'un ou quelque événement à l'intérieur du cercle, de la famille, du quartier. Les mots sont conspirateurs. « Chut. Ne raconte ça à personne d'autre » et « Personne n'a le droit de savoir ça ». C'est un secret entre nous et un secret que l'on nous tait. Cette conspiration est à la fois ourdie et empêchée, révélée et entretenue. Dans un sens, il s'agissait précisément de ce qu'était l'acte d'écriture du livre : la révélation publique d'une confidence privée. Afin de saisir pleinement la dualité de cette position, il faut penser au climat politique immédiat dans lequel cette écriture a eu lieu : 1965-1969, lors de grands bouleversements sociaux dans la vie des Noirs. La publication (au contraire de l'écriture) impliquait cette révélation ; l'écriture était le dévoilement de secrets, de secrets que « nous » partagions et de ceux qui nous étaient tus par nous-mêmes et par le monde extérieur à la communauté.

« Tranquille comme c'était » est aussi une figure de style écrite, en l'occurrence, mais à l'évidence choisie pour tout ce qu'elle a d'oral, sa façon de parler et de témoigner d'un monde particulier et de son atmosphère. En outre, en plus d'évoquer des « potins », de suggérer des commérages illicites, des révélations palpitantes, le « murmure » comporte aussi l'hypothèse (de la part du lecteur) que celui qui raconte est à l'intérieur, qu'il sait quelque chose que d'autres ignorent et qu'il va être généreux dans son partage d'informations privilégiées. L'intimité que je visais, l'intimité entre le lecteur et la page, pouvait débuter immédiatement parce que le secret est au mieux partagé et, au pire, écouté en cachette. La familiarité soudaine ou l'intimité immédiate me paraissaient alors cruciales, quand j'écrivais mon premier roman. Je ne voulais pas que le lecteur ait le temps de se demander : « Que dois-je faire ou abandonner pour lire ceci ? Quelle défense me faut-il, quelle distance maintenir ? » Parce que je sais (et que le lecteur ne sait pas : il doit attendre la deuxième phrase) que c'est une histoire terrible portant sur des choses dont on préférerait ne rien savoir.

Quel est alors le Grand Secret sur le point d'être partagé ? La chose à laquelle nous (le lecteur et moi) « prenons part » ? Une aberration botanique. La pollution, peut-être. Une lacune, peut-être, dans l'ordre naturel des choses. Un mois de septembre ou un automne sans marguerites. Marguerites ordinaires éclatantes, robustes et vigoureuses. Quand ? En 1941, et puisque c'est une année très importante (le début de la Seconde Guerre mondiale pour les États-Unis), l'« automne » 1941, juste avant la déclaration de guerre, recèle des allusions « inavouables ». Dans la zone tempérée où il existe une saison connue sous le nom d'« automne », durant laquelle on s'attend à ce que les marguerites soient les plus belles pendant les mois précédant le début de la participation des États-Unis à la Seconde Guerre mondiale, quelque chose de sinistre est sur le point d'être divulgué. La phrase suivante rend manifeste que le locuteur, celui qui sait, est une enfant qui parle en imitant les femmes noires adultes qui sont dans la galerie de la maison ou dans la cour. La première phrase est un effort pour être adulte face à cette information épouvantable. Le point de vue d'une enfant modifie la priorité qu'un adulte lui accorderait. « Nous avons pensé que c'était parce que Pecola allait avoir le bébé de son père, que les marguerites ne poussaient pas[1] » met en avant les fleurs et relègue à l'arrière-plan le rapport sexuel incompréhensible, traumatisant et illicite qui parvient à son résultat redouté. Cette mise en avant d'une information « futile » et cette relégation à l'arrière-plan d'une connaissance épouvantable garantissent le point de vue, mais font réfléchir le lecteur quant à savoir si l'on peut ou non faire confiance à la voix des enfants ou si elle est plus fiable que celle d'un adulte. Le lecteur

1. *Ibid.*, p. 11.

est de ce fait mis à l'abri d'une confrontation trop précoce avec les détails pénibles, tout en étant incité à éprouver le désir de les connaître. La nouveauté, me suis-je dit, serait de faire révéler cette histoire de viol féminin du point de vue privilégié de ses victimes ou victimes potentielles : les personnes à qui nul n'a posé de questions (sûrement pas en 1965) : les filles elles-mêmes. Et puisque la victime n'a pas le vocabulaire pour comprendre la violence ni son contexte, des camarades crédules, vulnérables, qui regardaient en arrière telles les adultes averties qu'elles faisaient semblant d'être au début, devraient le faire à sa place et devraient combler ces silences par leurs propres vies qui reflétaient la sienne. Ainsi, le début fait retentir le coup qui annonce plus qu'un secret partagé : un silence rompu, un vide comblé, une chose inexprimable enfin exprimée. Ces camarades établissent le lien entre un déséquilibre mineur de la flore de saison et la destruction insignifiante d'une jeune Noire. Bien sûr, « mineur » et « insignifiante » représentent l'opinion du monde extérieur : pour les filles, ces deux phénomènes sont de stupéfiantes réserves d'informations qu'elles passent cette année entière de leur enfance (et un certain temps après) à comprendre, sans y arriver. Si elles réussissent à faire quoi que ce soit, ce sera à transférer le problème de la compréhension au lecteur vraisemblablement adulte, au cercle intime d'auditeurs. Du moins, elles auront réparti le poids de ces questions problématiques dans un secteur plus vaste et justifié la révélation publique d'une affaire privée. Si le lecteur entre dans la conspiration qu'annoncent les premiers mots, il peut voir que le livre s'ouvre sur sa fin : une spéculation sur la perturbation de la « nature » comme perturbation sociale aux conséquences individuelles tragiques, dans lesquelles le lecteur est impliqué en tant qu'élément de la population du texte.

Cependant, un problème non résolu réside dans la partie centrale du roman. Le monde brisé que j'ai construit (pour compléter ce qui arrive à Pecola), dont les fragments sont retenus par les saisons de l'enfance et commentent à chaque étape l'abécédaire stérile et incompatible de la famille blanche, ne maîtrise pas efficacement, sous sa forme actuelle, le silence présent en son centre : le vide qui est le « non-être » de Pecola. Ce vide aurait dû avoir une forme, tel celui laissé par une explosion ou un cri. Il exigeait un raffinement qui ne m'était pas accessible, ainsi qu'une manipulation habile des voix entourant Pecola. Celle-ci n'est pas *vue* par elle-même, jusqu'à ce qu'elle ait l'hallucination d'un moi. La réalité de son hallucination devient un sujet de conversation à l'extérieur du livre, mais n'opère pas dans le processus de lecture.

En outre, j'avais beau m'acharner pour obtenir une expressivité féminine (défi qui est réapparu dans *Sula*), elle m'a dans l'ensemble échappé et j'ai dû me contenter de personnages féminins, faute d'avoir su garantir dans toute l'œuvre le thème sous-jacent présent dans la première phrase (les femmes qui font des commérages, impatientes et frappées d'horreur, dans « Tranquille comme c'était »). C'est dans la section sur Pauline Breedlove, où j'ai recouru à deux voix, celle de la narratrice insistante et la sienne – toutes les deux très insatisfaisantes pour moi – que la pagaille qu'est devenue cette lutte est la plus manifeste. Il m'intéresse, à présent, de constater que c'est là où je pensais avoir le plus de mal à subvertir le langage pour lui donner un mode féminin que j'en ai eu le moins : en reliant le « viol » de Cholly par les Blancs à son propre viol de sa fille. Cet acte d'agression très masculin se féminise dans mon langage, « passif », et se pare, je crois, d'une abjection plus exacte lorsqu'il est privé du « prestige de la honte », masculin, qui est (ou était jadis) systématiquement attribué au viol.

Les points que j'ai tenté d'illustrer sont le fait que mes choix de langage (parlé, oral, familier), ma dépendance à des codes ancrés dans la culture noire en vue d'une compréhension totale, mon effort pour créer une double conspiration et une intimité immédiates (sans aucun matériau explicatif propre à établir une distance), ainsi que ma tentative (manquée) de façonner un silence tout en le rompant, sont des tentatives (pour beaucoup insatisfaisantes) visant à transfigurer la complexité et la richesse de la culture afro-américaine en une langue digne de sa culture.

Dans *Sula*, il est nécessaire de se concentrer sur les *deux* premières phrases, car ce qui survit dans l'ouvrage publié n'est pas la phrase dont j'avais voulu qu'elle soit la première. À l'origine, le livre s'ouvrait sur : « À part la Seconde Guerre mondiale, rien n'a jamais empêché la célébration de la Journée nationale du suicide[1]. » Après y avoir été encouragée, j'ai reconnu que c'était un faux départ. *In medias res* de plus belle, parce qu'il n'y avait pas de *res* au milieu desquelles se trouver : aucun monde sous-entendu dans lequel situer la spécificité et les résonances de la phrase. Plus précisément, je savais que j'écrivais un second roman, que lui aussi allait parler des membres d'une communauté noire non seulement mise en avant, mais totalement dominante, et qu'il parlait de femmes noires, elles aussi mises en avant et dominantes. En 1988, je n'aurais certainement pas besoin (ni n'éprouverais le besoin) de la phrase – la section brève – sur laquelle s'ouvre désormais *Sula*. Le seuil séparant le lecteur et le texte traitant des Noirs n'a nul besoin d'être le vestibule accueillant et sûr dont je m'étais persuadé de la nécessité à l'époque. Ma préférence a consisté à le démolir entièrement. Comme on peut le voir d'après *L'Œil le plus bleu* et dans chacun des autres livres que j'ai écrits, seul *Sula* possède cette « entrée ». Les autres refusent cette « présentation », refusent le havre sûr et séduisant, la ligne de démarcation entre le sacré et l'obscène, le public et le privé, eux et nous. En effet, ils refusent de satisfaire aux attentes diminuées du lecteur ou à son inquiétude accrue par le bagage affectif que l'on introduit dans un texte traitant des Noirs. (Je devrais vous rappeler que *Sula* a été débuté en 1969, pendant que mon premier livre en était au stade des épreuves, à une période d'activité politique extraordinaire.)

Puisque j'étais devenue persuadée que l'efficacité du début d'origine n'existait que dans ma tête, le travail à faire est devenu : comment construire un autre début qui ne forcerait pas l'œuvre à se prosterner et qui compléterait sa qualité de hors-la-loi. Le problème se présentait de la façon suivante : façonner une porte. Ici, au lieu d'avoir un texte grand ouvert au moment où l'on écarte sa couverture (ou, comme dans *L'Œil le plus bleu*, faire se révéler le livre avant même qu'on ne touche sa couverture, et plus encore qu'on ne l'écarte, en plaçant l'« intrigue » complète sur la première

1. Toni Morrison, *Sula* (1973), traduit par Pierre Alien, Paris, Christian Bourgois Éditeur, 1992, p. 15.

page, puis finalement sur la jaquette de la première édition), j'étais censée poser une porte, tourner sa poignée et faire signe d'entrer pendant quatre ou cinq pages. J'avais résolu de ne pas citer de personnages dans ces pages : il n'y aurait personne dans ce vestibule ; en revanche, plutôt maladroitement d'après moi, j'ai terminé l'accueil à bord en citant Shadrack et Sula. C'était une lâche capitulation (pour moi, en tout cas) devant une technique éculée d'écriture de romans : annoncer ouvertement au lecteur à qui prêter attention. Pourtant, l'essentiel du début que j'ai fini par écrire traite de la communauté, d'une vision de celle-ci, et cette vision n'est pas présentée de l'intérieur (il s'agit d'une porte, après tout), mais du point de vue d'un étranger : l'« homme de la vallée », qui pourrait se trouver là à faire une course, mais qui, à l'évidence, ne vit pas là, pour lequel et aux yeux duquel tout cela est extrêmement étrange, voire exotique. Vous voyez pourquoi je méprise une grande partie de ce début. Cependant, j'ai tenté d'inscrire dans la première phrase la signature de la perte : « Il y avait autrefois un quartier ici, il n'y en a plus. » Ce peut bien ne pas être la pire phrase du monde, mais « son jeu ne rend pas », comme on dit au théâtre.

Ma première phrase est devenue : « À cet endroit, où on a arraché les mûriers et les vignes sauvages pour faire de la place au Golf municipal de Medallion, il y avait jadis un quartier[1]. » Ici, au lieu de ce que j'avais prévu à l'origine, j'introduis dans le cercle un lecteur extérieur au cercle. Je rends l'anonyme par le spécifique, un « endroit » par un « quartier », et laisse pénétrer un étranger par les yeux duquel on peut le voir. Entre « endroit » et « quartier », il me faut à présent insérer la spécificité et la *différence* : la nostalgie, l'Histoire et la nostalgie de l'Histoire ; la violence faite à l'Histoire et les conséquences de cette violence. (Elles ont pris trois mois, ces quatre pages, les nuits de tout un été.) La nostalgie est évoquée par « jadis » ; l'Histoire et l'envie de la connaître sont sous-entendues dans les connotations de « quartier ». La violence pénètre insidieusement, en faisant arracher quelque chose par les racines : cette chose ne repoussera plus, ne peut pas repousser. Les conséquences sont

1. *Ibid.*, p. 11.

que ce que l'on a détruit est considéré comme des mauvaises herbes, des détritus nécessairement retirés lors du « développement » urbain par ces « ils » non spécifiés mais non moins connus, qui ne se permettent pas, ni ne peuvent se permettre, de différencier ce qu'on a délogé et qui se moqueraient bien de savoir qu'il s'agit d'un certain genre de « détritus ». Les deux plantes recèlent de l'obscurité : le noir et la nuit[1]. L'une est singulière (la vigne sauvage) et comprend deux termes évoquant l'obscurité. L'autre (le mûrier) est ordinaire. Une plante familière et une plante exotique. Une inoffensive et une dangereuse. L'une produit une baie nourrissante ; l'autre en fournit des toxiques. Mais toutes les deux se sont épanouies ici, *à cet endroit, du temps où c'était un quartier.* Toutes les deux ont disparu, à présent, et la description suivante est celle des autres éléments spécifiques de cette communauté noire que l'on a détruits après la construction du golf. « Golf » traduit ce qu'il n'est pas, dans ce contexte : pas des maisons, ni des usines, ni même un jardin public, et sûrement pas des résidents. C'est un endroit impeccablement entretenu, où la probabilité qu'aillent ses anciens résidents est quasiment nulle.

Je veux revenir un instant sur ces mûriers (afin d'expliquer, peut-être, la longueur de temps qu'il a fallu à la langue de ce passage pour arriver). J'ai toujours envisagé Sula comme noire par excellence, métaphysiquement noire, si vous voulez, ce qui n'est pas une affaire de mélanine et sûrement pas de fidélité inconditionnelle à la tribu. C'est une Noire du Nouveau Monde, ainsi qu'une femme du Nouveau Monde, qui extrait ses choix de l'absence de choix, qui réagit de manière inventive aux choses qu'elle trouve. Douée pour l'improvisation. Audacieuse, perturbatrice, imaginative, moderne, qui vit dehors, proscrite, semeuse de trouble, indomptée et indomptable. Et dangereusement femme. Durant sa dernière conversation avec Nel, elle se définit comme un genre particulier de femme noire : une qui a des choix. Comme un séquoia, dit-elle. (Malgré tout mon respect pour les paysages oniriques de Freud, les arbres m'ont toujours paru féminins.) En tout cas, ma perception

1. *Blackberry* (« mûrier ») signifie littéralement « baie noire », et *nightshade* (« vigne sauvage »), « ombre nocturne ».

de la double dose de noirceur – *choisie* et *biologique* – chez Sula réside dans la présence de ces deux termes exprimant l'obscurité dans « vigne sauvage », ainsi que dans la qualité singulière de cette plante elle-même. L'une de ses variétés est dite « enchanteresse » et l'autre, « douce-amère », car ses baies ont d'abord un goût amer, puis sucré. En outre, la vigne sauvage était censée neutraliser la sorcellerie. Tout cela semblait une merveilleuse constellation de signes pour Sula. Quant aux « mûriers », ils semblaient tout aussi appropriés pour Nel : nourrissants et, une fois enracinés et fertiles, n'ayant jamais besoin d'être entretenus ni cultivés. D'une douceur sucrée qui ne trompe pas, mais entourés d'épines. Le processus du devenir de Sula, annoncé par la dissolution explosive de sa petite boule de filaments et de fourrure retenus de manière fragile (quand les épines de son autoprotection sont ôtées par Éva), la remet en contact avec la modernité complexe, contradictoire, insaisissable, indépendante et liquide sur laquelle elle insistait. Modernité qui renverse les définitions d'avant-guerre, introduit l'ère du jazz (ère *définie* par l'art et la culture afro-américains) et requiert de nouvelles formes d'intelligence pour se définir.

À présent, cette mise en place du décor durant les quatre premières pages me gêne, mais le mal que je me suis donné afin de l'expliquer sera peut-être utile pour identifier les stratégies auxquelles on peut être forcé de recourir lorsqu'on tente de s'adapter au simple fait d'écrire sur, pour et avec comme point de départ la culture noire, tout en s'adaptant et en réagissant à la culture « blanche » dominante. Mon compromis a été de laisser l'« homme de la vallée » guider l'entrée dans ce territoire. Peut-être que cela a « fonctionné », mais ce n'était pas le travail que je voulais faire.

Si j'avais commencé par Shadrak, j'aurais ignoré cet accueil souriant et immédiatement confronté le lecteur à sa blessure et à sa cicatrice. La différence qu'aurait faite le début que je préférais (celui d'origine) aurait été d'attirer davantage l'attention sur l'expulsion traumatisante à laquelle une guerre capitaliste fort dispendieuse avait contraint les Noirs en particulier, et de mettre en relief la détermination créatrice, bien que proscrite, d'y survivre jusqu'au bout. Sula, en tant que solubilité (féminine), et le fixateur (masculin) qu'est Shadrak sont deux façons extrêmes de traiter de l'expulsion, thème répandu dans les récits des Noirs. Par le dernier début, j'ai reproduit le démiurge de l'oppression raciste, accusatrice et discriminatoire dans la perte consentie au « progrès » commercial du village, mais les références à la stabilité et à la créativité de la communauté (musique, danse, artisanat, religion, ironie, esprit, tous évoqués par la présence de l'« homme de la vallée ») réfractent et subsument la douleur des habitants alors qu'ils sont en plein dedans. C'est une approche plus douce que la folie organisée et publique de Shadrak : sa présence perturbante et pleine de souvenirs, qui aide (un moment) à cimenter la communauté avant que Sula ne la brave.

« L'agent de la Mutuelle d'Assurances Vie de Caroline du Nord promit de s'envoler à trois heures depuis la Pitié pour aller jusque sur l'autre rive du lac Supérieur[1]. »

Cette phrase déclarative est conçue pour railler le style journalistique ; avec un changement mineur, ce pourrait être le début d'un article dans le journal d'une petite ville. Elle a le ton d'un événement quotidien d'intérêt local minime ; pourtant, je voulais qu'elle contienne (comme la scène qui a lieu quand l'agent accomplit sa promesse) les informations à la fois sur lesquelles se concentre *Le Chant de Salomon* et à partir desquelles il rayonne.

Le nom de la compagnie d'assurances est réel : une compagnie détenue par des Noirs et qui dépend de clients noirs ; dans cette raison sociale, il y a « vie » et « mutuelle », « agent » étant l'ingrédient nécessaire de ce qui permet le lien entre elles. La phrase indique aussi un mouvement de la Caroline du Nord au lac Supérieur : situations géographiques, mais avec une allusion malicieuse au fait que le passage de la Caroline du Nord (le sud) au lac Supérieur (le nord) pourrait bien ne pas impliquer de progrès vers un « état supérieur », ce que, bien sûr, il ne fait pas. Les deux autres termes importants sont « s'envoler », sur lequel est centré le roman, et « Pitié », nom du

1. Toni Morrison, *Le Chant de Salomon* (1977), traduit par Jean Guiloineau, Paris, Christian Bourgois Éditeur, 1996, p. 11.

lieu d'où l'agent est censé s'envoler. Tous deux constituent le centre vital du roman. Où s'envole l'agent d'assurances ? L'autre rive du lac Supérieur, c'est évidemment le Canada, terminus historique de leur itinéraire d'évasion pour les Noirs en quête d'asile. « Pitié », l'autre terme important, est la note ornementale, mais le vœu inexprimé le plus sincère de toute la population du récit, à une exception près. Certains l'accordent ; d'autres ne la trouvent jamais ; une femme, du moins, en fait le mot d'ordre de son sermon impromptu sur la mort de sa petite-fille. La pitié effleure, se détourne, puis retourne vers Guitare (lui qui la mérite le moins) à la fin du livre et l'incite à en faire son propre don ultime. La pitié, c'est ce que l'on souhaite à Agar ; ce qui est inaccessible à Macon Mort père et qu'il ne cherche pas ; ce que sa femme apprend à exiger de sa part et ce qui ne peut jamais provenir du monde des Blancs tel qu'il est signifié par l'inversion du nom de l'hôpital, « Pitié », devenu « Pas-de-Pitié ». Elle n'est accessible que de l'intérieur. Le centre du récit est l'envol, dont le tremplin est la pitié.

Mais la phrase, comme toutes les phrases, tourne autour du verbe « promit ». L'agent d'assurances ne déclare, n'annonce, ni ne menace. Il promet, comme si un contrat était honoré – fidèlement – entre les autres et lui. Les promesses enfreintes ou tenues, la difficulté de débusquer les attaches et loyautés qui lient ou blessent se fraient un chemin à travers l'action et les relations fluctuantes. Ainsi, bien qu'il soit dirigé vers un asile (le Canada, la liberté, un chez-soi ou la compagnie des morts accueillants) et qu'il comporte l'hypothèse de l'échec tout comme la certitude du danger, l'envol de l'agent, tel celui du Salomon du titre, est orienté vers le changement, un autre mode, un arrêt des choses-telles-qu'elles-sont. Il ne doit pas être compris comme un simple acte désespéré, la fin d'une vie stérile, d'une vie sans gestes, sans observations, mais comme l'obéissance à un contrat plus sérieux avec les siens. C'est le dévouement de l'agent à ces derniers, indépendamment du fait que, dans tous ses détails, ils le comprennent ou non. Il y a cependant une tendresse, de la contrition, un respect croissant dans leur réaction à son acte (« On ne l'avait jamais soupçonné d'être capable d'une chose pareille[1]. ») et une conscience que son geste les incluait eux-mêmes plutôt qu'il ne les répudiait. Le mot qu'il laisse demande le pardon. Il est cloué sur sa porte en guise d'invitation timide à quiconque pourrait passer par là, mais ce n'est pas une publicité. C'est presque la déclaration chrétienne d'amour, ainsi que d'humilité, de quelqu'un qui n'a pas pu faire davantage.

Il y a plusieurs autres envols dans l'œuvre, qui répondent à des motivations différentes. Celui de Salomon est le plus magique, le plus théâtral et, pour Laitier, le plus satisfaisant. C'est aussi le plus problématique pour ceux que Salomon a laissés derrière lui. L'envol de Laitier rattache ces deux éléments de loyauté (celle de M. Smith) et d'abandon lié à l'intérêt personnel (celui de Salomon) pour en faire une troisième chose : un mélange d'allégeance et de risque, qui suggère l'« agence » pour la « vie » « mutuelle », qu'offre Laitier à la fin, dont les collines situées derrière lui renvoient l'écho et qui est l'alliance de la capitulation et de la domination, de l'acceptation et de la règle, le dévouement à un groupe *à travers* l'isolement ultime. Guitare reconnaît cette alliance et se rappelle suffisamment combien il est lui-même perdu pour déposer les armes.

Le style journalistique du début et son rythme de dignité familière, galvaudée, se poursuit par une accumulation de détails exposés dans une banalité sinueuse. Mots simples, structures de phrase peu complexes, litotes persistantes, syntaxe fortement oralisée ; mais la nature ordinaire du langage, sa qualité familière, vernaculaire, humoristique et, à l'occasion, parabolique, sabote les attentes et dissimule les jugements lorsqu'elle ne peut plus les différer. La composition en rouge, blanc et bleu de la toute première scène fournit la trame/la bannière nationale sur laquelle travaille le roman et où l'on doit voir se détacher la vie des Noirs, mais qui ne doit pas recouvrir l'entreprise dans laquelle est engagé le roman. C'est une composition de couleurs qui annonce la naissance de Laitier, protège sa jeunesse, en dissimule l'objectif et par laquelle il doit faire irruption (au moyen de Buick bleues, des tulipes rouges figurant

1. *Ibid.*, p. 18.

dans sa rêverie, des socquettes, rubans et gants blancs de ses sœurs) avant de découvrir que l'or de sa recherche est en vérité l'orange à pulpe jaune de Pilate et le métal scintillant de la boîte que celle-ci porte à l'oreille.

On peut concevoir que ces espaces, que je suis en train de remplir et que je peux remplir parce qu'ils ont été prévus, puissent l'être au moyen d'autres significations. C'est prévu également. L'important est que c'est en eux que doivent s'insérer les méditations du lecteur et son savoir inventé, remémoré ou mal compris. Comme le lecteur en tant que narrateur pose les questions que pose la communauté, le lecteur et la « voix » sont tous deux parmi la foule, en son sein, doués d'un contact et d'une intimité privilégiés, mais sans plus d'informations privilégiées que la foule. Cet égalitarisme qui nous place tous (lecteur, population du roman, voix du narrateur) au même niveau reflétait pour moi la force de l'envol et de la pitié, ainsi que le regard précieux, imaginatif et cependant réaliste des Noirs, qui (à une époque, en tout cas) ne consacrait pas l'objet ni la personne qu'il transformait en mythe. Le « chant » lui-même contient cette évaluation impassible de l'envol héroïque et miraculeux du Salomon légendaire, regard impassible qui persiste dans la réaction chorale, tendre mais amusée, de la communauté à l'envol de l'agent. C'est à mi-voix (mais pas tout à fait) que je fais mon propre spectacle du proto-mythe du voyage vers l'âge d'homme. Chaque fois que les personnages sont revêtus de fable occidentale, ils ont de graves ennuis, mais le mythe africain est lui aussi contaminé. Non progressiste, non reconstruite, auto-engendrée, Pilate n'est pas impressionnée par l'envol de Salomon et elle assomme Laitier lorsque, ayant fait peau neuve en s'appropriant la fable de sa famille, il revient pour l'en instruire. En entendant tout ce qu'il a à dire, elle n'éprouve qu'un intérêt filial. « Papa ? [...] J'ai transporté papa[1] ? » Pour finir, son envie d'entendre le chant est l'envie d'un baume par lequel mourir, non une obéissance servile à l'Histoire... de qui que ce soit.

1. *Ibid.*, p. 468.

La première phrase de *Tar Baby*, « Il crut être sauvé[1] », est la seconde version d'elle-même. La première, « Il pensa être sauvé », a été écartée, car « pensa » ne contenait pas le doute que je voulais instaurer dans l'esprit du lecteur quant à savoir si, oui ou non, il était vraiment… sauvé. Le verbe « penser » m'est venu d'emblée parce que c'était celui qu'utilisaient mes parents et mes grands-parents quand ils décrivaient ce à quoi ils avaient rêvé la nuit précédente. Pas « J'ai rêvé », ni « Il semblait », ni même « J'ai vu ou fait » ceci ou cela, mais : « J'ai pensé ». Il leur donnait la distance narrative par rapport au rêve (un rêve n'est pas « réel »), ainsi que le pouvoir (le contrôle impliqué dans le fait de « penser » plutôt que de « rêver »). Mais utiliser « pensa » semblait amoindrir la foi du personnage et la méfiance que je voulais suggérer au lecteur. C'est « croire » qui a été choisi pour faire le travail comme il faut. Et l'individu qui fait l'action de croire est, dans un sens, sur le point de pénétrer dans un monde onirique, puis finit par se persuader qu'il en a le contrôle. Il crut : il était persuadé. Et bien que ce terme suggère sa conviction, il ne rassure pas le lecteur. Si j'avais voulu que le lecteur se fie à son point de vue, j'aurais écrit : « Il était sauvé. » Ou : « Finalement, il était sauvé. » Le malaise que contient cette vision du salut est important, car ce salut lui-même représente le désir de chacun dans le roman. Le situer, le créer, le perdre.

Vous vous rappelez peut-être que je m'intéressais à l'élucidation du mystère d'un élément du folklore, d'un récit populaire qui parle aussi de salut, de danger et des aptitudes requises pour garantir le premier, ainsi que reconnaître et éviter le second. Ce qui m'intéressait, bien sûr, ce n'était pas de raconter autrement l'histoire : je suppose que c'est une idée à poursuivre, mais elle n'est certainement pas assez intéressante pour m'occuper quatre ans durant. J'ai dit ailleurs qu'explorer le conte de *Tar Baby*, c'était comme caresser un animal domestique pour voir à quoi ressemblait son anatomie, mais non pour perturber ou déformer son mystère. Le folklore a peut-être débuté comme allégorie de phénomènes

1. Toni Morrison, *Tar Baby* (1981), traduit par Jean Guiloineau, Paris, Éditions 10-18, 1996, p. 9.

naturels ou sociaux ; il a peut-être été utilisé comme refuge face aux problèmes contemporains dans l'art ; mais le folklore peut aussi contenir des mythes qui se ravivent d'eux-mêmes à l'infini par le biais de ceux qui les fournissent : les gens qui les répètent, les reforment, les reconstituent et les réinterprètent. Le conte de Tar Baby me semblait traiter de masques. Non pas de masques qui couvrent ce qui est censé être caché, mais de la façon dont les masques prennent vie, s'emparent de la vie, exercent les tensions entre ce qu'ils couvrent et eux-mêmes. Pour Fils, le masque le plus efficace est de n'en avoir aucun. Pour les autres, c'est une construction minutieuse et portée avec délicatesse, mais les masques qu'ils fabriquent ont une vie propre et se heurtent à ceux avec lesquels ils entrent en contact. La texture du roman semblait exiger de la maigreur, une architecture ancienne et usée comme une sculpture en forme de masque : exagérée, haletante, exactement en travers de l'existence figurative qu'il remplaçait. Ainsi, la première et la dernière phrase devaient correspondre, de même que les plans extérieurs correspondent aux plans intérieurs et concaves de l'envers du masque. Par conséquent, « Il crut être sauvé » serait la jumelle de : « À toute vitesse. À toute vitesse. À toute vitesse-toute-vitesse-toute-vitesse[1]. » Cette conclusion est : 1) la dernière phrase du récit populaire ; 2) l'action du personnage ; 3) la fin indéterminée qui résulte du début auquel on ne peut se fier ; 4) le mètre complémentaire de sa sœur jumelle (u u/u u/ avec u u u/u u u/) ; 5) le vaste et merveilleux espace entre la contradiction que créent ces deux images : depuis un rêve de salut jusqu'au bruit de pieds qui courent. Le monde entier qui est arbitré entre les deux. Ce monde masqué et démasqué, enchanté, désenchanté, blessé et blessant se joue sur et selon les variétés d'interprétations (occidentale et afro-américaine) auxquelles le mythe de Tar Baby a été (et continue d'être) soumis. Il devient possible de traverser à tire-d'aile tant l'étau que l'expulsion de l'Histoire, lors de rencontres créatrices avec cette dernière. Rien, dans ces rencontres, n'est sans danger ni ne devrait l'être. La sécurité est à la fois le fœtus du pouvoir et sa

1. *Ibid.*, p. 432.

protection contre lui, comme nous le rappelle l'usage qui est fait des masques dans la culture afro-américaine.

« Le 124 était habité de malveillance. Imprégné de la malédiction d'un bébé[1]. »

En faisant commencer *Beloved* par des numéraux plutôt que par des nombres écrits en toutes lettres, j'avais pour intention de donner à la maison une identité séparée de celle de la rue ou même de la ville : de la nommer comme l'était « le Bon Abri », comme étaient nommées les plantations, mais pas avec des noms communs ni des noms « propres » : avec des nombres, car les nombres n'ont pas d'adjectifs, pas de posture de confort ni de grandeur, ni l'aspiration hautaine des arrivistes et des constructeurs immobiliers à faire des embellissements parallèles de la nation qu'ils ont abandonnée, en revendiquant le droit à entrer sans délai dans l'Histoire et dans la légende. Ici, les nombres constituent une adresse, perspective assez réjouissante pour des esclaves qui n'avaient jamais rien possédé, encore moins une adresse. Et bien que, contrairement aux mots, les nombres ne puissent être modifiés par des adjectifs, je donne à ceux-ci un syntagme adjectival : « habité de malveillance » (cela arrive deux autres fois à ce 124). L'adresse est donc personnalisée, mais par sa propre activité et non par un désir de personnalité qu'on lui aurait superposé.

De plus, dans ce contexte, les numéraux ont quelque chose qui fait qu'ils sont prononcés, entendus, car dans un livre, on attend des mots à lire et non des nombres à dire ou à entendre. Et l'air que joue le roman, tantôt cacophonique, tantôt harmonieux, doit être un air situé dans l'oreille interne ou à peine audible, et insuffler au texte une emphase musicale que les mots savent produire parfois mieux encore que la musique. Ainsi, la deuxième phrase n'en est pas une : c'est une formule qui, grammaticalement, à proprement parler, appartient à la première en tant que proposition dépendante. Si je les avais reliées, cependant (« Le 124 était habité de malveillance, imprégné de la malédiction d'un bébé » ou

1. *Op. cit.*, p. 11.

« Le 124 était imprégné de la malédiction d'un bébé »), je n'aurais pas pu avoir l'accent sur « mal ».

Quels qu'aient été les risques de confronter le lecteur à ce qui devait être d'emblée incompréhensible dans cette phrase simple, déclarative et autoritaire, quel qu'ait été le risque de le perturber, j'ai résolu de les prendre. Parce que le début *in medias res* auquel je suis si attachée est ici exigeant à l'excès. Il est abrupt et devrait paraître tel. Ici, aucun informateur autochtone. Le lecteur est arraché, secoué, précipité dans un environnement totalement étranger, et c'est ce que je veux pour faire retentir le premier coup de l'expérience partagée susceptible d'avoir lieu entre le lecteur et la population du roman. Arraché exactement comme les esclaves l'étaient d'un endroit à un autre, de n'importe quel endroit à un autre, sans préparation et sans défense. Pas de vestibule, pas de porte, pas d'entrée : une passerelle, peut-être (mais très courte). Et la maison dans laquelle cet arrachement – cet enlèvement – propulse l'individu évolue de la malveillance au vacarme, puis au silence, de même que pouvaient évoluer les bruits dans le corps du bateau lui-même. Il faut lire quelques mots avant qu'il ne soit évident que « le 124 » désigne une maison (dans la plupart des premiers brouillons, « Les femmes *dans la maison* le savaient » était simplement : « Les femmes le savaient » : « maison » n'était pas cité pendant dix-sept lignes) et il faut en lire quelques autres afin de découvrir pourquoi ce lieu est habité de malveillance, ou plutôt de découvrir la source de cette malveillance. À ce moment-là, il est évident, si ça ne l'est pas d'emblée, que quelque chose échappe au contrôle, mais non à l'entendement, puisque cette chose n'échappe pas à sa prise en compte tant par les « femmes » que les « enfants ». La présence pleinement comprise de ce qui hante est à la fois un élément majeur du récit et un tour de passe-passe. L'un de ses objectifs est que le lecteur soit constamment préoccupé par la nature de cet incroyable monde d'esprits, tout en étant nourri, à doses contrôlées, de l'incroyable monde politique.

Le subliminal, la vie clandestine du roman, est le domaine le plus susceptible de donner le bras au lecteur pour lui faciliter son appropriation. Parce qu'elle doit avoir lieu, pour qu'il passe de la première phrase à la deuxième, puis à la suivante, puis à la suivante. Le poste d'observation amical que j'étais satisfaite d'avoir édifié et contrôlé dans *Sula* (avec l'étranger en son milieu), le journalisme simpliste du *Chant de Salomon* ou la méfiance calculée du point de vue adopté dans *Tar Baby* ne serviraient à rien. Ici, je voulais la confusion fascinante due au fait d'être là comme eux (les personnages) le sont : brusquement, sans confort ni secours de la part de l'« auteur », avec seulement l'imagination, l'intelligence et la nécessité disponibles pour faire le voyage. La langue pittoresque du *Chant de Salomon* ne m'a pas été utile dans *Beloved.* Il n'y a presque aucune couleur dans ses pages et, quand il y en a, elle est si austère et tellement commentée qu'elle est quasiment brute. Une couleur vue pour la première fois, sans son histoire. Aucune architecture construite comme dans *Tar Baby* ; aucun jeu sur la chronologie occidentale comme dans *Sula* ; aucun échange entre la vie dans le livre et le discours de la « vraie » vie au moyen d'unités de texte qui prendraient à revers des unités saisonnières d'une enfance noire comme dans *L'Œil le plus bleu.* Aucun groupe de maisons, aucun quartier, aucune sculpture, aucune peinture, aucun temps, surtout aucun temps parce que la mémoire, la mémoire préhistorique, n'a pas de temps. Il y a juste un peu de musique, chacun et l'autre, ainsi que l'urgence de ce qui est en jeu. Ce qui représente tout ce qu'ils avaient. Pour cette œuvre, le travail de la langue, c'est de libérer le passage.

J'espère que vous comprenez que, dans cette explication de la manière dont je pratique la langue, il y a une recherche, ainsi qu'une posture délibérée, de sensibilité à ces aspects de la culture afro-américaine qui peuvent influencer et situer mon travail. En lisant et en écoutant ceux qui sont entrés dans le texte, je sais parfois quand le travail fonctionne, quand le nommo[1] a efficacement prononcé son invocation. Je n'apprends rien de ceux qui lui résistent, hormis, bien sûr, la démonstration parfois fascinante de leur lutte. Mes attentes de la part des critiques qui entrent dans le texte et ma gratitude envers eux sont immenses. Et à ceux qui parlent de

1. Divinité aquatique dans la mythologie des Dogons du Mali.

la forme aussi bien que du fond, qui reconnaissent les mécanismes aussi bien que le travail, pour qui l'étude de la littérature afro-américaine n'est ni un cours intensif sur la tolérance et les rapports de bon voisinage, ni un nourrisson à porter, instruire, punir ni même fouetter comme un enfant, mais l'étude sérieuse de formes d'art qui ont beaucoup de travail à faire et sont déjà légitimées par leurs propres sources culturelles et leurs prédécesseurs, à l'intérieur ou à l'extérieur du canon : je dois beaucoup.

Pour un auteur, en matière de canons littéraires, c'est très simple : au bout de cinquante ans, de cent ans ou plus, il se peut que son œuvre soit savourée pour sa beauté, sa sagacité ou son pouvoir, ou bien condamnée pour son inanité et sa prétention, puis mise au rebut. Ou bien, au bout de cinquante ans, de cent ans, il se peut que le critique (en tant qu'architecte du canon) soit applaudi pour son étude intelligente et la puissance de sa recherche. Ou raillé pour son ignorance et ses assertions de pouvoir piètrement déguisées, puis mis au rebut. Il est possible que la réputation des deux prospère ou que les deux déclinent. Dans tous les cas, en ce qui concerne l'avenir, quand on écrit, comme critique ou auteur, tout le monde risque sa peau.

Murmures académiques

À un moment, vers la fin des années 1980, j'ai commencé à ressentir un malaise par rapport à ce qui me semblait être une conversation murmurée, dans le cadre de l'étude de la littérature africaine-américaine, entre des étudiants et des maîtres en la matière ; il est apparu que c'était un accord privé sur le véritable objectif du discours. Mon malaise par rapport à ce dialogue à mi-voix était exacerbé par un autre dialogue, flagrant, qui attaquait et subornait la légitimité de la littérature africaine-américaine en tant que champ d'étude. Ces deux dialogues (le secret et le flagrant) menaient les débats sur la formation du canon littéraire.

À l'époque, dans les années 1980, je ne tenais pas à réfléchir dans le détail à mon inquiétude sur la forme que prenait ce débat (la politique de l'identité contre celle de l'absence d'identité, parfois connue sous le nom d'« universalité ») car je n'étais pas disposée à me laisser distraire pour me plonger dans cette triste et vieille routine que les artistes et universitaires africains-américains se croient si souvent obligés d'entreprendre : la routine qui consiste à défendre, défendre à jamais leur droit d'exister. C'était une bataille si ennuyeuse, si peu originale, si débilitante qu'elle ne laissait pas de temps ni de force pour accomplir le vrai travail des artistes et des universitaires, qui est de raffiner leur création et de s'occuper de leurs affaires. Je ne voulais pas voir se déployer une autre cape rouge de toréador conçue pour provoquer et, de ce fait, empêcher par ruse une force de connaître son propre pouvoir. J'ai plutôt choisi de me concentrer sur la façon de créer une littérature non raciste et cependant spécifique à la race, au sein d'une langue déjà infléchie par la race, pour des lecteurs que l'on a forcés à affronter les présupposés de la hiérarchie des races. J'ai choisi d'écrire comme s'il n'y avait rien à prouver ni à réfuter, comme si un monde sans races existait déjà. Non pas pour transcender la race, ni pour aspirer à quelque « universalisme » malhonnête (mot codé qui avait fini par signifier « non noir »), mais pour affirmer la liberté de ma propre imagination. En effet, je n'ai jamais vécu, ni personne, dans un monde où la race n'importait pas. Un tel monde, dénué de hiérarchie des races, est d'ordinaire imaginé ou décrit comme un paysage onirique, édénique, utopique, tant ses perspectives d'accomplissement sont lointaines. Dans une langue pleine d'espoir, il a été postulé comme monde idéal, possible uniquement s'il était accompagné du Messie ou se situait dans une réserve protégée plutôt qu'un parc sauvage, sinon dans les forêts de l'imagination de Faulkner, où les prouesses de chasse l'emportent de loin sur la classe sociale et la race. En tant qu'écrivain déjà et toujours doué d'une race, je savais que je n'allais, ni ne pouvais, reproduire la voix du maître et ses prétentions à incarner la loi omnisciente du père blanc. Je voulais découvrir comment manipuler, transformer et contrôler la langue imagée, métaphorique (et sa syntaxe), afin de produire quelque chose qui puisse s'appeler littérature et soit dénué des contraintes de l'imagination que me dicte la langue infléchie par la race, qui est celle dont je dispose. Bien sûr, je n'entends pas par là uniquement le fait d'éviter les atteintes raciales, les insultes et le recours aux stéréotypes. J'entends d'abord reconnaître ces stratégies linguistiques, puis soit les employer, soit les déployer pour parvenir à un effet contraire : désactiver leur pouvoir paresseux et immérité, invoquer d'autres pouvoirs d'opposition et libérer ce que je suis en mesure d'inventer, de consigner, de décrire et de transformer à partir de la camisole de force dans laquelle une société racialisée peut nous attacher et certes nous attache. Je tenais à écrire en dehors du regard des Blancs : pas contre lui, mais dans un espace où je pouvais postuler l'humanité que l'on demandait toujours aux écrivains d'exprimer. Écrire à propos et au sein d'un monde attaché aux dominations raciales sans recourir aux stratégies linguistiques qui l'étayaient me semblait le travail le plus urgent, le plus fructueux et le plus stimulant que pouvait entreprendre un écrivain. En littérature, comme je l'ai dit précédemment, imaginer un monde sans domination ni hiérarchie des races apparaît comme un Éden impossible ou une utopie inaccessible, mais un tel monde a aussi été décrit comme « barbarie », « fin de l'Histoire », « dénué d'avenir » ou condamné à un avenir de rebut et déclaré être une expérience sans valeur, déjà compromise. Autrement dit, une catastrophe. Un Jonestown[1] naïf et corrompu, qui culmine dans l'ignorance, le meurtre et la folie.

Peut-être nourrissais-je une paranoïa naissante, dont je faisais remonter l'origine au nombre exceptionnellement élevé d'invitations à parler de la question du racisme aux populations universitaires, voire à m'adresser aux campus sur lesquels avaient eu lieu des incidents racistes spécifiques et particulièrement lâches. Je n'étais pas seulement contrariée par les présupposés de telles requêtes : j'étais furieuse que l'on me demande d'éclaircir un domaine (parmi bien d'autres) dont je ne savais rien. Bien sûr, j'ai été victime de tels traitements, mais pourquoi, me disais-je, irait-on demander à la victime d'expliquer le comportement de son tortionnaire ? N'est-ce pas chez ceux qui connaissent le mieux les motifs du racisme qu'il faut chercher de tels aperçus ? (Une victime de viol connaît-elle la meilleure façon de calmer un violeur ?) Le problème du racisme me semblait devoir être évoqué avant tout par ceux qui en connaissaient les tenants et les aboutissants, à partir du siège privilégié de son origine. Que l'on me demande de passer mon temps de la sorte (pour guérir et être malade) m'a peut-être indûment perturbée, mais d'une certaine manière, cela m'a rattachée à mon idée que, dans plusieurs endroits (si les programmes des lycées et de certaines universités, les anthologies, préfaces, notes liminaires, postfaces et avant-propos étaient une indication), l'étude de la littérature africaine-américaine était devenue un exercice dans l'accomplissement de la tolérance ou

1. Communauté fondée en Guyana par Jim Jones afin d'y établir son « Temple du Peuple », secte dont les neuf cents et quelques adeptes périrent en 1978, lors de l'un des plus grands suicides collectifs de l'Histoire.

des relations de bon voisinage *à travers* l'étude de son genre particulier de pathologie, dans lequel le survivant est censé être à la fois le patient et le médecin. Et voilà où le discours murmuré avait lieu.

Avec les meilleures intentions du monde, la rencontre entre l'art africain-américain et les étudiants en littérature avait développé ces thèmes sous-jacents (la lecture de *L'Œil le plus bleu* dans les écoles élémentaires en était un bon exemple, tout comme son interdiction). Il était facile de voir comment deux messages – l'art africain-américain comme explication de la pathologie ; l'art africain-américain comme baume réparateur des plaques d'urticaire provoquées par le racisme – avaient été formulés et pourquoi. D'abord, l'Histoire des Noirs aux États-Unis a été une Histoire brutale, dont les conséquences ébranlent et influencent encore la vie contemporaine. Examiner et reconnaître cette brutalité peut se prêter et se prête fort, dans cette Histoire, à l'interprétation de la présence noire comme pathologie qui est nôtre, et nôtre seulement : cela peut mener, et a mené, à l'idée qu'en tant que peuple nous sommes un problème (« le problème noir » que, de Richard Wright à Ralph Ellison, James Baldwin et Zora Neale Hurston, chaque écrivain noir a dû commenter, sans parler de la vérification des aptitudes à lire et écrire, dont Phillis Wheatley[1] et les auteurs de récits d'esclaves étaient priés de fournir les preuves) et qu'il nous appartenait de le résoudre nous-mêmes.

Pour riposter à cette interprétation des études africaines-américaines comme vaccin contre le racisme naissant des Blancs, il en existe une autre : les études africaines-américaines comme champ naturellement immunisé contre le racisme. Le fait que la vie des Noirs était une corne d'abondance pleine de trésors, de contributions et de mécanismes autochtones constructifs bénéfiques à sa communauté, et que ces mécanismes sociaux opéraient comme alternative innocente à la société prisonnière des races qui l'entourait. C'est une interprétation qui capture le sentiment qu'ont

1. Esclave (1753-1783) rachetée comme domestique par un marchand progressiste de Boston. L'instruction très riche qu'il lui prodigua lui permit d'écrire et de faire publier ses poèmes, dont elle dut prouver l'authenticité.

la plupart des Africains-Américains: celui que leur vraie vie, leur vie épanouissante, leur vie intérieure est quelque part ailleurs, en dehors de son histoire déformante. Et que, aussi parsemée d'obstacles qu'elle puisse être, ce serait à l'évidence la vie qu'ils choisiraient si le choix leur était présenté. Que si beaucoup (peut-être même une majorité) d'Africains-Américains jugeaient précieux ce qu'ils percevaient comme le privilège et la licence des Blancs américains, très peu d'entre eux voudraient échanger leur place si cela signifiait devenir des Blancs.

Pourtant, formuler cette différence prisée et vénérée manquait rarement de rencontrer quoi que ce soit hormis les schémas intéressés et défensifs du déni: la rhétorique « pleine d'orgueil » typique des affaiblis. Adopter la position voulant que l'Histoire ne soit pas le facteur déterminant, que la stabilité, la beauté, la créativité et l'intelligence supérieure soient les véritables caractéristiques de la vie des Noirs, semblait alourdir (et, dans certaines circonstances, souiller) l'étude de la culture noire par un programme ennoblissant, un projet qui se brisait l'échine dans sa tentative pour la mettre en place.

Ces postures: 1) la culture africaine-américaine comme examen et diagnostic du patient; 2) la culture africaine-américaine comme vaccin contre l'intolérance; 3) la culture africaine-américaine comme célébration et reconnaissance insistantes de la beauté et de la santé culturelles (qui, par association ou par osmose, pouvaient guérir les autres) se sont violemment affrontées et la littérature elle-même a souvent été ensevelie sous les décombres qui en ont résulté. Comme écrivain habitant le monde de cette littérature et y participant, j'avais l'impression que l'œuvre elle-même était devenue un genre de domestique qui ouvrait des portes afin que des invités se joignent à une fête à laquelle il n'avait pas été convié.

Eh bien, voilà ce qui me tracassait vers la fin des années 1980. Pourtant, j'ai résolu de ne pas me laisser distraire de mon travail de création au bénéfice d'un travail de défense et j'ai gardé le silence sur l'usage de mon œuvre comme guérisseur social. Mais il y avait encore un autre problème. Je comprenais et préférais vraiment le rôle d'écrivain attaché à l'œuvre et non à son explication. Je croyais que tout ce que je pouvais avoir à dire sur la littérature africaine-américaine se trouvait dans les livres que j'avais écrits. Prendre part à leur critique était contraire à ce que je voulais que fasse mon œuvre, qui était d'arriver sans dénominations, sans étiquettes, ni significations ultimes définies par moi et épinglées à son revers. Je voulais qu'elle soit la propriété de quiconque voulait en prendre possession. Les demandes de conversations ou d'entretiens de la part d'universitaires diligents et honnêtes pour accompagner leurs recherches semblaient inappropriées, d'une manière ou d'une autre : un genre de glu journalistique visant à assurer l'unité de conclusions déjà tirées de sources primaires et secondaires. En outre, aucun de ces universitaires ne s'intéressait vraiment à mes opinions sur mes livres. Ils s'intéressaient plus, naturellement et à juste titre, à leurs propres opinions sur ceux-ci. Je n'étais présente dans la conversation que pour fournir confirmation ou, dans certains cas, pour avoir tort, pour être incapable de comprendre ce que j'avais réellement écrit. Il m'a fallu longtemps, je l'avoue, pour prendre ces entretiens au sérieux, car je les associais injustement au journalisme et non à la recherche universitaire.

Pour finir, je me suis retrouvée contrainte d'aborder le problème. Mon intérêt intense pour le développement de la critique littéraire africaine-américaine comme de sa pédagogie et mon refus de participer à cette critique sauf à titre d'intervenante désintéressée étaient incompatibles, une fois que j'avais compris qu'au cœur de mon problème résidait une question présente au cœur de mon travail : que ce qui animait tous ces genres d'approches de l'étude de la culture africaine-américaine (pathologie, tolérance, différence glorifiée, différence effacée, l'écrivain comme étant son meilleur commentateur, son pire commentateur ou son ami au tribunal ; ou bien, dans mon cas, un mélange inutile des trois), c'était la question : *Qu'est-ce qui constitue la littérature africaine-américaine ?* Est-ce l'écriture d'Américains qui « se trouvent » être afro ? Possède-t-elle plutôt des caractéristiques culturelles qui apparaissent, l'imprègnent, apparaîtraient et l'imprégneraient même si cette littérature avait été créée à Mexico, à Londres, à Istanbul ? Y a-t-il une différence ? Et si oui, cette différence est-elle différente de toutes les autres différences ?

Il ne « va pas sans dire » qu'une œuvre écrite par un Africain-Américain est automatiquement subsumée par une présence noire qui s'impose. Dans une grande partie de la littérature africaine-américaine, il y a une fuite évidente devant la noirceur. Dans certaines parties, il y a un duel antagoniste avec la noirceur. Et dans d'autres cas, comme on dit, vous ne devinerez jamais. Si j'étais censée prendre part au discours critique, il me fallait éclaircir la question de savoir ce qui, hormis la mélanine et le sujet, faisait de moi un auteur africain-américain. Je ne m'attendais pas à aboutir à quelque instant parfait où la recherche serait terminée, même si c'était possible. En revanche, je voulais compter parmi ceux pour qui cette quête était prise au sérieux et poursuivie avec sérieux. Je suis donc entrée dans le débat pas seulement comme artiste ou universitaire, mais comme les deux à la fois. Je croyais que cette double position pouvait aider à élargir et à approfondir les arguments sur la validité, la nécessité et l'orientation des études africaines-américaines. Déjà, il y avait un important travail pour remettre en contexte de telles études, redéfinir leur portée dans les disciplines humanistes. Mais mon intérêt s'est détourné de l'examen de ce que mijotaient les intellectuels et artistes noirs pour s'orienter vers autre chose. J'étais mécontente de l'hypothèse d'un retour à la ségrégation dans les études africaines-américaines : d'un déplacement de ce savoir en terrain protégé, où son aspect unique, sa nature exceptionnelle, ses caractéristiques radicales ou même traditionnelles pouvaient être soumis à interrogation, mais où sa puissante singularité pouvait le rendre unique en son genre : en faire une chose à part, seule dans sa catégorie. J'étais d'avis que les études africaines-américaines pouvaient, mais pas forcément, se limiter à elles-mêmes car le projet ressemblait au prétendu problème de la race lui-même. Il ne s'agissait pas d'un quartier qui prospérait ou luttait pour survivre aux abords de la ville, aux abords des campus, juste à l'extérieur de la réflexion intellectuelle ; il ne s'agissait pas non plus d'une minorité exotique, intéressante pour l'anthropologie, qui palpitait aux extrémités du corps politique. Ce problème résidait (et réside) au cœur du cœur de la nation. Aucune décision de principe ne pouvait être comprise sans la question noire en son centre, même ou surtout lorsqu'on n'en parlait pas. Le vrai sujet n'était pas le logement, l'enseignement, l'armée, l'économie, le vote, la citoyenneté, les prisons, les pratiques en matière de crédit, le système de santé, ni tout ce que vous voulez ; le vrai sujet, c'était : que faire des Noirs, terme qui était devenu un substitut de « pauvres ». Très peu de disciplines échappent à l'influence des constructions racistes. Droit, science, théologie, médecine, éthique médicale, psychiatrie, anthropologie, Histoire : tous étaient impliqués. En outre, y avait-il un discours public dans lequel la référence aux Noirs n'existait pas ? On la trouve dans chacune des grandes luttes de cette nation. J'étais convaincue qu'il n'y avait pas de carte à jouer figurant la race, mais simplement un jeu de cartes, dont chacune opérait sur un terrain bien plus vaste qu'elle ne l'avait cru auparavant et répercutait son influence sur la culture nationale. Ces recherches ont résulté en une série de douze conférences, dont trois sont devenues un livre, *Playing in the Dark*. J'ai tenté d'y exprimer l'ampleur du projet et sa complexité. Les études africaines-américaines pouvaient interroger un vaste domaine de la production culturelle, à l'ouest comme à l'est, et, ce faisant, raviver et élargir une grande variété de disciplines. Tel est, après tout, l'objectif de l'enseignement : l'accès à plus de connaissances. Il viendra peut-être un temps où nous – étudiants, facultés, administrateurs, artistes et parents – devrons beaucoup lutter pour défendre l'enseignement, beaucoup lutter pour défendre une science non corrompue (pas la science idéologique ou raciste) ; pour défendre une histoire sociale solide, une anthropologie apolitique (pas les stratégies de contrôle) ; pour défendre l'intégrité de l'art (pas sa célébrité).

Il viendra peut-être en effet un temps où les universités pourront avoir à se battre pour défendre le privilège de la liberté intellectuelle.

Gertrude Stein et la différence qu'elle fait

J'ai lu quelque part qu'il existe deux réactions au chaos : la dénomination et la violence. La dénomination s'accomplit sans effort lorsqu'une population ou une géographie prétendument innommées ou dépouillées de leur nom sont disponibles pour ce processus. Sinon, il faut se contenter de renommer vigoureusement. La violence est comprise comme réaction inévitable au chaos – à ce qui est indompté, farouche, sauvage – autant que bénéfique. Quand on conquiert un territoire, l'exécution de la conquête, son objectif, d'ailleurs, est de le contrôler en le refaçonnant, en le déplaçant, en le réduisant ou en le divisant. Voilà qui est compris comme l'obligation du progrès industriel et/ou culturel. Cette rencontre avec le chaos, malheureusement, ne se limite pas au territoire, aux frontières, aux ressources naturelles. Pour mener à bien le progrès industriel, il est également nécessaire de faire violence aux personnes qui habitent le territoire, car elles résistent et se rendent anarchiques, deviennent une *partie* du chaos ; dans certains cas, le contrôle a introduit des formes de hiérarchie nouvelles et destructrices quand il réussissait, et des tentatives de génocide quand il échouait.

Il existe une troisième réaction au chaos, sur laquelle je n'ai rien lu, qui est l'immobilité. L'immobilité est ce qui réside dans la crainte respectueuse, dans la méditation ; l'immobilité réside aussi dans la passivité et la sidération. Il se peut que les premiers Américains aient envisagé les trois : dénomination, violence et immobilité.

Cette dernière apparaît certainement (ou semble apparaître) chez Emerson, Thoreau et dans la qualité d'observateur de Hawthorne. On la retrouve aussi dans l'ethos puritain. Mais contrairement à la population autochtone d'Amérique et à l'essentiel des populations transportées d'Afrique en Amérique, l'immobilité américaine a été restreinte, voire atténuée, par le pragmatisme. Il y a toujours eu un aspect visant à la préparation du terrain pour ses héritiers, pour un avenir lointain indifférent au passé, et la vertu de la richesse comme don de Dieu, qu'il était péché de ne pas accumuler. Cette « immobilité » grandement matérialiste telle que pratiquée par les immigrants croyants/appartenant au clergé était fort en contraste avec la philosophie des sociétés préindustrielles : « Ne prenez que ce qu'il vous faut et laissez le territoire comme vous l'avez trouvé. » L'une des questions les plus intéressantes, dans la formation chrétienne de la responsabilité privée et publique, est la négociation entre l'esprit d'économie et la crainte respectueuse, entre le réconfort de la religion et l'exploitation naturelle, la répression physique et la générosité spirituelle, le sacré et le profane. Cette négociation persiste dans la tension présente parmi ces trois réactions au chaos : dénomination, violence et immobilité. Pourtant, la majorité des colons d'Amérique ne se composait en aucun cas de bigots paniqués ni du groupe bienveillant, mais lugubre, de Plymouth Rock, pétri de respect pour la nation, de principes de marchandisation bien commodes et d'illusions nostalgiques. Je crois que 16 % en faisaient partie, mais cela laisse 84 % d'« autres », comme on dit sur les formulaires de recensement. Cependant, même parmi ces 16 %, cette idée déjà ambivalente d'immobilité complice n'a pas mis longtemps à se dissiper en conséquence de l'industrialisation. Ce grâce à l'abondante réserve de main-d'œuvre gratuite sous la forme d'esclaves, de domestiques engagés par contrat, de détenus, de débiteurs censés payer à terme, mais aussi d'une main-d'œuvre à bas prix représentée par des immigrés pauvres ayant fui l'endettement, la famine ou la mort. Alors même que Twain privilégiait l'existence, la langue et l'humour villageois ou ruraux, alors même qu'il dotait d'aspirations pastorales le Mississippi, les allées et les routes de l'Amérique du XIXe siècle, lui-même investissait dans des combines lucratives, ce qui s'est avéré désastreux ; de toute évidence, il incitait ou prenait plaisir à chercher de l'or et à constater l'intelligence des combines rentables chez ses personnages. C'est Ralph Waldo Emerson, notre intellectuel transcendantaliste et réservé, qui a écrit sur la ruée vers l'or en Californie que peu importaient les moyens immoraux utilisés : la fonction de la ruée vers l'or était d'accélérer le peuplement et le *processus de civilisation* de l'Ouest.

Melville, bien sûr, se préoccupait des demandes reconventionnelles d'un capitalisme florissant, à mesure que celui-ci reflétait la force de la nature ou s'empalait sur elle. En plus de bien d'autres textes, *Moby-Dick*, *Billy Budd*, *Vareuse-Blanche* et *Benito Cereno* abordent les conséquences de la pression économique sur l'« innocent », le travailleur naïf et son « capitaine ». Tous dans le contexte de ces deux tiers du globe qui représentent le chaos : la mer, qui semble illustrer le plus clairement les trois réactions : dénomination (tableaux, cartographie, descriptions), violence (conquête, chasse au cachalot, vaisseau négrier, flotte navale, etc.) et immobilité (recherche de l'âme, vigies inutiles à bord qui fournissent les passages les plus riches en réflexions sur soi). Poe réagissait au chaos par la violence et la dénomination. Violence dans son attirance pour les damnés, les mourants, l'esprit du meurtrier. Dénomination dans ses notes en bas de page « scientifiques » et insistantes, ses commentaires, ses ajouts de données historiques et géographiques en index. Mais ces écrivains, et d'ailleurs tous les Américains, disposaient d'un élément supplémentaire pour méditer sur le chaos. La Nature, l'Ouest « vierge », l'espace, la proximité de la mort : tous importaient. Cependant, c'était la disponibilité d'un chaos domestique, d'un désordre inventé, d'un « Autre » présumé non civilisé, sauvage, éternel et intemporel, qui confère à l'Histoire américaine sa formulation spéciale et particulière. Cet « Autre », comme nous l'avons suggéré, c'était la présence africaniste. Les colonialistes américains et leurs héritiers pouvaient réagir, et l'ont fait, à ce « chaos » contrôlable et utile par la dénomination, la violence et, très tardivement, timidement, prudemment, non sans hésitation, par une certaine mesure d'immobilité pragmatique. Une fois encore, c'est vers la littérature, vers les écrivains, que nous nous tournons pour trouver des preuves et des représentations de cette réflexion sur la domination. C'est à leur endroit que l'on constate de l'immobilité (chez Melville, par exemple) dans le refus de nommer, afin de réfléchir sur le mystère, le message de l'inscription même du chaos. Dans le refus de faire violence, le refus de conquérir, d'exploiter. Mais ce pour affronter, pénétrer, découvrir, en quelque sorte, ce dont cette présence était (ou pouvait être) faite.

C'est dans ce contexte que je souhaite lire Gertrude Stein : son étude minutieuse de la vie intérieure de cet « Autre », ainsi que les problèmes de non-intervention que posait cette vie et dont elle devenait victime. Le « modernisme » dont Stein est d'ordinaire supposée être le précurseur a plusieurs formes : si nous considérons que le modernisme a comme unique caractéristique permanente la fusion des formes, l'effilochage des contours, l'absence de frontières, l'amalgame des procédés, le mélange des genres, la redéfinition du genre, des rôles traditionnels, l'appropriation de disciplines diverses, autrefois distinctes, au service de disciplines nouvelles ou conventionnelles, la combinaison de périodes historiques et de styles artistiques, nous pouvons retracer les façons particulières dont la littérature américaine a accompli ce cheminement. En Amérique, la première marque, le premier signe effrayant de fusion, d'amalgame et de dissolution de ce que l'on tenait pour les frontières « naturelles », a été la fusion des races. Elle a été la mieux représentée, la plus inquiétante, la plus réprimée par la loi et la plus désirée des incursions en territoire interdit, inconnu et dangereux, car elle représentait le glissement dans les ténèbres, dans ce qui est proscrit et illicite : la rupture scandaleuse et provocatrice avec l'élément familier.

En termes d'adoption du modernisme par la littérature, comme cela est également vrai de l'évolution des arts visuels vers le modernisme, le terrain imaginatif sur lequel a eu lieu ce cheminement était, et est, dans une très large mesure, la présence de l'« Autre » racial. Explicite ou implicite, cette présence anime de façon éloquente, irrésistible et inéluctable la forme de la littérature Américaine. À portée de l'imagination littéraire, elle constituait une force de médiation à la fois visible et invisible. De sorte que même, et surtout, quand les textes américains ne « traitent » pas de présences africanistes, leur ombre plane implicitement dans les signes, les lignes de démarcation. Ce n'est pas un hasard, loin de là, si les populations immigrées ont compris – et comprennent encore – leur « américanité » en opposition à la population noire résidente. En fait, la race est devenue tellement métaphorique et, en tant que métaphore, tellement plus nécessaire à l'américanité qu'elle rivalise avec l'ancien racisme pseudo-scientifique et imprégné de différences sociales auquel nous sommes habitués. En tant que métaphore, cette présence africaniste est peut-être quelque chose dont les États-Unis ne sauraient se passer. Car dans cette partie du XXe siècle, si les Américains doivent être différents, s'ils doivent être américains d'une façon dont les Canadiens ne le sont pas, dont les Latino-Américains ne le sont pas, dont les Britanniques ne le sont pas, ils doivent être des Blancs américains, et cette distinction dépend d'une noirceur sur laquelle on peut compter en permanence. Au plus profond de lui-même, le mot « Américain » contient son association avec la race. (On remarque qu'identifier quelqu'un comme « Sud-Africain », c'est dire très peu : il nous faut l'adjectif, Sud-Africain « blanc » ou Sud-Africain « noir ». Aux États-Unis, c'est plutôt l'inverse : « Américain » *signifie* « blanc » et les Africanistes luttent pour que ce terme leur devienne applicable, en ajoutant des traits d'union et l'appartenance ethnique.) Les Américains n'ont pas eu de noblesse débauchée, prédatrice, à laquelle arracher son identité tout en convoitant sa licence. Ils semblaient avoir fait fusionner l'arrachement et l'envie dans leur contemplation embarrassée et réflexive de l'africanisme mythologique.

Pour l'aventure intellectuelle et imaginaire des écrivains qui en sont venus à signifier « moderne » en littérature, cet Autre africaniste bien commode était le corps, l'esprit, le chaos, la bonté et l'amour, l'absence de restrictions, la présence de restrictions, la méditation sur la liberté, le problème de l'agressivité ; l'exploration de l'éthique et de la morale, les obligations du contrat social, la croix de la religion et les ramifications du pouvoir. Les auteurs – américains – qui échappent à cette influence sont ceux qui ont quitté le pays, mais pas tous.

Certains observateurs critiques perspicaces croient que l'individualisme à l'américaine excluait la possibilité d'un « Autre », tout espace pour un « Autre » et que, dans le cas du sexisme, on avait un effacement de l'autre en tant qu'être signifiant, en tant que non-personne. Je me demande si ce n'est pas exactement l'inverse, à savoir que l'individualisme émane du fait de placer à l'extérieur un moi fermement captif. Qu'il pourrait n'y avoir aucun moi individuel intérieur, stable, durable, sans la conception et la fabrication minutieuses d'un genre extrinsèque et, de la même manière, d'une ombre externe, extrinsèque. Les deux sont liés, mais uniquement aux frontières extérieures du moi, du corps. Que cela ait été vrai des hommes blancs devrait être évident. Et puisque la définition de l'Américain est un homme blanc qui est différent, et qu'un Américain bon ou qui réussit est un homme blanc qui est différent et puissant, ce qui fait fonctionner tout le mécanisme, ce sont la noirceur, le fait d'être une femme, les stratégies de défamiliarisation et l'oppression. Bernard Bailyn fournit le portrait le plus succinct et le plus fascinant de ce processus classique d'autoperpétuation et d'autodéfinition. Parmi les immigrés et colons qu'il décrit dans son ouvrage extraordinaire, *Voyagers to the West* [« Passagers vers l'Ouest »], se trouve un personnage dénommé William Dunbar, sur lequel il existe de nombreux documents.

La conclusion frappante de sa brève apparition est qu'il y a quatre conséquences désirables à la formation réussie de cet Américain en particulier : l'autonomie, l'autorité, la nouveauté et la différence, ainsi que le pouvoir absolu. Aux XIXe et XXe siècles, ces avantages se traduisent par l'individualisme, la différence et l'exercice du pouvoir. Fait peu surprenant, ce sont aussi les caractéristiques majeures de la littérature américaine. Nouveauté et différence ; individualiste ; d'une puissance héroïque. Ces termes se traduisent comme suit, du moins jusqu'à la Seconde Guerre mondiale : la « nouveauté » du XIXe siècle devient l'« innocence » du XXe siècle. La « différence » devient la marque du moderne. L'« individualisme », le culte du Justicier Solitaire[1], fusionne avec l'idée d'un mécontent

1. *Lone Ranger* : personnage de western créé en 1933, héros de feuilletons radiophoniques, puis télévisés, et de longs métrages.

aliéné et épris de solitude (qui demeure néanmoins innocent), et bien sûr, il y a l'intéressante digression qu'est Tonto, dans laquelle nous n'entrerons pas ici. Mon motif de perplexité était jadis le suivant : pourquoi qualifie-t-on ce justicier de « solitaire » s'il est toujours avec Tonto ? À présent, je vois que, étant donné la nature raciale et métaphorique de leur relation, c'est justement à cause de Tonto qu'on peut comprendre qu'il est « seul ». Sans lui, je suppose qu'il serait simplement « le Justicier ». Après la guerre, la puissance héroïque fait place aux problèmes de l'usage et de l'abus du pouvoir. Chacune de ces caractéristiques, je crois, est imprégnée d'une conscience et d'une utilisation complexes d'un africanisme fabriqué de toutes pièces en guise de stade et terrain d'entraînement pour son identité. De quoi, se demande-t-on, les Américains sont-ils toujours résolument *faits* ? Quel rapport l'élément moderne entretient-il avec la présence activement créatrice des Africains-Américains ? (On m'a fait remarquer qu'à chaque fois que l'industrie cinématographique souhaite déployer – et déploie – une technologie ou une envergure toutes nouvelles, elle utilise des personnages, un récit ou un idiome africanistes. Le premier long-métrage parlant était *Le Chanteur de jazz*, le premier succès à faire recette était *La Naissance d'une nation*, la première comédie de situation télévisée était *Amos'n'Andy* et, bien que cela ne corresponde pas tout à fait, mais presque, le premier documentaire était *Nanouk l'Eskimo*. Et l'on ne conteste probablement dans aucun endroit le fait que les partitions d'influence majeure des réalisateurs « modernes » ont été ce que nous appelons aux États-Unis de la « musique noire ».) Pour revenir à notre propos, la dernière question est : à quoi l'individu est-il rendu étranger, sinon à son moi « blanc », dans un pluralisme constant mais, pour une raison ou pour une autre, maintenu et exprimé de façon malhonnête ? Cette dernière question se concentre sur la détention, la rétention et la répartition du pouvoir.

J'ai cité Gertrude Stein comme paradigme ou précurseur du modernisme. À présent, je voudrais me pencher sur l'une de ses œuvres les plus admirées pour illustrer ce que j'estime être un fascinant déploiement d'américanisme littéraire, afin de tenter d'établir le rapport qu'il entretient avec les innovations de cet auteur, sa nouveauté, ses représentations de l'individualité, ses perceptions du pouvoir sexuel et les privilèges que confèrent la classe sociale et la race.

Les trois vies que présente Gertrude Stein dans son roman du même nom sont résolument inégales. Non seulement dans leur traitement, comme j'espère le démontrer, mais aussi de plusieurs autres façons. Des trois femmes qui constituent cette œuvre (œuvre de trois histoires réunies pour faire un roman ou ensemble court), l'une couvre soixante et onze pages, une autre en requiert quarante et une autre encore, le récit majeur et situé au milieu, occupe deux fois la longueur de l'une et presque quatre fois l'espace de l'autre. Cette répartition inégale de l'espace, dont chaque partie se concentre sur une seule femme, est marquée par une autre inégalité. La première partie s'intitule « La brave Anna » ; la dernière, « La douce Léna ». Seule la partie majeure, centrée et la plus longue ne comporte pas d'adjectif : elle s'intitule « Mélanctha ». Tout simplement. Comme vous devez vous en souvenir, Mélanctha est une Noire (ou, ainsi que Mlle Stein la définit, une négresse). Prise en sandwich entre les deux autres, elle semble encadrée, limitée par elles, comme pour mettre en avant et souligner sa différence tout en la gardant fermement sous contrôle. Avant d'analyser les différences remarquables entre Mélanctha et les deux femmes qui se tiennent à sa gauche et à sa droite, je devrais peut-être définir leurs ressemblances, car il y en a, même si elles paraissent davantage mettre en relief la différence de Mélanctha et la différence que Stein fait d'elle. Les trois femmes qui constituent cette œuvre sont toutes des domestiques ; toutes meurent à la fin ; toutes sont maltraitées d'une manière ou d'une autre par les hommes ou par les conséquences d'une société dominée par les hommes. Toutes sont à la frontière entre la misère sordide et la pauvreté méritante. Et bien que toutes soient nées dans un certain pays, c'est précisément là que s'arrêtent leurs ressemblances. Les deux femmes blanches ont une nationalité : allemande, tout d'abord ; puis, en tant qu'immigrées, elles peuvent relever de la catégorie des Germano-Américains si elles en font le choix. Seule Mélanctha est née aux États-Unis et seule Mélanctha ne reçoit pas d'identification nationale. C'est une négresse et, par conséquent, même en 1909, plus de quarante ans après que la Proclamation d'Émancipation a affranchi tous les esclaves, elle est sans pays, sans désignation de citoyenneté. Elle n'est jamais décrite comme une Américaine et certainement jamais étiquetée comme telle par la voix narrative.

Pour Mlle Stein, Mélanctha est un genre spécial de négresse. Une négresse acceptable, car elle a la peau claire, fait qui a du pouvoir quand nous remarquons que sa partie s'ouvre sur la comparaison entre Mélanctha et Rose, son amie très proche, qui est décrite de façon répétée (et insistante) comme étant très noire : « la noire Rosie, maussade, enfantine et lâche, grognait et faisait des histoires et hurlait et se rendait abominable et pareille à une simple bête[1]. » Dans cette série d'adjectifs se trouvent toutes les obsessions, toutes les formes de réduction métonymique, toute la dégradation des personnes en animaux afin d'empêcher le dialogue, l'identification et la création de stéréotypes économiques, tous omniprésents dans les sous-entendus, sinon dans le langage explicite, d'une majorité de descriptions de personnages africanistes dans les romans antérieurs à 1980. « Rose Johnson était une vraie négresse noire, grande, bien bâtie, maussade, stupide, enfantine et belle fille. » « Rose Johnson était une véritable négresse noire *mais* elle avait été élevée tout à fait comme leur propre enfant par des Blancs. » (Mes italiques.) Nous remarquons d'emblée qu'il n'est pas nécessaire pour Stein de décrire ni d'identifier ces Blancs, de dire s'ils étaient bons, instruits, pauvres, stupides ou méchants. Apparemment, il suffit qu'ils aient été blancs, l'hypothèse étant que, quel qu'ait été le genre de Blancs auquel ils appartenaient, ils étaient *cela* et que l'instruction dispensée à Rose la mettrait donc dans une position privilégiée, fait que Rose elle-même non seulement admet, mais dont elle est reconnaissante. Mélanctha, claire de peau, est en revanche décrite comme « patiente, soumise, apaisante, et infatigable ». C'est aussi une « gracieuse négresse au teint jaune clair, attirante et

1. Gertrude Stein, *Trois vies* (1909), traduit de l'anglais par Raymond Schwab et Andrée Valette, Paris, Gallimard, coll. « L'Imaginaire », 1981, p. 103. Sauf mention contraire, toutes les citations figurent aux p. 103-110.

intelligente », qui n'a « pas été élevée comme Rose par des Blancs mais par contre elle *était faite pour moitié de sang vraiment blanc.* » (Mes italiques.) Le message est d'une limpidité superflue. Si Rose peut prétendre avoir eu la chance d'être élevée par des Blancs, c'est Mélanctha qui a la prétention la plus élevée : celle du sang. Il y a ici une étourderie, car on nous fait comprendre par la suite que son père était « très noir » et « brutal », et que sa mère était une « femme de couleur au teint jaune clair, à l'air doux, agréable et digne. » Cela ne suggère pas l'étiquette « demi-blanche ». Bien que Stein qualifie Mélanctha de « fine, intelligente, attirante fille demi-blanche », une personne « demi-blanche », selon la génétique raciste de l'époque, devait avoir un parent blanc. Je crois que cette dernière hypothèse présentait trop de complexité pour l'auteur : il lui aurait fallu expliquer comment le parent blanc (en l'occurrence, la mère, puisque le père est ostensiblement noir) en était venu à s'unir au parent noir ; peut-être suffit-il que l'amoureux blanc de Mélanctha soit étudié par la suite comme essentiel à sa destruction sans qu'il faille se pencher sur les ramifications d'une autre relation interraciale.

Ce n'est pas pour rien que je relève ces lacunes en matière de race et ces raccourcis linguistiques, tous ordinaires, mais pour insister sur le fait que le recours à ces éléments, en vue de tirer certaines conclusions, est si nécessaire que soit Stein est prête à commettre des erreurs flagrantes aux endroits les plus raffinés du racisme et à risquer de perdre la confiance du lecteur, soit elle perd la maîtrise de son texte insoumis et capricieux. Par exemple, Rose Johnson est à maintes reprises qualifiée d'enfantine et d'immorale. Mais c'est la seule amie de Mélanctha à assumer sa responsabilité d'adulte : un mariage, une maison, de la générosité. Stein affirme la stupidité de Rose, mais ne la dramatise pas. Nous ne trouvons absolument aucune preuve du fait qu'elle soit stupide. Et malgré son sang blanc vénéré, Mélanctha passe le plus clair de son temps dans les rues, sur les docks et aux abords des gares. Il faut questionner la logique de cette obsession du sang : peut-être est-ce son sang « blanc » plutôt que son sang noir qui encourage cette immoralité sur laquelle Stein ne fait pas de commentaires.

Le rôle des hommes africains-américains dans l'histoire de Mélanctha est tout aussi intéressant. À savoir la place des pères, des maris, des amis du père, ainsi que de son galant dans la vie de Mélanctha. Tout à l'honneur de Stein, il y a une répartition égale de la vertu et de la méchanceté parmi les hommes blancs et noirs ; pas du tout à son honneur, elle s'appuie fortement sur les stéréotypes nationaux dont tous font l'objet : préjugés sur les Irlandais, les Allemands et, comme il est évident d'après l'obsession du sang mentionnée plus tôt, préjugés conventionnels. Une telle pseudo-science devrait être surprenante de la part de quelqu'un qui a fait des études de médecine pendant quelques années. En tout cas, Stein décline toute responsabilité pour la particularisation de ses personnages africanistes en « expliquant » et en « justifiant » leur comportement grâce aux outils faciles de la réduction métonymique fournis par la couleur de peau et à l'économie des stéréotypes qui l'accompagne. Une fois encore, cependant, cette stratégie force Stein à rentrer dans des contradictions si profondes que la confiance du lecteur s'évanouit tout à fait. Par exemple, le père de Mélanctha est décrit à plusieurs reprises comme « brutal et peu tendre » envers sa fille ; on nous dit qu'il est tout d'abord un visiteur irrégulier de la maison, puis il s'en absente totalement, ainsi que du roman. La preuve que l'on nous présente de sa brutalité et de son manque de tendresse est le fait qu'il est « noir » et « viril ». Quand nous cherchons à voir ce dont est capable cet homme noir, viril, brutal et peu tendre, nous voyons qu'il protège sa fille de ce qu'il croit être des avances faites par un ami et s'engage dans une bagarre au nom de cette protection. C'est peut-être cette contradiction qui l'exclut fort à propos du texte. S'il était resté, Mélanctha aurait eu un sauveur/protecteur farouche et ne se serait pas attiré d'aussi graves ennuis auprès des hommes.

Le plus significatif, cependant, ce ne sont pas les techniques ordinaires qui consistent à rendre les personnages africanistes différents en tant que *Noirs*, mais ce que je crois être la raison de leur inclusion en premier lieu, car la partie consacrée à Mélanctha sert les intérêts de Stein d'une manière très spécifique. L'africanisme de cette partie devient un moyen par lequel Stein peut pénétrer sans risque en territoire interdit, exprimer ce qui est illégal, ce qui est anarchique, méditer sur les relations entre femmes avec ou sans hommes. Des trois femmes du roman, il n'y a qu'avec Mélanctha que l'éducation sexuelle et les rapports sexuels sont essentiels au récit et au destin des personnages. En 1909, il était peut-être impensable, même pour Gertrude Stein, de parler d'une connaissance explicite de l'acte de chair chez les femmes blanches, même celles appartenant à une classe sociale inférieure. Si nous comparons la sensualité/sexualité d'Anna et de Léna, nous voyons que leur vie est différente de celle de Mélanctha : elles sont chastes, leurs mariages sont arrangés, leur soumission aux exigences du patriarcat est totale. Il semble évident que, comme d'autres écrivains américains, surtout ceux que nous associons au modernisme, Stein se sentait libre d'expérimenter la sexualité dans un récit et trouvait le sujet *acceptable* si l'objet sur lequel se pratiquaient ces expériences était africaniste. Tel le médecin qui a pu développer le paradigme de ses instruments gynécologiques au terme d'expériences prolongées sur sa domestique noire[1], Gertrude Stein est à l'aise en promouvant sa « nouveauté », elle ne risque rien dans son choix de territoire interdit car elle opère un corps qui lui semble offert sans protestation, sans retenue. Entièrement disponible pour l'expression de ce qui est illégal, illicite, dangereux, nouveau. Comme les amuseurs blancs qui pouvaient rassembler un vaste public lorsque, grimés en Noirs, ils parlaient *par l'intermédiaire* du personnage africaniste (*en tant que*) et pouvaient dire ce qui était inexprimable, ouvertement sexuel, subversivement politique.

Quels sont certains de ces sujets nouveaux et illicites ?

Il y en a au moins trois : 1) les liens affectifs compliqués des femmes, non pour se protéger, mais en raison du capital de connaissances qu'ils procurent ; 2) la formation triangulaire sexualité-liberté-connaissances comme principe pour la femme moderne ; 3) la dépendance de la construction de l'Américain à l'égard d'une présence africaniste. Il existe un amour authentique, voire

1. Le Dr James Marion Sims (1813-1883), dit « le père de la gynécologie moderne », inventeur du speculum et qui s'exerçait à opérer ses esclaves sans même les anesthésier.

désespéré, entre Mélanctha et Jane, de même qu'entre Mélanctha et Rose (malgré leur différence de couleur de peau). L'indulgence et la sagesse que Mélanctha reçoit de telles amies sont bien supérieures aux choses qu'elle apprend de ses amis hommes, des médecins noirs ou joueurs noirs. Toutes les femmes des *Trois vies* parviennent à une triste fin, mais il apparaît qu'une seule d'entre elles, Mélanctha, apprend quelque chose d'utile et peut-être de moderne sur le monde avant de décéder. À cet égard, la remarquable contribution de Stein à la littérature, dans sa rencontre avec la présence africaniste, est peut-être le fait de donner à cette rencontre la complexité et la modernité que lui avaient par ailleurs refusées les écrivains dominants de son époque. Bien que ses présupposés sur le sang blanc ou noir soient traditionnellement racistes, Stein fournit une variation intéressante sur ce thème en faisant chérir par Mélanctha cette qualité (si on peut l'appeler ainsi) de noirceur héritée de son père « très intolérable » ; en faisant que la « très noire » Rose conseille Mélanctha et la persuade de ne pas se suicider, et que Rose soit représentée comme une femme mariée « régulièrement », apparemment douée de critères moraux très élevés, certes réfutés par l'insistance de Stein sur le fait que Rose « avait cette immoralité simple de la promiscuité commune aux Noirs. »

Ce qui est cependant essentiel à l'étude de Stein, c'est la question, pour les femmes, du rapport de la liberté à la sexualité et à la connaissance. Dans cette recherche, nous voyons de nouveau la différence que fait l'auteur. L'ouvrage évolue de la contemplation de la vie asexuée d'une vieille fille (la brave Anna) dans sa lutte pour acquérir un contrôle et un sens, vers – et *par* – l'exploration d'une recherche de connaissances en matière de sexe (que Stein appelle « sagesse ») dans la personne et le corps de Mélanctha, femme africaniste, puis vers l'expérience féminine vraisemblablement culminante du mariage et de l'accouchement, avec la douce Léna. Que Stein ait choisi une femme noire pour examiner la sphère érotique suggère et théâtralise les usages de l'africanisme pour représenter la licence et en tenir lieu, afin d'aborder la sexualité illicite.

Stein a beau ironiser pour elle-même durant une bonne partie du texte, avoir des opinions arrêtées qu'elle met dans la bouche des autres et être ouvertement comique, voire parodique dans certains passages, nous sommes impatients de suivre son examen assez radical de la vraie vie de ces femmes ; cependant, c'est chez une seule d'entre elles (Mélanctha) que la répression sexuelle des deux autres non seulement disparaît, mais voit son rejet devenir le thème central de l'entreprise tant de Mélanctha que de Stein. Comme seule la femme noire fournit un accès à une méditation sur les connaissances en matière de sexe, il est extrêmement important que les flirts de Mélanctha, ses errances en solitaire sur les docks ou aux abords des gares pour regarder les hommes, et son absence de bonnes mœurs soient qualifiés par Stein d'envie de connaître la sagesse. La « très noire » Rose est cataloguée « sans mœurs », mais c'est la Mélanctha à moitié blanche qui recherche la connaissance. Cette différence d'étiquettes pour désigner un comportement probablement identique établit une distance et opère comme une façon indirecte de conférer de la dignité à un genre de curiosité non sans discréditer l'autre, tout simplement en marquant une différence de couleur de peau chez la curieuse. D'autres différences sont notables quand la comparaison a lieu entre les domestiques blanches et les femmes noires. Ni Anna ni Léna ne sont curieuses des choses du sexe. La brave Anna ne nourrit jamais l'hypothèse du mariage ni d'un amour. Son « aventure[1] » a lieu avec Mme Lehntman, sa première amie intime. La douce Léna est si terrifiée, si morne et si peu curieuse que Stein n'a pas à spéculer sur le rapport sexuel légal qui a lieu entre Léna et Herman, son mari. Léna se contente de mettre au monde quatre enfants, décède avec le dernier et laisse son époux serein, satisfait et lui-même nourricier. Seule Mélanctha a du courage, elle ressent le pouvoir de séduction de son père noir et la faiblesse de sa mère jaune clair, elle sent que son identification à sa mère, femme passive, ne lui vaudra aucun respect ; elle est libre de vagabonder par les rues, de s'arrêter à l'angle, d'aller voir le spectacle d'hommes noirs qui travaillent aux chemins de fer ou sur les docks ; de rivaliser de témérité avec eux, d'échanger des piques avec eux, de les taquiner avant de leur échapper, et de leur répliquer.

1. *Ibid.*, p. 67.

C'est la voix autoritaire de Mélanctha qui examine, exprime et remet en cause l'amour érotique hétérosexuel, qui combat l'idéal d'union domestique/romantique des classes moyennes et qui s'engage hardiment comme guerrière (comme militante) sur le terrain des rencontres hommes-femmes. Je trouve intéressant que, dans son analyse de la valeur des plaisirs de la chair, Stein ne se tourne pas vers la très noire Rose, celle à qui elle assigne l'immoralité et l'absence de bonnes mœurs, mais vers Mélanctha, à moitié blanche et qui est allée à l'école. On dirait que, aussi téméraire qu'elle fût, Stein ne pouvait supporter d'étudier ces sujets très intimes sur le corps d'une femme très noire : le risque d'une association aussi imaginative semble avoir été trop pour elle. On sent son dédain pour Rose ; mais son admiration pour le comportement dissolu de Jane, comme pour celui de Mélanctha, est ambivalente et rendue dans un langage manifestement cynique et élevé. Jane Harden est définie comme étant « devenue une femme grossière. Elle avait en elle une force dont elle aimait à se servir, elle avait beaucoup de sang blanc, ce qui lui faisait voir clair [...] Son sang blanc était fort en elle et elle avait du cran et de l'endurance et le courage de la vitalité[1]. » On ne peut se méprendre sur les valeurs et opinions codifiées de Stein en matière de race. Elle identifie son propre moi au sang blanc qui explique la vision claire, la force et le courage de la vitalité, mais en élabore l'expression sexuelle sur le sang non blanc qui circule dans ces corps par deux veines apparemment distinctes. Le ridicule des affirmations de ce dont le sang blanc est capable, dans son transfert générique de pouvoir, d'intelligence, et ainsi de suite, est évidemment accentué par le fait que, dans le même souffle, sinon le même paragraphe, nous sommes témoins du comportement d'individus tout à fait blancs, au sang entièrement blanc, qui sont passifs, stupides, et ainsi de suite. Si nous devions succomber à l'idiotie du racisme scientifique, la logique du contraire serait inexprimable : le fait que, dans *Trois vies*, c'est le sang noir qui procure le « courage de la vitalité », l'« endurance ». Il existe une tension et une certaine méfiance du lecteur envers ces prétentions et hiérarchies, du fait

1. *Ibid.*, p. 124-125.

des contradictions qui les accompagnent. Les femmes africanistes, par exemple, sont pétries d'immoralité, mais Mme Lehntman, l'amie, et force essentielle du monde minuscule d'Anna, passe sa vie professionnelle à œuvrer comme sage-femme et aime tout particulièrement aider à accoucher des filles en situation difficile ; à un moment, elle semble même impliquée dans les avortements que pratique son amant, le méchant docteur. Pourquoi ces jeunes Blanches en situation difficile ne sont pas, elles aussi, coupables d'immoralité et de débauche comme le sont leurs sœurs à la peau sombre, c'est une partie de la question que posent ces thèmes. Cette série d'épisodes est obscurcie par l'accent mis sur la générosité et le savoir-faire de Mme Lehntman. On ne s'attarde pas sur l'immoralité de ses patientes : du fait de leur couleur de peau, elles ne sont pas censées avoir une nature « sans mœurs », ni même, semble-t-il, avoir recherché sur les docks la sagesse du monde.

Le dernier point sur lequel je souhaite attirer votre attention est celui par lequel j'ai commencé : une bonne partie de l'affaire consistant à imaginer les Africanistes est liée à la construction minutieuse et cohérente d'un Américain qui arrive à se distinguer en affirmant et en développant sa blancheur comme condition préalable à l'américanité.

Trois vies se concentre sur deux immigrées et une Noire qui ne se voit jamais attribuer de nationalité, bien qu'elle soit la seule citoyenne américaine de naissance parmi elles. Lorsqu'une cousine de la « douce » Léna devient gênée par les manières paysannes de celle-ci, elle fait remarquer que Léna est « quelque chose d'à peine plus qu'un nègre[1]. » Fascinée par son projet intitulé *La Fabrication des Américains*, Mlle Stein nous en a vraiment livré un exemple type en littérature : 1) construire des barrières dans la langue et dans le corps ; 2) établir des différences de sang, de peau et d'émotions humaines ; 3) les situer en opposition aux immigrants et… 4) hop ! Le véritable Américain apparaît !

Prise en sandwich entre deux immigrantes, son agressivité et son pouvoir contenus dans les paumes de femmes blanches chastes,

1. *Ibid.*, p. 289.

mais qui se réfrènent, Mélanctha est audacieuse, mais discréditée ; libre d'explorer, mais limitée par sa couleur et confinée par les femmes blanches à sa gauche et à sa droite, son premier plan et son arrière-plan, son commencement et sa fin, quiconque la précède et la suit. Le format et ses mécanismes internes disent ce qui est signifié. Tous les ingrédients ayant une conséquence sur l'américanité sont exposés dans ces femmes : travail, classe sociale, relations avec l'Ancien Monde, création d'une nouvelle culture non européenne, définition de la liberté, soin mis à éviter la servitude, recherche de perspectives et de pouvoir, localisation des recours à l'oppression. Ces considérations sont inséparables de toute réflexion sur la manière dont les Américains ont sélectionné, choisi et construit une identité nationale. Dans ce processus de sélection, ce qui n'a pas été choisi, ce qui n'a pas été retenu, le rebut, est aussi révélateur que l'Américain construit par accumulation. Parmi les recherches essentielles à sa définition, l'une des plus efficaces est la méditation sur le personnage africaniste en tant qu'expérience de laboratoire pour confronter les problèmes affectifs, historiques et moraux, ainsi que les imbroglios intellectuels, aux graves questions qui sont celles du pouvoir, des privilèges, de la liberté et de l'équité. N'est-il tout bonnement pas possible que l'union, la coalescence, de ce qu'est l'Amérique et de ce dont elle a été faite soit incomplète sans la place occupée par l'africanisme dans l'élaboration de ce prétendu nouveau peuple et sans les conséquences d'une telle formulation sur les revendications de démocratie et d'égalitarisme dans le cas des femmes et des Noirs ? La contradiction inhérente à ces deux propositions antagonistes – démocratie blanche et répression noire – ne se reflète-t-elle pas aussi dans la littérature, si profondément qu'elle en marque et distingue le cœur même ?

Tout comme ces deux immigrées sont littéralement *unies* à Mélanctha telles des jumelles siamoises, les Américains sont *unis* à cette présence africaniste et définis par elle à l'endroit de son échine.

Ardues, vraies et durables

« Un grand nombre d'étrangers traversent notre pays, ces jours-ci. [...] Ils voient nos vies avec horreur et s'arrangent rapidement pour continuer vers le paradis au nord. Ceux que les circonstances contraignent à rester un peu n'arrêtent pas de grommeler et de se plaindre. Tant mieux pour eux que nous soyons pétris de courtoisie, d'hospitalité et d'amabilité innées. Il est bon qu'ils ne sachent pas quelle passion nous ressentons pour cette terre brûlée. Nous tolérons les étrangers parce qu'ils ne peuvent pas toucher aux choses que nous aimons[1]. » Voilà un paragraphe extrait d'une nouvelle de Bessie Head, intitulée « L'arbre vert », que je vous ai imprimé en entier juste pour aboutir à cette seule phrase : « Nous tolérons les étrangers parce qu'ils ne peuvent pas toucher aux choses que nous aimons. » Elle me suggère une attitude et une position susceptibles d'être nécessaires à tout artiste et tout écrivain qui se retrouvent non seulement dans une culture étrangère, mais qui y sont sensibles et se voient, de diverses façons, menacés par elle.

Cet isolement n'a rien de nouveau ni de spécial : c'est en général la première impression que ressent un écrivain ou un artiste lorsqu'il est forcé d'écrire. Et c'est peut-être même *en vertu* de ce sentiment d'isolement qu'il écrit. Les questions que posent tous les écrivains

1. Bessie Head, « L'arbre vert », in *Contes de la tendresse et du pouvoir* (1989), traduit par Christian Surber, Carouge-Genève, Éditions Zoé, coll. « Littératures d'émergence », 2000, p. 46-47 (trad. mod.).

ont trait à la valeur : définir les valeurs qu'ils estiment dignes d'être préservées, définir les valeurs qu'ils croient préjudiciables à une vie plus libre, plus belle ou, du moins, plus stable.

Les premières littératures nationales du monde entier s'attachaient à décrire et, par voie de conséquence, à soutenir les cultures dans lesquelles se trouvait l'écrivain. (Les sagas, les lieder, les mythes, lorsqu'ils étaient consignés, étaient exactement cela.) Tout comme la première littérature des expatriés, des immigrés ou des personnes vivant sous une forme de diaspora se concentrait sur la culture nouvelle ou étrangère dans laquelle se retrouvaient les écrivains et, souvent, la condamnait. Le plus assimilationniste d'entre eux apportait quelque chose de sa propre culture à l'assimilation. Il est encore rare de découvrir des floraisons massives de Joseph Conrad et de Pouchkine dans les anthologies de littérature nationale.

Des littératures plus récentes, écrites tant par des auteurs originaires d'une culture qu'étrangers en elle, se préoccupent pareillement de ce problème. En effet, « aliénation » est devenu le mot de passe, le terme général fourre-tout appliqué quasiment à toute la littérature du monde occidental postérieure à la Seconde Guerre mondiale. Les écrivains considèrent leur propre culture comme étrangère : ceux issus des classes moyennes ont trahi leurs propres classes et aspiré aux valeurs des classes aisées ou qui leur étaient inférieures ; ceux issus de la classe ouvrière en ont déploré les limites ; ceux issus des classes supérieures ont trouvé leur inspiration parmi les pauvres, les paysans « nobles », innocents, non instruits ; ceux d'après-guerre se sont séparés de tout le monde sauf des vétérans et des victimes du conflit. Bien sûr, il y avait et il y a des écrivains qui ont éprouvé un sentiment tout à fait opposé : celui que les choses étaient très bien telles qu'elles étaient, et leur soupçon de se sentir étrangers venait non pas d'une insuffisance mais d'un excès de changement, survenu trop tôt, ce qui signifie avant qu'ils n'y soient prêts.

Que le monde soit un lieu délicieusement désagréable est une ode familière aux écrivains. Et c'est en général juste au stade de la réconciliation avec le monde, juste au moment où il devient sans doute un lieu assez confortable, après tout, que l'écrivain est confronté au Dernier Grand Isolement, celui qui anéantit toutes les autres aliénations qu'il a connues : la prémonition de sa propre mort. À l'ombre de cette aile, même la plus hostile des cultures étrangères est préférable.

Mais comme ces deux conditions (ma conscience d'être originaire de ce pays et d'y être en tant qu'étranger) intéressent l'écrivain que je suis, j'aimerais parler de ce sentiment attendu et peut-être inévitable d'isolement par rapport à la culture qui imprègne le pays dans lequel je vis. Les remarques qu'il me faut faire s'appliquent sans doute à chacun des groupes ayant jamais existé. Et je paraphrase Mlle Head pour dire que je puis tolérer la culture présomptueuse qui n'est pas la mienne parce qu'elle ne peut pas toucher aux choses que j'aime. Voilà qui semble hostile, je sais ; peu partageur, je sais ; peu généreux et défensif. Je sais cela. Mais je suis néanmoins persuadée que la lucidité sur qui l'on est et ce qu'est son œuvre est inextricablement liée à la place que l'on occupe dans une tribu ; ou bien dans une famille, une nation, une race, un genre ou ce que vous voudrez. Et cette lucidité *est* nécessaire à l'évaluation du moi, de même qu'elle *est* nécessaire à tout rapport productif avec toute autre tribu ou culture. Je ne sous-entends pas une série de cultures antagonistes, mais juste celles que l'on connaît bien, car c'est à partir de la lucidité sur sa propre culture que la vie au sein d'une autre, auprès d'une autre, en juxtaposition avec une autre devient sainement possible. Sans elle, un écrivain vit sur n'importe quel sommet qu'il parvient à édifier dans la solitude et toute route sur laquelle il marche aboutit à une impasse. Il est par conséquent vital de savoir ce que sont « les choses que nous aimons » afin d'en prendre soin et de les ménager.

C'est parmi mon propre peuple que je me suis toujours sentie la plus vivante, la plus alerte et la plus éminente. C'est de là que provient toute mon énergie créatrice. C'est là que naît ma stimulation pour tout effort artistique. Mon besoin compulsif d'écrire, voire d'*être*, commence par ma conscience du peuple noir, mon expérience avec le peuple noir, voire la crainte respectueuse qu'il m'inspire, et la qualité de nos vies telles que vécues (et non perçues). Tous mes instincts me disent que toute forme de capitulation totale devant une autre culture me détruirait à la fois en tant qu'écrivain et en tant que personne. Le danger ne vient pas toujours de l'indifférence : il vient aussi de l'acceptation. Cela s'appelle parfois la peur de l'absorption, l'horreur de l'adhésion culturelle. Mais au cœur de cette horreur réside, pour moi, ce que je sais sur ce qu'a été l'histoire de la culture qui imprègne ce pays.

Mes instincts s'allient donc à mon intelligence pour m'informer que de nombreux aspects de cette culture ne sont pas fiables et ne sont pas d'une grande aide.

Toutes mes tentatives d'écriture, sans exception, se sont concentrées sur cette hypothèse et sur la question suivante : Qu'y a-t-il de valeur, dans la culture noire, que l'on peut perdre, et comment peut-on le préserver et le rendre utile ? N'étant pas très douée pour rédiger des tracts, je définis souvent les choses que j'aime et que je trouve précieuses en les montrant en danger : dans mes romans, des choses sont menacées et parfois détruites. C'est ma façon d'attirer l'attention des lecteurs sensibilisés, de telle sorte qu'ils aspireront à trouver, regretteront, et, je l'espère, apprendront à ménager certains aspects de cette vie qui méritent d'être préservés.

À présent, pour que je puisse tenter ne serait-ce que de définir ces choses, il me faut en savoir beaucoup ou essayer d'en découvrir beaucoup sur la civilisation présente à l'intérieur de celle dans laquelle j'ai grandi. Je veux dire : la civilisation noire qui fonctionnait à l'intérieur de la blanche. Les questions que je dois lui poser sont : Quelle était la hiérarchie en vigueur dans ma civilisation ? Qui étaient les arbitres de la coutume ? Quelles étaient les lois ? Qui étaient les proscrits : non les proscrits selon la loi, mais selon la communauté ? Où allions-nous chercher du réconfort et des conseils ? Qui étaient les traîtres à cette culture ? Qui respections-nous et pourquoi ? Quelle était notre morale ? Qu'était-ce que le succès ? Qui survivait ? Et pourquoi ? Et dans quelles circonstances ? Qu'est-ce qu'un comportement déviant ? Pas un comportement déviant tel que défini par les Blancs, mais qu'est-ce qu'un comportement déviant tel que défini par les Noirs ?

Depuis des années, je suis constamment fascinée par le fait qu'aucun traitement bestial des êtres humains ne produit jamais de bêtes, et c'est probablement une fascination qui durera toute ma vie. Des maraudeurs blancs ont pu forcer des Amérindiens à marcher d'un bout à l'autre du pays en les regardant tomber comme des mouches ou du bétail, mais ces Amérindiens n'ont pas fini comme du bétail ; on a pu précipiter les juifs dans des fours comme des carcasses vivantes, mais les juifs n'en sont pas pour autant devenus des bêtes ; on a pu asservir les Noirs génération après génération et les inscrire dans les statistiques en plus des listes de cargaisons de riz, de goudron et de térébenthine, mais ils ne se sont pas révélés être des cargaisons. Chacun de ces groupes a civilisé l'horreur même qui l'opprimait. Elle ne fonctionne pas, et je ne pense pas qu'elle le puisse. Elle ne fonctionne jamais ; ce qui me préoccupe, c'est : *pourquoi*. Pourquoi la qualité de la vie de ma grand-mère valait tellement mieux que les circonstances de sa vie ? Comment était-ce possible sans le mouvement féministe, sans un mouvement artistique noir, sans aucun mouvement ? Comment était-il possible que l'intégrité et la qualité mêmes de sa vie aient été tellement supérieures à ses circonstances ? Je sais qu'elle n'était pas atypique parmi les femmes de son époque. C'était une femme noire moyenne comme il y en a toujours eu. Et nulle quantité d'études traîtresses, nulle quantité de tyrannie psychologique, aucun nombre de colonisateurs noirs qui, dans leur recherche d'emplois et de notoriété nationale, donnent la main à ceux qui nous violeraient culturellement, aucun d'entre eux ne me persuadera jamais du contraire. Parce que je la connaissais et que j'ai connu les gens qu'elle connaissait.

Dans mes propres écrits, afin de révéler ce qui me semble être les choses ardues, vraies et durables, je tends à représenter des individus sous la contrainte, pas dans des circonstances faciles, mais mis au pied du mur, des individus qui doivent agir ou renoncer. Tu prétends être mon ami ? Voyons voir. Tu te dis révolutionnaire ? Fais voir ce que ça donnera quand je te pousserai vers la sortie. Tu dis que tu m'aimes ? Voyons voir. Que se passe-t-il si tu suis *ton* idée jusqu'au bout ? Quelles sont les choses auxquelles tu renonceras ? En plus, sous la contrainte, je sais *qui* ils sont, de quoi ils sont faits, laquelle de leur qualité sera la dernière à disparaître et lesquelles ne disparaîtront jamais. Cela donne une nuance mélancolique à mon œuvre. Je sais. Cela me conduit vers des personnages exceptionnels plutôt qu'ordinaires. Je sais. Et cela me fait prêter le flanc à la critique au sujet de personnages bizarres et d'images non positives. Je sais. Mais je crains de devoir laisser les images « positives » aux dessinateurs de bandes dessinées et les personnages noirs « normaux » à une future Doris Day, car je crois qu'il est idiot, pour ne pas dire irresponsable, de m'occuper de rouge à lèvres et de sparadraps quand une épidémie sévit sur le territoire. La prétendue vie quotidienne des Noirs est certainement merveilleuse à vivre, mais quiconque la vit doit savoir que chaque jour de sa « vie quotidienne » de Noir est un triomphe de la matière sur l'esprit et du sentiment sur le bon sens. Et s'il ne le sait pas, il ne sait rien du tout. Comme l'a dit le poète africain Keorapetse Kgositsile dans sa jeunesse, « le présent est un lieu où il est dangereux de vivre ». Les cosmétiques littéraires superficiels ne nous sauveront pas de ce danger. En vérité, la littérature ne nous sauvera pas du tout. Tout ce qu'elle peut faire, c'est signaler, peut-être, la nécessité d'une défense, mais elle-même n'est pas cette défense. Ce qu'elle peut faire, c'est participer au processus de définition de ce qui a de la valeur et, une fois cet élément apparu, une fois que la tradition noire aura pu être retranchée de la mode noire, une fois que l'écriture noire aura cessé de prendre des poses et de satisfaire les voyeurs fixés sur l'existence des Noirs, une fois qu'elle aura cessé de faire une version américaine de l'art d'aéroport, une tâche plus ardue encore se présentera.

En effet, il est assez facile de reconnaître isolément les valeurs. Quand elles sont en conflit avec d'autres valeurs, le problème se complique, car à ce moment-là, vous devez trouver comment protéger le meilleur des sensibilités du groupe, comment protéger les élans les plus nobles. Quelles sont les structures épanouissantes dignes d'être conservées dans la communauté ? Quels sont les faits culturels qui procurent une sécurité affective, les coutumes qui permettent la liberté sans risques excessifs ni destruction certaine, qui permettent le courage moins l'imprudence, la générosité sans le gaspillage, le soutien sans la domination et, en période de troubles très, très graves (comme dans certains pays noirs à l'étranger), une ressource pour survivre qui puisse très bien comprendre une férocité soutenue et calculée ?

Les écrivains noirs qui s'attachent à renouveler et à raviver les valeurs peuvent être identifiés d'après leurs goûts, leurs jugements, leur intelligence et leur œuvre. Ils n'utilisent pas la vie des Noirs comme ornement exotique pour des histoires non consacrées aux Noirs et dépourvues d'imagination. L'essence de la vie des Noirs est la substance de leur œuvre, non sa décoration. Leur œuvre tourne autour d'un axe moral qui s'est forgé parmi les Noirs. Ils n'imposent pas à leurs personnages de morale étrangère au sujet de foyers détruits, de pères confinés chez eux, de pouvoir mesquin ni de ce qui est ou non un emploi rentable.

Ils ne considèrent pas que le parler noir est un oubli des *g* finaux ni un exercice de phonétique douteuse et d'orthographe incohérente. Ils savent qu'il est bien plus compliqué que ça.

Et ils ne perdent pas de temps à expliquer, expliquer, expliquer sans fin – à l'autre culture – tout ce qu'ils ressentent, tout ce qu'ils pensent et tout ce qu'ils font. Ils sont préoccupés et stimulés par la découverte d'éclaircissements sur leur propre culture, même lorsque ceux-ci comprennent des informations pénibles.

Ils ne considèrent pas les us et coutumes de leur peuple avec le regard d'un ethnologue remonté à bloc et qui examine des curiosités.

Les écrivains qui sont aussi spécialistes des prétendues études noires ne sont pas impressionnés par les cris ordinaires déplorant une « baisse des critères » lorsqu'on préconise n'importe quel changement dans les programmes. Ils savent que leur travail n'a rien à voir avec le maintien des critères. Il a à voir avec la refonte du contenu de ces critères afin de les améliorer et de les *élever*.

Ces écrivains noirs, qui sont des critiques, ne sont pas occupés à peindre Bertolt Brecht en noir ni à requalifier ses opinions (qui convenaient parfaitement à ses propres besoins culturels) de genre de « nouvelle » critique noire. Tout appareil ou système critique inapproprié et idiot quand on l'applique à la musique noire ou à l'art noir non occidental est malhonnête quand on l'applique à la littérature noire.

Jadis, lorsque j'ai commencé à écrire, faute d'en savoir beaucoup sur les procédés de dramatisation, j'ai parfois été contrainte de recourir à l'exposition comme façon de dire quelque chose que je ne savais pas montrer convenablement. À la fin de *L'Œil le plus bleu*, mon premier livre, j'ai écrit un passage frôlant le maximum de didactique soutenue que j'aie jamais atteint. C'est un passage que je trouve tout à fait insatisfaisant et j'avais certainement espéré vous le lire en contexte, mais je n'ai pas d'exemplaire du livre sur moi. Cependant, dans les deux dernières pages de *L'Œil le plus bleu* se trouvent, par essence, ce que je crois être les dangers existants lorsqu'on suppose que l'on peut substituer la licence à la liberté, que l'on peut utiliser l'insuffisance d'autrui à la place de sa propre générosité, que l'on peut utiliser le malheur et les cauchemars d'autrui pour élucider ses propres rêves. Quand toutes ces choses sont faites et achevées, la capitulation et la trahison de sa propre culture sont achevées également.

DEUXIÈME PARTIE
LE LANGAGE DE DIEU

Éloge funèbre de James Baldwin

Jimmy, il y a trop à penser sur toi et beaucoup, beaucoup trop à ressentir. La difficulté, c'est que ta vie se refuse au résumé – elle l'a toujours fait – et invite plutôt au recueillement. Comme beaucoup d'entre nous demeurés ici-bas, je croyais te connaître. À présent, je découvre que, en ta compagnie, c'est moi-même que je connais. Voilà le don stupéfiant de ta vie et de ton amitié : c'est nous-mêmes que tu nous as donnés à méditer, à chérir. Nous sommes comme Hall Montana qui regarde avec un nouvel émerveillement chanter son frère, sachant que nous « [sommes] la chanson[1] ». Je n'ai jamais entendu un seul ordre de ta part ; mais les choses que tu exigeais de moi, les défis que tu me lançais ne pouvaient néanmoins prêter à confusion, même s'ils n'étaient pas relevés : que je travaille et réfléchisse en étant au meilleur de ma forme, que je me tienne sur un terrain moral tout en sachant que ce terrain devait être consolidé par la miséricorde : que « le monde est devant [moi] et [que je ne suis] pas tenu[e] de le prendre ou de le laisser tel qu'il était quand [j']y [suis] entré[e][2]. »

Eh bien, avec toi, c'était toujours Noël et, comme pour représenter un certain aspect de ce scénario, tu n'omettais pas d'apporter au moins trois cadeaux. Tu m'as offert la langue dans laquelle résider :

1. James Baldwin, *Harlem Quartet* (1979), traduit par Christiane Besse, préface d'Alain Mabanckou, Paris, Stock, coll. « La Cosmopolite », 2017, p. 23.

2. James Baldwin, « À la recherche d'une majorité », in *Personne ne sait mon nom* (1961), traduit par Jean Aufret, Paris, Gallimard, 1963, p. 149.

cadeau si parfait qu'il semble être ma propre invention. Je pense tes pensées, parlées et écrites, depuis si longtemps que je les croyais miennes. Je vois le monde à travers ton regard depuis si longtemps que je croyais que cette vision limpide, si limpide, était ma propre vision. Même maintenant, même ici, j'ai besoin que tu me dises ce que j'éprouve et comment l'exprimer. Donc j'ai (encore) parcouru les 6 895 pages de ton œuvre publiée afin de reconnaître ma dette et de te remercier de tes bienfaits.

Personne ne possédait ni n'habitait selon moi la langue comme tu le faisais. Tu as rendu l'anglais américain honnête : authentiquement international. Tu as mis au jour ses secrets et tu l'as refaçonné jusqu'à ce qu'il soit vraiment moderne, dialogique, représentatif, humain. Tu l'as dépouillé de sa facilité, de son faux confort, de sa feinte innocence, de ses faux-fuyants et de son hypocrisie. Et au lieu de la sournoiserie, il y a eu la clarté ; au lieu de mensonges moelleux et rondelets, il y a eu un pouvoir maigre et ciblé. Au lieu de la fourberie intellectuelle et de ce que tu appelais un « égocentrisme exaspérant[1] », tu nous as donné la vérité sans ornements. Tu as remplacé les platitudes pesantes par une élégance droite. Tu as pénétré dans ce territoire interdit et tu l'as décolonisé, tu lui as « dérob[é] [...] le joyau que représentait sa naïveté[2] » et ôté ses portes pour les Noirs, de sorte que, à ta suite, nous puissions y entrer, l'occuper, le restructurer afin d'y héberger notre passion compliquée. Non pas nos vanités, mais notre beauté exigeante, difficile, complexe ; nos connaissances tragiques, obstinées ; notre réalité vécue ; notre imagination classique et élégante. Tout ce temps en refusant « d'être défini[s] par une langue qui n'a jamais été capable de [nous] reconnaître[3]. » Entre tes mains, la langue était de nouveau belle. Entre tes

1. James Baldwin, « La prison de l'homme », *ibid.*, p. 167, où l'auteur dit avoir trouvé chez Gide le « plus exaspérant des égocentrismes ».

2. James Baldwin, « L'étranger au village », in *Chronique d'un pays natal* (1955), traduit par J.A. Tournaire, Paris, Gallimard, 1973, p. 202.

3. « Si l'anglais noir n'est pas une langue, alors dites-moi, qu'est-ce qu'une langue ? » *in* James Baldwin, *Retour dans l'œil du cyclone* (2010), traduit par Hélène Borraz, Paris, Christian Bourgois Éditeur, 2015, p. 171.

mains, nous voyions comment elle était censée être : ni exsangue ni sanguinaire, et néanmoins vivante.

Certains en étaient furieux. Ceux qui voyaient l'indigence de leur propre imagination dans le miroir sans tain que tu leur présentais attaquaient le miroir, tentaient de le réduire en fragments qu'ils pouvaient ensuite trier et classer, tentaient d'en rejeter les éclats sur lesquels demeuraient ton image et la leur : prisonnières, mais prêtes à s'élever. Tu es un artiste, après tout, et il est interdit à un artiste de faire carrière en ce lieu : un artiste n'a droit qu'au « hit » commercial. Mais quant aux milliers et milliers de ceux qui adhèrent à tes textes et qui se sont donné la permission d'entendre ta langue, par ce geste même ils se sont ennoblis, ils sont devenus pleinement révélés : civilisés.

Le deuxième cadeau était ton courage, que tu nous faisais partager. Le courage de celui qui pouvait marcher comme un étranger au village et transformer les distances qui séparaient les gens en intimité avec le monde entier ; le courage de comprendre cette expérience de façons qui en faisaient une révélation personnelle pour chacun d'entre nous. C'est toi qui nous as donné le courage de nous approprier une géographie étrangère, hostile, totalement blanche, parce que tu avais découvert que « ce monde [à savoir l'Histoire] n'est plus blanc et il ne le sera plus jamais[1] ». Ton courage était celui de vivre la vie à l'intérieur et à partir de son ventre, aussi bien qu'au-delà de ses limites. De voir et de dire ce qu'elle était ; de reconnaître et d'identifier le mal, mais sans jamais le craindre ni être intimidé par lui. C'est un courage issu d'une intelligence redoutable, alliée à une pitié si profonde qu'elle savait convaincre quiconque désireux de le savoir que ceux qui nous méprisent « ont besoin de l'autorité morale de leurs anciens esclaves, qui sont les seules personnes au monde à savoir quelque chose sur eux et qui peuvent, en effet, être les seules personnes au monde à vraiment s'intéresser un peu à eux[2] ». Quand

1. James Baldwin, « L'étranger au village », in *Chronique d'un pays natal, op. cit.*, p. 213.

2. James Baldwin, « *How One Black Man Came To Be an American: A Review of 'Roots'* », *New York Times*, 26 septembre 1976.

apparaissait cette combinaison inattaquable d'esprit et de cœur, d'intelligence et de passion, elle nous guidait à travers un paysage dangereux, tout comme lorsque tu écrivais ces mots, que chaque rebelle, chaque dissident, chaque révolutionnaire, chaque artiste en exercice de Cape Town à la Pologne, de Waycross à Dublin, a gardés en mémoire : « Un homme ne choisit pas à la légère de s'opposer à la société dans laquelle il vit. Il préférerait être accepté par ses compatriotes plutôt que se voir humilié et détesté par eux. À un certain niveau, la méchanceté, et même la haine, sont si aveugles qu'elles deviennent pathétiques : c'est terrible de voir des gens s'accrocher à leur prison et s'acharner à leur propre destruction[1]. »

Le troisième cadeau était difficile à comprendre et plus difficile encore à accepter. C'était ta tendresse. Une tendresse si délicate que je pensais qu'elle ne pouvait durer, mais elle a duré bel et bien et m'a enveloppée bel et bien. Au cœur de la colère, elle me donnait des petits coups, légèrement, comme l'enfant dans le ventre de Tish : « quelque chose d'aussi difficile à percevoir qu'un murmure dans une pièce pleine de gens, d'aussi léger et précis qu'une toile d'araignée, frappe sous mes côtes, fait chavirer mon cœur [...] Mais en se tournant pour la première fois dans son enveloppe d'eau arachnéenne, le bébé annonce sa présence et proclame ses droits sur moi ; me dit, en cet instant, que ce qui peut devenir pire peut devenir meilleur [...] En attendant – quelle éternité ! – ça dépend de moi[2]. » Ta tendresse était une vulnérabilité qui demandait tout, attendait tout et, tel le propre Merlin du monde, nous fournissait l'art et la manière de l'enfantement. Je suppose que c'est pour cela qu'en ta présence, je me tenais toujours un peu mieux, j'étais plus intelligente, plus capable, car désireuse d'être digne de l'amour que tu prodiguais, désireuse d'être assez solide pour être témoin de la douleur dont tu avais été témoin et que tu avais été assez robuste pour supporter alors qu'elle te brisait le cœur ; désireuse

1. James Baldwin, *Chassés de la lumière* (1972), traduit par Magali Berger, Paris, Ypsilon Éditeur, 2015, p. 187.

2. James Baldwin, *Si Beale Street pouvait parler* (1974), traduit par Magali Berger, Paris, Stock, coll. « La Cosmopolite », 1997, p. 153.

d'être assez généreuse pour unir ton sourire à l'un de mes sourires et assez imprudente pour bondir sur ce rire dont tu riais. Parce que notre joie et notre rire n'étaient pas seulement parfaits : ils étaient nécessaires.

Tu savais, non ? À quel point j'avais besoin de ta langue et de l'esprit qui l'a formée ? À quel point je comptais sur ton courage acharné pour dompter à ma place les étendues sauvages ? À quel point j'étais fortifiée par la certitude née du fait de savoir que tu ne ferais jamais de mal ? Tu savais, non, à quel point j'aimais ton amour. Tu savais. Ceci n'est donc pas une calamité. Non. Ceci est un jubilé. « Notre couronne, as-tu dit, a déjà été achetée et payée. Tout ce que nous avons à faire, c'est la porter. »

Et nous la portons, Jimmy. C'est toi qui nous as couronnés.

Le site de la mémoire

M'inclure dans une série d'entretiens sur l'autobiographie et les mémoires ne relève pas tout à fait d'une mésalliance. Bien qu'il soit probablement vrai qu'un auteur de fiction considère son œuvre comme étrangère en telle compagnie, ce que j'ai à dire peut suggérer pourquoi ma présence n'est pas complètement déplacée ici. D'ailleurs, je pourrais mettre en relief les différences entre les souvenirs personnels (mémoires) et la fiction, mais aussi certaines de leurs ressemblances : les endroits où ces deux formes d'art s'unissent et où cette union est symbiotique.

Mais l'authenticité de ma présence ici réside dans le fait qu'une très grande partie de mon propre héritage littéraire, c'est l'autobiographie. Dans ce pays, les origines écrites de la littérature noire (en tant que distinctes de ses origines orales) étaient les récits d'esclaves. Ces récits de la longueur d'un livre (autobiographies, souvenirs, mémoires), dont bien plus d'une centaine ont été publiés, sont des textes connus des historiens et des étudiants de l'Histoire des Noirs. Ils vont de *La Véridique Histoire par lui-même d'Olaudah Equiano, Africain, esclave aux Caraïbes, homme libre*, d'Olaudah Equiano (1769), qui relate une vie pleine d'aventures, au désespoir silencieux des *Incidents dans la vie d'une jeune esclave* (1861), où Harriet Jacobs (« Linda Brent ») raconte s'être cachée sept ans durant dans une pièce trop petite pour s'y tenir debout ; du bon sens politique de l'auteur de la *Vie de Frederick Douglass, esclave américain, écrite par lui-même* (1845) à la subtilité et à la modestie de Henry Bibb, dont la voix, dans le récit de sa vie (1849), est entourée (« chargée » est un meilleur terme) de documents attestant de son authenticité. Bibb prend soin de noter que son instruction formelle (trois semaines) a été brève, mais qu'il a été « éduqué à l'école de l'adversité, du fouet et des chaînes[1]. » Né dans le Kentucky, il a mis de côté ses projets d'évasion afin de se marier. Mais quand il a appris qu'il était le père d'une esclave, et qu'il a assisté à l'avilissement de son épouse et de leur enfant, il les a ravivés.

Quels que soient le style et les circonstances de ces récits, ils ont été écrits pour dire principalement deux choses : 1) « Voici ma vie historique : mon exemple particulier, singulier, qui est personnel, mais représente aussi la race. » 2) « J'écris ce texte pour persuader les autres – vous, lecteur, qui n'êtes probablement pas noir – que nous sommes des êtres humains dignes de la grâce de Dieu et de l'abandon immédiat de l'esclavage. » Avec ces deux missions en vue, les récits étaient clairement orientés.

Dans le compte rendu d'Equiano, l'objectif est tout à fait franc. Né en 1745 sur les rives du Niger et capturé à l'âge de dix ans, il a survécu au Passage du milieu, à l'esclavage dans les plantations américaines, aux guerres au Canada et en Méditerranée ; il a appris la navigation et le métier de commerçant grâce à un quaker du nom de Robert King, puis il a acheté sa liberté à l'âge de vingt et un ans. Il a vécu comme serviteur libre, énormément voyagé et passé la fin de sa vie surtout en Angleterre. Ici, il s'adresse sans équivoque aux Britanniques : « J'espère avoir la satisfaction de voir la liberté et la justice restaurées par les soins du Gouvernement britannique [...] J'espère et [...] j'attends l'attention des hommes au pouvoir [...] Vienne le temps – il me plaît du moins de le conjecturer – où les gens de couleur célébreront avec reconnaissance l'ère tant espérée de la liberté étendue à tous[2]. » Avec une réticence typique du

1. Henry Bibb, *Narrative of the Life and Adventures of Henry Bibb, an American Slave, Written by Himself* (1849), Dover Publications, Mineola, New York, 2013, p. XVII.

2. Olaudah Equiano, *La Véridique histoire par lui-même d'Olaudah Equiano, Africain, esclave aux Caraïbes, homme libre*, traduit par Claire-Lise Charbonnier, Paris, Éditions caribéennes, coll. « Précurseurs noirs », 1987, p. 148.

XVIIIe siècle, il met par écrit sa vie singulière et représentative dans un seul but : changer les choses. En fait, Equiano et ses pairs les ont vraiment changées. Leurs œuvres ont nourri les feux qu'allumaient partout les abolitionnistes.

Ce qui était plus difficile, c'était d'obtenir une juste évaluation des critiques littéraires. Si les écrits des confesseurs et martyrs de l'Église étaient et sont lus pour l'éloquence de leur message, ainsi que pour leur expérience de la rédemption, les récits autobiographiques des esclaves américains étaient souvent méprisés comme étant « tendancieux », « incendiaires » et « improbables ». Ces attaques sont particulièrement difficiles à comprendre vu que, comme vous pouvez l'imaginer, il était extrêmement important pour les auteurs de ces récits de paraître aussi objectifs que possible : de ne pas offenser le lecteur en étant trop en colère, en montrant trop d'indignation ou en l'insultant. Pas plus tard qu'en 1966, Paul Edwards, qui a édité et abrégé l'histoire d'Equiano, loue son récit pour son refus d'être « incendiaire ».

« En règle générale, écrit Edwards, [Equiano] ne fait peser sur le lecteur aucune pression affective autre que celle contenue par la situation elle-même : sa langue ne cherche pas à éveiller notre compassion, mais s'attend à ce qu'on la prodigue naturellement et au bon moment. Ce soin paisible mis à éviter tout étalage d'émotions produit bon nombre des meilleurs passages du livre[1]. » De même, une critique du récit de Charles Ball, intitulée « Vie et aventures d'un esclave fugitif » et parue en 1836 dans le *Quarterly Anti-Slavery Magazine*, le louait en raison de son objectivité. « Nous nous réjouissons d'autant plus à la lecture de ce livre qu'il ne s'agit pas d'une œuvre partisane [...]. Il n'aborde aucune théorie concernant [l'esclavage] ni ne propose aucun mode ni moment d'émancipation. »

Aussi déterminés qu'ils aient été à persuader le lecteur que l'esclavage était un mal, ces auteurs noirs le complimentaient aussi en supposant sa noblesse de cœur et sa grandeur d'esprit. Ils tentaient

1. *Equiano's Travels: His Autobiography, The Interesting Narrative of the Life of Olaudah Equiano or Gustavus Vassa the African*, ed. Paul Edwards (1966), London : Heinemann Educational Books, 1967, p. XVII.

d'éveiller sa nature la plus délicate pour l'encourager à en faire usage. Ils savaient que leurs lecteurs étaient ceux qui pouvaient faire la différence dans le processus d'abolition de l'esclavage. Leurs histoires – de brutalité, d'adversité et de délivrance – jouissaient d'une grande popularité malgré l'hostilité des critiques dans beaucoup d'endroits et une compassion moralisatrice dans d'autres. Il fut un temps où la soif d'« histoires d'esclaves » était difficile à apaiser, comme le montrent les chiffres des ventes. La *Vie de Frederick Douglass* s'est vendue à cinq mille exemplaires en quatre mois ; vers 1847, il s'en était vendu onze mille. L'ouvrage d'Equiano a connu trente-six réimpressions entre 1789 et 1850. De 1837 à 1856, celui de Moses Roper en a connu dix ; celui de William Wells Brown a été réimprimé quatre fois durant sa première année. L'ouvrage de Solomon Northup s'est vendu à vingt-sept mille exemplaires avant que deux ans ne se soient écoulés. Un livre de Josiah Henson[1] (dont certains prétendent qu'il aurait été le modèle du Tom de *La Case de l'oncle Tom* d'Harriet Beecher Stowe) s'est vendu à cinq mille exemplaires avant d'être publié.

En plus de recourir à leur propre vie pour dénoncer les horreurs de l'esclavage, ces auteurs avaient un motif allant de pair avec leurs efforts. L'interdiction d'enseigner à un esclave à lire et écrire (qui, dans de nombreux États du Sud, entraînait des sanctions sévères) et, pour un esclave, d'apprendre à lire et écrire, devait être sabordée à tout prix. Ces auteurs savaient que de telles aptitudes étaient un pouvoir. Voter, après tout, était inextricablement lié à la capacité de lire : savoir lire et écrire était une façon de s'approprier et de démontrer l'« humanité » que la Constitution leur refusait. Voilà pourquoi les récits d'esclaves portent le sous-titre : « écrit par lui-même » ou « elle-même », et comprennent une introduction ou une préface rédigée par un sympathisant blanc pour en établir l'authenticité. D'autres récits, « édités par » des antiesclavagistes aussi célèbres que Lydia Maria Child et John Greenleaf Whittler comportent une

1. Moses Roper (1815-1891), William Wells Brown (1814-1884), Solomon Northup (1807-1857 ?) et Joshua Henson (1789-1883) : esclaves qui, ayant réussi à s'enfuir, ont parfois réussi à beaucoup œuvrer en faveur de l'abolition.

préface visant à assurer le lecteur du peu de révision qu'il a fallu faire. Un esclave sachant lire et écrire était censé être une contradiction dans les termes.

Il faut se rappeler que le climat dans lequel ils écrivaient reflétait non seulement l'âge des Lumières, mais aussi son jumeau, né à la même époque : l'âge du racisme scientifique. David Hume, Emmanuel Kant et Thomas Jefferson, pour n'en citer que quelques-uns, avaient détaillé leurs conclusions voulant que les Noirs soient incapables d'intelligence. Frederick Douglass savait qu'il en allait autrement : il a écrit des réfutations de ce qu'affirmait Jefferson dans ses *Observations sur la Virginie* : « Vous n'entendrez jamais d'un Noir, au contraire, un seul mot qui s'élève au-dessus du simple récit, ni un trait qu'on puisse regarder comme indiquant la moindre aptitude à l'art de la peinture ou de la sculpture[1]. » Phrase dont j'ai toujours pensé qu'elle devrait être gravée sur la porte de l'aile Michael C. Rockefeller du Met[2]. En 1813, Hegel avait dit que les Africains n'avaient pas d'« Histoire » et qu'ils ne savaient pas écrire dans les langues modernes. Kant faisait fi d'une observation perspicace formulée par un Noir en disant que « ce gaillard était tout noir des pieds à la tête, preuve évidente que ce qu'il disait était stupide[3]. »

Pourtant, aucune société esclavagiste dans l'Histoire du monde n'a écrit davantage – ni de façon plus réfléchie – sur sa propre servitude. C'était cependant le milieu qui dictait l'objectif et le style. Ces récits sont instructifs, moraux et, à l'évidence, représentatifs. Certains suivent le schéma du roman sentimental en vogue à l'époque. Mais quel qu'ait été leur degré d'éloquence ou leur forme, le goût populaire décourageait leurs auteurs de s'attarder trop longuement ou trop minutieusement sur les détails les plus sordides

1. Thomas Jefferson, *Observations sur la Virginie*, traduit par André Morellet, Paris, Barrois, 1786, p. 204.

2. Aile du Metropolitan Museum of Art consacrée aux arts de l'Afrique, de l'Océanie et des Amériques.

3. Kant, *Observations sur le sentiment du beau et du sublime*, in *Essai sur les maladies de la tête - Observations sur le sentiment du beau et du sublime*, traduit par Monique David-Ménard, Paris, Garnier-Flammarion 1990. p. 170.

de leur expérience. Chaque fois qu'il y a un incident d'une violence inhabituelle ou d'ordre scatologique, ou bien quelque chose d'« excessif », on découvre que l'écrivain se réfugie dans les conventions littéraires de son temps. « Je sombrais dans un état d'égarement indescriptible[1]. » (Equiano). « Laissons les champs [...] où la brutalité, l'injustice, la violence, s'épanouissent [...] Tournons nos regards vers l'esclavage domestique[2]. » (Douglass) « Je ne suis pas sur le point de tourmenter les sentiments de mes lecteurs par une représentation terrifiante des horreurs cachées de cet effroyable système d'oppression... Mon objectif n'est pas de descendre profondément dans les cavernes sombres et bruyantes de l'enfer de l'esclavage[3]. » (Henry Box Brown)

Encore et toujours, les écrivains coupent court au récit par une phrase telle que : « Mais jetons un voile sur ces procédés trop terribles pour être racontés. » Dans leur mise en forme de l'expérience pour la rendre acceptable aux yeux de ceux qui étaient en mesure de la soulager, ils gardaient le silence sur bien des choses et en « oubliaient » beaucoup d'autres. Il y avait une sélection prudente des exemples qu'ils consigneraient et une manière prudente de rendre ceux qu'ils choisissaient de décrire. Lydia Maria Child a défini le problème dans son introduction au récit que fait « Linda Brent » d'un abus sexuel. « J'ai bien conscience que beaucoup m'accuseront d'inconvenance pour avoir présenté ces pages au public, car les expériences de cette jeune femme intelligente et fort meurtrie relèvent d'une catégorie que certains appellent "sujets délicats" et d'autres, "indélicats". Cette phase particulière de l'esclavage a généralement été maintenue cachée sous un voile ; mais le public devrait être mis au fait de ses caractéristiques monstrueuses, et j'assume volontairement la responsabilité de les lui présenter non voilées[4]. »

1. *Op. cit.*, p. 19.

2. Frederick Douglass, *Mes années d'esclavage et de liberté* (1855), traduit par C.V. Boissier Gasparin, Paris, E. Plon et Cie, 1883, p. 32.

3. *Narrative of the Life of Henry Box Brown, Written by Himself* (1849), University of North Carolina Press, 2008, p. 183-184.

4. *Incidents in the Life of a Slave Girl* (1861), Penguin Classics, Trade Paperback Edition, 2000, p. 6.

Mais, fait très important (du moins pour moi), il n'était fait nulle mention de leur vie intérieure.

Pour moi – écrivain du dernier quart du XXe siècle, soit pas beaucoup plus d'un siècle après l'Émancipation ; écrivain noir, ainsi que femme –, l'exercice est très différent. Mon travail devient une façon de déchirer le voile jeté sur des « procédés trop terribles pour être racontés ». Cet exercice est également crucial pour toute personne noire ou appartenant à n'importe quelle catégorie marginalisée car, historiquement, nous avons rarement été conviés à participer au discours, même quand nous en étions l'objet.

Par conséquent, écarter ce voile requiert certaines choses. Tout d'abord, je dois me fier à mes propres souvenirs. Je dois aussi compter sur les souvenirs des autres. La mémoire pèse donc lourdement sur ce que j'écris, sur ma façon de commencer et sur ce que j'estime révélateur. Zora Neale Hurston a dit : « Tout comme la roche froide et apparemment sans vie, j'ai, enfouis en moi, des souvenirs issus des matériaux qui m'ont moulée[1]. » Ces souvenirs « enfouis en moi » sont le substrat de mon travail. Mais souvenirs et réminiscences ne vont pas me donner un accès total à la vie intérieure non écrite de ces personnes. Seul l'acte d'imagination peut m'aider.

Si l'écriture est réflexion, découverte, sélection, ordre et signification, elle est aussi crainte respectueuse, vénération, mystère et magie. Je suppose que je pourrais me passer des quatre derniers, si je n'étais pas extrêmement sérieuse en matière de fidélité au milieu à partir duquel j'écris et dans lequel vivaient réellement mes ancêtres. L'infidélité à ce milieu (l'absence de vie intérieure, sa suppression délibérée des témoignages fournis par les esclaves eux-mêmes) est exactement le problème du discours qui s'est déroulé sans nous. Ma façon d'accéder à cette vie intérieure est ma force motrice et constitue la partie de cet entretien qui à la fois distingue ma fiction des stratégies autobiographiques et adopte certaines d'entre elles. C'est une sorte d'archéologie littéraire : sur le fondement de certaines informations et de quelques conjectures, vous vous acheminez

1. Zora Neale Hurston, *Des pas dans la poussière* (1942), traduit par Françoise Brodsky, La Tour-d'Aigues, Éditions de l'Aube, 1999, p. 5.

vers un site pour voir quels vestiges on y a laissés et reconstruire le monde qu'ils suggèrent. Ce qui en fait de la fiction, c'est la nature de l'acte d'imagination : le fait que je compte sur l'image – les vestiges – en plus des souvenirs pour produire un genre de vérité. Par « image », bien sûr, je n'entends pas « symbole ». J'entends seulement « représentation imagée » et le sentiment qui l'accompagne.

La fiction est, par définition, distincte de la réalité. Elle est sans doute le produit de l'imagination (de l'invention) et elle revendique la liberté de se passer de « ce qui a vraiment eu lieu », de l'endroit ou du moment où cela a vraiment eu lieu, et rien de ce qu'elle contient n'a besoin d'être vérifié publiquement, bien qu'une bonne partie puisse l'être. En revanche, l'érudition du biographe et du critique littéraire ne nous semble fiable que lorsqu'on peut trouver l'origine des événements fictionnels dans une vérité vérifiable publiquement. C'est la recherche menée par l'école du : « Ah oui, c'est là qu'il ou elle a trouvé ça », qui tire sa propre crédibilité de la mise au jour de celle des sources de l'imagination et non de la nature de l'imagination.

Le travail que je fais relève souvent, dans l'esprit de la plupart, du domaine de la fiction que l'on dit fantastique, mythique, magique ou incroyable. Ces étiquettes me mettent mal à l'aise. J'estime que mon unique et très grave responsabilité (en dépit de cette magie) consiste à ne pas mentir. Quand j'entends dire : « La réalité est plus étrange que la fiction », je trouve qu'une vieille histoire rebattue est plus vraie qu'à notre connaissance, car elle ne dit pas que la vérité est plus vraie que la fiction : seulement qu'elle est plus étrange, ce qui signifie qu'elle est bizarre. Elle peut être exagérée, elle peut être plus intéressante, mais l'important est qu'elle soit aléatoire, et la fiction, elle, n'est pas aléatoire.

Par conséquent, la distinction cruciale pour moi n'est pas la différence entre la réalité et la fiction, mais la distinction entre la réalité et la vérité. Parce que les faits peuvent exister sans l'intelligence humaine, mais non la vérité. Donc si je cherche à découvrir et à exposer une vérité sur la vie intérieure de personnes qui n'ont pas consigné celle-ci (ce qui ne veut pas dire qu'elles n'en avaient pas), si j'essaie de combler les lacunes laissées par les récits d'esclaves, à savoir de déchirer le voile que l'on a si souvent jeté, de mettre en œuvre les histoires que j'ai entendues, l'approche la plus productive et la plus fiable est alors pour moi le souvenir qui passe de l'image au texte. Pas du texte à l'image.

Dans *Une mort très douce*, Simone de Beauvoir dit : « Pourquoi la mort de ma mère m'a-t-elle si vivement secouée ? » Et, en entendant prononcer le nom de sa mère par le prêtre lors des funérailles : « l'émotion [me] poignait [...] "Françoise de Beauvoir" ; ces mots la ressuscitaient, ils totalisaient sa vie, de l'enfance au mariage, au veuvage, au cercueil ; Françoise de Beauvoir : elle devenait un personnage, cette femme effacée, si rarement nommée[1]. » Le livre devient une exploration à la fois de son propre chagrin et des images dans lesquelles ce chagrin était enfoui.

Contrairement à Mlle de Beauvoir, Frederick Douglass en appelle à la patience du lecteur pour avoir évoqué sur environ une demi-page la mort de sa grand-mère (sans nul doute la perte la plus douloureuse qu'il ait endurée) et s'excuse en disant que ce fait était très important pour lui et qu'il espère ne pas lasser le lecteur par sa complaisance. Il ne tente nullement d'analyser cette mort, ses images, ni sa signification. Son récit se rapproche autant que possible du factuel, ce qui ne laisse pas de place à la spéculation subjective. En revanche, dans sa *Chronique d'un pays natal*, lorsqu'il retrace la vie de son père et la relation même qu'il entretenait avec lui, James Baldwin dit : « J'avais décrété que tous les textes et tous les hymnes de mon père n'avaient aucune signification et voici qu'au jour de sa mort je les voyais disposés devant moi comme des bouteilles vides, toutes prêtes à se remplir du sens que la vie allait conférer pour moi à ces textes et à ces hymnes[2]. » Ensuite, c'est son texte qui remplit ces bouteilles. Comme Simone de Beauvoir, il passe de l'événement à l'image qu'il a laissée. Mon itinéraire est en sens inverse : l'image vient en premier et me dit de quoi traite le « souvenir ».

1. Simone de Beauvoir, *Une mort très douce* (1964), in *Mémoires II*, Paris, Gallimard, « Bibliothèque de la Pléiade », 2018, respectivement p. 472 et p. 471.
2. « Réflexions en noir et blanc », *op. cit.*, p. 138.

Je ne saurais vous dire comment je me suis sentie quand mon père est mort. Mais j'ai pu écrire *Le Chant de Salomon* et imaginer non pas mon père, non pas sa vie intérieure spécifique, mais le monde qu'il habitait et la vie privée ou intérieure des gens qui s'y trouvaient. Et je ne saurais vous dire comment je me sentais en le lisant à ma grand-mère pendant qu'elle se tournait et retournait dans son lit (parce que, mourante, elle n'était pas à son aise), mais je pouvais tenter de reconstruire le monde dans lequel elle vivait. La plupart du temps, j'ai soupçonné que j'en sais plus qu'elle, que j'en sais plus que mon grand-père et mon arrière-grand-mère, mais je sais aussi que je ne suis pas plus sage qu'ils ne l'étaient. Et chaque fois que j'ai sérieusement tenté de réduire leur vision pour me prouver que j'en savais plus, ou que j'ai tenté de spéculer sur leur vie intérieure pour la faire correspondre à la mienne, j'ai été submergée par la richesse de la leur comparée à la mienne. Comme Frederick Douglass quand il évoque sa grand-mère, Baldwin quand il évoque son père et Simone de Beauvoir, sa mère, ces personnes constituent mon accès à moi-même : ils sont mon entrée dans ma propre vie intérieure. Ce qui explique pourquoi les images qui flottent autour d'eux – vestiges, pour ainsi dire, du site archéologique – sont les premières à apparaître, et elles le font de manière si vive et si irrésistible que je reconnais en elles mon itinéraire vers une reconstruction du monde, vers une exploration d'une vie intérieure qui n'a pas été écrite et vers la révélation d'un genre de vérité.

La nature de ma recherche commence donc par quelque chose d'aussi indicible et d'aussi souple qu'une scène vaguement remémorée, le coin d'une pièce, une voix. J'ai commencé à écrire mon deuxième livre, intitulé *Sula*, du fait que j'étais préoccupée par une photo de femme et par la manière dont j'avais entendu prononcer son nom. Elle s'appelait Hannah et je crois que c'était une amie de ma mère. Je ne me rappelle pas l'avoir beaucoup vue, mais ce dont je me souviens bien, ce sont la couleur qui l'entourait (un genre de violet, une émanation de quelque chose de violet) et ses yeux, qui paraissaient mi-clos. Mais ce dont je me souviens le plus, c'est la façon dont les femmes disaient son nom : elles disaient « Hannah Peace » et souriaient en elles-mêmes ; elle avait un secret que ces femmes connaissaient, dont elles ne parlaient pas, du moins pas quand je pouvais les entendre, mais qui semblait insidieux, vu leur façon de dire son nom. Et moi, je soupçonnais qu'elle était un peu hors-la-loi, mais qu'elles approuvaient, d'une certaine manière.

Ensuite, réfléchir à leur lien avec elle et à leur façon de parler d'elle, à leur façon de prononcer son nom, m'a fait penser à une amitié entre femmes. Que se pardonnent-elles donc mutuellement ? Et qu'est-ce donc qui est impardonnable dans le monde des femmes ? Je ne veux pas en savoir davantage sur Mlle Hannah Peace et je ne vais pas demander à ma mère : « Qui était-elle vraiment, que faisait-elle, à propos de quoi riais-tu et pourquoi souriais-tu ? » Parce que quand je fais cela avec ma mère, j'en retire une expérience vraiment accablante : elle vous donne les renseignements les plus prosaïques que vous ayez jamais entendus et moi, quand je commence, j'aimerais garder tous mes vestiges et toutes mes images intacts dans leur mystère. Plus tard, j'en viendrai aux faits. Ainsi, je peux explorer deux mondes : le réel et le possible.

Ce que je veux faire ce soir, c'est suivre une image depuis sa représentation jusqu'au sens et jusqu'au texte, cheminement qui apparaît dans le roman que j'écris actuellement et qui s'intitule *Beloved*.

J'essaie d'écrire un genre de scène particulier et je vois du maïs sur l'épi. « Voir » du maïs sur l'épi ne signifie pas qu'il se profile brusquement : cela signifie seulement qu'il revient sans arrêt. Et en essayant de comprendre : « Que fait tout ce maïs ? », je découvre ce qu'il fait.

Je revois la maison dans laquelle j'ai grandi à Lorain, dans l'Ohio. Mes parents avaient un jardin à une certaine distance de notre maison et ils ne nous y accueillaient pas, ma sœur et moi, quand nous étions petites, parce que nous ne savions pas distinguer entre les choses qu'ils voulaient cultiver et les autres, si bien que nous n'avons pu sarcler ou désherber que bien plus tard.

Je les revois, ensemble, qui s'éloignent de moi. Je regarde leur dos et ce qu'ils portent dans leurs bras : leurs outils et peut-être un panier en lamelles de bois. Parfois, quand ils s'éloignent, ils se tiennent par la main et ils vont à cet autre endroit du jardin. Il leur faut traverser une voie ferroviaire pour y arriver.

J'ai aussi conscience que ma mère et mon père dorment à des heures bizarres, parce que mon père fait plusieurs métiers et travaille la nuit. Ces siestes sont des moments de plaisir pour ma sœur et moi, parce que personne ne nous assigne de corvées, ni ne nous dit quoi faire, ni ne nous harcèle d'aucune façon. En plus de quoi ces moments recèlent un sentiment de plaisir dont je n'ai que vaguement conscience. Mes parents sont très reposés, quand ils ont fait ces siestes.

Par la suite, l'été, nous avons une occasion de manger du maïs, la seule plante que je sais distinguer et qui fournit la récolte que je préfère ; les autres sont les aliments qu'aucun enfant n'aime : le chou cavalier, l'okra, les légumes au goût prononcé et violent pour lesquels je donnerais beaucoup aujourd'hui. Mais j'aime vraiment le maïs parce qu'il est sucré, parce qu'on s'assied tous pour en manger, et puis ça se mange avec les doigts, c'est chaud, c'est bon même froid, et on a invité des voisins, on a invité des oncles, c'est facile et c'est agréable.

L'image du maïs et le halo d'émotion qui l'entoure sont devenus une image puissante dans le roman que je suis en train d'achever.

Les auteurs arrivent au texte et au thème sous-jacent par des milliers de chemins ; chaque fois qu'ils recommencent, ils apprennent à reconnaître une idée valable et à rendre la texture qui l'accompagne, la révèle ou l'expose sous son meilleur jour. Le processus par lequel ce travail s'accomplit est infiniment fascinant pour moi. Responsable d'édition depuis vingt ans, j'ai toujours pensé que je comprenais mieux les écrivains que leurs critiques les plus attentifs, parce qu'en étudiant le manuscrit à chacune de ses différentes étapes, je connaissais le processus de travail de l'auteur, je savais comment fonctionnait son esprit, ce qui se faisait sans effort, ce qui prenait du temps, d'où venait la « solution » à un problème. Tout ce qu'avait le critique pour continuer, c'était le résultat final : le livre.

Cependant, pour moi, c'était l'aspect le moins important du travail. Peu importait dans quelle mesure le récit de ces écrivains était « fictif » ou était un produit d'invention : l'acte d'imagination est lié à la mémoire. Vous savez, par endroits, on a redressé le Mississippi en vue de faire de la place pour des maisons et des superficies habitables. De temps à autre, le fleuve inonde ces endroits. « Inonde » est le terme qu'on utilise, mais en fait, il n'inonde pas : il se souvient. Il se souvient de l'endroit où il était jadis. Toute l'eau a une mémoire parfaite et tente à jamais de regagner l'endroit où elle était. Les écrivains sont pareils : se rappeler où nous étions, à travers quelle vallée nous avons couru, à quoi ressemblaient les rives, la lumière qui s'y trouvait et l'itinéraire du retour vers notre lieu d'origine. C'est la mémoire affective : ce que les nerfs et la peau se rappellent, ainsi que la façon dont ces souvenirs apparaissent. Notre « inondation », c'est un accès d'imagination.

En plus du souvenir personnel, la matrice du travail que je fais est le désir d'agrandir, de remplir et de compléter les récits autobiographiques d'esclaves. Mais seulement la matrice. Ce qui sort de tout cela est dicté par d'autres préoccupations, dont l'intégrité même du roman n'est pas la moindre. Pourtant, telle l'eau, je me rappelle où j'étais avant d'être « redressée ».

Q. *Je voudrais vous interroger sur votre point de vue en tant que romancière. Est-ce une vision ou assumez-vous le rôle de personnages en particulier ?*

R. J'essaie parfois de faire intervenir des personnages véritablement mineurs, comme des figurants. Mais je me laisse facilement distraire par eux, car c'est comme ça que procède l'imagination du romancier : chaque petite route ressemble pour moi à une aventure, et une fois que vous commencez à la revendiquer et à la décrire, elle ressemble à davantage, donc vous inventez sans cesse et toujours davantage. Cela ne me dérange pas de le faire dans mon premier jet, mais ensuite, il faut que j'élague. Je me suis vue me laisser distraire : des gens ont pris bien plus d'importance que je ne l'avais prévu et des personnages mineurs ont semblé un petit peu plus intéressants que nécessaire pour les besoins du livre. Dans ce cas-là, j'essaie de les doter de quelque chose : s'il y a des petits renseignements que je veux révéler, je les laisse faire une partie du travail. Mais j'essaie de ne pas me laisser entraîner ; j'essaie de freiner cette tendance de sorte que, pour finir, la texture est cohérente et rien n'est gaspillé : dans le texte final, il n'y a pas de mots qui ne soient pas nécessaires et pas de personnages qui ne soient pas absolument nécessaires.

Quant au point de vue, il devrait y avoir l'illusion que c'est celui du personnage quand, en fait, ça ne l'est pas : c'est vraiment le point de vue du narrateur qui est là mais qui (dans mon cas) ne se fait pas connaître dans ce rôle. J'aime le sentiment d'une histoire qu'on raconte, dans laquelle vous entendez une voix mais sans pouvoir l'identifier, et vous croyez que c'est votre propre voix. C'est une voix confortable, c'est une voix qui guide, elle est alarmée par les mêmes choses que le lecteur et elle non plus ne sait pas ce qui va se passer ensuite. Donc vous avez cette sorte de guide. Mais ce guide ne peut pas avoir de personnalité, il ne peut avoir qu'un son, il vous faut vous sentir à l'aise avec cette voix et ensuite, cette voix peut facilement s'abandonner elle-même pour révéler le dialogue intérieur d'un personnage. C'est donc une combinaison qui consiste à utiliser le point de vue de différents personnages, mais tout en retenant le pouvoir de se glisser au dedans et au dehors, pourvu que, quand je suis « au dehors », le lecteur ne voie pas de petits doigts pointés sur ce qu'il y a dans le texte.

Ce que je veux vraiment, c'est cette intimité dans laquelle le lecteur a l'impression de ne pas vraiment lire le texte, mais d'y participer à mesure qu'il avance. Le récit se déroule, le lecteur a toujours deux longueurs d'avance sur les personnages et il est exactement sur la bonne voie.

Q. *Vous avez dit que l'écriture est une activité solitaire. Vous isolez-vous de façon permanente quand vous écrivez, pour que vos sentiments soient comme contenus, ou vous faut-il vous échapper, aller faire des courses et… ?*

R. Je fais tout. Je suis sur ce livre depuis trois ans. Je sors faire des courses, je regarde dans le vide, je fais ceci ou cela. Ça passe. Parfois, c'est très intense et je marche, je veux dire que j'écris une phrase, je bondis et je m'élance au dehors ou autre ; c'est un peu épuisant. Et parfois, non. Parfois, j'écris de longues heures tous les jours. Je me lève à cinq heures et demie et je m'y mets, et si ce que j'ai fait ne me plaît pas le lendemain, je le jette. Mais je m'assieds et je le fais. Maintenant, je sais comment parvenir à l'endroit où quelque chose fonctionne. Je ne l'ai pas toujours su : je croyais que chaque pensée que j'avais était intéressante, parce que c'était la mienne. Maintenant, je sais mieux comment jeter des éléments qui ne sont pas utiles. Je peux rester là à faire d'autres choses en réfléchissant en même temps. Cela ne me dérange pas de ne pas être en train d'écrire à chaque minute. Je ne suis pas si terrifiée.

La première fois que vous commencez à écrire, et je crois que c'est vrai pour beaucoup d'écrivains débutants, vous craignez à mort que si vous n'arrivez pas à rédiger cette phrase comme il faut à la minute, elle ne va jamais revenir. D'ailleurs, elle ne revient jamais. Mais c'est sans importance : une autre viendra et elle sera probablement meilleure. Cela ne me dérange pas de mal écrire pendant quelques jours parce que je sais que je peux corriger, et encore corriger, encore et toujours, et que ça sera mieux. Je n'ai pas l'hystérie qui accompagnait autrefois certains des passages éblouissants dont le monde, à ce que je croyais, mourait d'envie que je me les rappelle. Je suis un peu plus optimiste là-dessus. Parce que la meilleure partie de l'ensemble, la partie absolument la plus délicieuse, c'est de finir le travail et ensuite, de le refaire entièrement. Pour moi, c'est le frisson de toute une vie : si je peux juste terminer cette première phase et disposer ensuite d'un temps infini pour la corriger et la modifier. Je réécris beaucoup, encore et toujours, pour qu'on ait l'impression que je ne l'ai jamais fait. J'essaie de faire en sorte que le livre ait l'air de n'avoir jamais été retouché, ce qui requiert beaucoup de temps et beaucoup de sueur.

Q. *Dans* Le Chant de Salomon, *quel était le rapport entre vos souvenirs et ce que vous avez inventé ? Était-il très ténu ?*

R. Oui, il était ténu. Pour la première fois, j'écrivais un livre dans lequel le centre de la scène était occupé par des hommes, ce qui était lié à ma perte d'un homme (mon père) et du monde qui avait disparu avec lui, ou à la perception que j'en avais. (Il n'avait pas disparu, mais telle était mon impression.) Donc je recréais une époque qui était la sienne, non pas sa vie ni rien de sa vie d'un point de vue biographique : j'utilise tout ce qui peut être autour. Mais il me semblait y avoir ce grand vide après sa mort et je l'ai rempli avec un livre qui parlait d'hommes, parce que mes deux livres précédents avaient des femmes comme personnages principaux. Donc, dans ce sens, il s'agissait de mes souvenirs et du besoin d'inventer. Il fallait que je fasse quelque chose. J'étais dans une telle rage parce que mon père était mort. Les liens entre nous étaient soit des filaments que j'exploitais pour trouver beaucoup de force, soit pure invention. Mais j'ai créé un monde masculin, je l'ai habité et il comprenait cette recherche : le cheminement d'un homme, d'un homme complet, de la stupidité à l'épiphanie. C'était ma façon d'explorer tout cela, d'essayer de comprendre ce que lui avait peut-être connu.

Le langage de Dieu

Une partie de cet essai est un substitut à une entrée ou série d'entrées dans un journal ou carnet que je n'ai *jamais* tenu. Le genre de journal d'écrivain, dont j'ai lu bien des volumes, qui contient des idées pour le travail futur, des esquisses de scènes, des observations et des méditations. Mais surtout, les pensées qui renforcent les problèmes et solutions que l'écrivain rencontre lors d'un travail en cours.

Je ne tiens pas de tels carnets pour un certain nombre de raisons, dont l'une est le temps de loisir dont je ne dispose pas ; l'autre est la forme que prennent mes méditations. En général, il s'agit d'une réaction à un malaise embrouillé, apparemment impénétrable : une inquiétude liée à une image troublante. (Les images peuvent être ou ne pas être quelque chose que l'on voit dans le monde matériel.) À d'autres moments, je tourne autour d'un incident, d'une remarque ou d'une impression suffisamment singuliers pour d'abord provoquer de la curiosité, puis suffisamment mystérieux pour se reproduire sans cesse. Pour *L'Œil le plus bleu*, c'était un échange que j'avais eu étant petite avec une camarade et qui m'a inquiétée de temps à autre pendant des années. Dans *Sula*, c'était, selon moi, une réaction contradictoire de ma mère et de ses amies à une femme de la ville. Un autre élément était une mythologie masculine aux images puissantes, inapplicable aux femmes et qui ne faisait aucun cas des conséquences de la vérité de son mythe sur les femmes. Si je creuse ces images, remarques ou impressions, des questions apparaissent. Supposez que mon amie d'enfance ait obtenu ce pour quoi elle priait ? Qu'appréciaient les amies de ma mère tout en exprimant leur désapprobation ? Quelle était la véritable astuce du bébé de goudron ? Pourquoi Margaret Garner[1] était-elle si totalement dénuée de remords et quel effet son absence de remords devait-elle avoir sur ses voisins et sa famille ? Ces questions, évidentes, voire futiles, aboutissaient à d'autres, plus nuancées, quand on les apprivoisait ou qu'on les titillait. Tout le temps que je remâche ces choses, je ne cherche pas de thème ni de sujet de roman : je ne fais que m'interroger. La plupart de ces interrogations sont des errances et disparaissent tôt ou tard. Mais de temps à autre, dans ou parmi ces errances se pose une question plus vaste. Je ne la note pas, ni ne note mes rêveries parce que ce serait leur conférer une gravité qu'elles ne méritent peut-être pas. J'ai besoin d'être ou de me sentir poursuivie par cette question pour être convaincue que son analyse approfondie est digne d'un livre. À un certain point, quand cela se produit, une scène ou une bribe de langue arrive. Ce me semble une perte de temps précieux que de l'esquisser ou de la mettre par écrit alors que, si elle est assez intéressante pour être embellie, je pourrais la suivre à la trace en la transformant directement, à vrai dire, en formulation romanesque. Si j'apprends que je me trompe sur sa pérennité ou sa fécondité, je peux toujours l'abandonner. Donc je sors mon bloc-notes jaune et je vois ce qui se passe.

Pour ce qui est du projet de fiction, j'ai suivi la même procédure : j'ai attendu de voir si certaines images que j'avais croîtraient ou décroîtraient, céderaient ou imploseraient. L'une d'entre elles était celle d'un groupe de dames debout sur les marches d'une église méthodiste épiscopale africaine, trois rangées de femmes en parures du début du XXe siècle, qui posaient comme pour une photographie de classe, ou bien de club. Elles sont d'une beauté exceptionnelle et suscitent énormément d'admiration dans les yeux qui les regardent, on le voit bien. Une autre image est aussi celle de femmes. Plutôt de jeunes filles. Ce sont des novices en

1. Voir p. 358, 368 et s.

habit, qui fuient la police venue les arrêter. Ces deux groupes de femmes sont associés à des églises. Le premier correspond à une image (presque semblable à un tableau) qui est apparue sans qu'on l'invoque ; le second, à un ragot de village absolument pas fiable.

Deux cents et quelques pages plus tard, je suis certaine que l'ensemble va croître. Pas décroître, bien que je sois aussi certaine que le projet est impossible. Si, hormis les deux premiers, chaque roman que j'ai écrit paraissait tout aussi infaisable, je suis toujours étonnée de constater que plus on fait de travail, plus il devient difficile, plus la tâche devient impossible. En l'occurrence, je tente de recréer, dans le décor des villes noires de l'Ouest, un récit sur le paradis, (l'accomplissement terrestre de) sa perspective, ses dimensions, sa stabilité, voire son opportunité. Le cadre temporel du roman, de 1908 à 1976, et l'histoire de sa population, composée d'anciens esclaves et d'enfants d'anciens esclaves, exigent que je m'appuie grandement sur les trésors de foi des personnages, leur notion de la liberté, leur conception du divin et leurs exploits en termes d'imagination autant que d'organisation/d'administration. Car pour de nombreuses communautés du XIXe siècle construites délibérément et avec soin (mais non pour toutes), un système de croyance solidement entretenu et totalement partagé était bien plus vital à l'entreprise que l'endurance physique, la capacité à diriger ou des occasions à saisir. En fait, c'était la foi en un système de croyance – de croyance religieuse – qui permettait l'endurance, forgeait la capacité à diriger et révélait les bonnes occasions. Bien que la prospérité, la propriété, la sécurité et l'autodétermination aient été envisageables pour les hommes et les femmes affranchis, les objectifs convoités et l'envie ne pouvaient à eux seuls inciter, ni n'incitaient, au périlleux voyage qu'ils faisaient en territoire inconnu afin de construire des villes. L'Histoire des Africains-Américains qui restreint ou ignore la religion à la fois dans leur vie individuelle et collective, dans leur activité politique et esthétique, est plus qu'incomplète : elle peut être malhonnête. Par conséquent, parmi les difficultés que j'ai devant moi se trouve celle, décourageante, qui est de montrer non seulement comment leurs élans civiques et économiques réagissaient à leurs principes religieux, mais aussi comment leur vie quotidienne était inextricablement liée à ces principes. Si les sondages effectués en 1994, qui indiquent que 96 % des Africains-Américains croient en Dieu, sont corrects, je soupçonne que les 4 % qui n'y croient pas sont un phénomène récent, inouï parmi les populations d'esclaves et d'anciens esclaves. À supposer que la religiosité des Africains-Américains du XIXe siècle soit une donnée de base, donc ; et peu de textes, qu'il s'agisse de romans ou de souvenirs, ont négligé cet aspect. Mais nous sommes en 1996, et la solution pour parvenir à une représentation fictionnelle qui prenne en compte cet élément n'est pas de superposer la religiosité à une trame existante de migrations ni à la recherche de citoyenneté, ni de tirer son chapeau aux personnages dont la croyance est inébranlable. C'est plutôt de construire une œuvre dans laquelle la croyance religieuse est essentielle au récit lui-même.

Ainsi, le premier problème du paradis est : comment, dans la fiction postmoderne, rendre un langage religieux expressif de manière crédible et efficace sans devoir céder à un vague égalitarisme, ni à un genre de spiritualisme écologiste de la fin du XXe siècle, ni à l'école moderniste/féministe du corps de déesse adoré, ni à une conviction vague et sans discernement de la nature divine innée de tous les êtres vivants, ni à la scolastique biblique/politique des groupes les plus radicaux et les plus dictatoriaux des institutions religieuses contemporaines : doctrines dont aucune, me semble-t-il, ne représente la pratique religieuse quotidienne des Africains-Américains du XIXe siècle et de leurs enfants, ni ne se prête aux stratégies narratives postmodernes. Le second problème fait alors partie du premier : comment raconter une foi stimulante et d'une profondeur convaincante, dans et à un monde « scientifique » contemporain grandement sécularisé. En bref, comment imaginer à nouveau le paradis. (La question qui surgit immédiatement – Pourquoi donc l'imaginer à nouveau, puisque les génies les plus capables ont déjà, et il y a longtemps, fourni une langue inégalée et inégalable afin de le décrire ? – est une question que je vais aborder dans un instant.) Dans l'immédiat, je veux brièvement exposer quel est mon problème et ensuite, je vous dirai pourquoi je l'ai.

Le paradis n'est plus imaginable ou, plutôt, il est trop imaginé, ce qui revient au même ; il est donc devenu familier, banal, voire insignifiant. Historiquement, les images du paradis, en poésie et en prose, étaient censées être grandioses mais accessibles, au-delà de l'ordinaire mais faciles à saisir pour l'imagination, séduisantes justement en raison de notre capacité à les reconnaître : comme si, d'une manière ou d'une autre, nous nous « rappelions » ces scènes. Milton parle des « arbres les meilleurs et chargés des plus beaux fruits. Les fleurs et les fruits dorés formaient un riche émail de couleurs mêlées[1] » ; de « parfums naturels » ; de cette « fontaine de saphir » d'où « les ruisseaux tortueux roulent sur des perles orientales et des sables d'or [...], épandent le nectar, visitent chaque plante et nourrissent des fleurs dignes du Paradis » que « la nature libérale [...] a versées avec profusion sur la colline, dans le vallon, dans la plaine » ; de « bosquets dont les arbres riches pleurent des larmes de baumes et de gommes parfumées » ; de « bocages dont le fruit d'une écorce d'or poli se suspend aimable, et d'un goût délicieux ; fables vraies d'Hespérie [...] Entre ces bosquets sont interposées des clairières, des pelouses rares ; des troupeaux paissent l'herbe tendre » ; « Fleurs de toutes les couleurs, et la rose sans épines » ; « des grottes ombragées qui servent de fraîches retraites ; la vigne, les enveloppant de son manteau, étale ses grappes de pourpre, et rampe élégamment opulente. »

Une étendue si béatifique, en cette dernière décennie du XXe siècle, nous la reconnaissons comme propriété délimitée, possédée par les riches, vue et visitée par des hôtes et des touristes, ou régulièrement exposée pour nous autres dans les produits et promesses vendus par divers médias. Trop imaginée. Parfaitement disponible sinon dans les faits, certainement comme désir ordinaire, sans rien d'exceptionnel. Examinons les caractéristiques du

1. John Milton, *Le Paradis perdu* (1674), traduction de Chateaubriand, édition de Robert Ellrodt, Paris, Gallimard/Poésie, 1995, livre IV, 145-147, p. 121. Les autres citations figurent aux p. 121-124.

paradis physique – beauté, abondance, repos, exclusivité et éternité – afin de voir comment elles sont comprises en 1996.

La beauté, bien sûr, est une réplique de ce que nous connaissons déjà, intensifiée et raffinée. Ou que nous n'avons jamais connue exprimée. Une nature béatifique, bienveillante, combinée à des métaux précieux et à des joyaux. Ce qu'elle ne peut être, c'est une beauté qui dépasse l'imagination.

L'abondance, dans un monde d'excès et au service d'une avidité qui oriente les ressources vers les riches et force les démunis à situer les munificences au sein de ce qui a déjà été acquis par les riches, est un trait presque obscène du paradis. Dans ce monde de ressources ainsi orientées, de richesse scandaleuse, éhontée, qui s'accumule, se pavane, s'enorgueillit devant les dépossédés, l'idée même d'abondance, de suffisance, comme idée utopique devrait nous faire trembler. L'abondance ne devrait pas être régulée pour créer un état paradisiaque, mais une vie normale, ordinaire, humaine.

Le repos, c'est-à-dire le fait qu'il soit superflu de travailler ou de lutter pour obtenir des récompenses sous forme de vivres ou de produits de luxe, voit son cours diminuer, ces jours-ci. C'est une absence de désir qui suggère un genre particulier de mort sans que l'on meure.

L'exclusivité, cependant, est encore un trait séduisant, voire irrésistible du paradis, car certaines personnes, les indignes, ne s'y trouvent pas. Les frontières sont sûres : chiens de garde, portails, gardiens sont là pour vérifier le bon droit de ses habitants. De telles enclaves recommencent à apparaître, comme des douves et forteresses médiévales, et il ne semble pas possible ni souhaitable d'envisager une ville dans laquelle on puisse loger les pauvres. L'exclusivité n'est pas uniquement un rêve accessible aux nantis, mais une solution de plus en plus populaire pour les classes moyennes. Les « rues » sont supposées être peuplées par les indignes et les gens dangereux ; les jeunes sont forcés de s'en éloigner pour leur bien. Cependant, on se dispute l'espace public comme s'il était privé. Qui arrive à profiter d'un parc, d'une plage, d'un centre commercial, d'un recoin ? Le terme « public » est lui-même un motif de discorde. Le paradis comme terrain exclusif présente par conséquent un attrait bien réel pour la société moderne.

L'éternité, puisqu'elle évite la douleur de mourir une nouvelle fois et rejette les arguments scientifiques séculiers, présente probablement le plus grand attrait. Les ressources médicales et scientifiques orientées vers un supplément de vie, et une vie en meilleure santé, nous rappellent que ce désir est celui d'une éternité terrestre plutôt que d'une vie éternelle dans l'au-delà. L'idée étant que c'est tout ce qu'il y a. Ainsi, le paradis comme projet terrestre, par opposition à un projet céleste, a de sérieuses limites visuelles et intellectuelles. En dehors de « Rien que moi ou nous pour toujours », il ne supporte plus guère d'être décrit.

Mais voilà qui pourrait être injuste. Il est difficile de ne pas remarquer combien on a toujours accordé plus d'attention à l'Enfer qu'au Ciel. *L'Enfer* de Dante bat son *Paradis* à tous les coups. Le monde décrit par Milton avant le paradis, brillamment rendu, et connu sous le nom de « Chaos », est bien plus pleinement réalisé que son Paradis. Le langage visionnaire de l'antithèse atteint des sommets d'ardeur linguistique avec lesquels rivalise rarement le langage de la thèse. Il y a de nombreuses raisons pour lesquelles, aux XIIe, XVe et XVIIe siècles, les images des horreurs de l'Enfer étaient destinées à inspirer une vive répulsion. Il fallait que l'argument pour éviter l'Enfer soit viscéral, qu'il révèle combien une telle éternité était pire que l'enfer de la vie quotidienne. Mais à notre époque, ce besoin a persisté avec un ajout révélateur. Il y a un afflux de livres traitant de la consternation face à l'absence de notion de mal, sinon d'enfer ; face à une perte de honte dans la vie contemporaine.

On se demande comment expliquer la mélancolie qui accompagne ces exhortations concernant notre inattention vis-à-vis de cette expérience résolument antiparadisiaque, notre silence, notre torpeur à son endroit. Le mal est, à juste titre, supposé être omniprésent, mais, d'une manière ou d'une autre, il a perdu sa capacité à nous inspirer de la terreur. Il ne nous effraie pas. Il n'est que divertissement. Pourquoi ne sommes-nous pas effrayés par ses perspectives au point de nous tourner, pris de panique, vers le bien? Tout genre de vie après la mort est-il trop simple pour notre intelligence moderne complexe, sophistiquée? Ou est-ce que, plus que le paradis, le mal a besoin de déguisements constamment remis à neuf ou réassortis? Littérairement? L'enfer s'est toujours prêté au prestige, aux gros titres, au smoking, à la ruse, à un masque effroyable ou séduisant. Peut-être lui faut-il du sang, de la bave, des rugissements, ne serait-ce que pour attirer notre attention, nous plaire, susciter notre esprit, notre imagination, notre énergie, nos meilleurs niveaux de performance. Après quoi le paradis n'est que son absence, un manque sans limites et donc inutile, rempli d'un paysage déjà perçu, déjà reconnaissable : de grands arbres pour l'ombre et les fruits, des pelouses, des palais, des métaux précieux, des joyaux, des élevages d'animaux. Hormis lutter contre le mal ou faire la guerre aux indignes, il semble que ses habitants n'aient rien à faire. Un paradis non exclusif, non délimité, qui accueille le tout-venant, sans source d'effroi, sans Némésis, n'est pas un paradis du tout.

Dans ces circonstances, le problème en littérature consiste donc à exploiter la langue contemporaine afin de révéler non seulement la complexité philosophique du paradis, mais aussi la langue qui s'empare de l'imagination non comme intervenante désintéressée dans une vie naïve ou psychotique, mais comme vie elle-même, saine et intelligente. Si je suis censée rendre justice à la population profondément religieuse de ce projet, témoigner de son existence et rendre efficace son système moral solidement maintenu, en ces temps aliénés, peu inspirés et peu inspirants (où la religion est censée parcourir la gamme allant de l'intégrisme méprisé et inintelligible au libéralisme bien intentionné qui sait lire et écrire, au marketing télévangéliste, au racisme militariste et à l'amour de la peur), j'ai de sérieux problèmes.

Historiquement, le langage de la religion repose sur les textes sacrés ou bibliques, dont il tire sa force, sa beauté et son irréfutabilité (je parle ici du christianisme, mais suis relativement certaine que ceci est vrai de toutes les religions fondées sur des textes). C'est dans les chants, les anecdotes et les ornements rhétoriques appropriés que semble le mieux fonctionner le langage religieux contemporain, à savoir le discours et l'écriture cherchant à rendre les traductions ecclésiastiques en parler « populaire » ou « quotidien ordinaire ». Je comprends que la raison pour laquelle moderniser la langue traditionnelle de la Bible est un effort visant à créer des liens et à faire du prosélytisme parmi une population indifférente ou insensible à la langue qui émouvait nos ancêtres. Se disputer l'attention d'un secteur dont le discours a été formé par la langue des médias et du commerce, et qui attend des images en conséquence pour accompagner et clarifier le texte, est une entreprise difficile. Il paraît raisonnable de s'adapter à des circonstances fluctuantes par des modes de discours suppléants. J'ai beau ne pas pouvoir attester du succès de tels efforts, je soupçonne que la « modernisation » du langage de Dieu a été gratifiante, sans quoi ces tentatives ne seraient pas aussi abondantes.

Mettre la religion sur le marché requiert de nouvelles stratégies, de nouveaux attraits et une pertinence immédiate, non contemplative. Ainsi, tout en parvenant à gagner des convertis et à assurer le maintien spirituel des convaincus, la langue moderne est contrainte de se prosterner devant le dénominateur le plus accessible, de mettre en faillite sa subtilité et son mystère pour financer son effet. Néanmoins, elle semble un piètre substitut de la langue qu'elle cherche à remplacer, non seulement parce qu'elle sacrifie son ambiguïté, sa profondeur et son autorité morale, mais aussi parce que ses techniques consistent à renforcer plutôt qu'à libérer.

Je n'entends pas suggérer qu'il n'y a pas de sermons brillants, d'essais d'une puissante intelligence, de poèmes révélateurs, d'émouvants panégyriques ni d'arguments élégants. Bien sûr qu'il y en a. Je n'entends pas non plus suggérer qu'il n'y a pas de langage personnel ou de prière qui ne soit pas remarquable dans sa créativité, ses propriétés apaisantes, son pur pouvoir intellectuel. Mais ces formes rhétoriques ne conviennent pas à une fiction d'envergure en prose. Le récit moderne est dépourvu de langage religieux qui ne glane pas l'essentiel de sa substance dans la version qu'a faite le roi Jacques de la Sainte Bible[1]. Deux exemples

1. Autrement dit, la « Bible de 1611 », soit celle de l'Église anglicane.

de fiction qui mélangent délibérément et avec succès la langue moderne et la langue de la Bible sont les romans de Leon Forrest et les brefs récits de Reynolds Price[1].

Les questions que je mc pose sont : Est-il possible d'écrire un récit en prose infléchi par la religion et qui ne fonde pas son argumentation entièrement ou principalement sur la langue de la Bible ? Est-il possible de faire l'expérience et le cheminement d'une foi neuve, aussi nouvelle et aussi peu encombrée linguistiquement qu'elle l'était pour les premiers croyants, qui n'avaient eux-mêmes aucune série de livres sur laquelle s'appuyer ?

J'ai choisi cette tâche, cette obligation, en partie du fait que je suis très inquiète face à la dégradation du langage religieux en littérature : son expression envahie de clichés, son apathie, son refus de se réapprovisionner en vocabulaire non commercial (ou son insistance à se réapprovisionner en vocabulaire commercial), sa substitution de la terminologie de la psychologie populaire à la clarté philosophique, son triomphalisme patriarcal, sa pratique dictatoriale aux opinions moralement bornées, le plaisir immérité qu'il trouve dans la faisabilité de son miracle plutôt que dans son contenu, sa piètre opinion de lui-même.

Comment un romancier peut-il représenter le bonheur suprême en termes non sexuels, non orgiaques ? Comment un romancier peut-il, sur une terre d'abondance, décrire un amour immérité, illimité, celui qui « surpasse toute intelligence[2] », sans susciter le plaisir marchand qui serait celui d'un gain au loto ? Comment évoquer le paradis à une époque de parcs à thème ?

La réponse, malheureusement, est que jusqu'à présent je ne peux pas.

J'ai choisi entre-temps autre chose, une autre stratégie afin de concrétiser ces passions et conflits démodés et influents. Afin de ne pas utiliser de termes dithyrambiques, extatiques, ronflants, etc., mais de révéler leurs conséquences.

1. Leon Forrest (1937-1997) : romancier africain-américain. Reynolds Price (1933-2011) : homme de lettres américain, par ailleurs spécialiste de la Bible.

2. Épître aux Philippiens, 4:7.

Ici, je voudrais faire ce que j'ai toujours fait quand les questions ne peuvent trouver de réponses que dans l'acte de narration : commencer l'histoire.

« Ils tuent la jeune Blanche d'abord. Avec les autres, ils peuvent prendre leur temps[1]. »

1. Toni Morrison, *Paradis*, *op. cit.*, p. 11.

Grendel et sa mère

J'espère que vous conviendrez que l'œuvre littéraire dont je veux m'inspirer est, comme le dit l'un de ses traducteurs, « égale à notre connaissance de la réalité à l'heure actuelle[1] ». Et que vous découvrirez, dans les associations que je fais avec une sensibilité médiévale et une sensibilité moderne, un terrain fertile sur lequel nous pouvons évaluer notre monde contemporain.

Je vais vous raconter une histoire. Premièrement, parce que le récit est probablement la manière la plus efficace dont structurer les connaissances et, deuxièmement, parce que je suis une conteuse. La pratique de l'écriture exige de ma part des choses que rien d'autre n'exige. La recherche de la langue, que ce soit chez d'autres écrivains ou en la faisant naître, constitue une mission. Fouiller dans la littérature n'est ni une fuite, ni un itinéraire infaillible pour parvenir au confort. Il s'est agi d'une relation constante, parfois violente, toujours provocatrice avec le monde contemporain, les problèmes de la société dans laquelle nous vivons. Vous ne serez donc pas surpris d'apprendre que j'emprunte mon texte à des sources anciennes, mais nullement lointaines. L'histoire est celle-ci. À mesure que je la raconterai, vous vous rappellerez peut-être les événements, la rhétorique et les actions de nombreux combats militarisés et de violents soulèvements qui ont lieu aujourd'hui.

1. *Beowulf*, traduit et présenté par Seamus Heaney (1999), New York, Norton, 2000 p. ix.

Il était une fois un monstre mangeur d'hommes, d'une cruauté sans précédent et d'un appétit sans égal, qui sévissait d'ordinaire la nuit et se concentrait avant tout sur la population d'un royaume en particulier, mais c'était uniquement parce qu'il l'avait choisi. À l'évidence, il pouvait massacrer n'importe qui et n'importe où, selon ce qu'il décidait. Il s'appelait Grendel et il passa une douzaine d'années à démembrer, mastiquer et avaler le bétail, les barons et les citoyens de Scandinavie.

Le chef du pays assiégé vivait dans un grand palais avec sa reine, sa famille, ses amis, ses gardes, ses conseillers et une grande armée de héros. Chaque nuit, quand le chef se retirait, on plaçait des gardes et des guerriers pour protéger le palais et ses habitants de la destruction, et tenter, si possible, d'occire leur ennemi nocturne. Et chaque nuit, Grendel les cueillait un par un comme s'ils étaient des cerises mûres sur un arbre éternellement chargé de fruits. Le royaume était plongé dans le deuil et le désespoir, déchiré par le chagrin ressenti pour les morts, par le regret du passé, et vivait dans la crainte de l'avenir. Tous étaient dans la même situation que les Frisons d'une de leurs sagas : « pris dans la grande roue de la nécessité, esclaves d'un code de loyauté et de courage, tenus de rechercher la gloire aux yeux du monde des guerriers. Les petites nations sont regroupées autour de leur seigneur, les plus grandes brûlent de faire la guerre et menacent les petites, un seigneur meurt, s'ensuit l'absence de défense, l'ennemi frappe, la vengeance des morts devient une éthique pour les vivants, le carnage engendre d'autres carnages, la roue tourne, les générations avancent, avancent, avancent[1]. »

Mais ce qui semblait ne jamais les troubler ni les inquiéter, c'était de savoir qui était Grendel et pourquoi il les avait inscrits à son menu. Nulle part dans l'histoire cette question n'est posée. Elle n'apparaît pas pour une raison très simple : le mal n'a pas de père. Il est surnaturel et existe sans explication. Les actions de Grendel sont dictées par sa nature : la nature d'un esprit étranger, d'une dérive inhumaine. Grendel est l'essence de celui qui vous déteste et qui vous veut non seulement mort, mais ce de manière nourrissante,

1. *Ibid.*, p. xiv.

pour que votre mort procure un bénéfice à l'assassin : nourriture, terre, richesse, eau, tout ce que vous voulez. Comme le génocide, la purification ethnique, le massacre ou l'agression individuelle motivée par le profit. Mais Grendel échappe à ces raisons : nul ne l'avait attaqué ni offensé ; nul n'avait tenté d'envahir son logis ni de l'expulser de son territoire ; nul ne lui avait rien volé ni n'avait répandu sa colère sur lui. À l'évidence, il ne faisait ni se défendre ni chercher vengeance. En fait, nul ne savait qui il était. Il n'était pas furieux contre les Danois : il ne voulait pas gouverner leur territoire, ni piller leurs ressources, ni violer leurs femmes ; aussi était-il impossible de raisonner avec lui. Aucune subornation, aucune négociation, aucune supplication, aucune transaction ne pouvait l'arrêter. Même à leur plus haut degré de corruption, d'égoïsme et d'ignorance, les humains peuvent devenir accessibles à la raison ; ils sont éducables, susceptibles d'être réformés et, fait très important, compréhensibles. Les humains ont des mots pour désigner la folie, des explications du mal et un système de rétribution pour ceux qui commettent des infractions ou sont jugés hors-la-loi. Mais Grendel, lui, était incompréhensible, au-delà de l'entendement. Le monstre suprême : stupide et sans discours intelligible. Sur les illustrations qui l'imaginent et dans la langue qui le décrit, Grendel est laid : velu, le corps replié sur lui-même, nauséabond, à l'aise et se sentant le mieux à quatre pattes. Mais même sans griffes ni rangées de dents dignes d'un requin, même s'il avait été beau, cela n'aurait pas diminué l'horreur : sa simple présence dans le monde était un affront à celui-ci.

Pour finir, bien sûr, un héros séduisant et courageux du nom de Beowulf se propose pour débarrasser le royaume de ce fléau. Son détachement de guerriers et lui-même entrent dans le pays, annoncent leur objectif et sont accueillis avec enthousiasme. La première nuit, au terme d'une fête donnée pour rallier les troupes et susciter leur courage, la guerre est remportée, ou du moins elle le semble. Quand le monstre apparaît, la compagnie ne subit qu'une seule perte avant que Beowulf n'arrache un bras à Grendel et envoie ce dernier, qui saigne de manière fatale, boite et gémit, rentrer d'un pas traînant chez sa mère, où il meurt.

Oui, sa mère. J'ai suggéré précédemment que le mal n'a pas de père, mais il ne devrait pas être surprenant que Grendel ait une mère. Selon le mode épique, le géniteur du mal et de la destruction est féminin. Il semble que les monstres naissent, après tout, et comme ses sœurs (Ève, Pandore, la femme de Loth, Hélène de Troie et la créature féminine assise aux portes de l'Enfer de Milton, sans cesse à engendrer des chiens qui s'entredévorent et sont remplacés par toujours plus de rebuts sortis de ses entrailles[1]), la mère de Grendel s'avère plus repoussante, plus « responsable » du mal que son fils. Fait assez intéressant, elle n'a pas de nom et ne sait pas parler (j'aimerais suivre ces images, mais à un autre moment). En tout cas, cette femelle silencieuse et repoussante est mère et, contrairement à son enfant, elle a vraiment un motif de meurtre ; elle sort donc immédiatement venger son fils. Elle s'avance jusqu'au palais, interrompt les guerriers qui savourent leur victoire et remplit le sac qu'elle transporte de leurs membres enchevêtrés. Sa vengeance provoque une seconde incursion, plus déterminée encore, de la part de Beowulf, cette fois sur le territoire du monstre et dans son logis. Beowulf nage par des eaux chargées de démons, il est capturé et lorsque, sans armes, il entre dans le repaire de la mère, il est contraint de faire usage de ses mains nues. Il lutte puissamment, mais sans succès. Soudain et par bonheur, il s'empare d'une épée appartenant à la mère. C'est avec sa propre arme qu'il la décapite, puis décapite le cadavre de Grendel. Une chose curieuse se produit alors : le sang de la victime fait fondre l'épée. La lecture conventionnelle veut que le sang des démons soit si immonde qu'il fait fondre l'acier, mais l'image de Beowulf, debout, la tête de la mère dans une main et une poignée d'épée inutile dans l'autre, encourage des interprétations plus fournies. L'une étant que la violence contre la violence – indépendamment du bien et du mal – est en soi si immonde que l'épée de la vengeance s'écroule d'épuisement ou de honte.

Beowulf est une épopée classique du bien qui triomphe du mal ; d'une brutalité inimaginable vaincue par la force physique. Courage, sacrifice, honneur, fierté, récompenses à la fois en termes

1. Milton, *op. cit.*, livre II, 650-659, p. 84.

de réputation et de richesse: la boucle est bouclée, dans ce récit médiéval passionné. Dans de tels récits héroïques, la gloire n'est pas dans les détails: les forces du bien et du mal sont évidentes, flagrantes; le triomphe des premières sur les secondes est mérité, justifié, délicieux. Comme le dit Beowulf, « il est plus noble de venger qui l'on aime que de multiplier les lamentations. [...] Debout, gardien du royaume! Sortons vite repérer la trace de cette créature de la race de Grendel. Je te le promets: elle n'échappera pas où qu'elle se cache, au sein de la terre, dans les bois des montagnes, au fond de l'océan, où qu'elle aille[1] ».

Cependant, la société contemporaine n'étant pas à l'aise face au concept de mal pur, sans motif, face à la vertu pieuse et sans tache, les écrivains et érudits contemporains cherchent à découvrir davantage.

Dans son roman intitulé *Grendel*, John Gardner, auteur récemment disparu, a lancé un défi aux attentes nécessaires, mais restreintes, que fait naître ce récit héroïque. Raconté du point de vue du monstre, c'est un tour de force, ainsi qu'une entreprise intellectuelle et esthétique qui s'avère presque l'objet, exprimé tout bas, d'une bonne partie des efforts d'aujourd'hui pour faire face au genre de guerre mondiale permanente dans laquelle nous nous trouvons actuellement engagés. Ce roman pose la question que l'épopée ne pose pas: Qui est Grendel? L'auteur nous demande d'entrer dans son esprit et d'éprouver l'hypothèse que le mal est manifestement inintelligible, gratuit et indéchiffrable. En adoptant la voix de Grendel, son point de vue, Gardner établit d'emblée que, contrairement au personnage du poème, Grendel n'est pas dépourvu de réflexion et qu'il n'est pas une bête. En fait, c'est justement aux vraies bêtes qu'il réfléchit au moment où le lecteur lui est présenté. Quand débute le roman, il regarde un bélier, songeur: « Ne croyez pas que j'aie, comme le bélier, le cerveau obstrué par la racine des cornes. » Et: « Pourquoi ces créatures ne sont-elles pas capables d'un peu de dignité[2] ? »

1. *Beowulf*, édition revue, nouvelle traduction, introduction et notes d'André Crépin, Paris, Librairie Générale Française, coll. « Le Livre de Poche », p. 127.
2. John Gardner, *Grendel*, traduit par René Daillie, Paris, Denoël, 1974, p. 26.

La version de Gardner a la même intrigue, les mêmes personnages, etc., que l'original et s'appuie sur des descriptions et conventions analogues : quand on y parle de femmes, par exemple, seules les reines ont un nom. Si la mère de Grendel a un nom, il est aussi inexprimable qu'elle est incapable de s'exprimer. L'introduction de Seamus Heaney à sa traduction de *Beowulf* insiste sur le déplacement du mal, de l'extérieur, là-bas, vers l'intérieur, ici, depuis les abords du monde jusque dans le château, et se concentre sur la splendeur artistique du poème, les « belles inventions de sa langue[1] ». Gardner, cependant, tente de pénétrer dans la vie intérieure (affective, consciente) du mal incarné et donne la priorité au poète comme étant celui qui organise le désordre du monde, qui rassemble des histoires disparates pour créer du sens. Dans le roman de Gardner, nous apprenons que Grendel se distingue du bélier qui ne connaît pas ou ne se rappelle pas son passé. Nous apprenons que, au début, Grendel est consumé par la haine et n'en retire ni fierté ni honte. Qu'il est plein de mépris pour les survivants de ses carnages. En regardant les barons ensevelir leurs morts, il décrit la scène de la façon suivante : « sur le flanc de la colline commence le pelletage, avec une lenteur de marche funèbre. Ils élèvent un tumulus pour le bûcher où l'on brûlera tout ce que dans ma hâte j'ai laissé derrière moi en fait de têtes, de bras ou de jambes. Cependant que là-haut, dans le palais dévasté, les charpentiers martèlent, remplaçant [...] la porte, industrieux et sans cervelle comme des fourmis ouvrières – à quelques stupides petits changements près, bandes de fer ou rivets supplémentaires qu'ils ajoutent avec un dogmatisme infatigable[2]. » Ce mépris s'étend au monde en général. « Je compris que le monde n'était rien : un chaos mécanique de forces brutes, hostiles, aléatoires, sur lequel nous plaquons stupidement nos espoirs et nos craintes. Je compris qu'en fin de compte et absolument parlant, moi seul existe. Tout le reste, à ce que je vis, c'est simplement ce qui me pousse, ou contre quoi je bute, aveuglément – aussi aveuglément que me

1. Heaney, *op. cit.*, p. ix.
2. Gardner, *op. cit.*, p. 34.

repousse tout ce qui n'est pas moi. Je crée l'univers tout entier – clignement par clignement d'yeux[1]. »

Mais le thème fondamental du roman réside dans les perspectives de Grendel : premièrement, sa rencontre avec un langage façonné, étudié, artistique (par opposition aux bruits, grognements, cris et fanfaronnades) et, deuxièmement, son dialogue avec le dragon assis au sommet de la montagne d'or qu'il garde depuis des siècles. Pour ce qui du premier point, sa rencontre avec le poète, qu'on appelle le Barde, lui offre l'unique possibilité de transformation. Grendel sait que le chant du Barde est plein de mensonges, qu'il n'est qu'illusion. Pour avoir attentivement regardé les batailles des hommes, il sait qu'elles ne sont pas la gloire en laquelle les transforme le Barde. Mais il succombe néanmoins au langage du Barde en raison de son pouvoir de transformer, de son pouvoir d'élever l'esprit, de décourager les bassesses. Il définit ainsi la puissance du poète : « Il refaçonne le monde [...] C'est ce qu'implique son nom de créateur. Il regarde fixement ce monde sans âme de ses yeux étranges, et change en or des bouts de bois sec[2]. » C'est grâce à ce langage façonné, élevé, structuré, que Grendel est capable de contempler la beauté, de reconnaître l'amour, d'éprouver de la pitié, de solliciter la miséricorde et de faire l'expérience de la honte. C'est grâce à l'imagination du Barde qu'il médite sur l'assimilation de la qualité au sens. En bref, il développe une soif désespérée d'avoir la vie d'un être complètement humain. « J'avais le cœur léger, illuminé par la bonté de Hrothgar, et en même temps plombé de chagrin à la pensée de mes mœurs sanguinaires[3]. » Accablé par ces réflexions sur la bonté et la légèreté, il se rend en larmes au palais pour obtenir miséricorde, brûlant d'envie que la communauté soulage son extrême solitude. « Je m'avançai à découvert en titubant et montai vers le château avec mon fardeau sur l'épaule, en gémissant : "Paix ! Miséricorde !" La harpe se tut brusquement, les gens se mirent à crier [...] Des hommes ivres se précipitèrent sur moi avec des

1. *Ibid.*, p. 42.
2. *Ibid.*, p. 69.
3. *Ibid.*, p. 68.

haches de bataille. Je tombai à genoux en criant : "Ami ! Ami !" Ils me portèrent des coups en jappant comme des chiens[1]. » Il retrouve donc la vaste étendue de sa haine. Pourtant, il est toujours en émoi, partagé entre « une envie de pleurer et celle de hurler de mépris[2] ». Il s'en va voir le dragon pour obtenir des réponses à ses propres questions métaphysiques : Pourquoi suis-je ici ? Qu'est-ce que Dieu ? Qu'est-ce que le monde ?

Au terme d'une longue et fascinante dispute pleine du cynisme, de l'amertume et de l'indifférence du dragon, Grendel reçoit un conseil de sa part : « trouver de l'or et [...] t'asseoir dessus[3]. » C'est entre les soupçons de Grendel, voulant que le langage noble engendre un comportement noble (tout comme le langage faiblard, vide, produit un comportement faiblard, vide), et l'opinion qu'a le dragon de la bêtise, de la banalité et de l'insignifiance de l'homme, ainsi que sa négation du « libre arbitre et [de l']intercession[4] », juste là, exactement là, que se trouve le plan sur lequel repose, roule et se balance la vie civique et intellectuelle.

Le dilemme de Grendel est aussi le nôtre. C'est le lien entre le Barde et le dragon, entre saint Augustin et Nietzsche, entre l'art et la science ; entre l'Ancien et le Nouveau Testament, entre les socs et les épées. C'est l'espace de la pensée aussi bien que l'acte de pensée : c'est un espace magnétique, qui nous arrache à la réaction pour nous amener à penser. À réfuter les réponses faciles et les violences commises car, en période de crise, ce sont les seules choses que l'on sait faire.

Les réponses absolues, comme celles que voulait Grendel, les questions maintenues en suspens avec cynisme, comme celles qu'offrait le dragon, peuvent diluer et faire dévier le projet éducatif. Dans ce pays où la concurrence fait l'objet d'un culte, où la crise est la force motrice des informations mises à la sauce des médias, où homogénéité et différence, diversité et conformité sont supposées

1. *Ibid.*, p. 71-72.
2. *Ibid.*, p. 123.
3. *Ibid.*, p. 94.
4. *Ibid.*, p. 83.

être l'idéal national, on nous demande à la fois de reculer face à la violence et d'y adhérer ; d'osciller entre gagner à tout prix et s'occuper de notre voisin ; entre la peur de l'étrange et le confort du familier ; entre la vengeance sanglante des Scandinaves et le désir qu'a le monstre d'avoir une instruction et une communauté. C'est l'attraction de ces contraires qui écrasait Grendel, mais aussi qui perturbe et invalide le discours personnel, éducatif et national.

La crise est une confluence aggravée, parfois sanglante, manifestement dangereuse et toujours tendue, d'événements et d'opinions sur ces événements mêmes. En temps de crise, irascibilité, théâtralité et menace tourbillonnent çà et là. La crise, comme la guerre, exige des « réponses finales », une action rapide et définitive : pour éteindre les flammes, faire couler du sang, apaiser les consciences.

Parfois, l'exigence d'action rapide et définitive est si aiguë que toute l'énergie se mobilise pour éviter la crise d'une crise imminente. La militarisation de quasiment toute situation fluide et tout problème social a eu pour effet une inertie envahissante, sinon une paralysie établie. Elle a aussi fait naître une soif accrue de présentations plus intenses, plus excitantes encore de la crise. (Notez la pléthore de divertissements télévisés consacrés aux ersatz, aux fausses crises : la survie dans les pays du tiers-monde parmi des gens pour qui la survie est une condition de vie tout à fait quelconque.) Cette soif n'est pas différente de l'insensibilité de la torpeur : en fait, elle en est une expression vivace. Une fois introduit, le penchant pour les images sanglantes de la conquête peut ne pas être facile à assouvir.

J'ai expliqué en détail cette version médiatisée de la crise pour distinguer la crise du conflit. Le conflit est l'affrontement de forces incompatibles : le Barde contre le dragon, un désaccord qui appelle une adaptation, un changement ou un compromis. Le conflit reconnaît des oppositions légitimes, des interprétations honnêtes, mais différentes, de données ou de théories contraires. Ces oppositions peuvent être militarisées ou avoir à l'être, mais à l'université, elles ne le devraient ni ne le doivent. En fait, il faut les accepter si l'enseignement est censé avoir lieu. Le conflit dans les locaux de l'université ne ressemble pas au conflit dans les centres commerciaux, les galeries marchandes, ni sur le champ de bataille. Dans l'opposition entre les locaux de l'université et les galeries marchandes, le conflit n'est pas un jeu en ligne auquel jouer pour lui-même, ni un impair social à éviter coûte que coûte. Il n'a mauvaise réputation que parce qu'on nous a appris à l'associer à la victoire et à la défaite, au besoin désespéré d'avoir raison, d'être excellent. À la violence. Le conflit n'est pas un autre mot pour désigner la crise, la guerre, ni la concurrence. Le conflit est une condition de la vie intellectuelle et, je crois, son plaisir. Qu'on exhorte l'esprit à s'engager, c'est exactement ce pour quoi il est fait : il n'a pas d'autre utilité. De même que le corps lutte en permanence pour se réparer après s'être maltraité lui-même, pour rester en vie, l'esprit est avide de connaissances. Quand il n'est pas occupé à essayer de savoir, il est en piteux état.

L'esprit est réellement un palais. Non seulement grâce à sa perception de la symétrie et de l'excessivement beau, mais aussi parce qu'il peut inventer, imaginer et, fait très important, il peut creuser.

J'aime à penser que l'opinion de John Gardner se maintiendra : que le langage – éclairé, façonné, raisonné – deviendra la main qui arrête la crise et fournit au conflit créatif et constructif de l'air pour respirer, tout en surprenant nos vies et en faisant vibrer notre intellect. Je sais que la démocratie est digne que l'on se batte pour elle. Je sais que le fascisme ne l'est pas. Pour conquérir la première, il faut un combat intelligent. Pour conquérir le second, rien n'est requis. Il vous suffit de coopérer, de vous taire, d'être d'accord et d'obéir, jusqu'à ce que le sang de la mère de Grendel anéantisse sa propre arme, ainsi que celle du vainqueur.

Sur *Beloved*

J'ai commencé à réfléchir à *Beloved* en 1983. Comme depuis le début de mes années d'écriture, j'y ai été poussée par mon rapport compliqué à l'Histoire. Rapport prudent, vigilant, mais prêt à se laisser persuader d'abandonner ses doutes pour se laisser convaincre. C'était une circonspection fondée sur mes premières années d'études, période durant laquelle j'avais une conscience aiguë des effacements, absences et silences de l'Histoire écrite dont je disposais, silences que je prenais pour de la censure. C'était d'eux, semblait-il, que traitait l'Histoire. Et si moi ou quelqu'un qui me représentait étions jamais mentionnés dans des romans, c'était en général quelque chose que j'aurais voulu avoir manqué. Pas seulement dans les œuvres de Harriet Beecher Stowe ni dans l'humiliation inadmissible, chez Mark Twain, d'un adulte entre les mains d'enfants; durant ces années, il n'y avait aucun répit, même dans l'encyclopédie ou les textes historiques. Si je conserve un regard froid en lisant ces derniers, ce n'est pas un regard plus froid que celui que conservent les historiens et que l'on devrait conserver en lisant de la fiction. Pourtant, malgré ma prudence et mon scepticisme, j'éprouve une dépendance solide et continue à l'Histoire, en partie à cause des données dont je dispose dans ce domaine, mais surtout justement à cause de ces lacunes, de ces effacements, de cette censure. C'est dans les interstices de l'Histoire attestée que je trouve souvent le « rien », le « pas assez », les informations « vagues », « incomplètes », « discréditées » ou « enfouies » qui sont importantes pour moi. Par exemple, en 1963, *L'Œil le plus bleu*, mon premier roman, était une conséquence de mon accablement dû au rejet en bloc d'une certaine partie de la population (à laquelle j'appartenais) dans les textes historiques et la littérature. De tous les personnages choisis pour être examinés d'un point de vue artistique, avec empathie ou mépris, les jeunes Noires vulnérables étaient grandement absentes. En revanche, quand elles apparaissaient, elles fournissaient matière à plaisanterie ou des occasions de s'apitoyer : de s'apitoyer sans comprendre. Personne, semblait-il, ne regrettait leur absence sur le devant de la scène et personne, semblait-il, ne les prenait au sérieux à part moi. Or, je ne blâmais pas la littérature pour autant. Les auteurs écrivent ce qu'ils veulent et ce qui les intéresse. Et même les auteurs Africains-Américains (surtout les hommes, mais pas tous) faisaient bien comprendre que, hormis comme arrière-plan, les jeunes Noires prépubères étaient incapables d'entretenir leur intérêt ou de stimuler leur curiosité. Néanmoins, la question n'était pas le manque de curiosité des écrivains. Pour moi, c'était le silence choisi ou forcé, la façon dont l'Histoire était écrite, qui contrôlait et façonnait le discours national.

L'analyse historique a beau avoir changé (et elle a énormément changé) et s'être élargie au cours des quarante dernières années, les silences relatifs à certaines populations (les minorités), lorsqu'ils sont enfin définis, sont encore perçus comme des comptes rendus supplémentaires d'une expérience marginale, un témoignage additionnel non associé au courant dominant de l'Histoire : une note en bas de page développée, pour ainsi dire, intéressante, mais guère essentielle au passé de la nation. L'Histoire raciale, par exemple, reste fort parallèle aux principaux textes historiques, mais elle est rarement perçue soit comme son fil de trame, soit comme son fil de chaîne, et rarement intégrée à l'étoffe entière. Ces textes parallèles et ancillaires s'attirent en ce moment un vaste lectorat, tout en restant l'objet d'immenses controverses. (Des débats sur le matériau à lire ont sévi dans de nombreux lycées.) Bien que ce soient les silences qui aient fait naître la quasi-totalité de mon œuvre, les habiter par sa propre imagination est facile à prescrire, mais pas si facile à faire. Il me faut trouver l'accroche, l'image ou l'article de journal qui provoque une rêverie prolongée, un « Et si ? » ou « Comment cela devait-il être ? »

Beloved a pris naissance sous forme de question générale, puis été déclenché par une coupure de journal. La question générale (souvenez-vous, on était au début des années 1980) était centrée sur ceci : comment (autrement que par l'égalité des droits, des emplois, des salaires, etc.) le mouvement de libération des femmes définit-il la liberté recherchée ? Un domaine essentiel des débats acharnés était celui du contrôle de son propre corps, querelle qui sévit autant aujourd'hui qu'à l'époque. Beaucoup de femmes, convaincues que de tels droits s'étendaient au choix d'être mère, sous-entendaient que ne pas être mère n'était pas une déficience et que le refus de maternité (quelle que soit sa durée) pouvait s'ajouter à la liste des libertés, à savoir que l'on pouvait choisir de vivre une vie sans enfanter ou libérée de l'enfantement, sans qu'un jugement négatif ou de valeur ait besoin de s'appliquer.

Un autre aspect de ce mouvement comprenait un puissant encouragement des femmes à soutenir d'autres femmes. À ne pas faire que sa relation à une autre femme soit subordonnée à une relation avec un homme. C'est-à-dire que le temps passé avec une amie n'était pas un temps d'arrêt. C'était du temps réel.

L'achèvement de ce débat a été plus compliqué que cela (il y sévissait beaucoup de conflits de classes), mais voilà quels problèmes on soulevait avec brio. J'ai abordé le second (les femmes comme amies importantes) dans *Sula*. Mais le premier (la liberté comme fait d'être propriétaire de son corps, le choix de ne pas avoir d'enfants comme marque de liberté) m'intéressait profondément.

Là encore, les silences des comptes rendus historiques et la marginalisation des populations minoritaires dans le débat réclamaient mon attention et se sont avérés un être riche à explorer. Du point de vue des femmes esclaves, par exemple. Supposez qu'avoir des enfants, être appelée mère, ait été l'acte suprême de liberté et non son contraire ? Supposez qu'au lieu d'être obligée de faire des enfants (à cause du genre, du statut d'esclave, du bénéfice), on ait choisi d'en être responsable, de les revendiquer comme siens ; autrement dit, d'être non pas une génitrice, mais un parent ? Sous le régime de l'esclavage aux États-Unis, une telle revendication n'était pas seulement inacceptable socialement: elle était illégale, anarchique. C'était aussi l'expression d'une intolérable indépendance des femmes. C'était la liberté. Et si cette revendication s'étendait à l'infanticide (pour quelque raison que ce soit, noble ou insensée), elle pouvait devenir politiquement explosive, et elle l'est devenue.

Ces raisonnements se sont rassemblés lorsque je me suis souvenue d'un article de journal que j'avais lu vers 1970: la description d'une cause célèbre parmi les abolitionnistes et centrée sur une esclave nommée Margaret Garner, qui avait vraiment fait de telles revendications. Les détails de sa vie étaient captivants. Mais j'en ai sélectionné et manipulé des parties pour les adapter à mes propres objectifs. Pourtant, ma réticence à entrer dans la période de l'esclavage était un handicap. Le besoin de la réexaminer et de l'imaginer était abject. De plus, je croyais que personne d'autre n'aurait envie de creuser profondément dans la vie intérieure des esclaves, hormis pour évoquer leur noblesse ou leur statut de victimes, s'indigner ou se laisser envahir par une pitié bien pensante. Aucune de ces deux attitudes ne m'intéressait. L'acte d'écriture est un genre d'acte de foi.

À certains moments, ce qui est là (ce qui est déjà écrit) est parfait; l'imitation est donc absurde et intolérable. Mais une chose parfaite n'est pas tout. Il faut une chose autre, une chose différente. Parfois, ce qui est déjà là est tout bonnement insuffisant; d'autres fois, c'est vague, incomplet, voire erroné ou enfoui. Parfois, bien sûr, il n'y a rien. Et pour un romancier, voilà ce qui crée le véritable enthousiasme. Non pas ce qu'il y a, mais ce qu'il n'y a pas.

Une grande porte s'élève dans ce rien; son matériau est lourd, sûr. Aucune sonnerie n'invite votre main. Donc vous restez là, peut-être, ou vous vous éloignez; plus tard, en fourrant la main dans la poche, vous trouvez une clef dont vous savez (ou espérez) qu'elle correspond à la serrure. Avant même que les gorges de la serrure ne retombent, vous savez que vous allez trouver ce que vous espériez: un mot ou deux qui transforment le « pas assez » en davantage, la ligne ou la phrase qui s'insère dans le rien. Avec la bonne phrase, ce sens se trouble, s'éclaire, s'éclaire différemment. Derrière cette porte, il y a un genre de liberté qui peut effrayer les gouvernements, en soutenir d'autres et débarrasser des nations entières de leur confusion. Plus important, toutefois, est le fait que l'écrivain qui franchit cette porte avec le langage de sa propre intelligence et de sa propre imagination pénètre dans un territoire non colonisé, qu'il peut revendiquer légitimement comme sien, du moins un moment.

L'effort partagé afin d'éviter d'imaginer la vie des esclaves telle que vécue de leur point de vue est devenu le thème secondaire, la structure de l'œuvre. L'oubli du passé en était le moteur et les personnages (à l'exception d'un seul) tenaient à oublier. L'unique exception étant celui qui avait soif de passé, qui voulait coûte que coûte non seulement qu'on se souvienne de lui, mais qu'on ait affaire à lui, qu'on l'affronte : l'enfant morte. Beloved. Ce personnage serait le seul en mesure de rendre avec exactitude un jugement sur son propre meurtre. Ainsi, après avoir suivi un certain nombre de pistes pour tenter de déterminer la structure, j'ai décidé que l'unique chose absolument incontestable que l'on puisse dire sur l'institution de l'esclavage par rapport à l'époque contemporaine, c'est qu'il nous hante tous. Qu'il y a tellement de façons dont nos vies sont mêlées au passé (à ses manipulations) que, redoutant son emprise, nous l'ignorons, le rejetons ou le déformons afin qu'il nous convienne, mais sans jamais pouvoir l'effacer. Lorsque j'ai enfin compris ce qu'était la nature d'une hantise – que c'est à la fois ce à quoi nous aspirons et ce que nous craignons –, j'ai pu percevoir, dans certains détails concrets mais aussi allusifs, les traces d'une présence fantomatique, résidu d'un passé refoulé. Surtout des empreintes de pas. Qui disparaissent et ne reviennent que pour disparaître à nouveau. La fin de mes romans doit être claire dans mon esprit avant que je ne commence. J'ai donc pu décrire cette hantise avant même de savoir tout ce qui y conduirait.

Chinua Achebe

J'éprouve grand plaisir à avoir cette occasion de dire en public certaines choses que je n'ai jamais dites à la personne qui fait l'objet de ces commentaires : Chinua Achebe. Ma dette envers M. Achebe est de la meilleure sorte. Immense, sans échéancier et sans intérêts. Permettez-moi de vous la décrire.

En 1965, j'ai commencé à lire de la littérature africaine ; à la dévorer, en fait. C'était une littérature à laquelle je n'avais pas eu accès auparavant, mais vers ce moment-là, j'avais découvert une librairie new-yorkaise qui s'appelait Africa House et qui proposait, entre autres choses, d'anciens numéros de *Transition*, *Black Orpheus* et des œuvres de quantité d'auteurs africains de tous les continents. Amos Tutuola, Ayi Kwei Armah, Ezekiel Mphahlele, James Ngugi, Bessie Head, Christina Ama Ata Aidoo, Mongo Beti, Léopold Senghor, Camara Laye, Ousmane Sembène, Wole Soyinka, John Pepper Clark : le choc que m'ont procuré ces écrivains a été explosif. La confirmation que la littérature africaine ne se limitait pas à Doris Lessing et Joseph Conrad était si stupéfiante qu'elle m'a conduite à m'assurer l'aide de deux universitaires susceptibles de m'aider à en faire une anthologie. À l'époque, la littérature africaine n'était pas une matière enseignée dans les écoles américaines. Même dans les prétendus cours de littérature mondiale, elle n'avait aucune réputation ni aucune présence. Mais j'étais résolue à canaliser la joie, la signification et la puissance de cette littérature dans mon travail de responsable éditoriale. La publication de *Contemporary African Literature*, en 1972, a marqué le début de mon histoire d'amour.

Mais la conséquence la plus profonde et la plus personnelle a été l'influence des romans de Chinua Achebe sur mes propres débuts d'écrivain. J'avais lu dans *Transition* son essai sur la lutte contre les définitions de la littérature africaine et savais ce qu'elle impliquait pour les écrivains africains-américains. Dans cet essai, Achebe citait les commentaires de James Baldwin sur le choix et la manipulation de la langue dans le processus de définition des littératures nationales et culturelles, et sur leur résonance parmi les écrivains marginalisés: « Ma querelle avec la langue anglaise a résidé en ceci que cette langue ne reflétait rien de mon expérience. [...] Peut-être que [...] je n'avais jamais tenté de l'utiliser, que je n'avais appris qu'à l'imiter. Dans ce cas, elle était peut-être faite pour porter le fardeau de mon expérience si j'arrivais à trouver l'endurance nécessaire pour la soumettre, et me soumettre, à une telle épreuve[1]. » Mais théoriser une définition est une chose. Mettre à exécution une théorie en est une autre. La « réponse » d'Achebe, pour ainsi dire, se trouvait dans son œuvre. Il a constitué pour moi (ainsi que Camara Laye, Bessie Head et d'autres) une éducation complète. J'ai appris à désassembler le regard contre lequel je luttais (l'écriture habituelle, mais embarrassée et orientée vers un lecteur non noir, qui menaçait et enrobait une bonne partie de la littérature africaine-américaine) ; j'ai découvert comment éliminer et manipuler le regard eurocentrique afin d'étendre et de sonder ma propre imagination. Ces leçons que j'ai apprises, je les attribue à Chinua Achebe. Dans les pages de *Le Monde s'effondre* résidait non pas l'argument, mais l'exemple; dans les pages du *Malaise*, des *Termitières de la savane*, l'hypothèse de l'authenticité, la force, les vallées de beauté étaient abondantes. L'œuvre d'Achebe a libéré mon intelligence artistique comme rien d'autre ne l'avait jamais fait. Je suis devenue capable de recommencer à entrer et à habiter dans mon propre milieu sans les services d'un guide autochtone.

Aussi, en 1965, ce n'était pas une dette. C'était un don.

1. James Baldwin, « Why I Stopped Hating Shakespeare », *The Observer*, 19 avril 1964.

Présentation de Peter Sellars

Peter Sellars m'a mise en garde contre toute idée que je pourrais me faire de cette présentation. Il a fortement suggéré deux phrases, et deux seulement : « Merci d'être venus. » Et : « Voici Peter Sellars. »

À mes risques et périls, je lui désobéis, mais j'en appelle à ce dont Peter Sellars serait stupéfait d'apprendre qu'il s'agit d'une « autorité supérieure ».

Il se trouve que je connais la mère de Peter Sellars. Je l'ai rencontrée à plusieurs reprises dans plusieurs pays. En un mot, elle est charmante. Et en soupçonnant la joie difficile d'élever trois fils – que ce soit en Pennsylvanie, où Peter est né ; à Denver, Colorado, où il a dirigé Beethoven sur le podium que son père avait construit pour lui ; à la Phillips Academy Andover ou à Harvard pour mettre en scène *Coriolan*, avant de recevoir une clef du Phi Bêta Kappa[1] et une invitation à diriger le Théâtre du Répertoire Américain du Centre Théâtral de Loeb ; lorsqu'il étudiait au Japon, en Chine ou en Inde ; qu'il était directeur de la Boston Shakespeare Company, du Théâtre National Américain, du Centre Kennedy ; ou quand il a reçu le prix MacArthur – oui, je dis qu'en soupçonnant cette joie difficile, je suis certaine qu'elle prendrait le même plaisir que moi à entendre une présentation un peu plus étoffée de son fils. Ainsi, par affection pour Mme Sellars, professeur d'anglais, je vais m'incliner

1. Société honorifique fondée en 1776 pour distinguer l'excellence en matière de sciences et d'humanités.

devant son autorité et, j'espère, son désir, en ajoutant quelques phrases aux deux que son fils m'a gravement recommandées.

Nous allons parfois vers l'art pour trouver la sécurité, un havre d'ordre, la sérénité ; une beauté reconnaissable, voire traditionnelle ; parce que nous prévoyons en toute certitude que la forme artistique nous emmènera au-delà de notre moi prosaïque pour nous faire pénétrer dans une profondeur où nous résidons également.

Nous allons quelquefois vers l'art pour ressentir du danger, pour être captivés en faisant l'expérience du bizarre, en comprenant soudain combien le familier est vraiment étrange. Nous allons vers lui pour être stimulés, ébranlés au point de réévaluer des pensées que nous avons jusqu'ici tenues pour évidentes ; pour apprendre d'autres façons de voir, d'entendre. Pour être excités. Remués. Troublés.

Heureusement pour nous, parmi les artistes contemporains, Peter Sellars est rare : il ne nous demande jamais de faire ces choix, il n'exige pas que nous sélectionnions les boutons rouge/vert, nourriture/sans nourriture des souris de laboratoire, lequel des deux genres opposés de plaisir, de pouvoir ou de génie nous voulons. Son œuvre a toujours montré à la fois la sécurité et le danger, à la fois le havre du reconnaissable et le terrain inexploré de ce qui est rendu étrange.

Son dévouement presque religieux à la partition originale, au texte intégral, à la longueur peu commerciale (qui fait au public le compliment de lui supposer une capacité d'attention – une mémoire – plus longue que celle d'une mouche domestique). Dans sa fidélité et son respect pour l'œuvre elle-même, nous trouvons de la sécurité, du réconfort.

Son intime conviction que l'art profond – quelle que soit sa date d'origine – est toujours contemporain nous permet un accès nouveau à cette panacée lorsqu'il en élimine les incrustations laissées par l'usage et le temps pour mettre au jour sa vérité. Que ce soient *Les Noces de Figaro*, *Don Giovanni* et *Cosi Fan Tutte*, de Mozart, *Jules César en Égypte*, de Haendel, *Les Sept Péchés capitaux*, de Kurt Weil, *Le Marchand de Venise*, de Shakespeare, *L'Anneau du Nibelung*, de Wagner, *Le Révizor*, de Gogol, ou autres. Ce en faisant coïncider des approches de l'œuvre d'art par ailleurs mutuellement exclusives : fidélité et régénération ; sécurité et danger ; une érudition complète et des techniques de mise en scène outrageusement novatrices ; une interprétation personnelle étonnamment incisive et une confiance presque insolente dans l'instinct des acteurs. Du fait de sa capacité à réunir les deux approches, nous sommes amenés à prendre conscience de la nature ô combien irrésistible de l'art. Nous sommes amenés à prendre conscience du respect de Peter Sellars pour toutes les perspectives qu'il offre afin de nous maintenir (ou de nous rendre) sains d'esprit. De son amour absolu pour l'art. De sa foi totale en l'art. Et en nous.

Merci d'être venus. Voici Peter Sellars.

Hommage à Romare Bearden

Afin de parvenir au cœur de mes opinions sur l'art de Romare Bearden et sur le discours de l'art africain-américain en général, il me faut revenir quelque peu en arrière, pour moi, sinon pour vous, de sorte à mettre mes remarques en contexte.

Dans les années 1960, il se passait des choses extraordinaires chez les Africains-Américains. La sphère du changement politique durant cette période a reçu une attention minutieuse, voire approfondie, comme il se devait. Toutefois, malgré de singulières critiques de l'art africain-américain dans les premiers temps et malgré d'autres, plus développées, par la suite, l'exploration de l'art visuel dans sa relation à d'autres genres de culture africaine-américaine paraît hésitante. (Comme je n'ai pas pu assister à la commission de samedi sur Bearden et sur d'autres arts ou disciplines, les commentaires suivants peuvent très bien rester sans effet.) Là où, en revanche, l'analyse de ces croisements entre les genres existe, elle s'appuie sur des termes comme « inspiration », « ressemblances », « esprit », « vivacité », « intensité », « drame », « vitalité », « valeurs culturelles partagées ». Il existe un certain nombre de raisons à ce vocabulaire affectif plutôt vague : les artistes étant notoirement évasifs quant à leur processus de création, il faut au spécialiste une certaine quantité d'audace, sinon de foi, pour faire valoir des liens ou des échos entre les disciplines s'il ne se sent pas expert en la matière : les ramifications esthétiques sont très difficiles à exprimer.

Fait plus important, l'attention première des spécialistes envers l'art africain-américain littéraire et autres a débuté lors de la formation du canon : elle a pris exemple sur le format établi par le courant dominant pour classer la production artistique. Le canon littéraire alternatif que préconisaient les nouveaux critiques noirs avait plusieurs objectifs (nationalisme, succès révolutionnaire, hégémonie culturelle), dont une esthétique mise au service d'un puissant programme politique et/ou d'un épanouissement culturel cohésif. L'esthétique était censée être un « correctif » au « courant dominant pollué », une sœur du mouvement du *Black Power*. Les artistes étaient encouragés et jugés en fonction des « usages » auxquels on pouvait soumettre leurs œuvres dans la construction de la nation. Le raz-de-marée de ceux qui supposaient qu'il s'agissait là de l'œuvre de leurs œuvres est pure légende, comme le révèle n'importe quelle critique de la poésie des années 1960. Et il ne fait aucun doute que les questions d'« authenticité » (de représentation de l'existence vécue des Noirs et de leurs inquiétudes) restent la condition *sine qua non* de quasiment tout l'art africain-américain, du rap au cinéma, aux romans, aux arts visuels. Le degré de succès, de distorsion ou même de triomphe avec lequel s'exprime cette authenticité représente toujours une bonne partie de ce qui motive la critique.

Bien que, dans les années 1960, l'explosion d'énergie créatrice ait été immense, sa critique n'a pas refusé (ou n'a peut-être pas pu refuser) de lutter avec l'argument éternel et éternellement hors sujet quant à savoir comment et si l'art d'un artiste noir pouvait ou devait être considéré comme « universel », c'est-à-dire comme « faisant partie du courant dominant », « transcendant la race », « sans programme » et ainsi de suite. Le cœur de cet argument impliquait que si sa production était uniquement politique, ce n'était pas de l'art ; si elle était uniquement belle, elle n'était pas pertinente. Ainsi, les textes critiques se concentraient sur l'exactitude de la sociologie et/ou la valeur inspiratrice « d'entraide » des œuvres. Certaines étaient défendues en tant qu'œuvres représentatives, authentiques ; d'autres étaient jugées inacceptables si elles étaient moins qu'édifiantes ; d'autres encore étaient rejetées à titre de propagande ou de protestation grossière. Presque tous les écrivains africains-américains du passé lointain ou récent (James Baldwin, Zora Neale Hurston, Ralph Ellison, Richard Wright, Gwendolyn Brooks, Phillis Wheatley) ont été ou se sont sentis appelés à expliquer ce que signifiait être noir ou être un artiste noir. La pure idiotie de cet appel suffisait à forcer des artistes (avec colère ou contrariété, je suppose) à y répondre. Romare Bearden, lui, travaillait bien avant les années 1960 ; il avait beaucoup voyagé et soigneusement étudié les anciens et les nouveaux. Ses divers foyers comprenaient le sud, le nord, l'Europe, les Caraïbes, les paysages de campagne, les galeries des maisons, les rues des villes, les clubs, les églises. C'est donc avec un certain plaisir que j'ai lu un commentaire qu'il avait fait au sujet de la race ou des facteurs sociaux dans son œuvre :

> Je crains qu'en dépit de mes intentions, les commentateurs aient, dans certains cas, eu tendance à trop insister sur ce qu'ils croyaient être les éléments sociaux de mon œuvre. Mais si ma réaction à certains éléments humains est aussi évidente qu'inévitable, je suis également heureux de constater que, toute réflexion faite, de nombreuses personnes ont découvert qu'elles se souciaient autant des implications esthétiques de mes tableaux que de ce qui peut être ma compassion humaine.

Les mots-clefs, pour moi, sont « ma réaction à certains éléments humains est aussi évidente qu'inévitable ». Comment, demande-t-il, un artiste humain peut-il ne pas être sensible aux choses humaines, qui sont par nature des choses sociales ? Il tient pour évidente l'humanité de son sujet, ce qui, comme on l'a dit, est en soi un acte radical dans un pays ayant une histoire de déshumanisation volontaire et permanente de la population noire. Bearden est également heureux de parler d'« implications esthétiques ». C'est-à-dire qu'il y a des informations, de la vérité, de la puissance et de la beauté dans son choix des couleurs, des formes, dans le placement structurel et structuré des images, dans des fragments construits sur des surfaces planes, dans le rythme implicite de la répétition et du moyen lui-même : chaque mouvement détermine les mouvements à venir, permet l'apparence et la réalité de la spontanéité, de l'improvisation.

Voilà le langage qu'il convient d'utiliser pour décrire son travail et suggérer son rapport à un autre genre : la musique. Ce qui est très intéressant puisque, quelle que soit sa vision de l'esthétique, la critique s'est traditionnellement limitée à étudier des explorations au sein d'une forme d'art et non parmi plusieurs formes. Si l'on considère à quel point les artistes sont affectés par d'autres disciplines, il est curieux que cette approche, qui ressemble de si près à la critique traditionnelle, se maintienne malgré l'insistance de l'art lui-même sur ses sources plus vastes et sur son dialogue bien plus interdisciplinaire. La fertilisation croisée entre artistes au sein d'un genre est un sujet largement étudié. Les cas dans lesquels les frontières entre les genres sont implicites le sont beaucoup moins.

L'influence et la représentation de la musique africaine-américaine sont un élément majeur des commentaires de l'œuvre de Romare Bearden, comme l'est son rapport avec le théâtre et la sensibilité d'August Wilson. L'influence de la musique et l'alignement sur celle-ci sont aussi communément observés dans la critique de mon œuvre, ainsi que dans mes propres aveux sur la question. Ce que je veux décrire ce soir, ce sont d'autres moyens par lesquels les artistes intègrent, alimentent et transfèrent l'esthétique les uns des autres.

Permettez-moi de m'attarder un moment sur certains aspects de mon processus de travail qui sont, je crois, réceptifs à l'œuvre de Romare Bearden. Je dois dire que j'ai été généreuse envers moi-même en empruntant des idées à d'autres peintres que Bearden, bien qu'il s'agisse en général de scènes ou d'arrangements figuratifs sur toile. Ce qui me frappe, chez Bearden, c'est la sensualité tactile de son œuvre, la pureté du geste et surtout le thème sous-jacent de l'humanité agressive, grandeur nature, de son sujet. Celle-ci n'est pas rien, quand l'urgence de détruire les stéréotypes est si forte qu'elle peut facilement vous faire tomber dans la sensiblerie. Le fil du rasoir, consacré par l'œuvre de Bearden, empêche ou devrait empêcher des évaluations faciles et gratifiantes de son sujet. Parmi les aspects de son œuvre qui m'attirent, celui-ci est primordial : l'absence de condescendance.

Un autre aspect de mon processus de travail implique la composition du texte. Exercice à niveaux multiples auquel je me soumets constamment et qui a plus d'éléments en commun avec la peinture qu'avec la littérature.

Il me faut trois genres d'informations pour achever et parfois même commencer un récit. Une fois que j'ai choisi une idée et l'histoire à travers laquelle l'étudier, il me faut la structure, la mélodie, la palette. Pas forcément dans cet ordre-là. La mélodie d'un texte implique évidemment la qualité musicale du dialogue et la langue choisie pour la mettre en contexte. J'ai écrit ailleurs sur mes choix concernant le début de *Beloved* et je reprends ici ces commentaires : pour ce qui est de ce début – « Le 124 était habité de malveillance. Imprégné de la malédiction d'un bébé[1] » –, j'ai pris soin d'illustrer le rythme que je trouvais indispensable et la qualité d'un texte parlé : « les numéraux ont quelque chose qui fait qu'ils sont prononcés, entendus, car dans un livre, on attend des mots à lire et non des nombres à dire ou à entendre. Et l'air que joue le roman, tantôt cacophonique, tantôt harmonieux, doit être un air situé dans l'oreille interne ou à peine audible, et insuffler au texte une emphase musicale que les mots savent produire parfois mieux encore que la musique. » Je poursuis afin d'expliquer pourquoi la seconde phrase n'en est pas une : c'est une proposition dépendante à laquelle on donne le statut de phrase uniquement pour mettre l'accent sur le mot « mal », dans un effort pour minimiser l'étrangeté d'un bébé fantôme, afin que le lecteur comprenne sa présence comme aussi normale que la comprend la maisonnée. La chose remarquable étant son pouvoir (« Imprégné ») plutôt que son existence. En décrivant aussi longuement la nature cruciale de la mélodie pour mon travail, j'ai espéré attirer l'attention non sur un genre de poésie ou de lyrisme forcés, mais plutôt sur le sens que l'on peut glaner et communiquer à partir de la mélodie, de la qualité orale du texte. Je veux seulement dire que c'est plus qu'être influencé par le blues ou le jazz. Il s'agit de sonder la musique pour y trouver le sens qu'elle contient. Autrement dit, les « implications esthétiques » dont parlait Romare Bearden devraient inclure ce qui est d'ordinaire absent de l'analyse esthétique. Le plus souvent, cette analyse

1. *Op. cit.*, p. 11.

cherche à déterminer dans quelle mesure la technique parvient à susciter du plaisir, une réaction affective bouleversante, émouvante ou satisfaisante.

Elle se concentre rarement sur les informations ou le sens que l'artiste communique par son style, au moyen de son esthétique. On peut dire, et on a dit, que Bearden a élevé à des degrés nouveaux les techniques de collage employées par plusieurs artistes modernistes (Matisse, par exemple) et qu'elles reflètent la vie « fracturée » qu'il dépeint (une intervention dans les surfaces planes, qui les récuse, puisqu'elle se construit sur le cubisme de périodes antérieures). Et que le collage était représentatif de l'élan moderniste de la vie africaine-américaine, ainsi que de son insurrection. Ce choix est influencé à la fois par la structure et l'improvisation, qui sont l'essence de la musique africaine-américaine. L'attrait que présente pour moi cette technique est la façon dont les pauses brutales et la fluidité inattendue mettent en valeur le récit, d'une façon dont un mode linéaire « début, milieu et fin » ne peut le faire. Ainsi, je reconnais que mon propre abandon de la séquence temporelle traditionnelle (« et puis, et puis ») est un effort visant à exploiter ces tendances modernistes. Et à dire quelque chose de la vie stratifiée : non pas de la vie fracturée ou fragmentée de la société noire, mais de la vie stratifiée de l'esprit, de l'imagination, et de la manière dont se vit et se perçoit vraiment la réalité.

Le troisième aspect, la palette, ou couleur, est l'objet de l'une de mes dernières décisions et des plus cruciales lors de l'élaboration du texte. Je n'utilise pas la couleur pour « enjoliver », plaire, ni fournir une ambiance, mais pour sous-entendre et délimiter les thèmes à l'intérieur du récit. La couleur dit quelque chose, directement ou métaphoriquement. Au début du *Chant de Salomon*, les touches de rouge, de bleu et de blanc doivent reposer en silence dans l'esprit du lecteur comme arrière-plan constitué du drapeau américain et que l'action commente. Dans *Beloved*, le fait de taire la couleur, le refus de toute couleur jusqu'à ce qu'elle ait un sens profond pour le personnage, Baby Suggs, qui a grande envie de couleurs ; le sursaut de Sethe lorsqu'elle est capable de la laisser apparaître ; le drame d'un carré orange dans un jeté de lit tout en gris ternes. Ces répartitions étudiées de la couleur ou son absence, le placement minutieux du blanc pour ses diverses connotations (la robe blanche, plutôt semblable à une robe de mariée, du personnage qui prie auprès de Sethe ; les robes des dames de l'église qui surveillent la table des tartes dans *Tar Baby*) ; dans *Paradis*, la répétition d'une série de couleurs choisies pour orienter le lecteur vers des scènes spécifiques et liées entre elles n'imite pas les choix d'un Romare Bearden, mais s'aligne clairement sur son procédé.

Je suis convaincue que, parmi les raisons pour lesquelles Bearden doit être largement vu dans les galeries et devrait occuper l'attention naissante des spécialistes d'art africain-américain, la formation du canon ne figure qu'en partie, l'assouvissement d'un désir nationaliste figure à peine et l'hommage à son génie vient en supplément. La raison la plus importante de l'exploration des résonances, des alignements, des liens, des sources de genres divers de l'art africain-américain est le dialogue esthétique retentissant qui a lieu parmi les artistes. Séparer les formes artistiques, les compartimenter, est pratique pour l'étude, l'instruction et les institutions. Mais ce n'est guère représentatif de la manière dont les artistes travaillent vraiment. Le dialogue entre Bearden et le jazz, ainsi que les musiciens de jazz, est un début évident. L'influence que reconnaissent les écrivains est un pas supplémentaire. Je crois que les frontières établies pour le confort de l'étude ne sont pas seulement poreuses : elles sont liquides. Situer des exemples de cette liquidité est crucial si l'art africain-américain doit être compris pour le travail complexe qu'il représente et le sens profond qu'il recèle.

Un jour qu'il était assis dans un avion, Romare Bearden m'a dit qu'il m'enverrait quelque chose. Il l'a fait. Un portrait extraordinaire et totalement stupéfiant d'un personnage de l'un de mes livres. Pas son « Pilate » de 1979, mais la Pilate du *Chant de Salomon* : un élément d'une série, je crois. Imaginez ma surprise face à ce qu'il avait vu. Des choses que je n'avais pas vues ni sues quand j'avais inventé ce personnage. Ce qu'il avait fait de sa boucle d'oreille, de son chapeau et de son sac d'ossements : elle était bien au-delà de ma description limitée par les mots, pleine de la vie qui à la fois lui donnait de l'énergie et la réduisait au silence ; solitaire, défiant quiconque de la priver de ses symboles, de son histoire, de son but. J'avais vu sa détermination, sa sagesse et son excentricité séduisante, mais non la férocité que lui avait vue et rendue.

Par la suite, j'ai acquis une de ses aquarelles : une rangée de musiciens du genre de ceux de Preservation Hall[1], debout devant une embarcation fluviale, tous en blanc avec leur ceinture de couleur traditionnelle. Pour la première fois dans une représentation de musiciens de jazz noirs, j'ai vu de l'immobilité. Pas le mouvement physique actif, frénétique ou dégagé que l'on voit normalement dans les représentations de musiciens, mais le calme en son centre. En un mot, l'œuvre était sacrée, contemplative. Un regard sur un aspect par ailleurs dissimulé de leur art.

Ce genre d'aperçu est certes rare. Le dévoiler, le souligner, l'analyser est bien plus fascinant que simplement en jouir. Cet héritage nous enjoint à tous de profondément réfléchir sur ce que Romare Bearden nous a donné et sur ce que l'art africain-américain nous implore de découvrir.

1. Célèbre club de jazz de La Nouvelle-Orléans.

Faulkner et les femmes

Je suis partagée sur ce que je m'apprête à faire. D'un côté, je veux faire ce que veut faire tout écrivain et qui consiste d'abord à tout expliquer au lecteur de sorte que, quand vous lirez le texte, il n'y aura pas de problèmes. Mon autre envie est de m'arrêter ici pour le lire, puis de m'enfuir en courant, si bien qu'il n'y aura pas besoin de l'encadrer. J'ai déjà lu des extraits de ce manuscrit deux ou trois fois et, à chaque fois, j'ai appris quelque chose au cours de la lecture, ce qui n'a jamais été vrai d'aucun autre livre que j'ai écrit. Donc quand on m'a invitée à venir à Oxford pour parler lors de ce colloque d'un aspect concernant « Faulkner et les femmes », j'ai décliné en disant que je ne pouvais vraiment pas me concentrer suffisamment pour rassembler des remarques sur ce sujet, parce que j'étais moi-même fort occupée à écrire un livre et que je ne voulais de distractions d'aucune sorte. Ensuite, très gentiment, les organisateurs du colloque m'ont invitée à lire des extraits de ce manuscrit qui m'obsédait tant, pour que je puisse à la fois y assister et m'associer, d'une manière réelle, au Centre d'Études de la Culture du Sud, mais aussi visiter le Mississippi et « passer la nuit », comme on dit. Donc d'une part, je vous fais mes excuses car je vais lire quelque chose qui n'est pas terminé, mais en cours ; d'autre part, c'était une façon de satisfaire mon envie de visiter le campus de l'université du Mississippi, et j'espère qu'il y aura un peu de satisfaction parmi les rangs du public une fois que j'aurai fini. Mon autre hésitation est simplement due au fait que ce que je lis ne sera peut-être pas publié, puisqu'un manuscrit en cours d'élaboration change constamment. Avant de le lire à un groupe réuni pour discuter de « Faulkner et les femmes », j'aimerais aussi ajouter que, en 1956, j'ai passé énormément de temps à réfléchir à M. Faulkner car il faisait l'objet d'une thèse que j'écrivais à l'université de Cornell. Un traitement si exhaustif d'un auteur fait qu'un écrivain ne peut plus revenir à lui par la suite pendant un certain temps, jusqu'à ce que l'énergie se soit dissipée sous une autre forme. Mais il me faut dire, avant même de commencer à lire, qu'il existait pour moi non seulement un intérêt académique pour Faulkner, mais aussi que, d'une façon très, très personnelle, d'une façon très personnelle pour la lectrice que j'étais, William Faulkner a eu un effet énorme sur moi, un effet énorme.

Le livre s'intitule *Beloved* et voici comment il débute :

[L'auteur lit des extraits de son œuvre en cours, puis répond à des questions du public.]

TONI MORRISON : Cela m'intéresse de répondre aux questions de ceux d'entre vous qui pouvez en avoir. Si vous voulez bien vous lever et me laisser vous identifier avant de me les poser, je ferai du mieux que je peux.

Vous avez dit que vous aviez écrit une thèse sur Faulkner. Quel effet Faulkner a-t-il eu sur votre carrière littéraire ?

TONI MORRISON : Eh bien, je ne suis pas sûre qu'il ait eu d'effet sur mon travail. Je suis typique, je crois, de tous les écrivains persuadés qu'ils sont totalement originaux et qui, s'ils reconnaissaient une influence, l'abandonneraient le plus vite possible. Mais en tant que lectrice, dans les années 1950 et plus tard, bien sûr (j'ai dit 1956 parce que c'est quand j'ai travaillé sur ma thèse que j'ai eu affaire à lui), je me concentrais sur Faulkner. Je ne crois pas que ma réaction ait été en rien différente de celle de n'importe quel autre étudiant à l'époque, dans la mesure où il y avait chez Faulkner ce pouvoir et ce courage : le courage d'un écrivain, un genre spécial de courage.

Mes raisons, je crois, d'être intéressée et profondément émue par tous les sujets qu'il abordait étaient liées à mon désir de découvrir sur ce pays et sur l'expression de son passé quelque chose qui n'était pas accessible dans l'Histoire, qui est ce que l'art et la fiction peuvent faire, mais que l'Histoire refuse parfois de faire. Je suppose que l'Histoire peut aussi humaniser le passé, mais qu'elle s'y refuse souvent pour de bonnes raisons parfaitement logiques. Mais il y avait une recherche clairement formulée sur une époque, fournie par un ou deux auteurs, et Faulkner était certainement à la pointe de cette recherche. Et puis, chez Faulkner, il y avait autre chose, que je peux seulement appeler une « vision ». Il avait une vision différente. Elle paraissait ressembler à un regard, voire à une sorte de regard fixe, une approche consistant à refuser de détourner les yeux, dans sa façon d'écrire, que je trouvais admirable. À l'époque, dans les années 1950 ou 1960, il ne m'était jamais venu à l'idée d'écrire des livres. Mais ensuite, je l'ai fait, j'en étais moi-même très surprise et je savais que je le faisais pour certaines raisons qui ne sont pas propres à l'écrivain. Je ne trouve pas vraiment de rapports solides entre mon œuvre et celle de Faulkner. D'une façon mémorable et d'un genre extraordinaire, il y a de grands moments littéraires dans la vie d'un individu. Dans la mienne, il y en a quatre ou cinq, et j'espère que tous satisfont aux critères de chacun concernant qui on devrait lire, mais certains n'y satisfont pas. Certains livres sont tout bonnement atroces en termes de technique, mais ils sont néanmoins géniaux : ils sont trop bons pour être corrects. Chez Faulkner, il y avait toujours quelque chose qui faisait surface. En plus, il pouvait vous rendre furieux de façons tellement merveilleuses. Ce n'était pas seulement le plaisir total : il y avait aussi cette autre qualité qui est tout aussi importante que le dévouement : l'indignation. L'intérêt, c'est qu'avec Faulkner, on n'était jamais indifférent.

Voudriez-vous parler un peu de la création de Sula, votre personnage ?

TONI MORRISON : Comme beaucoup de personnages (tous ne le font pas), elle est arrivée plutôt formée et complète presque immédiatement, y compris son nom. Je ressentais cette intimité énorme. Je veux dire que je savais exactement qui elle était, mais que j'avais du mal à essayer de la créer. Je veux dire que j'avais du mal à essayer de faire d'elle le genre de personne qui allait bouleverser tout le monde, le genre de personne qui vous fait grincer des dents, et pourtant sans la rendre odieuse au point qu'on ne la trouverait pas attirante en même temps : une nature séduisante, mais rebutante. Passer sans cesse d'un aspect à l'autre était difficile pour moi, parce que je voulais décrire les qualités de certaines personnalités susceptibles d'être exploitées par des individus conventionnels. La proscrite et l'aventurière, pas dans le sens de quelqu'un qui part chercher fortune, mais de la manière dont une femme est une aventurière, ce qui a à voir avec son imagination. Les gens tels que ceux-là sont toujours mémorables et généralement attirants. Mais elle, elle est pénible. Et au moment où j'ai terminé *Sula*, le livre, elle me manquait. Je connais le sentiment de manque à l'égard de personnages qui, à ce moment-là, sont en fait bien plus réels que des individus réels.

Vous avez dit précédemment que lire une œuvre en cours d'élaboration est utile pour vous en tant qu'écrivain. Pourriez-vous expliquer en quoi la lecture vous aide ?

TONI MORRISON : Toute cette affaire de lecture de mon propre manuscrit à titre d'information est assez nouvelle pour moi. Au moment où j'écris, je n'imagine pas de lecteur ni d'auditeur, jamais. Je suis moi-même le lecteur et l'auditeur, et je crois que je suis une excellente lectrice. Je lis très bien. Je veux dire que je sais vraiment ce qui se passe. Le problème, au début, c'était d'être aussi bon écrivain que lectrice. Je dois supposer non seulement que j'écris des livres, mais que je les lis. Et je ne veux pas dire par là que je cherche à voir ce que j'ai écrit. Je veux dire que je peux maintenir la distance entre moi-même, écrivain, et ce qu'il y a sur la page. Certains l'ont et certains doivent l'apprendre. Et certains ne l'ont pas : vous le voyez parce que s'ils avaient lu leur œuvre, ils ne l'auraient jamais écrite comme ça. Le processus, c'est la révision. C'est une sorte de long processus de lecture, et je dois supposer que je suis également ce lecteur très critique, très tatillon, qui ne se laisse pas facilement prendre au jeu et qui est assez intelligent pour beaucoup participer au texte. Je n'aime pas lire de livres où tout le travail est fait et où il n'y a pas de place pour moi. Donc l'effort consiste à écrire de sorte qu'il se passe quelque chose entre moi et moi : moi en tant qu'écrivain et moi en tant que lectrice. Or, dans certains cas, je me sens satisfaite d'avoir fait certains genres de livres sans les avoir lus à un public. Mais il y en a d'autres où j'ai senti – celui-ci en particulier, parce qu'il est différent – que ce que moi, j'éprouve, en tant que lectrice, ne suffit pas, et qu'il me fallait une portion plus importante, pour ainsi dire, parce que les possibilités sont infinies. Je ne recherche l'aide de personne en matière de technique d'écriture, ça non. Je ne parle que de nuances de sens ; pas de la partition, mais de l'emphase ici et là. C'est ce genre de chose que je veux découvrir, que mon oreille soit ou non aussi fiable pour ce livre que je l'ai toujours crue fiable pour les autres. Par conséquent, je consens très vite à lire des parties de ce manuscrit. Pour chacun des autres livres que j'ai écrits, je n'ai même pas négocié de contrat avant qu'il n'ait été quasiment achevé, parce que je ne voulais pas avoir l'impression qu'il appartenait à quelqu'un d'autre. Pour celui-ci, j'ai négocié un contrat à un stade très précoce. Donc je crois qu'une partie de cette affaire de lecture est sans doute un genre de réappropriation de ce qui est à l'éditeur. Le livre doit être à moi et je dois être désireuse de ne pas le faire ou de le brûler, ou de le faire, selon le cas. Mais je suppose vraiment que je suis le lecteur et, dans le passé, quand j'avais des doutes, si j'avais des problèmes, les individus auxquels je faisais appel pour m'aider à vérifier une expression, un mot ou quoi que ce soit étaient ceux du roman. Je veux dire que je me contentais de les invoquer et de leur demander, vous savez, une chose ou une autre. Ils sont en général très coopératifs, s'ils sont pleinement réalisés et si vous connaissez leur nom. Si vous ne connaissez pas leur nom, ils ne parlent pas beaucoup.

Pourriez-vous évoquer l'utilisation du mythe et du folklore dans vos romans ?

TONI MORRISON : Ça ne va pas sonner juste, mais il faut que je le dise de toute façon. Il y a infiniment plus de passé que d'avenir. Peut-être pas dans le temps chronologique, mais en termes de données, certainement. Donc dans chaque pas en arrière, il y a un autre monde, puis un autre. Le passé est infini. Je ne sais pas si l'avenir l'est, mais je sais que le passé, lui, l'est. Les légendes – tellement d'entre elles – ne parlent pas seulement du passé. Elles indiquent aussi comment fonctionner à l'époque contemporaine et elles font des allusions à l'avenir. Si bien que, pour moi, elles n'étaient jamais simples, jamais simples. J'essaie d'intégrer ces caractéristiques mythiques qui, pour moi, sont partout de très fortes caractéristiques de l'art noir, que ce soit dans la musique, les histoires, les tableaux ou ce que vous voulez. J'avais juste l'impression qu'il fallait les intégrer à la littérature noire, si cette littérature devait rester ce qu'elle est. Il ne suffisait pas d'écrire sur les Noirs, parce que n'importe qui peut le faire. Mais il était important pour moi, en tant qu'écrivain, d'essayer de rendre l'œuvre irrévocablement noire. Cela exigeait que je recoure au folklore comme point de départ ; comme, par exemple, dans ce livre, *Beloved*, qui débutait par l'histoire d'une esclave, Margaret Garner, rattrapée avec ses enfants peu après s'être échappée d'une ferme. Et plutôt que de les soumettre à ce qui était une existence invivable et insupportable, elle les a tués, ou bien elle a essayé. Elle n'a pas réussi et les abolitionnistes ont fait grand cas de l'affaire. Cette histoire, en plus d'autres choses, me travaillait depuis longtemps, très longtemps. Pouvez-vous imaginer une esclave qui ne possède pas ses enfants ? Qui tient suffisamment à eux pour les tuer ? Pouvez-vous imaginer l'audace, mais aussi les récriminations, l'autopunition et le sabotage, l'auto-sabotage, dans lesquels vous aimez tellement que vous ne pouvez pas supporter de voir salir l'objet de votre amour? Mieux vaut qu'il meure plutôt qu'on le salisse. Parce qu'il est vous. C'est la meilleure partie de vous-même et c'était la meilleure partie de Margaret Garner. C'était donc une affaire tellement sérieuse qu'elle préférait que ses enfants n'existent plus. Et c'est elle qui a fait cette reconquête. Ça, c'est une infime partie du sujet du livre, mais voilà ce que j'avais dans le crâne, comme on dit, quand j'ai commencé. Si bien qu'en l'occurrence, j'ai commencé par le fait historique et je l'ai intégré au mythe, au lieu de procéder dans l'autre sens.

Vous avez dit précédemment que, quand vous avez commencé à écrire, vous n'aviez aucune intention de devenir écrivain. Pourriez-vous expliquer ce que vous entendez par là?

TONI MORRISON: J'étais dans un endroit qui n'était pas ma place et je n'allais pas y rester très longtemps, donc je ne voulais pas le rendre plus agréable qu'il ne l'était. Et je ne voulais rencontrer personne, je n'aimais personne et personne ne m'aimait non plus, ce qui m'allait; mais j'étais esseulée. J'étais malheureuse. Mes enfants étaient petits, donc j'ai écrit cette histoire. J'avais écrit une petite histoire avant, pendant le temps que je pouvais garder pour la travailler le soir. (Vous savez, si vous leur en donnez l'habitude, les enfants vont au lit à sept heures. Ils se réveillent à quatre heures, mais ils vont au lit à sept.) Et donc, après les avoir couchés, j'écrivais et j'aimais bien ça. J'aimais bien y réfléchir. J'aimais bien créer ce genre d'ordre à partir de quelque chose qui était en désordre dans mon esprit. En plus, j'avais l'impression d'une indifférence énorme envers ces personnes, envers moi, vous, les jeunes filles noires. C'était comme si ces personnes n'avaient pas de vie, pas d'existence dans l'esprit de quiconque, sauf de façon accessoire. Et quand je m'y mettais, j'avais juste l'impression qu'écrire était absolument la chose la plus importante du monde. J'ai mis une éternité à écrire ce premier livre: presque cinq ans, rien que pour un petit livre. Parce que ça me plaisait tellement de le faire: j'en faisais juste un petit peu, vous savez, et puis j'y pensais.

J'étais responsable éditoriale de manuels scolaires, à l'époque. Je n'essayais même pas d'être écrivain et je ne faisais savoir à personne que j'écrivais ce livre parce que je pensais qu'ils me renverraient, ce qu'ils auraient fait. Peut-être pas tout de suite, mais ils ne voulaient pas que j'écrive. Ils se sentaient trahis, de toute façon. Si vous êtes responsable éditorial, ce que vous êtes censé faire, c'est acquérir des livres, pas en produire. Il y a une relation légèrement conflictuelle entre les éditeurs et les auteurs, dont je pense qu'elle agit sans doute de manière efficace. Mais c'est pour ça que j'étais très discrète sur l'écriture. Je ne sais pas ce qui m'a fait écrire ce livre. Je pense que j'avais juste envie de finir l'histoire pour pouvoir m'amuser à la lire. Mais c'est le processus d'écriture qui m'a fait penser que je devrais recommencer, et je savais que c'était comme ça que je voulais vivre. J'avais l'impression d'être très cohérente pendant que j'écrivais ce livre. Mais je ne me disais toujours pas écrivain. Et c'est seulement avec mon troisième livre, *Le Chant de Salomon*, que j'ai fini par dire (pas de mon propre chef, je suis gênée de vous l'avouer, mais à l'initiative de quelqu'un d'autre) : « Voilà ce que je fais. » J'avais écrit trois livres. C'est seulement après avoir fini *Le Chant de Salomon* que j'ai pensé : « C'est peut-être *uniquement* ce que je fais. » Parce qu'avant, je disais toujours que j'étais une responsable éditoriale *qui* écrivait aussi des livres ou un professeur *qui* écrivait également. Je ne disais jamais que j'étais écrivain. Jamais. Et pas seulement à cause de toutes les choses que vous pourriez penser. C'est aussi parce que la plupart des écrivains doivent vraiment et sincèrement se donner la permission de gagner. C'est très difficile, surtout pour les femmes. Vous devez vous en donner la permission alors même que vous êtes en train de le faire. Écrire chaque jour, expédier des livres, et vous devez encore vous en donner la permission. Je connais des femmes de lettres dont les mères sont écrivains, qui devaient encore passer par un long processus avec quelqu'un d'autre – un homme, un responsable éditorial, un ami ou autre – pour enfin atteindre un stade où elles pouvaient dire : « C'est très bien. C'est O.-K. »

La communauté dit que c'est O.-K. Votre mari dit que c'est O.-K. Vos enfants disent que c'est O.-K. Votre mère dit que c'est O.-K. Pour finir, tout le monde dit que c'est O.-K. et ensuite, vous avez tous les « O.-K. ». Ça m'est arrivé : même moi, après avoir écrit le troisième livre, j'ai trouvé un moment où je pouvais vraiment le dire. Donc vous passez par la douane et quelqu'un vous demande : « Votre activité ? » Et vous l'indiquez en grosses lettres : ÉCRIRE.

La source de l'amour-propre

Je veux parler de deux livres d'une manière selon laquelle je comprends qu'un genre de progression a eu lieu dans mon œuvre : parler un petit peu de *Beloved* et un petit peu d'un nouveau roman, évoquer devant vous certains des obstacles que je me suis créés en élaborant ces livres, et peut-être présenter, puis illustrer, par de très brefs exemples tirés de ces livres, les façons dont j'ai abordé le travail.

Quelqu'un m'a dit, dans une très, très grande université publique : « Vous savez que *vous* », c'est-à-dire moi, « on vous enseigne dans vingt-trois cours distincts de ce campus. » Pas vingt-trois groupes distincts d'étudiants, mais vingt-trois cours de sujets différents. Voilà qui me flattait beaucoup, et m'intéressait beaucoup, mais me navrait un peu car je me suis dit : eh bien, à part, disons, la littérature africaine-américaine, les études féministes ou, qui sait, peut-être même les départements d'anglais et endroits similaires, comment pourrait-il y en avoir vingt-trois ? Eh bien, certains concernaient des études de droit, d'autres étaient des cours d'Histoire et d'autres, des cours de politique, de psychiatrie, de toutes sortes de disciplines. En dehors de certaines choses évidentes que je pouvais affirmer sur *Beloved*, il me semblait bien que ce roman était devenu une sorte de source tous usages grandement utile au discours dans diverses disciplines, divers genres et divers domaines.

Je me suis dit : eh bien, il n'y a peut-être pas que l'envie de découvrir les informations qu'il contient ; ce livre est peut-être un genre de substitut, une version plus intime de l'Histoire, ce qui le rend utilisable d'une façon dont les autres romans que j'ai écrits ne le sont peut-être jamais devenus. *Le Chant de Salomon* n'est pas lu de cette façon, *Sula* n'est pas lu de cette façon, mais *Beloved* est lu de cette façon et c'est peut-être pour cela qu'il a été aussi largement distribué sur un campus qui pouvait accueillir des disciplines, des genres et des approches très, très nombreux. J'avais donc l'impression qu'il était un peu intime, mais que c'était peut-être aussi comme un raccourci vers l'Histoire. Je veux donc parler de la manière dont est traitée l'Histoire, ou dont j'ai dû la traiter, dans l'écriture de *Beloved*. Puis, à partir des conséquences qu'a eues pour moi l'Histoire sur cette forme romanesque, poursuivre par la culture d'une période ultérieure, les années 1920, et voir comment elle a influencé la construction de *Jazz*, mon nouveau livre.

Il y a quelques années, en essayant d'examiner dans le détail comment on traite de quelque chose d'aussi redoutable et d'aussi bien étudié par la recherche que l'Histoire, et comment on peut la convertir, l'ignorer, briser ses frontières ou ce que vous voulez afin d'élaborer un roman, je m'adressais à un auditoire à Tulsa, dans l'Oklahoma ; cet auditoire se composait de bibliothécaires, de personnes de la communauté, d'étudiants et de nombreux enseignants, professeurs de lycées ou d'écoles privées, et durant la période de questions-réponses qui a suivi ma lecture et ma conférence, une enseignante m'a posé une question. Elle voulait savoir si, en tant qu'auteur de *Beloved*, je pouvais lui fournir des renseignements concernant la façon de faire cours sur ce roman lorsque, disait-elle, il n'existait pas de CliffsNotes[1]. Eh bien, j'étais un peu étonnée par sa question. Je veux dire que je n'aurais pas été étonnée si c'était un élève qui me l'avait posée, mais j'étais un peu étonnée que ce soit elle, donc j'ai répondu : « Eh bien, je ne sais pas vraiment comment faire cours sur *Beloved* et je ne sais sûrement pas comment vous dire à vous de le faire, mais puisque vous dites qu'il n'y a pas de CliffsNotes, une des façons de faire cours dessus serait peut-être de demander à vos élèves d'en rédiger. » Elle a vaguement

1. Guide de lecture à l'usage des élèves ou des étudiants.

souri et, à sa mine, on aurait cru que je n'avais pas pris sa question au sérieux, mais c'était la meilleure chose que je pouvais dire au vu des circonstances.

Mais ce qui est intéressant, c'est qu'ensuite, six ou sept mois plus tard, j'ai reçu un gros colis de sa part et, dans ce colis, il y avait trois exemplaires ou éditions de CliffsNotes, comme j'imagine qu'on pourrait les appeler. Ce qu'elle avait fait, c'était prendre à cœur ma réponse et donner comme tâche à ses meilleurs élèves de rédiger des CliffsNotes sur le roman. Elle les avait divisés en trois équipes, dont chacune avait produit un livret, avec couverture, préface, remerciements et table des matières, puis cette longue et prétendue analyse que vous voyez dans les CliffsNotes. Chacune avait reçu un prix – du premier au troisième – et les élèves m'envoyaient la photo de leur équipe, où ils montraient leur nom. Et ils m'écrivaient des lettres.

À l'évidence, pour accomplir ce travail, il leur avait fallu lire très attentivement le livre, lire des sources secondaires, faire des références littéraires, des renvois et ainsi de suite. Cela s'est donc avéré, j'en suis sûre, un projet très intéressant. J'ai lu leurs lettres avec beaucoup d'attention et la plupart m'adressaient des compliments ; mais vous savez, ce qui est agréable, avec les élèves de lycée, c'est qu'ils ne sont pas *obligés* de faire des compliments ; surtout après avoir réalisé tout ce travail, ils ont vraiment l'impression de faire autorité et ils n'ont pas à vous complimenter du tout. Donc ils me posaient des questions auxquelles ils n'avaient pas pu suffisamment répondre pour être satisfaits. J'en viens à ce que j'ai découvert être l'un de leurs principaux griefs. Le grief constant, celui qu'ils exprimaient vraiment, si vous preniez tous les griefs pour les réunir en un seul, c'était qu'ils se retrouvaient soit alarmés, soit choqués par la sexualité explicite de *Beloved* et la candeur avec laquelle étaient décrites certaines des scènes en question ; ils ne comprenaient pas la nécessité du recours à ce genre de candeur. D'une part, il était rassurant de découvrir des élèves encore susceptibles d'être offusqués en matière de description de la sexualité, donc j'étais assez contente de cela, mais d'autre part, cela me perturbait beaucoup, car personne n'était choqué, ni perplexe, ni incapable de comprendre le contexte dans lequel se situe le récit et qui est l'esclavage. La sexualité les troublait. Mais la violence, la criminalité et la licence de cette institution ne les inquiétaient ni ne les choquaient.

Je me suis dit que cela signalait l'un des problèmes de l'écriture de romans ayant un fondement historique, à savoir que vous ne remettez pas l'Histoire en question. Ni ne l'analysez vraiment, ni ne l'affrontez d'une manière qui soit en contradiction avec la version de l'historien ou même du romancier. On l'accepte, en quelque sorte, on l'avale, on est d'accord avec elle. Rien n'est de travers. Même si, en fait, la raison pour laquelle j'avais écrit ce livre, c'était d'entrer dans cette période historique d'un point de vue tout à fait différent de celui de l'Histoire ordinaire : pas en fonction de données ni d'informations, mais en fonction de ce qu'elle pouvait susciter de la part du lecteur. Il semblait que ces élèves très intelligents avaient tout passé en revue dans le texte, *sauf* ses hypothèses essentielles. Donc soit je l'ai très bien écrit, soit je l'ai très mal écrit.

Mais en vérité, le problème résidait dans la nature de l'entreprise elle-même : de la tentative d'épouser un certain genre d'Histoire terriblement familière, mais en même temps aliénante. La question étant : comment susciter la pensée critique et faire naître une forme d'art honnête des silences, distorsions et faux-fuyants qui sont comme admis en Histoire, ainsi que l'expression et l'engagement d'une Histoire si chargée d'émotion, tellement chargée et recouverte d'un dégoût et d'une répugnance profonds. Parce que je supposais que tout le monde soit la comprendrait, la rationaliserait, la défendrait, soit serait rebuté par elle. Mon travail de romancière consistait donc à essayer de rendre l'Histoire acceptable et, en même temps, de la priver de ses droits, dans un sens. Ce qui m'intéressait, c'était l'union de l'Histoire et de la fiction, ou plutôt l'effort pour écarter l'emprise de l'Histoire tout en restant dans sa paume, pour ainsi dire. Surtout cette période de l'Histoire en particulier et ce roman en particulier.

Pour les besoins du reste de cette conférence, je veux que nous nous accordions sur le fait que, dans toute notre éducation, qu'elle ait lieu ou non dans des institutions, dans des foyers, dans la rue, où que ce soit, qu'elle soit scolaire ou fournie par l'expérience, il y a un genre de progression. Nous passons des données aux informations, puis aux connaissances, puis à la sagesse. Séparer les unes des autres, savoir distinguer entre elles et parmi elles, c'est-à-dire connaître les limites et le danger de l'exercice des unes sans les autres tout en respectant chaque catégorie d'intelligence, voilà ce dont il est généralement question dans une éducation sérieuse. Et si nous nous accordons sur l'existence d'une progression voulue, vous verrez d'emblée combien peut être décourageant ce projet de dessiner, de bâtir ou de construire une fiction à partir de l'Histoire, ou bien qu'il est facile, et séduisant, de supposer que les données sont vraiment des connaissances. Ou que les informations sont, en vérité, de la sagesse. Ou que les connaissances peuvent exister sans les données. Avec quelle facilité, avec quelle aisance une catégorie peut se pavaner et se déguiser en une autre. Et à quelle vitesse nous pouvons oublier que la sagesse sans les connaissances, la sagesse sans aucune donnée, n'est qu'un pressentiment.

En écrivant *Beloved*, tout cela est devenu extrêmement aigu. Parce que je résistais aux données dont je disposais et que j'avais l'impression d'être pleinement informée. Je n'avais pas à connaître les petites choses, je pouvais facilement les inventer : j'avais lu les mêmes livres que vous sur l'esclavage, les ouvrages historiques : *De l'esclavage à la liberté*[1], *Roll, Jordan, Roll*[2], *Slavery and Social Death*[3], les documents des recueils d'Aptheker[4]. J'avais lu *Black Family in Slavery and Freedom*[5], de Gutman ; mais surtout, j'avais lu les autobiographies des esclaves eux-mêmes et possédais donc des informations de première main, fournies par des gens qui y étaient. Ajoutez cela à ma propre intuition et vous verrez la forme qu'a prise mon

1. John Hope Franklin, *De l'esclavage à la liberté: Histoire des Afro-Américains* (1947), traduit par Catherine Kieffer, Paris, Éditions caribéennes, 1984.

2. Eugene D. Genovese, *Roll, Jordan, Roll: The World the Slaves Made*, New York : Pantheon Books, 1974.

3. Orlando Patterson, *Slavery and Social Death*, Cambridge, Mass., Harvard University Press, 1982.

4. Sources primaires concernant l'Histoire des Noirs américains, compilées dès 1951 par l'historien Herbert Aptheker (1915-2003).

5. Herbert G. Gutman, *Black Family in Slavery and Freedom, 1750-1925*, New York, Pantheon Books, 1976.

assurance et le piège dans lequel elle me conduirait, qui serait de confondre données et informations, connaissances et pressentiments, et ainsi de suite. Je croyais en savoir long sur la question. Et cette arrogance a été le premier obstacle.

Ce qu'il me fallait, c'était mon imagination : pour consolider les faits, les données, et ne pas être envahie par eux. Imagination qui personnalisait les informations, les rendait intimes, mais ne s'offrait pas comme substitut. Si l'on pouvait se fier à l'imagination pour cela, la possibilité de connaissance existait. La sagesse, bien sûr, je la laisserais tranquille ; je compterais sur les lecteurs pour la produire.

Donc ici, je m'approprie une vie historique – la vie de Margaret Garner – à partir d'un article de journal vaguement fiable, à moitié non fiable, sans faire davantage de recherches sur cette femme, mais en en faisant beaucoup autour d'elle. Sur ce à quoi ressemblait la situation de 1865 à 1877, pendant la Reconstruction et ainsi de suite dans cette partie du pays, pour que tous les détails y soient. Mais aussi en m'apercevant qu'une partie du processus d'imagination, lors du traitement de l'Histoire, était liée au fait que, dans cet article, le pasteur qui interrogeait Margaret Garner et racontait sa vie avec force stupéfaction refusait de porter quelque jugement que ce soit sur elle. Il réservait son jugement. Et tout le monde était un peu comme ça, même si tous écrivaient ces puissants éditoriaux contre la loi sur les esclaves fugitifs[1] et ainsi de suite, il y avait cette sorte de refus de juger. Cette petite bribe d'information me paraissait essentielle : l'incapacité de juger ce qu'avait fait cette femme. L'absence de jugement ; le refus non pas de savoir, mais de conclure. Et il semblait y avoir là-dedans juste un petit embryon de quelque chose.

Pourquoi ne pas la juger ? Tous les autres l'avaient fait. Son geste était manifestement terrible. Ça, c'était un jugement. Il était à l'évidence inadmissible. C'était déchirant, ce qu'elle avait fait. C'était monstrueux. Mais la chose intéressante était que, aussi déchirant, aussi monstrueux, aussi scandaleux et inhumain qu'ait été son acte, il n'était pas illégal. Il était tout sauf ça. La loi ne reconnaissait

1. Loi de 1850 ; voir note 1, p. 226.

pas le lien de parenté en question, donc il n'y avait aucun langage légal pour le soutenir. Margaret Garner n'a pas été poursuivie pour meurtre : elle a été poursuivie pour ce que la loi pouvait contenir, pour ce que la loi pouvait juger, pour ce que la loi estimait « hors la loi », et qui était le vol de propriété.

La question pour moi est donc devenue : eh bien, si la loi n'est pas disposée à juger et si la belle-mère de Margaret Garner ne le peut pas, qui peut le faire ? Qui est en mesure de la condamner, absolument, pour l'acte que les tribunaux ne voulaient même pas admettre comme susceptible de passer en justice ? Il faudrait que l'index accusateur ait beaucoup de poids si ce devait être un doigt auquel Margaret Garner prêterait attention. Et ce ne pourrait être, bien sûr, que celui de sa fille, celle qu'elle avait trouvé moyen de tuer – avec succès, si ces termes sont applicables – avant qu'on n'arrête sa main. Alors que je n'étais ni impatiente, ni désireuse de m'aventurer dans ces eaux, je me suis dit : eh bien, si elle a pu le faire, je pourrais vaguement l'imaginer ou y réfléchir, et voir ce qui se passerait quand la fille morte serait introduite dans le texte. Bien sûr, le résultat, c'est qu'elle a tout déstabilisé, qu'elle a reformulé sa propre Histoire, puis entièrement modifié la langue.

L'autre problème (à savoir en plus de l'Histoire, des grandes lignes réelles ou de l'intrigue de la vie de Margaret Garner, et des changements que j'y ai apportés pour l'adapter à mes propres fins), en essayant de faire cela, c'est le problème de l'esclavage. Ç'aurait été merveilleux pour moi si elle avait commis son acte à une autre époque, disons il y a dix ans, et qu'ensuite, j'avais pu traiter l'affaire, mais il a eu lieu durant la période de l'esclavage. Donc la question est : comment s'y prendre ? Comment habitez-vous cette institution sans capituler devant elle ? Sans faire d'elle, et non des esclaves eux-mêmes, l'intérêt majeur du roman. Le problème est de trouver comment arracher le pouvoir de l'imagination, le contrôle artistique, à l'institution de l'esclavage pour le situer là où est sa place : entre les mains des individus qui la connaissaient sûrement aussi bien que quiconque, et ce devaient être les esclaves. En même temps, ne pas rejeter l'esclavage ni dénigrer son horreur. Parce que le problème, c'est toujours la pornographie. Il est très facile d'écrire sur un tel sujet et de se retrouver dans la position d'un voyeur où, en fait, la violence, les monstruosités, la douleur et la souffrance deviennent leur propre prétexte de lecture. Et puis il y a une sorte de plaisir à observer la souffrance d'autrui. Comme je ne voulais pas entrer dans ce domaine, il était difficile – difficile et important – de découvrir où se trouvaient les limites, où l'on s'arrête et comment on peut provoquer un genre de réaction viscérale et intellectuelle sans jouer le jeu de cette institution ni faire d'elle son propre prétexte pour exister. Je ne voulais pas retourner ce mal dans tous les sens ni lui conférer une autorité qu'il ne méritait pas, un prestige qu'il n'avait pas vraiment : je voulais remettre le moyen d'action entre les mains des esclaves, qui avaient toujours été assez anonymes, ou ternes, me semblait-il, dans une bonne partie de la littérature, mais non dans sa totalité.

Or, bien sûr, il y a là trois ou quatre cents ans à examiner dans le détail, et c'est vraiment une leçon d'humilité. Vous découvrez que la simple documentation – l'Histoire – est trop longue. Elle est trop immense, trop effroyable, trop étudiée, trop ancienne, trop récente, trop défendue ; elle est trop rationalisée, elle est trop excusée, elle est trop combattue, elle est trop connue et trop inconnue, elle est trop passionnée et trop insaisissable. En plus, pour expliquer d'autres genres d'oppression, tels que l'oppression des femmes, elle est aussi très appropriée.

Je m'occupe donc d'un domaine que je sais être déjà surexploité et sous-exploité : séduisant dans un sens malsain ; rebutant, caché et refoulé dans un autre. Ce qu'il me fallait alors, pour traiter de ce que je croyais impossible à maîtriser, c'était une petite bribe, une chose concrète, une image issue du monde de ce qui était concret. Quelque chose de domestique, auquel vous pouviez vaguement raccrocher le livre, une chose qui dirait tout ce que vous vouliez dire dans des termes très humains et très personnels. Et pour moi, cette image, cette chose concrète, est devenue le mors.

J'avais lu des références à cet objet que les gens se mettaient dans la bouche. Les récits d'esclaves ressemblaient fort à des romans du XIXe siècle : il y avait certaines choses dont ils ne parlaient pas trop ; mais aussi des choses sur lesquelles ils ne s'attardaient pas, car ils écrivaient pour des Blancs qu'ils voulaient convaincre de devenir abolitionnistes ou de faire un travail de type abolitionniste ; ils ne passaient pas beaucoup de temps à leur expliquer combien tout cela était terrible. Ils ne voulaient insulter aucun d'entre eux, ils avaient besoin de leur argent, donc ils créaient comme une histoire plutôt optimiste : je suis né, c'était terrible, je m'en suis sorti, d'autres y sont encore et vous devriez les aider à s'en sortir. Ils ne restaient pas là à parler énormément : il y avait beaucoup d'allusions et beaucoup de références, mais rien d'explicite que vous pouviez voir. Donc parfois, vous pouviez lire qu'un nouvel esclave entre dans une cuisine de Nouvelle-Angleterre, il voit une femme qui prépare le repas, elle a cette chose dans la bouche et il dit : « Qu'est-ce que c'est ? » Et quelqu'un répond : « Ah, c'est un frein », *f-r-e-i-n*, et il dit : « Je n'ai jamais rien vu d'aussi atroce dans ma vie », puis il s'en va et n'en parle plus. Ensuite, j'avais vu de nombreuses références, telles que des entrées, très sélectives, du journal de William Byrd, écrit en Virginie au début du XVIIIe siècle (1709-1712) ; ses éditeurs décrivent Byrd comme (je cite) « le gentilhomme le plus décoratif et le plus raffiné de Virginie… un maître bienveillant [qui] invective dans certaines de ses lettres les brutes qui maltraitent leurs esclaves. »

> Le huit février : « Jenny et Eugene ont été fouettés. » Avril : « Anaka a été fouettée. » Mai : « Mme Byrd fouette la nourrice. » Mai : « Moll a été fouettée. » Juin : « Eugene [qui était un petit enfant] a été fouetté pour s'être enfui et on lui a mis le mors. » Septembre : « J'ai battu Jenny. » Septembre : « Jenny a été fouettée. » Septembre : « J'ai battu Anaka. » Novembre : « Eugene et Jenny ont été fouettés. » Décembre : « Eugene a été fouetté pour n'avoir rien fait hier. » Puis, l'année suivante, en juillet : « La négresse s'est encore enfuie, le mors dans la bouche. » Encore en juillet : « La négresse a été retrouvée, puis ligotée, mais s'est encore enfuie dans la nuit. » Sept jours plus tard : « Ma femme, contre mon gré, a fait brûler la petite Jenny au fer rouge. » Le mois suivant : « J'ai eu une grave querelle avec la petite Jenny et je l'ai trop battue, ce dont j'étais navré. » Le même mois : « Eugene

et Jenny ont été battus. » Octobre : « J'ai fouetté trois femmes esclaves. » Novembre : « La négresse s'est encore enfuie. »

Et il y en a encore trois ou quatre pages. Il est vrai que, au regard d'autres genres de comportement, ce n'était pas si mal. Mais les deux références au mors, dont Byrd n'en explique ni n'en décrit aucune, étaient semblables à beaucoup d'autres que j'avais lues. J'ai eu beaucoup de mal à essayer de trouver des descriptions de cet engin, des images, ce à quoi il ressemblait, ce qu'il faisait et ainsi de suite. C'était très, très difficile, mais j'ai tout de même fini par avoir de la chance, dans un sens : j'ai trouvé des images.

Au bout du compte, j'ai eu l'impression que ce n'était pas quelque chose qu'il fallait vraiment décrire. Si je l'avais décrit exactement tel qu'il était et si j'avais trouvé le langage pour dire exactement à quoi ressemblaient de tels objets, cela aurait desservi mon objectif. Il suffisait de savoir qu'on ne pouvait pas les commander à un grand entrepôt, qu'il fallait les fabriquer soi-même. Il suffisait de savoir que ces objets faits main n'étaient pas restrictifs dans ce sens qu'ils n'étaient pas comme les piloris, qui vous empêchaient de travailler. Vous étiez censé poursuivre et continuer le travail. Il était important que le mors ne soit pas utilisé uniquement pour les esclaves : on l'utilisait aussi beaucoup pour les femmes blanches, à qui je suppose qu'il fallait parfois, ou dont on pensait qu'il leur fallait, le même genre de chose, car le mors est juste un objet qui se met dans la bouche, et il fait mal, je suppose, il est gênant, mais vous savez ce qu'il fait ? Il vous fait taire. Vous ne pouvez pas bouger la langue. Et pour les femmes, nous le savons, ce devait être un instrument de torture de premier ordre.

Ne pas le décrire physiquement, techniquement, est devenu plus important car je voulais qu'il reste indescriptible, mais non inconnu. Donc l'essentiel est devenu de rendre non pas son aspect, mais l'effet qu'il produisait et ce qu'il signifiait d'un point de vue personnel. Or, c'était le parallèle de mon attitude envers l'Histoire, envers l'institution de l'esclavage, à savoir que je ne voulais pas décrire son *aspect*, mais *l'effet* qu'elle produisait et ce qu'elle signifiait. J'ai donc éliminé toutes les données fournies par les documents de recherche que j'avais lus – São Paulo, *Harper's Weekly*, Equiano et les journaux de détenteurs d'esclaves – pour tenter de façonner un langage qui m'aiderait et, je l'espère, aiderait le lecteur à connaître le mors. Rien que le connaître. Nulle part, dans *Beloved*, cet engin n'est décrit. Mais voilà ce à quoi j'ai abouti en essayant de faire qu'il soit totalement connu ou de rendre une idée de l'effet qu'il produisait et de ce qu'il signifiait.

À ce stade, dans ce bref passage, Sethe a découvert que son mari n'avait sans doute jamais quitté le Bon Abri, sa ferme, et qu'il avait probablement vu ce qui lui était arrivé à elle, car c'est ce que pense Paul D. Et elle est en colère, quand elle entend ça, parce qu'elle veut apprendre de Paul D pourquoi, s'il a vu son mari effondré comme ça, il ne l'a pas aidé et pourquoi il ne lui a pas dit quelque chose, pourquoi il est juste parti sans rien dire, et Paul D répond qu'il ne pouvait pas parce qu'il avait cet objet dans la bouche. Pour finir, elle lui demande de lui raconter non pas ce qu'il ressent à propos de son mari, son ex-mari, mais comment ça a dû être pour lui-même.

> « Il veut me raconter, se dit-elle. Il veut que je lui demande ce qu'il a enduré, lui – comment la langue souffre, immobilisée par un morceau de fer, comment le besoin de cracher devient si intense qu'on en pleure. » Elle en connaissait déjà tout le détail, avait vu cela encore et encore dans l'endroit d'avant le Bon Abri. En avait constaté les effets sur des hommes, des garçons, des petites filles, des femmes. Vu la furie monter dans le regard à l'instant où les commissures des lèvres sont tirées en arrière. Vu comment des jours après qu'on l'eut retiré, qu'on eut enduit de graisse d'oie les commissures de la bouche, rien ne calmait la langue ni ne supprimait la furie du regard.
>
> Sethe leva la tête et scruta les yeux de Paul D pour voir s'il en restait des traces.
>
> — Les gens que j'ai vus quand j'étais petite, dit-elle, et à qui on avait mis le mors, avaient toujours l'air fou, après ça. Quelle que soit la raison pour laquelle on le leur avait mis, ça ne pouvait pas marcher, parce que cela mettait une furie là où il n'y en avait

pas avant. Quand je te regarde je ne la vois pas. Il n'y a de furie nulle part dans tes yeux.

— Il y a une façon d'y installer la folie, et il y a une façon de l'en chasser. Je les connais toutes les deux, et je n'ai pas encore découvert laquelle est la pire.

Il s'assit à côté d'elle. Sethe le regarda. Dans ce jour sans lumière, son visage bronzé et réduit aux os lui apaisa le cœur.

— Tu as envie de me raconter ? lui demanda-t-elle.

— Je ne sais pas. Je n'en ai jamais parlé. À âme qui vive. Je l'ai parfois chanté, mais je ne l'ai raconté à personne.

— Vas-y. Je peux l'entendre.

— Peut-être. Peut-être que tu peux. Seulement je ne suis pas sûr de pouvoir le dire. Le dire comme il faut, parce que, vois-tu, ce n'était pas le mors, ce n'était pas ça.

— Alors quoi ? demanda Sethe.

— Les coqs, dit-il. Passer à côté des coqs et les regarder me regarder.

Sethe sourit.

— Dans la sapinière ?

— Ouais. (Paul D sourit avec elle.) Il devait bien y en avoir cinq perchés là-dedans, et au moins cinquante poules.

— Monsieur aussi ?

— Pas tout de suite. Mais j'avais pas fait vingt pas que je l'ai vu. Il est descendu de la palissade et s'est perché sur le cuvier.

— Il adorait ce cuvier, dit Sethe, tout en pensant : « Non, on ne peut plus rien arrêter, maintenant. »

— N'est-ce pas ? Comme un trône. C'est moi qui l'ai fait sortir de la coquille, tu sais. Il serait mort si j'avais pas été là. La poule s'était tirée avec tous ses poussins éclos à la queue leu leu derrière elle. Il restait juste ce seul œuf. Il avait l'air clair, mais, tout d'un coup, je l'ai vu bouger, alors je l'ai tapoté pour le craquer et voilà Monsieur qui sort avec ses pattes tordues et tout. J'ai vu ce petit salaud grandir et rosser tout ce qui bougeait dans la cour.

— Il a toujours été une terreur, dit Sethe.

— Oui, c'était une vraie terreur. Une saleté, et mauvais. Avec des pattes tordues qui se trémoussaient. Une crête grande comme ma main, d'un drôle de rouge. Il se perchait là, sur le cuvier, et il me regardait. Je jure qu'il souriait. J'avais la tête encore pleine de ce que j'avais vu de Halle peu de temps auparavant. Je ne pensais même pas au mors. Juste à Halle et, avant lui, à No Six, mais quand j'ai vu Monsieur, j'ai vu que moi aussi. Pas seulement eux, moi avec. Un dingue, un vendu, un disparu, un brûlé et moi qui léchais du fer, les mains croisées derrière le dos. Le dernier des hommes du Bon Abri.

« Monsieur, il avait l'air tellement libre. Il me dépassait en tout. Plus fort, plus costaud. Le fils de pute, il avait même pas été capable de sortir de l'œuf tout seul, mais il était quand même roi et moi j'étais…

Paul D s'interrompit et s'étreignit la main gauche de la droite. Il la tint assez longtemps pour qu'elle se calme et le monde avec, et qu'il puisse continuer.

— Monsieur avait le droit d'être et de demeurer ce qu'il était. Moi, pas. Même si on le mettait à la marmite, on cuirait un coq qui s'appelait Monsieur. Pour moi, il n'y avait pas moyen que je redevienne Paul D, ni mort, ni vivant. Maître d'École m'avait changé. J'étais quelque chose d'autre, et ce quelque chose était moins qu'un poulet perché au soleil sur un cuvier.

Sethe lui posa la main sur le genou et le caressa.

Paul D ne faisait que commencer, ce qu'il racontait à Sethe n'était que les prémices, lorsque ses doigts sur son genou, doux et rassurants, l'arrêtèrent. Aussi bien. Tout aussi bien. En dire plus aurait pu les pousser tous deux vers un lieu d'où ils ne pourraient pas revenir. Paul D garderait le reste en lui : dans cette tabatière en fer-blanc enfouie au creux de sa poitrine, là où jadis se trouvait un cœur rouge. Avec son couvercle fermé par la rouille. Il n'en forcerait pas l'ouverture maintenant, devant cette femme douce et robuste, car si d'aventure elle aspirait une bouffée de son contenu, il en éprouverait trop de honte. Et elle aurait mal de savoir qu'il n'y aurait pas de cœur d'un rouge aussi éclatant que la crête de Monsieur, battant en lui[1].

1. *Op. cit.*, p. 104-107.

Quand je me suis éloignée de ce projet, que je trouvais assez incomplet, j'ai commencé à réfléchir à un autre point important de la vie en Amérique, qui était aussi un point extrêmement important de la vie des Africains-Américains sur lequel je voulais écrire ; cette fois, mon problème n'était pas comment traiter de l'*Histoire*, mais plutôt comment traiter de la *culture*. On n'avait pas écrit énormément d'Histoire au sujet des années 1920, période que j'appelle le « jazz », ou que nous appelons le « jazz ». Il y avait eu une grande quantité de livres, une grande quantité de films, une grande quantité d'images, une grande quantité de tout, mais il restait ce genre de compréhension immense, puissante et amorphe de ce qu'était cette culture.

Si je dis le mot « jazz », je suis sûre que quelque chose vient à l'esprit, quelque chose de très concret ou qui n'est peut-être pas spécifique, peut-être juste la musique, un certain genre de musique. Et si je poursuis cette image de la musique de jazz, vous savez, un échantillon pourrait apparaître, ou bien un musicien, un arrangement, une chanson, quelque chose, ou peut-être seulement des clubs, la radio, tout ce qui vient à l'esprit. Les endroits où l'on joue cette musique particulière que nous appelons le jazz. Ou peut-être seulement votre propre goût, votre aversion ou indifférence pour cette musique en particulier. Mais quoi que vous pensiez d'elle, à l'arrière-plan du mot « jazz », il y a la réminiscence, sinon le trait principal de votre souvenir, de votre association, qui dit que le jazz est la musique que les Noirs jouent, qu'ils ont créée ou façonnée. Mais qu'elle n'est pas jouée ni même appréciée exclusivement par eux, que ce soit aujourd'hui ou même depuis très, très longtemps. Et aussi le fait que l'appréciation du jazz est l'un des rares domaines où un certain genre de transcendance de la race ou d'union qui transcende la race est possible. Ce qui ne signifie pas qu'il n'y en a pas eu d'exploitation, mais même cette exploitation n'a été possible qu'en raison de l'intérêt pour le jazz, de la passion pour le jazz et de l'union qui a vraiment eu lieu entre les races, pour ainsi dire.

Les définitions de « jazz » que donne le dictionnaire figurent en général dans trois ou quatre entrées portant sur la musique : l'endroit où il est né à la Nouvelle-Orléans, vers le début du XXe siècle ; ensuite, elles poursuivent d'ordinaire pour caractériser cette musique par des termes très intéressants. « Irrésistible », par exemple, est beaucoup utilisé. « Complexe. » « Improvisée librement. » Puis elles retracent quelquefois le parcours du jazz, du diatonique au chromatique et à l'atonalité ; puis elles poursuivent pour indiquer d'autres entrées dans lesquelles le jazz n'est plus de la musique : c'est une danse exécutée au son de cette musique et qui en a certaines caractéristiques. Mais elle se distingue par des gestes et mouvements corporels *violents*. Ensuite, après ces définitions, il y a des définitions argotiques, qui incluent « vigoureux », « vivacité », « entraînant » et « insincérité », « exagération » ou « prétention ». « Tout ce jazz. » « Épargne-moi ce jazz. » Vous savez, quelque chose auquel vous n'avez pas à prêter attention parce que c'est exagéré. Mais quelque chose qui est *jazzy* est grandement énergique et furieusement actif.

Je ne crois pas que quiconque ait vraiment besoin de ces définitions du dictionnaire pour clarifier le terme, parce que l'un de ses attraits, c'est son association lâche d'énergie et de sensualité. Et de liberté. Et de défoulement. Et de complexité. Tout cela. Le tout ayant pour fond sonore une musique reconnaissable, créée et façonnée par les Noirs. Moi-même, en général, ce n'est pas à la musique que je pense en premier. Mais parmi les nombreuses images qui pourraient apparaître, l'une serait un genre de période historique récente, les années 1920, période connue sous le nom d'« ère du Jazz ». Et, rattaché à ces termes, il peut y avoir le son de la musique telle qu'il affectait ou illustrait en arrière-plan une époque ou une génération d'individus que nous associons à cette période. « L'ère du Jazz » évoque une imagerie plus détaillée : la Prohibition, un changement dans la mode qui était inquiétant et assez excitant dans certains endroits, cheveux courts, jupes courtes dans lesquelles les femmes pouvaient vraiment marcher, travailler et bouger. Et puis la danse. Mais cette période suggérait un genre d'insouciance, de licence et de sexualité.

Mais si nous adaptons l'ère du Jazz telle que je viens de la décrire pour servir des intérêts plus littéraires, nous faisons l'association avec des écrivains qui ont atteint leur maturité ou fait leurs débuts et accompli quelque chose de merveilleux, qui ont eu une influence ou une renommée dans les années 1920 et au début des années 1930; nous commençons à penser à ces merveilleuses poésies et pièces de théâtre, ainsi qu'aux romans de tout un groupe d'artistes américains postérieurs à la Première Guerre mondiale: Dos Passos, Fitzgerald, Hemingway, Stein et Pound; eh bien, vous connaissez cette liste et elle est familière, mais sont également familiers toute la constellation de choses et de personnes, le ton, la musique et l'Histoire qu'évoque le mot «jazz», et tout l'ensemble est supposé être uniquement américain. C'est une posture uniquement américaine. Elle suggère un modernisme américain qui s'est attardé à n'en plus finir jusqu'à ce qu'il y ait quelque chose après le modernisme, puis, bien sûr, quelque chose après, puis quelque chose après.

C'est un phénomène culturel américain et, en tant que tel, c'est plus que n'importe laquelle des définitions ou connotations que j'ai citées. C'est vraiment un concept. En tant qu'écrivain, je le trouve intéressant parce qu'il est vraiment plein de contradictions. Le jazz est américain, incontestablement américain, *et* marginal d'un point de vue ethnique. Il est noir *et* libre. Il est complexe *et* déchaîné. Il est spontané *et* exercé. Il est exagéré *et* simple. Il est constamment inventé, toujours tout neuf mais, d'une certaine manière, familier et connu. Où que vous alliez dans le monde, si vous dites: «jazz», les gens répondent: «Ah oui, oui. Je me souviens.» Ou: «Je comprends.» Ou: «Je connais.» Et j'ignore s'ils pensent à Josephine Baker ou autre, mais c'est: «Ah oui, oui. Le jazz. Je connais.» Ce mot est immédiatement compris et toutes les explications deviennent superflues.

Or, ces contradictions m'ont beaucoup tracassée car j'essayais de réfléchir dans le détail à d'autres concepts en rapport avec cette transition très, très importante, je crois, ainsi qu'avec la transformation de l'Histoire des Africains-Américains et beaucoup avec la transformation de l'Histoire de ce pays. Mon effort a donc consisté à prendre non pas l'Histoire du jazz, mais sa culture, qui est bien plus indicible et bien plus vaporeuse; je voulais aussi démystifier et revaloriser l'idée du jazz. Et le faire d'un point de vue qui précède son appropriation (vous savez, quand il devient la propriété de n'importe qui et de tout le monde), ce qui redonne et ôte sa culture à l'idée.

Cette vision, le fait de regarder cette période de la vie des Noirs, s'inscrit dans une recherche assez soutenue que j'ai entamée avec *Beloved* et qui signifiait que je regarde vraiment l'amour-propre à la fois en termes de race et de genre, et considère comment cet amour-propre évolue, se déforme, s'épanouit ou s'effondre, et dans quelles circonstances. Dans *Beloved*, je m'intéressais à ce qui contribuait de la façon la plus révélatrice à l'amour-propre d'une esclave. Qu'était son estime de soi ? Quelle valeur cette esclave s'accordait-elle ? La recherche étayant mon pressentiment, mon intuition, j'ai acquis la conviction que l'important pour elle, c'était son identité de mère, sa capacité à être et à rester exactement ce que l'institution disait qu'elle n'était pas. Après l'esclavage, aussi difficile qu'il ait été de fonctionner comme une mère ayant la maîtrise du destin de ses enfants, s'engager dans la période de la Reconstruction et au-delà devenait tout de même, sans nul doute, une responsabilité légale. Pour Margaret Garner ou Sethe, voilà donc où aboutissaient les sources de l'amour-propre. Et il est exagéré, parce qu'il est à ce point important, à ce point étranger, à ce point bizarre et à ce point vital. Mais à la fin de *Beloved*, quand Sethe demande : « Moi ? Moi[1] ? », il s'agit d'un vrai mouvement vers une reconnaissance de l'amour-propre.

Cependant, la réponse à sa question me semblait se présenter ou être disponible une ou deux générations plus tard, quand on pourrait retenir l'hypothèse d'une liberté personnelle, ainsi que d'une liberté intérieure, imaginative, et non d'une liberté politique ou économique : celles-ci étaient encore loin, bien qu'il y ait eu des changements. Il me semblait donc que si l'Histoire (les données des historiens traditionnels) attestait et niait à la fois ce changement dans la vie des Noirs et dans la culture, les informations que m'offraient les indices culturels suggéraient l'existence de modifications dans les formulations et les sources de l'amour-propre. Pour moi, la musique, ses paroles et ses interprètes contenaient les premiers

1. *Ibid.*, p. 377.

indices de ce changement dans la culture. Les déplacements, les migrations des zones rurales vers les zones urbaines, contenaient d'autres informations. La littérature, la langue, la coutume, la posture : tout cela constituait ce que je regarderais.

Il me semblait que si les années 1920, avec leur sorte d'idiome du jazz naissant et irrésistible, étaient aussi distinctes, c'était justement en raison de ce changement. Cette période, l'ère du Jazz, était une période durant laquelle les Noirs ont posé une main agissante et indélébile sur la scène culturelle. Et c'est cette action (inaperçue en termes économiques et culturels) qui anime mon projet. Tous les termes que j'ai cités précédemment – « méfiance », « violence », « sensualité », « liberté », « complexité », « invention » et « improvisation » – étaient sous-entendus dans la représentation majeure de ce terme. Des relations amoureuses profondément personnelles, subjectives, exigeantes. L'unique domaine que les Africains-Américains pouvaient commander et céder par choix. Où ils n'épousaient pas ceux qu'on leur choisissait, qui vivaient au bout de la rue ou se trouvaient à côté de chez eux. Où ils pouvaient effectuer le choix le plus vaste possible : en décidant de tomber amoureux. En revendiquant l'autre comme bien-aimé. Pas du fait de la proximité ni de relations filiales par le sang, mais justement parce que c'était de circonstance, fortuit, prédestiné, mais non prévisible.

Cette affirmation de soi, ce moyen d'action créatif semblait particulièrement manifeste dans la musique, le style, la langue de l'ensemble : de cette époque postérieure à la Reconstruction, qui représentait à la fois une transition et une transformation. Vous savez, une vie vécue dans l'ensachage de la farine ou dans le coton uni et terne vous donne une soif, une envie désespérée de couleurs, de motifs et de puissantes couleurs primaires ; de même, ces centaines d'années durant lesquelles on vous a envoyé vous accoupler ou ordonné qui épouser, où il fallait la permission de se retrouver, où il fallait prendre des mesures draconiennes extraordinaires pour maintenir l'intégrité de la famille et se comporter comme une famille, et tout cela dans la plus grande tension, avec si peu de preuves que quelque chose changerait un jour. Vous pouviez forcer les esclaves à faire n'importe quoi, à supporter n'importe quoi, si vous leur donniez un espoir de pouvoir garder leurs enfants. Ils auraient fait n'importe quoi. Chaque élan, chaque geste, tout ce qu'ils faisaient visait à conserver leur famille.

Eh bien, sous ces pressions historiques, le désir de choix du partenaire et le désir d'amour romantique opèrent comme un lieu ou un espace lointains de reconquête individuelle du moi. C'est une partie, peut-être la plus grande, mais certainement importante, de la reconstruction de l'identité. Une partie du « moi » exprimée de façon si hésitante dans *Beloved*. Voilà ce que Sethe a besoin de découvrir. Cet élément explique sûrement la satisfaction présente dans les paroles et le phrasé du blues, que la relation s'épanouisse ou non, et surtout quand elle ne s'épanouit pas. En général, vous savez, dans ces paroles, quelqu'un est parti et ne revient pas, ou bien il s'est passé quelque chose de terrible et vous ne reverrez jamais la personne. Que l'affection soit réciproque ou non, que l'être aimé ait offert en retour la même ardeur ou non, l'amoureux, le chanteur, a accompli quelque chose : il a accompli quelque chose dans le fait d'être amoureux. Il est impossible d'entendre ce genre de cri du blues sans y reconnaître la méfiance, la grandeur et le moyen d'action qui démentent souvent la plainte de l'amour déçu.

C'est peut-être grâce à ce moyen d'action et à l'affirmation de soi, plus puissante encore, de ce que nous appelons « jazz » et qui utilise ces procédés, que le compromis devient une réconciliation. C'est aussi la manière dont l'imagination nourrit des perspectives réelles : ce qu'on ne peut pas imaginer, on ne peut pas l'avoir. Une troisième chose se développe, là où le désespoir se trouvait peut-être, ou même là où le passé résidait tout entier et refusait de lâcher prise. Ce qui m'intéresse, ce qui a influencé et fait progresser l'écriture de ce livre intitulé *Jazz*, c'est cette troisième chose que le jazz crée et qui se crée dans les espaces et intersections de la race et du genre. Je veux juste en lire une page ou deux, qui sont comme une illustration de ce geste de choix et d'amour :

> C'est bien quand des adultes se chuchotent sous les couvertures. Leur extase est plutôt soupir feuillu que braiment et le corps est le véhicule, pas le but. Ils cherchent, les adultes,

quelque chose au-delà, bien au-delà et bien bien en dessous de la chair. Dont ils se souviennent en chuchotant les poupées de carnaval qu'ils ont gagnées et les navires de Baltimore où ils n'ont jamais navigué. Les poires qu'ils ont laissé pendre à la branche car, s'ils les avaient cueillies, elles n'auraient plus été là et qui d'autre aurait vu cette maturité s'ils l'avaient prise pour eux-mêmes ? Comment les gens auraient-ils pu passer et imaginer d'eux-mêmes le goût qu'elles auraient eu ? À respirer et chuchoter sous les couvertures qu'ils ont tous deux lavées et accrochées au fil, dans un lit qu'ils ont choisi ensemble et gardé ensemble peu importe qu'un pied soit posé sur un annuaire de 1916, et le matelas creusé comme la paume d'un pasteur réclamant qu'on témoigne en Son nom, qui les enclôt chaque nuit et assourdit les chuchotements de leur vieil amour d'antan. Ils sont sous les couvertures parce qu'ils n'ont plus besoin de se regarder ; pas de regard d'étalon, pas d'œil de chipie pour les mettre en déroute. Ils sont intérieurement l'un vers l'autre, liés et joints par des poupées de carnaval et les navires partis de ports qu'ils n'ont jamais vus. Voilà ce qui se cache derrière leurs chuchotements de couvertures.

Mais il y a autre chose, de moins secret. Là où ils se touchent les doigts quand l'un passe à l'autre la tasse et la soucoupe. Là où il referme l'agrafe de son col en attendant le tramway ; où elle brosse les pellicules de son costume en drap bleu quand ils sortent du cinéma en plein soleil.

Je leur envie cet amour public. Je ne l'ai moi-même connu qu'en secret, partagé en secret, et brûlé, ah, brûlé d'envie de le voir – de pouvoir dire tout haut ce qu'ils n'ont même pas besoin de dire : *Que je n'ai aimé que toi, n'ai abandonné sans retour mon être entier qu'à toi et personne d'autre. Que je veux que tu m'aimes et que tu me le montres. Que j'aime la façon dont tu me tiens, dont tu me laisses venir si près de toi. J'aime tes doigts dans tous les sens, qui se dressent et se tournent. J'ai regardé ton visage pendant si longtemps, tes yeux me manquaient quand tu te séparais de moi. Te parler et t'écouter répondre – c'est le pied.*

Mais je ne peux pas le dire tout haut ; je ne peux dire à personne que j'ai attendu ça toute ma vie et qu'avoir été choisie pour attendre est ce qui m'a permis de le faire. Si je pouvais je le dirais. Dirais fais-moi refais-moi. Tu es libre de le faire et je suis libre de te laisser parce que regarde, regarde. Regarde où sont tes mains. Maintenant[1].

1. *Op. cit.*, p. 248-249.

Remémoration

Je soupçonne que ma dépendance à la mémoire comme fidèle déclencheur est plus angoissée que chez la plupart des auteurs de fiction : non pas parce que j'écris (ou veux écrire) de manière autobiographique, mais parce que j'ai une conscience aiguë du fait que j'écris dans une société entièrement racialisée qui peut entraver l'imagination, et le fait. Les étiquettes désignant la place centrale, la marginalité, les minorités, les démarches entreprises par des cultures et des héritages littéraires qui ont subi ou effectué une appropriation, les pressions visant à faire prendre position : tous apparaissent lorsqu'on me lit ou que l'on me critique, et quand je compose. C'est un état à la fois intolérable et inévitable. On me pose des questions bizarres qu'il serait inconcevable de poser à d'autres écrivains : Pensez-vous écrire un jour sur les Blancs ? N'est-il pas terrible d'être qualifié d'écrivain noir ?

Je voulais que mon imagination soit aussi peu encombrée que possible *et* aussi responsable que possible. Je voulais sculpter un monde à la fois spécifique à une culture et « sans race ». Ce dont l'ensemble se présentait à moi sous forme de projet plein de paradoxes et de contradictions. Les écrivains occidentaux ou européens croient ou peuvent choisir de croire que leur œuvre est naturellement « sans race » ou capable de « transcender la race ». Qu'elle le soit ou non, c'est une autre affaire : le fait est que le problème ne les a pas inquiétés. Ils peuvent juger évident qu'elle l'est, car ce sont les Autres qui sont « doués d'une race » : les Blancs ne le sont pas. Ou du moins est-ce ce que dit la sagesse conventionnelle. La vérité, bien sûr, c'est que nous sommes tous « doués d'une race ». Voulant cette même souveraineté, j'ai dû faire naître mes projets de romans d'une façon dont j'espérais qu'elle libérerait l'œuvre, ma capacité de la créer et moi-même. J'avais trois options : ignorer ou tenter d'ignorer entièrement la race, et écrire sur la Seconde Guerre mondiale ou un conflit domestique sans faire référence à la race. Mais cela effacerait une réalité très influente de mon existence et de mon intelligence, bien que cette réalité ne soit pas la seule. Deuxièmement, je pouvais devenir une observatrice froide et « objective » qui écrirait sur les conflits et/ou l'harmonie entre les races. Là, cependant, je serais contrainte de céder le devant de la scène aux idées reçues quant au rôle central, donc le sujet serait toujours et à jamais la race. Ou bien, troisièmement, je pouvais m'aventurer sur un territoire nouveau : trouver un moyen de libérer mon imagination des contraintes et restrictions imposées par la race *et* explorer les conséquences de son rôle central dans le monde et dans la vie des gens sur laquelle je brûlais d'écrire.

Premièrement, il y a eu mon effort pour substituer la mémoire à l'Histoire et compter sur la première, car je savais que je ne pouvais ni ne devais me fier à l'Histoire attestée pour me fournir un aperçu de la spécificité culturelle que je voulais. Deuxièmement, j'ai résolu de diminuer, d'exclure, voire de geler toute dette (manifeste) envers l'histoire littéraire occidentale. Aucun de ces efforts n'a entièrement réussi et, dans le cas contraire, on ne devrait pas me féliciter non plus. Pourtant, il me semblait extrêmement important d'essayer. Vous comprendrez combien il aurait été imprudent pour moi de me fier à Conrad, Twain, Melville, Stowe, Whitman, Henry James ou James Fenimore Cooper, ou à Saul Bellow, d'ailleurs, à Flannery O'Connor ou Ernest Hemingway pour obtenir des aperçus de ma propre culture. Il aurait été pour moi tout aussi idiot, ainsi que ravageur, de m'appuyer sur Kenneth Stampp, Lewis Mumford, Herbert Gutman, sur Eugene Genovese ou Moynihan, Emerson, Jefferson ou n'importe lequel de ces sages de l'Histoire des États-Unis pour mener des recherches qui m'éclaireraient sur ces questions. Cependant, il y avait, et il y a, une autre source à ma disposition : mon propre héritage littéraire de récits d'esclaves.

Mais écrire, ce n'est pas seulement se rappeler ou se souvenir, ni même une épiphanie. C'est faire : créer un récit imprégné (dans mon cas) de caractéristiques authentiques et légitimes de la culture qui m'intéresse.

Attentive et rebelle aux attentes et aux contraintes culturelles et raciales qu'encouragerait ma fiction, je trouvais important de ne pas révéler, à savoir renforcer, une réalité (littéraire ou historique) déjà établie dont le lecteur et moi serions convenus d'avance. Je ne pouvais pas m'arroger ni exercer ce genre d'autorité sans m'engager dans un autre genre de processus culturel totalisant.

C'est dans *Beloved*, cependant, que toutes ces questions se sont rassemblées pour moi de façons majeures et nouvelles. Histoire contre mémoire ; mémoire contre absence de mémoire. « Se remémorer » comme dans « se souvenir », et « se rappeler » comme dans « réassembler » les membres du corps, de la famille, de la population du passé par le biais de la mémoire. Et c'est cette lutte, la bataille rangée entre se souvenir et oublier, qui est devenu le mécanisme du récit. L'effort tant pour se souvenir que pour ne pas savoir est devenu la structure du texte. Personne, dans le livre, ne supporte trop longtemps de s'attarder sur le passé ; personne ne peut éviter le passé. Les personnages ne disposent pour s'aider d'aucune d'histoire littéraire, journalistique ni savante qui soit fiable, parce qu'ils vivent dans une société et dans un système où ce sont les conquérants qui écrivent le récit de leur vie. On parle d'eux, on écrit sur eux : ils sont objets de l'Histoire et non sujets en elle. Par conséquent, la préoccupation majeure des personnages principaux n'est pas seulement de reconstituer et de se rappeler un passé utilisable (Sethe, pour savoir et ne pas savoir ce qui lui est arrivé, afin de justifier son acte violent ; Paul D, pour rester tranquille et se rappeler ce qui a aidé à construire son moi ; Denver, pour démystifier sa naissance et entrer dans le monde contemporain qu'elle est réticente à accepter) : c'est aussi la stratégie narrative, la formation de l'intrigue provoque la tension du processus de mémoire, sa nature inévitable, les chances de libération qui résident à l'intérieur de ce processus.

[Lecture]

Ce sont les dernières pages, dans lesquelles la mémoire est insistante, mais devient la transformation de la réalité en fiction, puis en folklore, puis en rien.

Le roman sur lequel j'ai travaillé après avoir achevé *Beloved* présentait, à cet égard, un ensemble de circonstances différent. Certaines des circonstances entourant *Le Chant de Salomon* comprenaient un accès que je croyais être la méditation que mon père m'avait rendue accessible. Ce projet-ci s'appuie sur le fait que je me saisis d'un autre parent : ma mère. Le livre se déroule en 1926, qui est l'époque de l'enfance de ma mère. À savoir que son souvenir de cette époque tel qu'on me l'a raconté est à la fois un voile qui en sécrète certaines parties et une déchirure que son récit y a faite. Je crois que cette brève section est pour moi l'essence de la mémoire transformée en nostalgie, en regret, et qui, pour finir, évolue vers une perspective très mince, mais pas si fragile, d'espoir pour le présent.

Mémoire, création et fiction

> Il ne suffit pas à une œuvre d'art d'avoir des plans et des lignes ordonnés. Si l'on jette une pierre à un groupe d'enfants, ils s'empressent de se disperser. Un regroupement, une action ont été accomplis. Voilà une composition. Ce regroupement, présenté au moyen de la couleur, de lignes et de plans, est un motif artistique et pictural.
>
> Edvard Munch

J'aime bien cette citation, de même que j'aime bien de nombreuses remarques que font les peintres sur leur travail, parce qu'elle clarifie pour moi un aspect de la création qui m'intéresse en tant qu'écrivain. Elle suggère que cette partie intérieure du développement d'un écrivain (partie qui est à la fois séparée et indissociable de son métier) est liée non seulement à des ensembles de stimuli purement locaux et localisés, mais aussi à la mémoire : le peintre peut copier ou réinterpréter la pierre (ses lignes, ses plans ou ses courbes), mais il doit se rappeler la pierre qui provoque quelque chose parmi les enfants, car elle appartient au passé révolu. Assis devant son carnet à dessins, il se rappelle à quoi ressemblait la scène, mais, fait très important, il se rappelle le milieu spécifique qui l'accompagnait.

En plus de la pierre et des enfants qui se sont dispersés, il existe une galaxie entière de sentiments et d'impressions, dont le mouvement et le contenu peuvent de prime abord sembler arbitraires, voire incohérents.

Du fait que, dans la vie publique et universitaire, tant de choses nous interdisent de prendre au sérieux le milieu des stimuli enfouis, il est souvent extrêmement difficile de débusquer à la fois le stimulus et sa galaxie, puis de reconnaître leur valeur lorsqu'ils arrivent. Pour moi, le souvenir est toujours neuf, bien que l'objet remémoré ait disparu depuis longtemps.

Le souvenir (l'acte délibéré de se rappeler) est une forme de création voulue. Ce n'est pas un effort pour découvrir comment les choses étaient vraiment : il s'agit là de recherche. L'essentiel est de s'attarder sur la façon dont il est apparu et la raison pour laquelle il est apparu d'une façon particulière.

J'ai jadis connu une dénommée Hannah Peace. Je dis « connu », mais rien ne pourrait être moins exact. J'avais peut-être quatre ans lorsqu'elle était dans la ville où j'habitais. Je ne sais pas où elle est maintenant (ni même si elle vit encore), ni à qui elle était liée à l'époque. Ce n'était même pas une amie de passage. Je ne saurais la décrire d'une façon qui permettrait de l'identifier sur une photo, ni ne la reconnaîtrais si elle entrait dans cette pièce. Mais j'ai un souvenir d'elle, qui ressemble à ceci : la couleur de sa peau, la qualité mate qu'elle avait. Quelque chose de violet autour d'elle. Et aussi des yeux pas complètement ouverts. Il émanait d'elle une distance qui me semblait favorablement disposée. Mais surtout, je me rappelle son nom, ou la façon dont les gens le prononçaient. Jamais « Hannah » ni « Mlle Peace ». Toujours « Hannah Peace », et davantage. Quelque chose de caché ; une crainte respectueuse, peut-être, mais certainement du pardon. Quand ils prononçaient son nom, ils (les femmes et les hommes) lui pardonnaient quelque chose.

Ce n'est pas beaucoup, je sais : des yeux mi-clos, une absence d'hostilité, une peau poudrée de poussière lilas. Mais c'était plus que suffisant pour évoquer un personnage : en fait, tout détail supplémentaire aurait empêché (pour moi) l'émergence d'un personnage de roman. Ce qui est utile (définitif), c'est la galaxie d'émotions qui accompagnait cette femme tandis que je poursuivais le souvenir que j'avais d'elle, et non cette femme elle-même. (Je suis encore étonnée par la capacité – voire le désir – d'« utiliser » des amis, ennemis ou connaissances comme personnages de romans. Il n'y a pour moi aucun ferment dans une personne réelle, ou bien il y a tant de choses qui ne sont pas utiles : c'est du pain tout fait, déjà cuit.)

Pour moi, ce sont les éléments (et eux seuls) qui débutent le processus créatif. La création est le processus par lequel les souvenirs de ces éléments fusionnent pour former une partie (ainsi que le fait de connaître la différence entre un élément et une partie). La mémoire, donc, et peu importe la petitesse de l'élément remémoré, exige mon respect, mon attention et ma confiance.

Je compte beaucoup sur la ruse de la mémoire (et, dans un sens, elle fonctionne vraiment comme une ruse créatrice d'écrivain), pour deux raisons. D'abord, parce qu'elle déclenche un processus d'invention et ensuite, parce que je ne peux pas me fier à la littérature ni à la sociologie des autres pour m'aider à connaître la vérité de mes propres sources culturelles. Elle empêche aussi mes préoccupations de sombrer dans la sociologie. Puisque, en termes critiques, le débat sur la littérature noire consiste immanquablement en sociologie et presque jamais en critique d'art, il est important pour moi d'éliminer d'emblée ces considérations de mon travail.

Dans l'exemple que j'ai cité d'Hannah Peace, c'est le fait qu'on lui ait pardonné facilement qui a attiré mon attention, et le thème de *Sula*, c'est cette qualité, celle d'être « facilement pardonnée », dont je crois me souvenir en rapport avec l'ombre d'une femme que ma mère connaissait. Les femmes se pardonnent entre elles ou apprennent à le faire. Une fois cet élément de la constellation devenu évident, il a dominé les autres. L'étape suivante consistait à découvrir ce qu'il y a à pardonner entre femmes. Il faut à présent évoquer et inventer de telles choses, parce que je vais traiter du pardon féminin sous forme d'histoire. Les choses à pardonner sont les graves erreurs et les violents écarts de conduite, mais l'essentiel est moins la chose à pardonner que la nature et la qualité du pardon entre femmes, c'est-à-dire l'amitié entre femmes. Ce que l'on tolère en amitié est déterminé par la valeur affective de la relation. Cependant, *Sula* traite non seulement de l'amitié entre deux femmes, mais entre deux femmes noires, qualificatif dont je vais aborder les responsabilités en termes d'art dans un instant.

Je veux que mes romans incitent le lecteur à participer activement à l'expérience non narrative, non littéraire du texte, ce qui fait qu'il a du mal à se limiter à une acceptation froide et distante des données. Quand on contemple un très beau tableau, l'expérience de la contemplation est plus profonde que les données qui s'accumulent quand on le regarde. La même chose est vraie, je crois, quand on écoute de la belle musique. La valeur littéraire de la littérature est limitée, de même que la valeur littéraire d'un tableau ou d'une composition musicale est limitée. Je me dis parfois combien il devait être glorieux d'écrire du théâtre dans l'Angleterre du XVIe siècle, de la poésie dans la Grèce antique ou des récits religieux au Moyen Âge, quand la littérature était nécessaire et n'avait pas d'histoire critique pour contraindre ou réduire l'imagination de l'écrivain. Ô combien magnifique de ne pas devoir dépendre des associations littéraires du lecteur (de son expérience littéraire), ce qui peut être autant un appauvrissement de son imagination que de celle de l'écrivain. Il est important que ce que j'écris ne soit pas uniquement littéraire. Je prends grand soin de m'assurer que je n'adopte pas de postures littéraires. J'évite, peut-être trop méticuleusement, les mentions de noms célèbres, les listes, les références littéraires, à moins qu'elles ne soient indirectes et fondées sur le folklore écrit. Dans mon œuvre, le choix d'un conte ou du folklore est adapté aux pensées ou aux actions du personnage d'une manière qui l'identifie et provoque de l'ironie, parfois de l'humour.

Sur le point de rencontrer la plus vieille femme noire du monde, la mère des mères qui a passé sa vie à s'occuper d'autres personnes sans défense, Laitier pénètre dans sa maison en pensant à un conte européen, *Hansel et Gretel*, une histoire de parents qui ont abandonné leurs enfants dans la forêt et d'une sorcière qui compte manger ces derniers. À ce stade, la perplexité de Laitier, son ignorance culturelle et raciale sont identifiées. Le lit d'Agar est tout aussi marqué, étant décrit comme le choix de Boucle d'Or, en partie du fait qu'Agar est obsédée par les cheveux et en partie du fait que, comme Boucle d'Or, cambrioleuse si jamais il en fut une, elle est avide de biens, peu soucieuse du droit de propriété ou de l'espace d'autrui, et que, sur le plan affectif, Agar est égoïste ainsi que déroutée.

Ce soin mis à éviter les références littéraires est devenu chez moi une habitude solide, bien qu'ennuyeuse, non seulement parce qu'elles aboutissent à des poses, non seulement parce que je refuse les lettres de noblesse qu'elles confèrent, mais aussi parce qu'elles ne conviennent pas au genre de littérature que je souhaite écrire, aux objectifs de cette littérature, ni à la discipline de la culture spécifique qui *moi*, m'intéresse. Les références littéraires entre les mains d'écrivains que j'aime peuvent être extrêmement révélatrices, mais elles peuvent aussi procurer un confort dont je ne veux pas que le lecteur dispose, car je veux qu'il réagisse sur le même plan qu'un lecteur illettré ou encore ignorant de l'écriture. Je veux subvertir son confort traditionnel pour qu'il puisse faire l'expérience d'un confort peu orthodoxe: celui d'être en compagnie de sa propre imagination solitaire.

Mes débuts de romancière étaient très fortement centrés sur la création de cet inconfort et de ce malaise, afin d'insister pour que le lecteur s'appuie sur un autre corpus de connaissances. En 1965, aussi faibles qu'aient été ces débuts, ils m'ont néanmoins orientée vers le processus qui m'intéresse en 1984: me fier à la mémoire pour y puiser le thème et la structure. Dans *L'Œil le plus bleu*, c'est le souvenir de ce que j'avais ressenti et vu en entendant une enfant de mon âge prier pour avoir les yeux bleus qui m'a fourni le premier élément. J'ai alors tenté de distinguer entre un élément et une partie, dans ce sens qu'un élément du corps humain est différent d'une partie du corps humain.

Alors que je commençais à développer des parties au moyen de ces éléments, j'ai découvert que je préférais qu'elles ne soient pas reliées: qu'elles soient connexes mais sans se toucher, qu'elles forment des cercles et non qu'elles s'alignent, car l'histoire de cette prière était l'histoire d'une perception brisée, fracturée, qui résultait d'une vie brisée, envolée en éclats. Le roman s'est avéré une composition de parties qui s'encerclaient mutuellement, telle la galaxie accompagnant le souvenir. J'effiloche les éléments et les fragments du souvenir car, trop souvent, nous voulons la chose en entier. Quand nous nous éveillons d'un rêve, nous voulons nous en souvenir dans sa totalité, bien que le fragment dont nous nous souvenons puisse être – et soit très probablement – l'élément le plus important du rêve. La désignation des chapitres et des parties, telle qu'utilisée par convention dans les romans, ne m'a jamais été d'une grande aide au cours de l'écriture. Le plan général non plus. (J'en permets l'usage pour le maquettiste et par facilité quand on parle du livre. Ils sont en général définis au dernier moment.)

Il peut y avoir du jeu et de l'arbitraire dans la façon dont le souvenir apparaît, mais il n'y en a aucun dans la manière dont s'organise la composition, surtout quand j'espère recréer du jeu et de l'arbitraire dans celle dont se déroulent les événements du récit. La forme devient l'interprétation exacte de l'idée qu'est censée exprimer l'histoire. Il n'y a rien de plus traditionnel que cela, mais les sources des images ne sont pas les sources traditionnelles dont le romancier ou le lecteur disposent. C'est l'image visuelle d'un miroir brisé en éclats ou du couloir de miroirs brisés dans les yeux bleus qui représente la forme aussi bien que le contexte de *L'Œil le plus bleu*.

Le récit est l'une des façons dont s'organisent les connaissances. J'ai toujours pensé que c'était la manière la plus importante pour en transmettre et en recevoir. Maintenant, j'en suis moins sûre ; mais l'envie impérieuse de lire des récits n'a jamais diminué et cette soif est aussi aiguë qu'elle l'était sur le mont Sinaï, à Calvary ou au milieu des plaines marécageuses de l'Angleterre. Même quand les romanciers abandonnent le récit ou s'en lassent en tant que forme mimétique démodée, historiens et journalistes prennent la relève. Pourtant, le récit ne suffit pas ni n'a jamais suffi, de même que l'objet dessiné sur une toile ou la paroi d'une grotte n'est jamais uniquement mimétique.

Mon contrat avec le lecteur, c'est de ne pas révéler une réalité (littéraire ou historique) déjà établie dont lui et moi serions convenus d'avance. Je ne veux pas m'arroger ni exercer ce genre d'autorité. Je l'estime moralisatrice, bien que beaucoup la trouvent rassurante et sûre. Et puisque mon point fort, c'est le noir, les exigences artistiques de la culture noire sont telles que je ne puis ni faire la morale, ni contrôler, ni pontifier. Dans la cosmologie du tiers-monde telle que je la perçois, la réalité n'est pas déjà constituée par mes prédécesseurs en littérature dans la culture occidentale.

Si mon travail consiste à affronter une réalité différente de la réalité admise en Occident, il doit centraliser et animer des informations discréditées par l'Occident : discréditées non pas parce qu'elles ne sont pas vraies, ni utiles, ni même dotées d'une valeur raciale, mais parce qu'il s'agit d'informations détenues par des personnes discréditées, d'informations rejetées à titre de « folklore », « ragots », « magie » ou « sentiment ».

Si mon travail consiste à refléter fidèlement la tradition esthétique de la culture afro-américaine, il doit faire un usage conscient des caractéristiques de ses formes d'art et les rendre sous l'aspect d'un livre : l'antiphonie, la nature collective de l'art, sa fonctionnalité, sa tendance à l'improvisation, son rapport à la représentation en public, la voix critique qui fait respecter les valeurs traditionnelles et communautaires, mais qui fournit aussi à l'individu une occasion de transcender et/ou de braver les restrictions collectives.

En travaillant selon ces règles, si le texte est censé prendre en compte l'improvisation et la participation du public, il ne peut être l'autorité : il doit être la carte géographique. Il doit créer une façon pour le lecteur (le public) de participer au récit. Si la langue est censée permettre la critique tant de la rébellion que de la tradition, il lui faut être à la fois un indicateur et un masque, et c'est la tension entre ces deux genres de langue qui constitue sa libération et son pouvoir. Si mon travail est censé être efficace pour le groupe (pour le village, en quelque sorte), il doit attester et définir ce qui, du passé, est utile et ce qu'il faut écarter, permettre de se préparer au présent et de le vivre, et ce non pas en évitant les problèmes et contradictions, mais en les examinant ; s'il ne doit pas ne serait-ce qu'essayer de résoudre les problèmes sociaux, il doit certainement tenter de les clarifier.

Avant que je n'essaie d'illustrer certains de ces points en prenant pour exemple *Tar Baby*, permettez-moi de m'empresser de dire qu'il existe d'éminents et puissants écrivains noirs, doués et intelligents, qui non seulement reconnaissent la littérature occidentale comme faisant partie de leur propre héritage, mais qui l'ont utilisée à si bon profit qu'elle illumine les deux cultures. Je n'ai ni objections ni indifférence à leur travail ou à leurs opinions. Je les savoure, exactement de la manière dont je savoure un monde de littérature issu d'autres cultures. La question n'est pas la légitimité ni la « nature correcte » d'un point de vue, mais la différence entre mon point de vue et le leur. Rien ne me serait plus odieux qu'une prescription monolithique de ce qu'est ou devrait être la littérature noire. Je voulais simplement écrire une littérature qui soit irrévocablement, incontestablement noire, non pas parce que ses personnages l'étaient, ni parce que je l'étais, mais parce qu'elle assumait comme tâche créatrice et cherchait comme lettres de noblesse les principes reconnus et vérifiables de l'art noir.

Durant l'écriture de *Tar Baby*, la *mémoire* signifiait se rappeler l'histoire racontée. J'ai refusé de lire une version moderne ou occidentalisée de l'histoire *racontée*, préférant sélectionner les éléments troublants ou simplement mémorables : la peur, le goudron, le scandale du lapin face à l'échec des mœurs traditionnelles (le bébé de goudron ne parle pas). Pourquoi le bébé de goudron a-t-il été fabriqué, dans quel but, qu'est-ce que le fermier essayait de protéger et pourquoi pensait-il que cette poupée serait attrayante pour le lapin (que savait le fermier et quelle a été sa grosse erreur) ? Pourquoi le bébé de goudron coopère-t-il avec le fermier, et les choses que le fermier souhaite protéger souhaitent-elles l'être ? Qu'est-ce qui rend sa tâche plus importante que celle du lapin, pourquoi croit-il qu'un buisson d'épines est une punition suffisante, que représente ce buisson d'épines pour le lapin, pour le bébé de goudron et pour le fermier ?

La « création » signifiait rassembler en parties les éléments cités plus haut, tout d'abord en se concentrant sur le goudron comme partie. Qu'est-il et d'où vient-il ? Ses usages sacrés et ses usages profanes, ce sur quoi la réflexion aboutit à un motif directeur : terre anhistorique et terre historique. Ce thème a été rendu dans la structure selon les étapes suivantes :

1. Sortir de la mer (ce qui était là avant la terre) marque à la fois le début et la fin du livre : dans chaque cas, Fils émerge des flots dans une section qui n'est pas numérotée comme chapitre.
2. La terre sortie de la mer, sa conquête par l'homme moderne et la douleur causée aux formes de vie conquises, telles que les perçoivent les nuages et les pêcheurs.
3. Le mouvement depuis la terre jusqu'à l'intérieur de la maison : ses pièces, sa qualité de refuge. L'activité pour laquelle les pièces ont été conçues : manger, dormir, se baigner, les loisirs, etc.
4. Les maisons perturbées précisément au moment où la terre a été perturbée. Le chaos de la terre reproduit dans la maison conçue pour l'ordre. Cette perturbation est provoquée par l'homme né du giron de la mer, accompagné des odeurs d'ammoniaque de la naissance.
5. Le conflit qui s'ensuit a lieu entre les forces anhistoriques (originelles) et historiques (sociales) inhérentes aux usages du goudron.
6. Le conflit, en outre, a lieu entre deux formes de chaos : le chaos civilisé et le chaos naturel.
7. La révélation est alors la révélation de secrets. À une ou deux exceptions près, tout le monde en a un : le secret d'actes commis (comme pour Margaret et Fils) et le secret de pensées inexprimées, néanmoins motrices (comme pour Valerian et Jadine). Ensuite, le plus grave et le plus ancien de tous : *de même que nous regardons l'autre vie, l'autre vie nous regarde*.

Au revoir à tout cela
Race, maternité de substitution et adieux

Il y a quelques années, quand j'ai été invitée à accorder un entretien dans une émission de télévision, j'ai demandé s'il était possible que notre conversation évite tout genre de questions ou de thèmes concernant la race. Je soupçonnais que si cette exclusion volontaire était mise en place, d'autres sujets tout aussi intéressants pourraient apparaître et produiraient une rencontre médiatique rare : débarrassée du discours rebattu auquel on est inévitablement contraint de recourir en un tel lieu et sur un tel sujet. Je croyais que cette expérience serait une première pour moi et me permettrait d'exposer mes opinions sur ce qui constitue ma vie d'écrivain, sur la relation entre l'enseignement et l'écriture, entre le travail éditorial et l'enseignement, sur la façon dont le plaisir et le désespoir d'être mère influençaient mon travail : le libéraient ou le limitaient ; mes opinions sur les problèmes de données orales et de transcription dans les récits d'esclaves, le mélange fascinant de langue vernaculaire, ordinaire, lyrique et de langage de la rue pour un écrivain américain ; l'importance, pour moi, de Gerard Manley Hopkins et de Jean Toomer ; la façon dont la pauvreté, jadis l'objet d'une représentation idéalisée et sentimentalisée dans la littérature américaine, est revenue à son prédécesseur du XIXe siècle en tant que métaphore de la maladie, du crime et du péché ; mon travail sur les lettres de James McCune et Gerrit Smith, deux abolitionnistes. Tous sont des sujets, ou bribes de sujets, qui ont eu à voir avec ma vie d'écrivain et de penseur. Le journaliste chargé de l'entretien était d'accord, mais lorsque nous nous sommes rencontrés, quelques minutes avant l'émission, il a changé d'avis en disant que l'aspect racial était bien trop intéressant pour qu'on l'abandonne. Je ne suis pas sûre du tout que le genre de discussion dont j'avais envie aurait présenté un attrait pour qui que ce soit d'autre. Probablement pas. Le jugement du journaliste était exact, bien que prévisible : la différence raciale fait énormément vendre. Ce que je veux dire, cependant, c'est que ni son public ni lui ne s'intéressaient à aucun aspect de ma personne, hormis ceux touchant à la race. Déçue et agacée, j'ai ressorti mon attirail de la version médiatique du dialogue racial : arrière-arrière-petite-fille d'Africains, arrière-arrière-petite-fille d'esclaves, arrière-petite-fille de métayers, petite-fille d'immigrés ; bénéficiaire du rêve américain ; j'ai fini en errant comme une somnambule à travers un dialogue pâle, décousu et profondément inintéressant.

J'aspirais tant à un environnement dans lequel je pouvais parler et écrire sans que chaque phrase soit comprise comme une simple protestation ou un simple plaidoyer. Or, ce désir ne devrait en aucun cas être interprété à tort comme une façon de promouvoir le déracinement, ni comme l'expression à la mode qu'est « transcendance de la race », ni comme exemple du déclin des effets de la politique raciale. Un simple coup d'œil aux données du recensement de l'année 2000 aux États-Unis, dans lesquelles des identifications raciales plus raffinées sont aussi plus prononcées ; la moindre curiosité quant aux recommandations relatives aux moratoires sur la peine capitale ; une vague conscience de la douloureuse privation des droits des Africains-Américains lors de la dernière élection présidentielle ; les nombres records de cas de discrimination et de profilage racial : aucun de ces vecteurs de politique raciale n'amènerait quiconque à la conclusion que la politique raciale est inoffensive. Je ne prévois ni ne veux d'environnement aveugle aux couleurs ou racialement neutre. L'époque, pour cela, c'était le XIXe siècle. Maintenant, il est trop tard. Non seulement notre culture infléchie par la race existe, mais elle prospère. La question est de savoir si elle prospère comme un virus ou comme une abondante moisson de perspectives.

Dès le début, j'ai revendiqué un territoire en insistant pour être définie comme femme de lettres noire exclusivement intéressée par les facettes de la culture africaine-américaine. J'ai fait ces déclarations catégoriques pour imposer à tous les lecteurs cette visibilité dans la culture africaine-américaine et la nécessité de cette culture à mon travail, justement pour encourager un vocabulaire critique plus vaste que celui dans lequel j'avais été éduquée. Je voulais que ce vocabulaire s'étende jusqu'aux limites pour qu'il acquière la richesse qui s'y trouvait et, ainsi, n'abandonne pas, mais reconfigure, ce qui occupait le centre. Cela me semblait un moyen d'enrichir le dialogue entre et parmi les cultures. Je voulais rendre impossible le rôle de l'écrivain blanc honoraire ou provisoire, frustrer l'étiquette d'écrivain noir sans conséquence. De l'écrivain « qui se trouve juste être noir ». J'avais pour projet de découvrir ce que le thème des Noirs faisait et pouvait faire aux pratiques linguistiques. Je cherchais une langue susceptible d'exister au moins à deux niveaux : celui de l'identité clairement marquée par la race en plus de celui de l'identité qui ne l'était pas et qui devait fonctionner au sein d'un discours racial déjà codé. Mais comme je n'ai jamais été très douée pour rédiger des manifestes, mes tentatives se sont toujours avérées une corde raide, un équilibre qui rendait certains lecteurs perplexes, en ravissait d'autres, en décevait certains, mais en provoquait suffisamment pour me faire savoir que le travail n'était pas toujours inutile. Il m'a amenée à tenter des stratégies, à employer des structures et des techniques provenant de la culture africaine-américaine, de pair avec d'autres auxquelles elles étaient réceptives.

Cet effort pour équilibrer les exigences de la spécificité culturelle et du registre artistique est pour moi un état plutôt qu'un problème. Un défi plutôt qu'une inquiétude. Un refuge plutôt qu'un camp de réfugiés. Un territoire où je suis chez moi, non une terre étrangère. Habiter et manipuler cette sphère m'a enthousiasmée comme rien d'autre. Bien sûr, depuis que Phillis Wheatley[1] a laissé entendre que l'esclavage lui avait rendu service, les écrivains africains-américains ont médité, écrit, concentré leur lutte et pris

1. Voir note 1, p. 256.

position sur le débat concernant la politique ou l'art, la race et/ou l'esthétique. Jean Toomer a tenté d'échapper entièrement à ses chaînes en inventant une race américaine. Langston Hughes, Zora Neale Hurston, James Baldwin, Ralph Ellison, Richard Wright, des lettrés africains-américains et quantité d'auteurs postérieurs au mouvement pour les droits civiques sont intervenus sur la question. Depuis le XIXe siècle, ces questions sont ou ont été âprement débattues dans chaque groupe d'écrivains issus de l'immigration aux États-Unis. De Henry James à Changrae Lee, de William Faulkner à Maxine Hong Kingston, d'Isaac Bashevis Singer à Frank McCourt, d'Herman Melville à Paula Marshall. Pourtant, j'ai du mal à croire que la nécessité de réagir à un statut perçu comme « marginal » ait été exigée aussi bruyamment et avec autant d'insistance de la part de tout autre groupe que celui des artistes africains-américains. Pour moi, la question sous-entendue, voire exprimée : « Êtes-vous un écrivain noir ou un écrivain américain ? » ne signifie pas seulement : « Subvertissez-vous l'art pour faire de la politique ? » Elle signifie aussi : « Êtes-vous un écrivain noir ou un écrivain universel ? », ce qui suggère que les deux sont à l'évidence incompatibles. La conscience raciale ne peut apparemment jamais être séparée de la politique. Elle est le résultat d'un mariage forcé, imposé à l'origine par les Blancs, alors que les artistes africains-américains (dans les domaines public et universitaire) sont blâmés et fustigés pour s'être occupés des conséquences de ce mariage. Forcés de hurler indéfiniment à la critique blanche : « Ce n'est pas notre politique raciale : c'est la vôtre. » Ces luttes contre une telle mentalité sont épuisantes et surtout débilitantes, puisque ceux qui ont provoqué l'échauffourée n'ont qu'à l'observer et non y participer. Ils n'ont qu'à comprendre les exigences de la spécificité culturelle comme une politique identitaire, des attaques du canon littéraire, un plaidoyer particulier ou autre démarche menaçante. Et les personnes les plus engagées dans cette querelle sont d'ordinaire celles qui en ont déjà récolté les bénéfices.

Je suppose que j'ai initialement abordé le débat opposant l'art à la politique et la race à l'esthétique comme l'aurait fait un alchimiste : en cherchant la combinaison d'ingrédients qui transforme les scories en or. Mais une telle formule n'existe pas. Mon projet est donc devenu celui de rendre le monde historiquement doué d'une race indissociable de la vision artistique qui le contemple et, ce faisant, d'encourager des lectures qui dissèquent les deux. Ce qui revient à dire que j'ai revendiqué le droit et l'étendue du métier d'écrivain. Pour interrompre l'Histoire journalistique par une Histoire métaphorique, pour imposer à une Histoire rhétorique une Histoire imagée, pour lire le monde, mal le lire, l'écrire et le désécrire. Pour mettre en œuvre le silence et la liberté d'expression. En bref, pour faire ce que tous les écrivains aspirent à faire. Je voulais que mon travail soit celui consistant à invalider la querelle opposant l'art à la politique : qu'il réalise l'union de l'esthétique et de l'éthique.

Je suis impressionnée par la fécondité et l'importance des défis universitaires et littéraires qui cherchent davantage de moyens par lesquels à la fois signaler et neutraliser la race, reconnaître sa portée et limiter son effet corrosif sur la langue. À savoir un travail qui évite le schisme contre nature entre la sphère politique, dans laquelle la race compte, et la sphère de l'art, dans laquelle elle est présumée ne pas compter.

Les études qui abandonnent les propriétés contraignantes de ce faux débat pour accueillir les défis des débats libérateurs cachés en son centre deviennent sensibles au fait que les choses ont changé. La langue qui requiert l'exclusion mutuelle de *x* et de *y*, ou la domination de *x* sur *y*, perd lentement sa magie, sa force. Mais c'est la littérature qui prépare et applique ce changement de façons bien plus avancées et bien plus pénétrantes que le langage critique qui lui succède. C'est peut-être en raison de mon propre adieu à toute cette querelle opposant l'art à la politique ou la culture à l'esthétique que les séparations littéraires (instants d'au revoir à la race) me semblent un domaine si prometteur dans lequel examiner le profond changement qu'a subi le langage expressif de la rencontre entre les races, changement qui fournit des occasions d'explorations plus riches et plus nuancées. Au fil du temps, les rites d'adieu entre les races tels que représentés par certains exemples choisis de la littérature américaine sont, de façon spectaculaire, passés des présupposés flagrants de la hiérarchie des races à des présupposés moins francs, puis à une représentation codée et à des décodages nuancés de ces derniers ; du contrôle au rejet, à l'inquiétude, puis à un genre d'aisance bien informée. Or, j'insiste ici pour qu'on ne se méprenne pas sur mes propos en me faisant sous-entendre que le travail de la littérature, son métier, pour ainsi dire, c'est de neutraliser la race. Ça ne l'est pas. Néanmoins, c'est dans la littérature que l'on peut situer la forme du discours racial. Forme qui joue autour d'elle ou évolue à travers elle et, par conséquent, dans notre imagination quand nous la lisons. Bien que l'on puisse et doive élargir cette brève recherche, je limiterai mes observations aux femmes de lettres car, chez elles, l'intimité, l'aliénation et la séparation entre deux femmes est le plus souvent exempte de la concurrence sexuelle implicite parmi les hommes de lettres qui abordent le même sujet, et car les inquiétudes sur la domination sexuelle peuvent brouiller l'équation raciale autant que l'exacerber (comme Shakespeare et Hollywood le savaient). L'au revoir est un instant tout prêt pour les grands effets littéraires, pour les profondes révélations affectives qui débordent de sens. Moi, je m'intéresse à l'adieu entre deux inconnues, une noire et une blanche, qui ont partagé, ou auraient pu partager, quelque chose de significatif ; ou qui représentent la fin d'une chose plus grande qu'elles, dans laquelle la séparation symbolise la perte ou le renouveau, par exemple. Il y a les séparations entre deux femmes, une noire et une blanche, dont les histoires sont constamment mêlées. Nombre de ces histoires, sinon la plupart, consistent en une relation de substitution : mères de substitution dans le domaine enfant-nourrice ; mères, tantes et autres parentes de substitution dans la catégorie des servantes-maîtresses ; sœurs de substitution, pour lesquelles les amitiés deviennent des amitiés illégales et de substitution justement parce que la dynamique du pouvoir entre la patronne et l'employée est inévitablement marquée par la race ; et quelquefois, mais rarement, il y a l'adieu entre deux femmes adultes, une noire et une blanche, dans lequel l'équité ne repose pas sur la race. *Meridian*, d'Alice Walker, en est l'un des tout premiers exemples.

Permettez-moi de débuter par une scène d'adieu chez une femme de lettres raffinée et prolifique, qui n'était pas américaine, mais qui était elle-même une étrangère loin de chez elle et se trouvait en mesure de se forger des opinions sur les rapports entre les races en les observant de très près : Karen Blixen. Dans *La Ferme africaine*, il y a une scène obsédante qui expose le discours racial ordinaire, ainsi que les présupposés sur le domicile de l'étranger : la scène dans laquelle l'auteur quitte un lieu, le Kenya, qui a été sa résidence durant une bonne partie de sa vie d'adulte. La nécessité de partir d'Afrique et la mélancolie qui en résulte apparaissent à chacun des instants où l'auteur prend congé.

Un passage vers la fin se présente comme suit :

> Là, les vieilles femmes avaient du chagrin, parce que je devais les quitter.
>
> J'ai encore le souvenir d'une femme kikuyu de cette époque ; elle n'a pas de nom, car je ne la connaissais guère. Je crois qu'elle vivait au village de Kathegu, et qu'elle était la femme ou la veuve d'un de ses nombreux fils. Elle vint à ma rencontre sur un chemin de la plaine, portant un fardeau imposant sur le dos. Il s'agit de longues perches fines dont les Kikuyus se servent pour couvrir le toit de leurs huttes, et la construction de ces toits est un travail de femme. Ces perches peuvent faire cinq mètres de long. Pour les porter d'un lieu à l'autre, les femmes les nouent par une extrémité, et quand on les voit traverser les plaines, les femmes ployant sous ces longs fardeaux coniques forment des silhouettes saisissantes ou grotesques qui se détachent sur le ciel, tels des animaux préhistoriques ou des girafes. Les perches que portait cette femme étaient noircies et carbonisées, après avoir reçu la suie du foyer pendant des années. Cela signifiait qu'elle avait démoli sa hutte et qu'elle en transportait les matériaux, en l'état, vers un nouvel endroit.
>
> Lorsque nous nous croisâmes, elle s'arrêta net et barra mon chemin, elle me dévisagea, à peu près comme une vache d'un troupeau que l'on rencontre sur la plaine : une créature qui vit et perçoit les choses d'une manière que nous ne saurions nous

> imaginer. L'instant d'après, elle se mit à pleurer, et les larmes coulèrent sur son visage. Elle était là, comme une vache qui se soulage sous vos yeux, au milieu de la plaine. Nous n'échangeâmes pas un mot durant notre face-à-face, et au bout de deux minutes, nous poursuivîmes chacune notre chemin, dans des directions opposées. Je me dis qu'elle avait au moins des matériaux pour construire cette nouvelle maison, et je me l'imaginais en train de lier ses bâtons, de les installer pour avoir à nouveau un toit sur sa tête[1].

Beaucoup d'autres Kényans ont versé des larmes et déploré le départ de Blixen : du fait de leur affection pour elle, ou peut-être de la perte de protection et d'emploi rémunéré, du désespoir de devoir trouver un autre abri. Mais le souvenir cité plus haut me tourmente pour d'autres raisons. Que signifie l'expression « barra mon chemin » ? Non pas « barra le chemin », ni « me barra le chemin », mais « barra mon chemin ». Ce chemin est-il uniquement à Blixen et pour Blixen ? La présence de cette femme est-elle déplacée ? La syntaxe est curieuse. En outre, il y a la spéculation constante sur la commission dont est chargée cette femme : porter du bois pour construire, reconstruire ou réparer son toit. Se bâtir un domicile dans un pays où elle est chez elle, mais où on lui fait sentir (à la femme kikuyu) qu'elle est l'intruse. Alors que la véritable étrangère, l'auteur, quitte un faux chez-soi sur lequel elle a des doutes. La description que Blixen fait de l'Africaine est instructive. Les perches qui dépassent de derrière sa tête lui font penser à un « animal préhistorique ». En outre, cette femme silencieuse la regarde fixement, pleine d'émotions que nous ne pouvons cependant pas connaître, parce qu'elle est reléguée dans le règne animal, où les émotions, les pensées et la vie elle-même ne peuvent être connues de nous. Cette femme est comme une vache dans un troupeau, muette, inconnaissable, et lorsqu'elle manifeste une émotion puissante telle que la tristesse, la rage, le dégoût, la solitude ou même la joie, nous ne pouvons pas

1. Karen Blixen, *La Ferme africaine* (1937, 1965), traduit par Alain Gnaedig, Gallimard, 2005, p. 409-410 (trad. mod.).

le savoir, car ses larmes rappellent une vache qui évacue son urine en public. C'est une image, dit Blixen, qu'elle garde avec elle : cette femme inconnue et sans nom. Certainement un substitut, un symbole du Kenya et de ce que Blixen pense du monde qu'elle laisse derrière elle. Dans ces passages, la belle langue « esthétique » sert à subvertir les termes : l'autochtone, l'étranger, le domicile, l'absence de domicile subissent un déferlement d'images préventives qui légitiment et obscurcissent leurs hypothèses racistes tout en fournissant une protection contre un aperçu peut-être plus préjudiciable.

Si nous quittons l'Afrique des années 1930 pour l'Amérique des années 1940 et retrouvons un autre écrivain qui prétend avoir des rapports plus intimes aux Noirs, il y a d'autres leçons à tirer.

Dans *Autant en emporte le vent*, récit classique sur le statut de la femme en Amérique, le lien femme noire/femme blanche est celui que nous ont enseigné Harriet Beecher Stowe et autres : une « mama » omniprésente, dont le dévouement et les talents de nourrice sont aussi acharnés qu'ils sont loyaux. Ces mères de substitution sont plus pratiques que les vraies mères, non seulement du fait de leur constance, mais aussi parce que, contrairement aux mères biologiques, vous pouvez les commander et les congédier sans risquer de sanction sévère. Nonobstant leur présence dans le texte, il arrive toujours un moment où ces femmes s'en vont : soit elles quittent le récit lui-même parce qu'elles n'ont plus rien à y faire, soit elles sortent de la vie de leur maîtresse car leur valeur en tant que préceptrices diminue quand les femmes dont elles s'occupent mûrissent ou que les circonstances ont changé : déménagement, insubordination ou mort. Ce qui m'intéresse, c'est la façon dont se déroule cette séparation. Recourt-on à un langage protecteur pour rendre acceptable la disparition de la femme noire ? Y a-t-il une dépendance à une équation métaphorique avec le monde animal qui ne ressent ni ne pense ? Y a-t-il des silences profonds ou gênés pour accompagner son renvoi ? Y a-t-il des larmes ou une insistance obstinée sur l'attachement permanent ?

En dépit de sa différence bien réelle dans son niveau d'accomplissement littéraire, la « mama » de Margaret Mitchell ressemble, en plusieurs points importants, à la femme kikuyu de Blixen. Les comparaisons choisies pour faire apparaître chacune d'elles sont empruntées au règne animal : quand le départ est imminent, ces deux femmes noires sont muettes de chagrin ; dans les deux cas, la séparation est perçue comme un traumatisme, une privation accablante pour la femme noire et, chez Mitchell, aussi pour la femme blanche. Le « pas un mot » de la Kényane devient le balbutiement confus d'une femme noire (qui, en soixante ans de dialogue avec sa maîtresse, n'a jamais appris à prononcer le mot « blanc ») et un reproche silencieux, tandis que sa jeune maîtresse pleure.

Ces relations classiques et précoces entre femmes de races différentes, souvent maternelles, amicales et aimantes trouvent un écho dans *Saphira, sa fille et l'esclave*, de Willa Cather, lors d'une scène envoûtante, au chevet d'une mourante, avec une autre mère de substitution, une femme du nom de Jézabel avec laquelle la maîtresse entretenait un rapport d'amitié intime et mutuellement satisfaisant. Le dialogue est révélateur :

> « [...] Il faut que tu manges pour garder tes forces.
> – J'ai pas envie de rien, missy.
> – Il n'y a pas quelque chose que tu aimerais bien goûter ? Réfléchis une minute, dis-moi un peu. Tu ne vois pas quelque chose ? »
> La vieille eut un gloussement malicieux ; une paupière de papier cligna et ses yeux lancèrent un éclair d'humour macabre. « Non, m'dame, y a rien qui me vient en tête qui pourrait me régaler ; à moinsse que ça soye la main d'un p'tit négrillon. »
> [...] Se tournant derechef vers le lit, elle prit la main crochue, froide et grise de Jézabel, et la tapota. « Allez, adieu vieille tante, et à la prochaine fois. À présent, il faut te retourner et faire un petit somme[1]. »

Aussi évocatrice que soit cette scène, qui abonde en souvenirs agréables et dénote une vision partagée du monde, sa sérénité

1. Willa Cather, *Saphira, sa fille et l'esclave* (1940), traduit par Marc Chénetier, Paris, Rivages, 2015, p. 86-87.

se désintègre sous l'effet des éclairs du langage commode, mais sinistre, de l'antagonisme racial : la touche de cannibalisme (censé être « naturel » pour les Africains) et non le tapotement d'une main ordinaire, mais celui d'une main « crochue, froide et grise ».

Pourtant, dans la fiction, il commence à se passer autre chose : des changements généralement attribués au climat social, signes des temps. En tout cas, le discours admissible au XIXe et au début du XXe siècle est un discours grossier à la fin de celui-ci. Mais ce n'est peut-être pas toute l'histoire. L'arrivée de la voix des minorités dans le paysage politique et littéraire, après la Renaissance de Harlem, a sans nul doute joué un rôle dans ce changement. Peut-être un lectorat et une communauté critique qui ne supportaient pas le rejet facile des autres. En tout cas, il y a moins d'exemples de rejets irréfléchis, des analyses plus profondes de ces relations, des observations plus exigeantes du retrait d'une des parties, et des perturbations dans les relations. En 1946, Carson McCullers publiait *Frankie Addams*. Avant, *Le Cœur est un chasseur solitaire*.

Dans ces deux romans, une femme noire sort la vie du héros. Dans *Frankie Addams*, la scène entre Berenice et Frankie est une scène de lutte pour s'assurer le contrôle, dans laquelle nous sommes témoins de la jalousie de la mère de substitution lors de la fuite de l'enfant. Ensuite, il y a *Ne tirez pas sur l'oiseau moqueur*, de Harper Lee, où il est évident que Lee travaille à s'éloigner de certains présupposés sur l'impossibilité de connaître. Bien que ce ne soit qu'avec des Noirs et des enfants (jamais avec des Blancs adultes) que Calpurnia a des conversations où elle se révèle elle-même, la lutte pour trouver le langage permettant d'aborder ces questions compliquées est évidente. Il n'y a pas de moments d'adieux dans ce roman, ni dans l'œuvre autobiographique de Lillian Hellman, qui comprend plusieurs souvenirs de Caroline Ducky, sa domestique[1]. Cependant, le sujet est nourri par l'effort de ces auteurs pour parvenir à un sérieux qui n'apparaît pas chez des écrivains antérieurs. Il semble y avoir un soupçon croissant, chez ces femmes de lettres

1. *Une femme inachevée : mémoires* (1969), traduit par Alain Lemoine, Montréal, Stanké, 1981.

blanches, que la pensée complexe, l'ambiguïté et la nuance sont en fait possibles chez leurs personnages noirs, et que leur discours n'exige pas l'orthographe étrange ou créative dont n'a besoin celui d'aucun autre personnage.

En 1976, Lucille Clifton débute *Generations*, ses charmants mémoires, par une conversation entre deux inconnues appartenant chacune à l'une des deux races, conversation qui résonne de dicible et de non-dit.

Mais deux ans auparavant, Diane Johnson a comblé les lacunes qui vont émailler les mémoires de Clifton, ainsi que d'autres œuvres. Son ouvrage de 1974, *The Shadow Knows* [L'ombre sait], explore ces relations en profondeur. La narratrice a deux domestiques essentielles à son existence : une qui est perturbatrice, vengeresse et monstrueuse ; une autre, bienveillante, joyeuse et d'un grand soutien. La qualité de réflexion de la prose mérite d'être citée.

« Mais j'essaie d'avouer que je ne crois pas ressentir qu'Osella est un être humain, pas vraiment. » « Et elle avait paru morte en arrivant, emmenée loin de chez elle, jusqu'à notre zoo, solitaire et affligée, tel un animal ordinaire et insignifiant que pouvait à peine remarquer la gardienne : moi, plus préoccupée par le malheur de la gazelle délicate : moi[1]. » Ici, les caractéristiques animales sont réparties de manière égale et l'animal le plus lyrique, la « gazelle », est cité avec ironie. Plus tard, la narratrice est songeuse : « Je remarque que dès que je décris Osella ou que je pense à elle, c'est par des métaphores de choses et non de personnes, ou d'animaux bien gras. C'est comme si je ne la considérais pas comme un être humain, cette femme avec laquelle j'ai partagé mes enfants, mon foyer et de nombreuses heures [...] Il n'y avait en elle rien qui l'eût empêchée de s'asseoir comme une sœur pour me faire partager une recette, mais il y avait quelque chose en moi[2]. » Voilà qui n'est pas un langage désinvolte ni paresseux (Margaret Mitchell) : Osella est incroyablement folle, bien que cela puisse se comprendre. Alors que la mort

1. Diane Johnson, *The Shadow Knows*, New York, Knopf, 1974, respectivement p. 43 et p. 35.
2. *Ibid.*, p. 42.

d'Ev, qui succède à Osella, est l'objet d'un profond chagrin personnel pour la narratrice.

Le langage ricoche, dans ces scènes d'adieux infléchies par la race. Dans *Beloved* aussi, il y a des adieux entre une jeune Blanche et une jeune Noire. La scène évolue vers la séparation qui doit avoir lieu entre elles, oui, mais cette scène est également conçue pour entériner un au revoir aux obstacles érigés par la race, en plein milieu d'un dialogue fortement racialisé. Chacune commence par parler dans la langue de l'époque. Les relations de pouvoir sont manifestes dans les remarques racistes qu'Amy fait au passage et dans l'acquiescement trompeur de Sethe. Après leur entreprise commune dans la mise au monde de Denver, elles finissent par parler non pas d'adieux, mais de mémoire : comment fixer le souvenir de l'une dans l'esprit de l'autre ; ou bien, comme pour Sethe, comment immortaliser la rencontre au-delà de leur propre existence temporelle. Si l'action est la séparation, la divergence des chemins, le langage est prévu pour la remplacer, pour inviter à la méditation sur sa nécessité. Restera sur la rive de l'Ohio notre conscience du fait que si les deux femmes avaient été de la même race (blanches ou noires toutes les deux), elles auraient pu rester ensemble, seraient, peut-être, restées ensemble et auraient partagé leurs destinées respectives. Ni l'une ni l'autre n'avait l'impression d'avoir sa place nulle part. Toutes deux voyagent à travers un territoire étranger, inconnu, à la recherche d'un foyer. Le langage est donc conçu pour sous-entendre que, d'une manière ou d'une autre, la solitude de leurs adieux est humiliante.

Durant les dernières décennies du XXe siècle, la dissolution des restrictions imposées par la conscience raciale au langage expressif commence à faire effet, comme dans *Les Yeux dans les arbres*, de Barbara Kingsolver. Au lieu de supprimer ou d'ignorer les perspectives qu'offrent ces relations, au lieu du confort des stéréotypes et de la sécurité d'une imagination indolente, on commence à entendre non pas le silence de Blixen ou le bafouillage de Mitchell, mais des joutes verbales : non pas le dévouement ou la désobéissance absolus des domestiques, mais la bataille à propos du sens du foyer ; l'analyse de profondes jalousies ; des formes compliquées de résistance ;

la haine, l'amour, la colère ; l'échange de perceptions mutuelles, appris et mérité.

Je crois savoir pourquoi les femmes de lettres africaines-américaines ont ignoré la tentation d'élargir la division raciale plutôt que de la comprendre. Je ne sais pas très bien pourquoi les femmes de lettres blanches se sont senties obligées de faire pareil. Il ne pouvait s'agir d'un simple choix entre esthétiser la politique et politiser l'esthétique ; il ne pouvait s'agir non plus d'une envie juvénile de mériter les termes « humanitaire » et « universelle ». Ces termes, si corrompus par l'effacement de la race, ne sont plus adéquats. Je laisse à d'autres le soin de nommer l'équilibre qui réside à présent dans la littérature (particulièrement celle écrite sur/par des femmes), sinon dans le discours public qui cherche à l'inclure.

Le matériau dont peut naître un nouveau paradigme de lecture et d'écriture sur la littérature existe déjà. Les écrivains ont déjà dit adieu à l'ancien. À l'ancre raciale qui immobilisait la langue et ses possibilités d'invention. Comme ce serait original si, dans ce cas, la vie imitait l'art. Si j'avais pu accorder cet entretien télévisé reflétant le vrai travail de ma vie. Si, en fait, je n'étais pas une étrangère (douée d'une race), mais une fille du pays, qui appartenait déjà à la race humaine.

Encre invisible
Lire l'écriture et écrire la lecture

J'ai jadis écrit un article pour un magazine populaire qui avait une petite rubrique irrégulière consacrée aux « arts ». Il voulait quelque chose d'élogieux sur la valeur, ou peut-être juste le plaisir, de la lecture. Ce dernier substantif, « plaisir », m'ennuyait, parce qu'il est systématiquement associé à l'émotion : l'enchantement accompagné de suspense. Lire, c'est drôlement important (accent sur « drôle »). Tout du moins, bien sûr, dans le discours populaire, lire est supposé être édifiant, instructif ; dans le meilleur des cas, lire encourage une réflexion profonde.

Les réflexions sur la pratique de la lecture m'ont intéressée très tôt en tant que femme de lettres/d'imagination, ainsi que comme lectrice perméable.

J'ai commencé à lire à l'âge de trois ans, mais c'était toujours difficile pour moi. Non pas difficile car compliqué à faire, mais difficile en ceci que j'avais beaucoup de mal à chercher le sens présent à l'intérieur et au-delà des mots. La phrase du manuel de première année de cours élémentaire : « Cours, Jip, cours », m'amenait à la question : Pourquoi court-il ? Est-ce un ordre ? Si oui, où va-t-il ? Ce chien est-il poursuivi ? Ou poursuit-il quelqu'un ? Plus tard, quand j'ai abordé *Hansel et Gretel*, des questions plus graves ont afflué. Comme avec les jeux et les comptines : « Une ronde autour du rosier, des poches pleines de bouquets ». Il m'a fallu un certain temps pour comprendre que la comptine et le jeu renvoyaient à la mort durant la peste bubonique[1].

J'ai donc choisi pour ce magazine une tentative visant à distinguer la lecture comme compétence de la lecture comme art.

Voici une partie de ce que j'ai écrit :

> [M.] Head s'éveilla : le clair de lune envahissait la pièce. Il se dressa sur son séant. Son regard se posa sur les lames argentées du parquet, puis sur l'enveloppe de son oreiller – on eût dit du brocart. Une seconde après, il vit une moitié de lune dans son miroir, à cinq pieds de lui. Elle était immobile, et semblait attendre la permission d'entrer. Elle approcha, et sa clarté revêtit toutes choses d'une dignité nouvelle : la chaise haute contre le mur se raidit en une sorte de garde-à-vous, attendant un ordre, semblait-il ; le pantalon de [M.] Head, accroché au dossier, avait presque grande allure : n'était-ce pas un vêtement jeté à son valet par quelque grand personnage[2].

Dans ces premières phrases, Flannery O'Connor a choisi d'orienter ses lecteurs vers l'imagination de M. Head, ses espoirs. L'enveloppe de l'oreiller, sans taie, est comme du brocard, cossue, raffinée. Le clair de lune transforme le parquet en argent et confère à tout « une dignité nouvelle ». La chaise de M. Head « se raidit en une sorte de garde-à-vous » et semble attendre un ordre de sa part. Même le pantalon accroché à son dossier a « grande allure », tel un vêtement « jeté à son valet par quelque grand personnage ». M. Head fait donc des rêves puissants, peut-être irrépressibles, de majesté, d'autorité légitime, de contrôle sur des domestiques afin qu'ils exécutent ses ordres. Même la lune dans son miroir s'arrête et semble « attendre la permission d'entrer ». Nous n'avons pas vraiment à attendre (juste quelques phrases) pour voir son réveil posé

1. Dans cette comptine inspirée par la Grande peste de 1665, les roses désignent les éruptions cutanées et les bouquets servent à masquer les odeurs nauséabondes.

2. Flannery O'Connor, « Le Nègre factice », in *Les Braves Gens ne courent pas les rues* (1955), traduit par Henri Morisset, in *Œuvres complètes – Romans, nouvelles, essais, correspondance*, préface de Guy Goffette, Paris, Gallimard, « Quarto », 2009, p. 259.

sur un seau retourné ou nous demander pourquoi son miroir est à cinq pieds de son lit : pour en savoir beaucoup sur son compte – sa prétention, son insécurité, ses aspirations pitoyables – et prévoir son comportement au fil de l'histoire.

Dans mon essai, je tentais de définir les caractéristiques d'une écriture impeccable qui permet de relire sans cesse une œuvre de fiction, de pénétrer dans son monde en étant sûr que l'attention produira toujours de l'émerveillement. De voir comment faire travailler l'œuvre pendant qu'elle me fait faire de même.

Je trouvais mon illustration très bien, en l'occurrence, mais ce que je n'arrivais pas à formuler clairement, c'était la façon dont le lecteur participe au texte : non dont il l'interprète, mais dont il aide à l'écrire. (Ce qui ressemble beaucoup au chant : il y a les paroles, la partition, puis l'interprétation, qui est la contribution de l'individu au morceau.)

L'encre invisible est ce qui réside sous, entre et hors les lignes, et reste caché jusqu'à ce que le bon lecteur le découvre. Par « bon » lecteur, je sous-entends que certains livres ne sont à l'évidence pas faits pour tous les lecteurs. Il est possible d'admirer Proust sans pour autant se retrouver impliqué d'un point de vue intellectuel ou affectif. Même un lecteur qui aime le livre peut ne pas être celui qui l'aime le mieux ou comme il faut. Le lecteur « fait pour » le livre est celui qui est en harmonie avec l'encre invisible.

La dyade habituelle, en critique littéraire, est faite du texte stable opposé au lecteur actualisé. Le lecteur et ses lectures peuvent changer, mais non le texte. Il est stable. Comme il ne peut pas changer, il s'ensuit qu'une relation réussie entre le texte et le lecteur ne peut avoir lieu qu'à travers les changements de projections du lecteur. Il me semble que la question devient celle de savoir si ces projections latentes sont le fait du lecteur ou de l'écrivain. Ce que je veux dire, c'est qu'il peut ne pas toujours en être ainsi. Si la responsabilité de l'interprétation est censée être transférée au lecteur, le texte n'est pas toujours un patient silencieux que le lecteur ramène à la vie. Je veux introduire un tiers à l'équation : l'auteur.

Certains auteurs de fiction conçoivent leurs textes de sorte à déranger : pas seulement au moyen d'intrigues pleines de suspense, de thèmes provocateurs, de personnages intéressants, ni même en faisant du grabuge. Ils conçoivent leur fiction de sorte à déranger, secouer et faire intervenir tout l'environnement de l'expérience de lecture.

Retirer les métaphores et les comparaisons est tout aussi important que de les choisir. Des phrases majeures peuvent être écrites afin de contenir des informations enfouies qui complètent, envahissent ou manipulent la lecture. Le non-écrit est tout aussi révélateur que l'écrit. Lorsqu'elles sont comblées par le « bon » lecteur, les lacunes volontaires, et délibérément trompeuses, produisent le texte dans son intégralité et attestent de son existence vivante.

À cet égard, songez à *Benito Cereno*[1], où l'auteur choisit le point de vue du narrateur pour manipuler volontairement l'expérience de lecture.

Il existe certains présupposés sur les catégories régulièrement employées pour provoquer ce dérangement. J'aimerais voir écrire un livre dans lequel le genre du narrateur ne serait pas spécifié, pas cité. Le genre, comme la race, s'accompagne d'une panoplie de certitudes, toutes déployées par l'écrivain pour susciter certaines réactions et, peut-être, en braver d'autres.

Comme le montrent les exemples de Flannery O'Connor, de Coetzee et de Melville, la race contient et engendre davantage de certitudes. J'ai écrit ailleurs sur les usages métaphoriques auxquels sont soumis les codes raciaux : tantôt pour clarifier, tantôt pour conforter des présupposés que les lecteurs peuvent avoir. Virginia Woolf et ses lacunes, Faulkner et ses temps d'attente à la fois pour contrôler le lecteur et l'amener à agir au sein du texte. Mais est-il vrai que le texte ne formule pas d'attentes, ni leur modification ? Ou que telle formulation relève du lecteur et permet au texte d'être déplacé et transféré dans son propre esprit ?

J'avoue ce déploiement volontaire dans presque tous mes livres. Des demandes franches que le lecteur ne fasse pas uniquement participer au récit, mais aide spécifiquement à l'écrire. Parfois à l'aide d'une question. Qui meurt à la fin du *Chant de Salomon* et est-ce

1. Nouvelle de Melville, écrite en 1855 ; voir p. 263.

important ? Parfois grâce à un silence calculé sur le genre des personnages. Qui est le locuteur au début de *Love* ? Est-ce une femme ou un homme qui dit : « *Les jambes des femmes sont largement écartées, alors moi, je fredonne*[1]. » Ou bien, dans *Jazz*, est-ce un homme ou une femme qui déclare : « J'adorais la Ville[2] » ? Pour le lecteur qui n'est pas le « bon », de telles stratégies sont énervantes, comme le refus de beurrer un toast. Pour d'autres, c'est une porte partiellement ouverte et qui supplie qu'on entre.

Je ne suis pas seule à me concentrer sur la race en tant que non-signifiant. J.M. Coetzee l'a fait de manière assez habile dans *Michael K, sa vie, son temps*. Dans ce livre, nous faisons des hypothèses immédiates, fondées sur le fait que le lieu est l'Afrique du Sud, que le personnage est un pauvre ouvrier agricole, parfois itinérant, et que les gens tendent à l'éviter. Mais il a un sérieux bec-de-lièvre qui peut être la raison de sa malchance. Nulle part, dans le livre, n'est mentionnée la race de Michael. En tant que lecteurs, nous émettons l'hypothèse ou non. Et si nous lisions l'encre invisible du livre et découvrions qu'il parle d'autre chose, comme des épreuves d'un pauvre Blanc sud-africain (ces Blancs sont légion) ?

À l'évidence, la première phrase de *Paradis* est un exemple flagrant d'encre invisible. « Ils tuent la jeune Blanche d'abord. Avec les autres, ils peuvent prendre leur temps[3]. »

Jusqu'où l'imagination du lecteur s'occupera-t-elle de trouver qui est la jeune Blanche ? Quand le lecteur croira-t-il l'avoir identifiée ? Quand sera-t-il évident que, si détenir cette information est crucial pour ceux qui défendent la ville, elle n'importe peut-être pas vraiment au lecteur ? Dans ce cas, quel que soit le choix opéré, c'est le lecteur que je contrains d'aider à écrire le livre : c'est le lecteur que j'invoque dans l'encre invisible, en déstabilisant le texte et en réorientant celui qui le lit.

1. Toni Morrison, *Love* (2003), traduit par Anne Wicke, Paris, Christian Bourgois Éditeur, 2004, p. 7.
2. *Op. cit.*, p. 238.
3. Toni Morrison, *op. cit.*, p. 11.

De « N'aie pas peur », la première phrase d'*Un don*, qui apaise le lecteur en jurant de ne pas lui faire de mal, à celle de l'avant-dernier chapitre : « As-tu peur ? Tu devrais[1]. »

Écrire la lecture implique de séduire : d'amener par ruse le lecteur à pénétrer dans des environnements situés hors des pages. De disqualifier la notion de texte stable au profit de celle d'un texte dépendant d'un lecteur actif et activé, qui écrit la lecture… dans une encre invisible.

Permettez-moi de conclure par quelques mots d'un livre dont je crois qu'il est un exemple supplémentaire.

« Ils se sont dressés comme des hommes. On les a vus. Comme des hommes ils se sont mis debout[2]. »

1. Toni Morrison, *Un don* (2008), traduit par Anne Wicke, Paris, Christian Bourgois Éditeur, 2009, p. 9 et p. 183.

2. Toni Morrison, *Home* (2012), traduit par Christine Laferrière, Paris, Christian Bourgois Éditeur, 2012, p. 11.

Sources

« Péril ». Remarques à l'occasion de la réception de la récompense du PEN/Borders Literary Service. New York, New York, 28 avril 2008.

« Les morts du 11 septembre ». Messe du souvenir. Université de Princeton, Princeton, New Jersey, 13 septembre 2001.

« La patrie de l'étranger ». Conférences Alexander, Université de Toronto, Toronto, Ontario, Canada, 27 mai 2002.

« Racisme et fascisme ». *The Nation*, 29 mai 1995. Extrait du discours d'anniversaire de la fondation de l'Université : « La première solution », Université de Howard, Washington D.C., 3 mars 1995.

« Chez soi ». Assemblée, Université d'Oberlin, Oberlin, Ohio, 23 avril 2009.

« Le parler guerrier ». Université d'Oxford, Oxford, Angleterre, 15 juin 2002.

« La guerre à l'erreur ». Conférence pour Amnesty International, Édimbourg, Écosse, 29 août 2004.

« Une race à l'esprit ». Conférence de l'Association des Journalistes de Presse d'Amérique, San Francisco, Californie, 27 avril 1994.

« Habitants moraux ». Réponse à la conférence intitulée « En quête d'un fondement de compréhension mutuelle et d'harmonie entre les races », de James Baldwin; « La Nature d'une société humaine: Colloque sur le Bicentenaire des États-Unis d'Amérique, Église luthérienne d'Amérique, synode du sud-ouest de la Pennsylvanie, Université de Pennsylvanie, 29-30 octobre 1976.

« Le prix de la richesse, le coût des aides ». Prix Nichols-Chancellor, Université Vanderbilt, Nashville, Tennessee, 9 mai 2013.

« L'habitude de l'art ». Présentation de Toby Devan Lewis, Prix ArtTable, New York, New York, 16 avril 2010.

« L'artiste individuel ». Conseil National des Arts, Washington D.C., 14 février 1981.

« Plaidoyer en faveur des arts ». Archives personnelles de l'auteur.

« Université Sarah Lawrence. Discours de cérémonie de remise des diplômes ». Université Sarah Lawrence, Bronxville, New York, 27 mai 1988.

« Le corps-esclave et le corps noir ». Musée Américain de l'Holocauste Noir, Milwaukee, Wisconsin, 25 août 2000.

« *Harlem on My Mind*: Contester la mémoire ». Musée du Louvre, Paris, France, 15 novembre 2006.

« Femmes, race et mémoire ». Université de Queens, Queens, New York, 8 mai 1989.

« Littérature et vie publique ». Université de Cornell, Ithaca, New York, 17 novembre 1998.

« Discours de Stockholm ». Discours de réception du prix Nobel, Stockholm, Suède, 7 décembre 1993.

«Les demi-sœurs de Cendrillon». Discours de cérémonie de remise des diplômes à la faculté Barnard, New York, New York, 13 mai 1979.

«L'avenir du temps». Vingt-cinquième conférence Jefferson en sciences humaines, Washington D.C., 25 mars 1996.

«Hommage à Martin Luther King». Gala du 75e anniversaire de *Time Magazine*, New York, New York, 3 mars 1998.

«La race importe». Discours liminaire du colloque intitulé «La race importe», Université de Princeton, Princeton, New Jersey, 28 avril 1994.

«*Black Matter(s)*». *Grand Street* n° 40 (1991), p. 204-225. Conférences Clark, 1990. Conférences Massey, 1990.

«Choses inexprimables et inexprimées». Conférences Tanner sur les valeurs humaines, Université du Michigan, Ann Arbor, Michigan, 7 octobre 1988.

«Murmures académiques». Université Johns Hopkins, Baltimore, Maryland, 10 mars 2004.

«Gertrude Stein et la différence qu'elle fait». Études de l'africanisme américain, Conférence Charter, Université de Géorgie, Athens, Géorgie, 14 novembre 1990.

«Ardues, vraies et durables». Conférence Robert et Judi Prokop Newman, Université de Miami, Miami, Floride, 30 août 2005.

«Éloge funèbre de James Baldwin». Cathédrale de Saint-Jean-le-Divin, New York, New York, 8 décembre 1987.

«Le site de la mémoire». *Inventing the Truth: The Art and Craft of Memoir*, ed. William Zinsser, Boston: Houghton Mifflin, 1987, p. 183-200.

«Le langage de Dieu». Conférence Moody, Université de Chicago, Chicago, Illinois, 10 mai 1996.

«Grendel et sa mère». Conférences Alexander, Université de Toronto, Toronto, Ontario, Canada, 28 mai 2002.

«Sur *Beloved*». Archives personnelles de l'auteur.

«Chinua Achebe». Prix de l'Institut Afrique-Amérique, New York, New York, 22 septembre 2000.

«Présentation de Peter Sellars». Conférence Belknap, Université de Princeton, Princeton, New Jersey, 14 mars 1996.

«Hommage à Romare Bearden». Colloque intitulé «Le Monde de Romare Bearden», Université de Columbia, New York, New York, 16 octobre 2004.

«Faulkner et les femmes». *Faulkner and Women*, ed. Doreen Fowler and Ann. J. Abadie, Faulkner and Yoknapatawpha Series, Université du Mississippi, Oxford, Mississippi, University Press of Mississippi, 1986, 295-302.

«La source de l'amour-propre». Conférences sur les Arts à Portland, Portland, Oregon, 19 mars 1992.

«Remémoration». Archives personnelles de l'auteur.

«Mémoire, création et fiction». Conférence Gannon, Université de Fordham, Bronx, New York, 31 mars 1982.

«Au revoir à tout cela». Conférence inaugurale Radcliffe, Institut Radcliffe d'Études Avancées, Cambridge, Massachusetts, 3 avril 2001.

«Encre invisible». Conférences d'experts de la faculté Wilson, Université de Princeton, Princeton, New Jersey, 11 mars 2011.

Table des matières

INTERLUDE
BLACK MATTER(S)

DEUXIÈME PARTIE
LE LANGAGE DE DIEU

Cet ouvrage a été mis en pages
par IGS-CP à L'Isle-d'Espagnac (16)
Impression : CPI Firmin-Didot
Dépôt légal : octobre 2019 – N° 2449 (154221)
Imprimé en France